플래닛 아쿠아

플래닛 아쿠아

PLANET AQUA

우주 속 우리 지구를 다시 생각하다

제러미 리프킨

안진환 옮김

RETHINKING OUR HOME IN THE UNIVERSE
JEREMY RIFKIN

민음사

추천사

제러미 리프킨의 획기적인 신간은 "우주에 속한 인류의 집에 대해 다시 생각할 것"을 촉구한다. 리프킨은 문자 그대로 우리가 알고 있는 모든 것, 행하는 모든 것을 재고하라고 말한다. 그 전제는 인류가 유사 이래로 자신이 거주하는 행성을 잘못 이해했다는 것이다. 우리는 오랫동안 땅의 행성에 산다고 믿어 왔지만 실제로는 물의 행성에 살고 있다. 이렇게 생각을 바꾸려면 앞으로 어떻게 살아가고 번성할지에 대한 완전히 새로운 각본이 필요하다. 이 책은 시간과 공간에 대한 개념, 경제생활을 조직하는 방식, 자녀를 교육하는 방식, 자연과의 관계 등 삶의 모든 측면을 재고하는 다각적인 방법을 제시한다. 리프킨은 우주 극장에 속한 우리의 구체를 재명명하자는 궁극의 이단을 담대히 제안한다. 우리는 '플래닛 아쿠아'에 살고 있다.

— 제리 윈드, 와튼스쿨 명예교수, 와튼스쿨 로더연구소 설립이사

지구의 광활한 수권을 우리 종의 독점적 이용을 위해 길들이기로 했을 때 시한폭탄이 작동하기 시작했고 이제 인류는 암울한 심판의 날을 맞이했다. 『플래닛 아쿠아』는 이 우주의 작은 구석에서 생명의 원동력은 인간 영역이 아니라 수권이라는, 자연의 심장이 외치는 경고에 귀를 기울일 것을 촉구한다. 리프킨은 우리가 땅의 행성이 아닌 물의 행성에 살고 있다는 인식 전환이 모든 것을 바꾼다는 사실을 강조하며 우리 지구를 다시 보게 하는 강력한 청사진을 제시한다.

— 모드 발로, 푸드앤드워터워치 이사회 의장

리프킨은 물의 행성에서 우리 존재의 핵심을 다시 생각해야 한다는 절박한 경각심을 일깨운다. 물과의 원초적 관계를 망각했을 때 인간이 치를 대가는 엄청나다. 이 책은 물과 인간이 상호작용하는 모든 영역을 조사하여 전 세계의 도시 수력 문명을 탄생시킨 개념과 재야생화하는 지구에 적응하는 새로운 방식을 탐구한다. 리프킨은 수권과의 관계를 희망적인 방향으로 재설정함으로써 인류가 더 안전하고 번영하는 미래로 나아가도록 돕는다.

— 아니 다스굽타, 세계자원연구소 소장 겸 CEO

제러미 리프킨의 『플래닛 아쿠아』는 큰 깨우침을 주는 책이다. 어둠 속에서 적시에 비추는 등대처럼 이 책은 야생으로 돌아가는 수권에 직면한 우리 인류에게 필요한 긴급 지침을 제공한다. 동아시아에서는 '물은 곧 생명'이라는 개념이 문화의 핵심에 있으며 우리의 행동 방식과 관계를 형성하고 존재를 정의한다. 아시아의 철학, 문학, 신화에서 물은 고대의 현인들이 평화와 자유를 찾는 곳으로 그려진다. 물과 함께 보고 물과 함께 생각하는 것은 '최상의 덕목'이다. 이제 인류의 실리주의적 변덕에 수권을 적응시키는 것이 아니라 수권에 우리 종을 적응시키는 방법을 재학습하여 대전환을 이뤄야 할 때다. 『플래닛 아쿠아』가 그 여정을 안내한다.

— 우창화, 아시아 태평양 물 포럼 운영위원회 의장

리프킨은 『플래닛 아쿠아』에서 물이 푸른 지구의 모든 생명체를 살아 움직이게 한다는 사실을 상기시킨다. 그가 적은 대로 "물과 함께한다는 것은 우리의 진로를 안정적으로 유지하고 인간이 하나의 종에 불과한 복잡한 생명체 내에서 자리를 확보하는 것이며, 모든 생명체의 회복력과 안녕은 '물의 흐름을 따르는 것'에 달려 있다."

— 반다나 시바, 환경운동가, 바른생활상(Right Livelihood Award) 수상자

제러미 리프킨의 『플래닛 아쿠아』는 우리가 육지 행성이 아닌 물 행성에 살고 있다는 패러다임 전환을 이끈다. 인간 종의 역사를 파고들어 우리 존재와 동료 생명체들에게 진정으로 가치 있는 것이 무엇인지 깊이 탐구한 리프킨은 이 행성의 진정한 부, 즉 모든 생명체를 위한 물의 분배가 문제의 핵심이라는 결론을 내린다. 사랑하지 않을 수 없는 책이다.

— 고든 길, 에이드리언 스미스+고든 길 건축설계 회사(ASGG, 《아키텍트》 선정 미국 최고의 건축 설계 회사) 회장

평생의 여정을 함께하며 아이디어를 나눠 준 아내
캐럴 L. 그루네발트(Carol L. Grunewald)에게 이 책을 바칩니다.

차례

서론

어느 날 갑자기 우리 80억 인류가 그동안 살고 경험하며 깊이 애착하던 이 세상이 섬뜩할 정도로 생경하게 느껴진다면 어떻게 될까? 마치 다른 먼 세계로 순간 이동해 주체성은 물론이고 우리 존재를 이해하는 토대로 삼던 식별 가능한 표식이 모두 사라진 것처럼 느껴진다면? 그 무서운 전망이 현실로 다가오고 있다. 우주에 속한 우리 고향에 대한 모든 생각이 이제 잘못된 것처럼 보인다. 우리가 애착해 왔고 우리에게 소속감과 방향성을 부여하던 친숙한 이정표들이 한순간에 사라져 버린 것 같다. 그 여파로 우리는 우리가 사는 행성에서 박탈감과 상실감을 느끼는 상황이다. 저마다 두려움에 떨며 어디에서 위안을 얻고 어떻게 관여해야 할지 뾰족한 수를 떠올리지 못하고 있다.

대체 무슨 연유로 그동안 살아온 이 우주의 작은 행성에서 외계인이된 기분을 느끼는 것일까? 믿기 어렵겠지만 우리는 오랜 세월, 적어도

11

문명으로 구분되는 지난 6000년 동안 인간 존재의 본질과 우리의 생명줄인 지구를 잘못 판단해 왔다. 직설적으로 말해서 우리 인간 종은, 특히 서구인들은 오래전부터 우리가 '대지(*terra firma*)' 위에 살고 있다고 믿어 왔다. 우리가 발을 딛고 번성하며 광활한 우주에서 본거지라 부를 수 있는 초록의 견고한 땅 말이다. 그러나 이런 장소감은 1972년 12월 7일에 산산조각 났다.

달로 향하던 아폴로 17호 우주선의 승무원들이 2만 9400킬로미터 상공에서 지구를 촬영한 사진은 태양이 비추는 아름다운 푸른 구체를 생생하게 드러내 집에 대한 인류의 인식을 완전히 바꿔 놓았다. 오랫동안 초록빛 대지로 여겨진 지구는 순식간에 태양 주위를 돌며 물이 주를 이루는 행성으로 바뀌었다. 지금까지 지구는 태양계에서, 어쩌면 우주 전체에서 유일하게 다양한 파란 색조를 띤 행성이라는 판단이 정설로 통한다. 2021년 8월 24일, 유럽우주국(ESA)은 '플래닛 아쿠아(Planet Aqua, 물의 행성)'라는 말을 내놓았다. 미 항공우주국(NASA)도 이에 동조하며 "우주에서 지구를 바라보면 우리가 물의 행성에 살고 있다는 사실이 분명해진다"는 글을 웹사이트에 게재했다.

최근 이 플래닛 아쿠아가 가정과 이웃, 지역사회, 정부 기관, 산업계, 시민사회에서 주목받고 있다. 지구의 수권(水圈)이 불과 몇 년 전만 해도 상상하지 못한 방식으로 야생으로 돌아가면서 지구 생명체의 여섯 번째 멸종 초기 단계를 초래했기 때문이다. 과학자들은 오늘날 지구상에 존재하는 생물 종의 50퍼센트 이상이 향후 80년 이내에 멸종할 위기에 처해 있으며, 이 중 상당수가 현재 유아 세대가 살아 있는 동안에 멸종할 것이라고 말한다.[1] 이들 종은 수백만 년 동안 지구에 서식해 왔는데 말이다.

이산화탄소, 메탄, 아산화질소 등 지구온난화 가스가 대기 중으로 배출되면서 지구의 기후는 점점 뜨거워지고 있다. 지구의 수권이 영향을 받는 이유는 다음과 같다. 지구온난화 가스가 배출되어 지구 온도가 섭씨 1도 상승할 때마다 지상과 바다의 물이 대기 중으로 증발하는 속도가 빨라지고 구름의 강수량 농도가 7퍼센트 증가하며 수문 현상이 더욱 격렬하고 기하급수적으로 일어난다. 강력한 대기천(수증기가 대규모 기류를 이루어 좁고 길게 흐르는 기상 현상으로 폭우 및 폭설, 강풍, 홍수 등의 원인이 되기도 한다. —옮긴이)과 초대형 폭설을 수반하는 겨울철 강추위, 대규모 봄 홍수, 장기간의 여름 가뭄, 치명적인 폭염과 산불, 파괴적인 가을 허리케인과 태풍 등의 수문 현상이 지구 생태계를 황폐화하고 인간과 동료 생물의 생명을 앗아 가며 막대한 사회 인프라를 파괴한다.[2]

지금까지 발생한 피해 목록을 짧게 살펴보자. 너무 심각하게 읽힐지 모르지만, 부정이나 무감각, 나아가 낙담에 빠지지 않기 위해서는 냉정하게 점검할 필요가 있다.

- 오늘날 26억 명이 극심한 물 부족을 경험하고 있다. 2040년 무렵에는 전 세계 예상 인구의 절반이 넘는 총 54억 명이 59개국에서 극심한 물 부족에 시달릴 것이다.[3]
- 2050년에는 지금보다 15억 명이 증가한 35억 명이 물과 관련된 식량 불안정으로 고통받을 것이다.[4]
- 지난 10년 동안 전 세계적으로 물 관련 분쟁과 폭력 사건이 알려진 것만 270퍼센트 증가했다.[5]
- 10억 명의 사람들이 새로운 생태 위협을 완화하고 이에 적응할 능력이 없는 국가에 살고 있으며, 그에 따라 2050년까지 인구의 대량 이동과 강제 기후 이주가 일어날 여건이 조성될 것이다.[6]
- 홍수는 1990년 이래 가장 흔한 자연재해로, 기록된 자연재해의 42퍼센

트에 달한다. 2010년 중국에서 일어난 홍수와 산사태는 1520만 명의 실향민을 낳았다. 유럽에서도 홍수의 강도가 급격히 증가하여 해당 지역에서 기록된 재해의 35퍼센트를 차지했으며 이 추세는 계속될 것으로 예상된다.[7]

- 가뭄과 폭염, 대규모 산불이 세계 모든 대륙에서 확산되어 생태계를 황폐화하고 인프라를 파괴하고 있다.
- 2022년 늦봄에는 미국 전역 가운데 32퍼센트가 '심각하거나 극심한 가뭄'에 영향을 받았다.[8] 2023년 기준으로 전 세계 인구의 거의 25퍼센트에 해당하는 18억 4000만 명이 가뭄이 심각한 나라에 살고 있다. 가뭄의 영향을 받는 인구의 85퍼센트는 저소득 또는 중간 소득 국가에 거주하고 있다.[9]
- 섭씨 43~50도에 이르는 기록적인 기온이 세계 전역에서 측정되고 있다. 캘리포니아의 데스밸리는 2021년 7월 9일 섭씨 54.4도로 지구상 최고 기온 기록을 경신했다.[10] 심지어 남극 대륙에서도 2021년 4월에 기이한 열파가 발생해 섭씨 18.3도라는 신기록이 세워졌다.[11] 2015년부터 2021년까지의 7년은 기록상 가장 더운 해였는데 이 기록은 2년 후인 2023년 7월, 지구에 기록상 가장 더운 날이 사흘간 이어지면서 깨졌다.[12]
- 2023년 1월에서 9월 사이에 미국에서만 산불 4만 4011건이 발생해 9478제곱킬로미터의 토지가 불탔다.[13] 2023년 캐나다에서는 단 6주 만에 18만 4940제곱킬로미터에 달하는 아한대 산림이 소실되어 미국의 산불 기록을 무색하게 만들었다.[14] 지구 육상 탄소의 12퍼센트를 함유한 이들 산림이 전소할 경우 배출되는 탄소의 양은 화석연료 연소로 인한 전 세계 탄소 배출량의 36년 치에 맞먹는다.[15]
- 캐나다 산불이 쏟아낸 연기로 뉴욕 상공이 주황색으로 변할 정도였고 이어서 시카고, 워싱턴 DC 등 다른 도시도 대기 질이 최악으로 나빠져 수백만 명이 실내에 머물러야 했다.
- 19개 국가가 해수면 상승의 위험에 처해 있으며, 이들 각국 인구의 최

소 10퍼센트가 그에 영향을 받을 수 있다. 해수면 상승은 향후 30년 동안 중국, 방글라데시, 인도, 베트남, 인도네시아, 태국 등의 해안 저지대 지역뿐만 아니라 이집트 알렉산드리아와 네덜란드 헤이그, 일본 오사카처럼 인구가 많은 대도시에도 심각한 영향을 미칠 것이다.[16]

 • 2050년 무렵이면 47억 명이 생태적 위협이 심하거나 극심한 국가에 거주할 것이다.[17]

 • 과학자들은 극지방 빙상과 산악 빙하가 녹고 관개와 식수 용도로 땅에서 전례 없이 많은 물을 퍼내면서 지구의 질량 분포 방식이 달라지고 지구의 자전축까지 변화가 생겨 지구 생명체의 미래에 엄청난 영향을 미치고 있다는 놀라운 사실을 밝혔다.[18]

 • 기후변화의 여파로 해양의 산소 농도가 급감했는데, 일부 지역에서는 감소량이 40퍼센트에 달한다.[19]

 • 2050년 무렵에는 전 세계 수력발전 댐의 61퍼센트가 '가뭄이나 홍수 또는 둘 모두의 위험이 매우 높거나 극심한' 강 유역에 자리할 것이다.[20]

 • 지구상에 남아 있는 담수의 20퍼센트가 북미의 오대호에 집중된 상황이다.[21]

 • 세계은행의 보고에 따르면 "지난 50년 동안 1인당 담수량은 절반으로 감소했다."[22]

인류가 생명의 약탈자라면 생명의 구세주가 될 수도 있다. 순진한 기대가 아니라 조심스럽게 희망을 품을 만한 이유가 있다. 그러나 극적인 호전은 인간의 주체성과 지구와의 관계에 대한 인식의 전환에 달려 있다. 우선 지구에 서식하는 다른 모든 생명체와 마찬가지로 살아 움직이며 끊임없이 진화하는 지구에 매 순간 적응하며 살아온 인간 종이 6000년 전에 어떻게 새로운 길을 걷게 되었는지 강력한 사후 조사가 필요하다.

물활론을 신봉한 인류의 초기 조상들은 주위 모든 것을 살아 있고 활기차며 영혼이 충만한 존재로 보았고, 이들이 끊임없이 상호작용하는 무한한 자연계에 우리 종의 작용도 밀접하게 얽혀 있다고 생각했다. 결정적 전환이 찾아온 것은 우리 조상들이 탁월한 통찰력과 손재주를 발휘해 자연의 모든 것을 인간 종의 실리적 변덕에 맞춰 적응시키기 시작했을 때였다. 자연계의 고갈이라는 희생을 치르면서 말이다.

약 6000년 전, 현재의 튀르키예 위치에 있는 유프라테스강과 티그리스강을 따라,[23] 이어서 얼마 후 이집트의 나일강,[24] 인도와 파키스탄 일부에 걸쳐 있는 인더스 계곡의 가가르하크라강과 인더스강,[25] 중국의 황허 계곡을 흐르는 황허강을 따라,[26] 그리고 훗날 로마제국 전역에서[27] 우리 조상들은 지구의 물을 인류 전용인 양 사용하기 시작했다. 그들은 정교한 댐과 인공 저수지를 건설하고 제방과 둑을 쌓고 큰 강을 가로지르는 운하를 파서 물을 사용하기 쉽도록 격리하고 사유화하고 상품화했다. 한마디로 그들이 속한 지역의 자연 생태를 근본적으로 바꾸기 시작했다. 이런 수자원 인프라는 역사학자들이 '도시-수력 문명'이라 부르는 현상을 낳았다. 세계 각지에서 물을 확보하려는 시도는 수그러들 기색 없이 계속되어 21세기에 접어들자 최고 수위에 다다랐다.

역사학자와 인류학자는 물론이고 경제학자와 사회학자 들조차 지구 수권의 이 놀라운 재편에 거의 주목하지 않았지만, 도시 생활의 등장은 오직 우리 종의 욕구를 충족할 목적으로 구축한 수자원 인프라의 불가분한 파생물이다.

지난 6000년 동안 인간의 여정을 함께한 사회학과 경제 체계, 거버넌스 상당 부분은 수자원 인프라에 밀접하게 묶여 있다. 물론 이 거대한 인프라 거품의 외부에도 우리 종의 일부가(극히 일부는 오늘날까지도) 남았지만, 인류 역사의 발자취 상당 부분을 특징짓는 것은 거대한 도시 수력 문명이다.

오늘날 화석연료 기반의 물-에너지-식량 넥서스(nexus, 요소 간의 상호 연계성을 강조하는 결합 또는 결합체를 가리킨다.—옮긴이)가 불러온 지구온난화로 인해 세계 곳곳에서 도시 수력 문명이 실시간으로 붕괴하고 있다. 그리고 여기서 발생한 공백이 지구 수권과의 관계에 위대한 재설정을 요구하고 있다. 수권이 생명의 조율자로서 중심 역할을 수행하는, 살아 움직이고 끊임없이 진화하며 자기 조직화하는 행성에 우리 종을 적응시키는 방법을 다시 배워야 한다는 의미다. 이것은 정교한 과학과 기술적 배치를 토대로 물이 지배하는 우리 본거지와 관계를 회복하자는 새로운 형태의 신물활론이다.

빠르게 야생으로 돌아가는 지구에서 우리의 길을 찾는 행위는 철학자들이 말하는 '숭고함'을 촉발한다. 이 말은 1757년 아일랜드 철학자 에드먼드 버크(Edmund Burke)의 『숭고와 아름다움의 관념의 기원에 대한 철학적 탐구(A Philosophical Inquiry into the Origin of our Ideas of the Sublime and Beautiful)』라는 논저에서 처음 소개되었으며, 이후 계몽주의와 낭만주의 시대, 이어서 19세기와 20세기 진보의 시대에 당대 철학자들에 의해 중심 개념으로 자리 잡았다.

버크는 웅장한 산맥이나 깊게 파인 협곡, 거대한 산불, 격렬한 홍수, 치명적인 허리케인 또는 토네이도, 분출하는 간헐천, 화산재를 뿜어내는 시뻘건 화산, 지각의 이음매를 벌리고 모든 것을 삼키는 강력한 지진 등 자연의 압도적인 힘 앞에서 인간이 느끼는 완전한 공포감을 묘사했다. 위험이 닿지 않는 안전한 거리에서 바라보면 고삐 풀린 자연에 대한 공포는 '경외심'으로 바뀐다. 이 경외심은 자연의 강력한 힘에 대한 '경이'로 이어지고 존재의 의미에 대한 '상상력'을 자극하며 때로는 '초월적 경험', 즉 우리가 공유하는 지구의 더 큰 계획에 대한 애착심을 재설정하는 경험을 끌어내기도 한다.

이 숭고함에 대한 경험은 삶의 의미 그리고 우리 자신과 존재의 관계에 관해 매우 다른 두 철학 학파 사이에 치열한 논쟁을 불러일으켰다. 환경의 심연과 지구 생명체의 멸종 가능성에 점점 더 가까워지면서 인류는 자연의 숭고함에 어떻게 대응할 것인가라는 중요한 기로에 놓였다. 어떤 접근 방식이 우리를 초월적인 경험으로 이끌지, 그리고 그 경험이 새로운 실리주의 형태가 될지 아니면 우주에 속한 우리 고향에 주의 깊게 공감하는 생명애적 애착의 형태가 될지 각자의 방식대로 큰 질문을 던지기 시작한 것이다.

18세기 계몽주의 철학자 이마누엘 칸트(Immanuel Kant)는 자연의 힘에 대한 공포와 이에 따르는 숭고함이 주는 경외심, 경이, 상상력이 만나는 지점에서 인간의 '이성적 정신', 즉 자연의 격정과 무관하고 심지어 그 압도적인 작용에 영향받지 않는 비물질적 힘이 개입한다고 주장했다. 이성적 정신은 우리 인류의 실리적 욕구를 충족하기 위해 차갑고 냉철하며 객관적인 이성으로 자연의 과잉을 진압하고 포획하고 격리하고 길들인다. 요컨대 인간의 이성은 야성을 무력화한다.

19세기 철학자 아르투어 쇼펜하우어(Arthur Schopenhauer)는 칸트의 이성적 분리를 받아들이지 않았다. 그는 숭고함이 처음에는 공포와 무력감을, 곧이어 경외감과 경이와 상상력을 촉발하지만, 강력한 행성의 힘에 휩싸여 다른 초월의 길로 이어질 수 있다고 주장했다. 그 길이란 각 개체가 존재를 구성하는 모든 생명체의 더 이상 단순화할 수 없는 통일성에 둘러싸인 주체이자 참여자가 되는 살아 움직이는 행성에 대한 연민 어린 소속감이다.

오늘날 인공지능(AI)과 기술적 특이점, 메타버스 세력이 재애착의 길을 깨달은 신물활론 세력에 맞서면서 냉철한 객관성 및 무심한 실리주의 대 생명애적 애착의 대립이 모든 분야에서 나타나고 있다. 당면한 문제는 우리 종이 계속해서 이성적 의지에 따라 자연을 굴복시킬 것인지, 아니면 자연의 요구를 수용하고 플래닛 아쿠아의 생명 공동체에 다시 합류할 것인지다.

이 모든 고민에서 중심에 놓여야 할 것은 무엇인가? 우리가 플래닛 아쿠아에 살고 있다는 사실을 이해하면 답은 간명하다. 우리가 머무르는 매개체, 즉 우리의 환경이다. 그중에서도 수권은 단순한 사물이 아니라 지구 생명체 이야기의 원동력이자 모든 생명체를 살아 움직이게 하는 힘이다. 또한 지구의 다른 세 가지 거대 권역인 암석권과 대기권, 생물권의 추진력이자 세상의 빛을 볼 모든 생명체의 인큐베이터이다.

가장 먼저 해야 할 일은 우리 존재의 본질을 규정하는 존재론을 바로잡는 것이고, 바로잡은 존재론을 실천에 옮기는 것이 두 번째 순서다. 이 책은 우리가 어떻게 인류와 동료 생물을 멸종 직전까지 몰고 왔는지, 그리고 이제 막 부상하기 시작한 '시대의 새로운 질서(novus ordo seclorum)'에서 어디로 나아가야 하는지에 대한 이야기와 설명으로 구성되어 있다. 이 새로운 내러티브와 그에 수반되는 여정은 우리 종과 동료 생물들에게 플래닛 아쿠아에서 살 수 있는 두 번째 기회를 줄 것이다.

책에서 언급한 모든 내용은 이론적인 것이 아니라 지구 역사에서 우리 종을 여기까지 이끌어 온 실제 삶의 경험과 현상에 근거를 두고 있다. 새로운 '숭고함'이 어떻게 펼쳐질지는 플래닛 아쿠아의 삶이 가져다줄 행운과 불운의 나비효과에 따라 미래에 맞이할 미지의 영역이다.

자료에 따르면 도시 수력 문명은 6000년 역사 끝에 붕괴가 임박한 상황이다. 지구온난화로 오랜 세월 갇혀 있던 수권이 깨어나면서 우리의 플래닛 아쿠아는 가늠할 수 없는 완전히 새로운 방식으로 진화하고 있다. 전 세계의 생태계가 무너지고 인프라가 황폐해지며 인류와 동료 생물들의 목숨이 점점 더 위험에 처하고 있다. 이제 인간이 구축한 환경 전체가 좌초하고 있으며 새로운 방식으로 재고하고 재구상하고 재배치해야 한다.

미국 노스웨스턴대학교 연구진이 2023년에 발표한 최신 연구에 따르면[28] 지구온난화로 인해 세계 곳곳의 지표면 아래 지반이 가열되어 변형되고 있으며, 건물은 물론 수도 및 가스 파이프라인, 전력 시설, 지하철 등 지하 인프라가 점점 더 위험에 노출되고 있다. 예를 들어 이미 인프라 침몰 초기에 접어든 시카고에서는 20세기에 이 도시를 건축의 랜드마크로 만든 상징적인 건물들이 위협받고 있다. 지구 전 대륙의 다른 거대 도시들도 필연적으로 가라앉을 것이며, 1000년도 아니라 향후 150년에 걸쳐 도시 생활이 종말을 맞을 가능성이 높다. 적어도 지금까지 알던 도시 생활은 아닐 것이다.

위기는 기회를 만든다는 격언이 있다. 인류는 지구에 살기 시작한 이래로 가장 큰 위기, 즉 머지않아 생명체의 대량 멸종이 일어날 상황에 놓여 있다. 우리가 어디에서 왔고 무엇을 믿어 왔으며 어떻게 살아왔는지, 새로운 방식으로 변화하는 플래닛 아쿠아에 적응하고 다시 연결되기 위해 어디로 가야 하는지 등 모든 면을 재고하는 것이 당면한 과제일 수밖에 없다.

과정은 이미 진행 중이다. 세계 곳곳에서 '도시 수력 문명'은 실시간으로 가라앉는 반면, 예측할 수 없는 수권에 대비하는 '임시 사회'가 조금씩 모습을 드러내며 규모를 키우기 시작했다. 전자의 특징이 긴 정주와 짧은 이동 생활이라면, 후자는 긴 이동과 짧은 정주 생활로 나타난다.

이런 시대 변화와 더불어 플래닛 아쿠아에서 야생으로 돌아가는 수권에 따르는 과정과 패턴, 관행을 설명하는 완전히 새로운 어휘가 등장하고 있다. 우리의 행동을 유도하는 혁신 기회들이 홍수처럼 공공 담론에 밀려들고 있다. '슬로워터 운동', '수자원 인터넷과 마이크로그리드', '스펀지 도시', '물 달력', '물의 해' 지정 등이 일상의 일부가 되어 플래닛 아쿠아에서 인류가 살아갈 모습을 재구성하는 대표적인 신조어다. 지역 사회에서는 물이 땅속으로 스며들어 자연스러운 경로를 따라 흘러갈 수 있도록 불투수성 지표를 투수성 녹지로 전환하는 과정을 의미하는 '탈 밀봉' 또는 '탈포장'이라는 말을 도입하고 있다. 태양광과 풍력을 이용해 바닷물을 담수화하는 '염분 제거 연금술'도 유행하고 있다. 2050년 무렵 이면 10억 명이 넘는 사람들이 태양광 삼투압으로 생산된 담수를 마실 것으로 추정된다. 이미 휴대전화보다 전력을 적게 사용하는 여행 가방 크기의 휴대용 삼투압 장치가 출시되어 가뭄에 시달리는 세계에서 필수 품으로 자리 잡고 있다.[29]

기후 온난화로 등장하는 신유목 시대는 인프라라는 개념 자체를 변화 시킨다. 팝업 도시, 해체와 재활용이 자유로운 인프라, 3D 프린팅 임시 주택, 곤충 양식을 비롯해 기존의 야외 농업보다 물을 250배나 적게 쓰 는 AI 기반 수직형 실내 농업 등이 사회경제적 풍광을 바꾸고 있다. 이주 경로 지도를 만드는 작업이 초기 단계에 들어선 가운데 수백만 개의 기 후 여권이 발급될 것이고, 인류가 지구온난화에 휩쓸린 기존의 고밀도 도시 서식지를 점차 포기함에 따라 그 숫자는 늘어날 것이다. 야생으로 돌아가는 수권은 이렇게 세계 전역에서 인구의 정착 패턴을 빠르게 변 화시키고 있다. 인류와 동료 생물들이 분포하는 방식을 물이 결정하는 셈이다.

오랫동안 주권 국가와 고정된 국경에 갇혀 있던 각국 정부는 지역사 회가 공동 생태계에 대한 관리 책임을 분담하기 시작하면서 정치적 경 계를 넘어선 '생태 지역 거버넌스'의 도전을 받고 있다. 지구온난화와 기 후 재해가 물류 사슬과 해로 및 항로 무역에 입힌 타격으로 이미 위축되고 있는 세계화 역시 세방화(glocalization, 세계화와 지방화의 장점을 같이 발전시키는 것─옮긴이)로 전환되고 있다. 지역 내에 새롭게 등장한 좀 더 민첩한 첨단기술 중소기업과 협동조합들은 디지털 기반의 공급자-사용자 네트워크를 통해 기존의 판매자-구매자 자본주의 시장을 우회하여 거의 제로(0)에 가까운 한계비용으로 직접 교류를 확대하기 시작했다.

황혼기에 접어들어서도 세상의 파멸을 향해 지독한 종반전에 몰두하고 있는 '지정학'은 인류가 우리 모두와 동료 생물들이 무엇보다 소중한 생물권을 공유하며 살고 있다는 사실을 깨달으면서 강렬한 '생물권 정치학'의 (아직은 가벼운) 도전에 직면하고 있다. 생물권 정치로의 이행은 실험적이긴 하지만 이미 정치적 경계와 재산을 방어하는 군사적 대비에서 공유 생태계 전반에 걸친 기후 재난 구조와 복구, 구호로의 전환으로 나타나고 있다.

임시 사회의 부상과 더불어 경제생활을 설명하는 새로운 말도 등장하고 있다. 열역학 제1법칙과 제2법칙에서 힌트를 얻은 생태경제학은 생태자본이 갈수록 금융자본보다 중요해지는 경제 상황과 엮여 시장 자본주의에 부분적으로만 영향을 받는 하이브리드 경제로 우리를 안내한다. 수생태주의는 임시 사회에서 새로운 결집점이 될 것이다.

플래닛 아쿠아에서는 효율성이 적응성에 주요 세속적 가치의 자리를 내주고, 생산성이 재생성보다 훨씬 덜 중요해지며, 국내총생산(GDP)이 삶의 질 지수(QLI)에 밀려나고, 제로섬게임이 통용성을 잃는 대신 네트워크 효과가 표준으로 자리 잡는다.

플래닛 아쿠아에서 살아가는 법을 배우면 성과를 측정하는 방법도 달라진다. '물-에너지-식량 넥서스'를 이해하고 '가상수 지수'를 사용해 내수는 물론이고 수출입용으로 물이 어떻게 분배되는지 측정하는 것이 앞으로 상업과 무역의 표준이 되고 탄소 발자국만큼이나 중요해질 것이다.

고무적인 소식은 도시 수력 문명이 무너지고 임시 사회가 부상하면서 지구상의 모든 생명체를 살아 움직이게 하는 원동력으로서 '물의 권리'에 대한 인식이 커지고 있다는 점이다. 수권이 새로운 균형을 찾아 야생으로 돌아가면서 세계 각국은 바다와 호수, 강, 범람원이 자유롭게 흐를 법적 권리를 법률로 보장하기 시작했으며, 권리가 침해되는 경우 법원의 판결을 청할 수 있게 해서 이를 뒷받침하고 있다.

우주 극장에서 우리 행성을 생각하는 방식에 일어나는 이 엄청난 변화는 인류의 여정이 삶을 긍정하는 새로운 미래로 향하도록 다시 시동을 건다. 인간은 물의 행성에 살고 있으며, 우리 존재의 모든 측면은 이 이론의 여지가 없는 진리에서 흘러나온다. 우주 속 우리 지구를 '플래닛 아쿠아'로 다시 이름 붙이고 이 두 번째 명칭을 각국 헌법과 조례, 규정, 표준에 도입하는 것이 우리 존재를 살아 움직이게 하는 물과 조화를 이루는 거대한 첫걸음이다. 이 깨우침의 순간은 물이 지배하는 우리 본거지에서 생명의 박동을 되살리는 새로운 초월적 여정의 시작이 될 것이다.

앞으로 몇 세대에 걸쳐 내리는 무수히 많은 선택이 지구 생명체와 우리 종의 생명이 연장될지를 결정할 것이다. 우리의 의제는 단 하나, 야생으로 돌아가는 수권과 평화를 이루고 동료 생물들과 함께 번영하는 방법을 찾는 것이다. 다른 모든 것은 방해가 될 뿐이다.

1.

수력 문명의
붕괴가 임박하다

1

태초에 물이 있었으니

•

    지구 역사상 가장 큰 미스터리는 생명체가 어떻게 생겨났는가 하는 것이다. 성경 창세기의 첫대목에서 첫 번째 흥미로운 단서를 찾을 수 있다. 라시(Rashi)라고도 알려진 슐로모 이츠하키(Shlomo Yitzchaki)는 11세기 프랑스의 저명한 랍비로, 그의 탈무드 주해는 성서에 관한 권위 있는 해석으로 인정받는다. 라시는 창조에 대한 성경의 기록이 하느님이 천지를 창조하기 전에 먼저 물이 있었다는 놀라운 인정으로 시작한다고 말한다.[1] 창세기는 태초에 땅이 형체가 없고 공허하며 흑암이 깊음 위에 있고 하느님의 영이 물 위를 맴돌고 있었다는 구절로 시작한다.[2]

    이어서 하느님은 태초의 물을 갈라 하늘과 땅, 낮과 밤을 창조하고 육지와 바다를 분리한 후 모든 생명체로 지구를 채웠다. 하느님의 형상을 따라 흙으로 빚어진 아담과 이브는 하느님의 마지막이자 가장 소중한 피조물이었다. 역사적 기록에 따르면 창조 이전에 물이 존재했다는 이야기는 성경 창세기에만 나오는 게 아니다. 초기 바빌로니아 문명에도 비슷한 창조 이야기가 있고, 세계 각지의 여러 창조 설화도 비슷한 맥락을 따른다. 최근에는 우주와 태양계, 지구의 형성과 진화의 비밀을 풀기 시작한 과학자들이 우주 역사에서 물이 수행한 역할에 주목하면서 원시물에 대한 고대 이야기에도 관심이 높아지고 있다.

창조 이전에 물이 있었다는 지구의 시작에 대한 이 내러티브는 지구 수권의 격변으로 실존적 중요성을 갖게 되었다. 화석연료 연소에 따른 이산화탄소, 메탄, 아산화질소 배출이 불러온 지구온난화는 지구의 주요 네 권역인 수권과 암석권, 대기권, 생물권 모두에 영향을 미치지만 가장 큰 영향을 받는 것은 수권이다. 지난 1만 1000년의 홀로세 동안 온화한 기후를 유지하며 발전해 온 지구 생태계는 기후변화의 맹공격과 수권의 재야생화로 실시간으로 붕괴되고 있으며, 그에 따라 지구는 여섯 번째 생물 멸종의 위기로 치닫고 있다.(지구에서 마지막으로 생명체가 대량 멸종한 것은 6500만 년 전이다.)

당연히 과학계에서도 변화하는 해류와 만류에 적응하기 위해 지구 수권의 내밀한 작용과 수권이 암석권, 대기권, 생물권에 미치는 영향을 필사적으로 연구하고 있다. 주요 연구 대상은 직전 빙하기가 남긴 빙하의 잔해가 녹아 육지와 바다에 미치는 영향, 지구 지각판의 붕괴와 이동, 지구 맨틀이 유발하는 지진, 수천에 달하는 휴화산의 폭발 가능성 급증 등이다.

수권이 지구에 미치는 압도적인 영향력에 의심이 든다면, 물이 분포하는 방식이 지구의 자전축 즉 기울기를 변화시킨다는 과학적 발견을 고려해 보라.[3] 이것이 바로 1990년대 이래 우리 행성에 벌어지는 일이다. 기후변화와 지구온난화로 북극 지역의 마지막 남은 홍적세 빙하와 빙상이 빠르게 녹고 있기 때문이다. 막대한 물이 바다로 퍼져 나가면서

지구 무게가 분산되는 방식이 달라져 지구의 자전축까지 바뀌고 있다.[4]

새로운 연구에 따르면 80억이 넘는 인구를 먹여 살리기 위해 농업용 지하수를 양수하는 것도 "지구의 축을 이동시킬 정도로" 물 분포에 영향을 미치고 있다. 2010년 인도에서만 땅 밑에서 물 348조 리터를 퍼 올렸다. 인간이 일으킨 기후변화가 지구 자전축 기울기에 가하는 변화는 "하루의 길이를 1밀리초 바꾸는 정도"에 불과하지만, 물의 작용과 그것이 행성에 미치는 영향에 경외감을 느끼기에는 충분하다.[5]

과학자들이 특히 궁금해하는 것은 원시 물의 기원과 구성이다. 천문학자들은 오랫동안 물이 우주 전역에 존재하며 39억 년 전 초기 지구에 얼음이 주성분인 혜성들이 충돌하면서 물이 유입되었다고 생각했다. 그러나 새로운 연구는 지표면 아래 깊은 곳의 암석이 녹아 물이 침출되었다는 두 번째 공급원에 무게를 두고 있다.[6] 최근에는 고대 지구가 대륙이 없는 물의 세계였을지 모른다는 발견도 나왔으며, 이는 하느님이 땅을 창조하기 전에 원시 물이 있었다는 성경의 서술을 뒷받침한다.[7]

과학계에서 아직 물과 지구 생명체 진화의 연관성을 완전히 해독하지는 못했지만, 모든 생물종이 주로 수권에서 나온 물로 구성되어 있다는 것은 엄연한 사실이다. 이 모든 것은 오랜 세월 지구의 흙으로 빚어졌다고 여겨지던 에덴동산의 아담을 다시 보게 한다. 사실 물은 정자 구성의 상당 부분을 차지하며, 인체는 자궁의 양수 속에서 잉태된다. 일부 유기체는 체중의 90퍼센트 이상이 물로 구성되며 인간의 경우 성인 신체의 약 60퍼센트를 물이 차지한다.[8] 인간 심장의 73퍼센트, 폐의 83퍼센트, 피부의 64퍼센트, 근육과 신장의 79퍼센트, 뼈의 31퍼센트가 수분이다.[9] 혈구와 효소, 영양소, 호르몬을 운반하는 담황색 혼합물인 혈장은 90퍼센트가 수분이다.[10]

물은 생명 시스템의 내밀한 면을 관리하는 데 필수적인 역할을 한다.

구체적인 기능을 살펴보면 매우 인상적이다.

> 물은 모든 세포의 생명 유지에 없어서는 안 될 필수영양소이며, 세포 생성의 첨병이다. 물은 땀과 호흡을 통해 체온을 조절한다. 우리 몸이 음식으로 이용하는 탄수화물과 단백질은 물을 통해 혈류를 따라 운반되며 에너지로 변환된다. 물은 주로 배뇨를 통해 노폐물 배출을 돕는다. 뇌와 척수, 태아를 위한 완충재 역할을 한다. 타액을 형성하고 관절 윤활제 기능을 한다.[11]

물은 24시간 내내 우리 몸 안팎으로 흐른다. 신체의 반투과성 개방 시스템을 통해 지구의 수권에서 신선한 물이 들어와 몸속에서 생명 기능을 수행한 후 다시 수권으로 돌아간다. 인체는 다른 생명체들처럼 고정된 구조가 아니라 움직이는 패턴에 가깝고, 자율성을 확보하기 위해 에너지를 들여오는 폐쇄적 메커니즘이 아니라 에너지를 흡수하고 엔트로피 특성의 폐기물을 배출하는 소산 시스템으로 작동한다. 물의 순환과 재순환은 이를 이해하는 적절한 출발점이다.

모든 인간은 물이 곧 생명임을 직관적으로 알고 있다. 인간은 음식 없이 최대 3주까지 버틸 수 있지만 물 없이는 평균 일주일 정도면 목숨을 잃는다. 그런데 이제 수문 순환이 붙잡기 힘든 경련을 일으키며 다른 모든 지구 권역의 역학 관계와 우리 종과 동료 생물의 생존 전망을 뒤흔들고 있다. 인류는 전에도 이런 일을 겪은 적이 있다.

데자뷔와 두 번째 대홍수

인류가 역사에 기록한 첫 기억은 지구를 집어삼킨 대홍수 이야기일 것이다. 서구 문명에서는 여호와가 대홍수를 내려 노아의 가족과 그의 방주에 오른 암수 동물을 제외한 모든 생명을 삼켜 버렸다고 하며, 다른 문명에서도 대홍수와 피조물의 생존에 관한 이야기를 전한다. 최근 몇 년 동안 과학계는 마지막 빙하기가 끝나면서 세계 여러 지역에서 대홍수가 일어났다는 증거를 밝혀냈다. 유라시아, 북미 등 여러 지역에서 얼음으로 덮여 있던 거대한 호수가 녹으면서 대규모 빙하 홍수가 발생했고, 한때 얼어 있었던 강물이 인접한 땅으로 범람해 수많은 생물을 죽음으로 몰아넣었다. 빙상 용융이 일으킨 참상은 고대 조상들의 집단정신에 깊이 새겨져 구전되다가 문자가 등장하면서 최초의 역사적 기억으로 공유되며 현대에 이르렀다.

1만 년이 지난 오늘날, 수권은 지구온난화에 힘입어 다시 한번 반란을 일으키고 있다. 과학자들은 현재 지구상에 존재하는 생물 종의 50퍼센트가 향후 80년 이내에 멸종 위기에 처할 것이라고 경고한다.[12] 이들 중 다수는 수백만 년 동안 지구에 서식해 왔는데 말이다.

과학자들은 현재의 멸종 사태를 촉발한 원인을 놓고 열띤 논쟁을 벌이고 있다. 대부분은 화석연료에 기반한 산업화 시대를 탓하며 이산화탄소, 메탄, 아산화질소 대량 배출이 기후 온난화를 초래했다고 주장한다. 이를 뒷받침하는 증거가 지질학적 기록에서 도출되고 있다. 다른 사람들은 기원전 4000년경 지중해 유역과 북아프리카, 인도, 중국 등지에서 최초의 수력 문명이 형성되면서 이미 멸종으로 가는 여정이 시작되었다고 주장한다.

호모 사피엔스 역사의 95퍼센트 동안, 선조들은 동료 생물들과 마찬가지로 수렵과 채집을 하며 계절의 변화와 자연의 변동에 끊임없이 적응해야 했다.[13] 약 20만 년 전 호모 사피엔스로 진화한 인류의 조상은 10만 년 정도의 빙하기와 1만 년 정도의 온난한 간빙기를 오가는 위험한 행성에서 살았다. 1만 1000년 전 홍적세의 마지막 퇴빙과 더불어 오늘날과 같은 온화한 기후가 형성되었다. 그렇게 홀로세가 도래하면서 선조들은 농경과 목축을 특징으로 삼는 정주 생활에 들어갔다. 신석기시대의 시작이었다. 이 시기는 마침내 6000년 전에 지중해 지역과 곧이어 인도, 중국에서 도시-수력 문명의 부상으로 이어졌다. 다른 모든 생물처럼 늘 자연의 흐름에 적응하던 인류는 이때 역사상 처음으로 자연을 우리 종의 욕망과 설계에 맞게 적응시키는 방향으로 급선회했다. 이후 6000년에 걸친 도시-수력 문명의 성장은 결국 화석연료 기반의 산업화 시대, 자본주의의 부상, 지구 기후의 온난화, 수권의 문명 파괴로 귀결되었다.

지난 10년간 미국은 수권 순환의 급선회로 환경과 경제, 사회에 10억 달러 이상의 손실을 입힌 극심한 기후 관련 기상 이변을 스물두 건이나 경험했다.[14] 2021년 한 해에만 남부와 텍사스의 혹독한 한파, 애리조나, 캘리포니아, 콜로라도, 아이다호, 몬태나, 오리건, 워싱턴주에 걸쳐 퍼진 대규모 산불, 서부에 닥친 여름 및 가을 가뭄과 폭염, 캘리포니아와 루이지애나의 엄청난 홍수, 일련의 산발적 토네이도, 네 차례의 열대 허리케인, 일곱 건의 여타 악천후 등 미국을 휩쓴 기후 재난이 1450억 달러가 넘는 피해를 낳았다. 미국 국립해양대기청에 따르면, 2017년에서 2021년 사이에 (빠르게 재편되는 수문 순환으로 인한) 기후변화와 관련된 극심한 기상 이변이 사회와 경제, 환경에 입힌 총 피해액은 7420억 달러에 달한다.[15] 이러한 손실을 감안해 2021년 지구온난화 배출을 줄이고 향후 10년간 미국을 위한 회복력 있는 스마트 3차 산업혁명 인프라를 구축하기 위해 법제화된 미국 초당파적 인프라 계획(US Bipartisan Infrastructure Plan)에서 기후 관련 프로그램의 예산은 총 5500억 달러에 불과하다. 위기의 심각성이 느껴지지 않는다면, 2021년 기준 미국인 10명 중 4명이 '기후 관련 재난'으로 황폐해진 카운티에 산다는 사실은 어떤가?[16]

더 심각한 문제는 미국 인구의 43퍼센트가 노후하고 파손된 댐과 교각, 저수지, 인공 암초에 의존하는 지역에 거주한다는 점이다. 미국의 제방은 평균적으로 거의 60년, 교각은 50년 이상 된 것으로 나타났다.[17] 이 고령의 수자원 인프라는 홍수와 가뭄, 폭염, 산불, 허리케인 등 점점 더 예측하기 어려워지는 수문학적 주기를 견딜 수 있도록 설계되지 않았다. 미국만의 문제가 아니다. 2022년 《워터(Water)》에 발표된 연구에 따르면, 2050년 무렵이면 전 세계 수력발전 댐의 61퍼센트가 '가뭄이나 홍수 또는 두 가지 모두의 위험이 매우 높거나 극심한' 강 유역에 자리할 것이다.[18] 모든 국가가 비슷한 딜레마에 직면해 있다. 수자원 인프라를 지속적으로 수리하고 재건해야 하는가, 아니면 물의 흐름을 자유롭게 풀어 주고 새로운 균형을 확립해야 하는가? 인프라 수리와 재건에 열중하는 것은 필패의 게임이 될 것이다. 후자의 방식을 택한다면 세계 각국 정부는 대규모 토지매입 프로그램과 이주 계획을 통해 국민들이 안전한 지역에 재정착하도록 돕고, 물이 다시 야생으로 돌아가 생명이 번성하는 새로운 생태적 발단을 활성화하도록 박차를 가해야 할 것이다.

우리가 경고를 받지 않았다고 말할 수는 없다. 지난 세기에 위대한 과학자들이 여러 방면에서 경종을 울렸기 때문이다. 20세기 초 생물권에 대해 서술하며 수권이 지구 생명체의 진화를 좌우하는 중대한 힘이라고 주장한 러시아의 저명한 지구화학자 블라디미르 베르나츠키(Vladimir Vernadsky)가 대표적이다. 비슷한 시기에 하버드대학교의 생물학자이자 생리학자, 화학자, 철학자인 로런스 조셉 헨더슨(Lawrence Joseph Henderson)은 물이 지구와 우주의 생명체가 출현한 과정의 잃어버린 고리일 수 있다고 주장했다.[19] 더 최근에는 화학자 제임스 러브록 경(Sir James Lovelock)과 함께 지구를 이른바 '가이아(Gaia)'라는 하나의 자기조직화 시스템으로 보는 가이아 이론을 소개한 생물학자 린 마굴리스(Lynn Margulis)가 인간 문명이 지구의 수권에 미치는 영향에 대해 우려를 표했다.[20] 베르나츠키와 헨더슨, 마굴리스가 똑같이 깨달은 것은 '물'이 지구에서, 추정컨대 우주의 다른 곳에서도 생명체를 살아 움직이게 하는 힘이라는 사실이다. 최근에는 화학, 물리학, 생물학 분야의 여러 연구자들도 알려지지 않았던 물의 특질을 하나하나 밝혀내기 시작했다.

수생 자아: 인간은 어떻게 심해에서 출현했는가

이 책은 지구 생명체가 물을 원동력으로 삼아 출현한 과정에 관해 새로운 이야기를 들려주며, 그럼으로써 우리 인간 종이 자기 자신을 인식하고 지구상에서 맺는 모든 관계를 이해하는 방식 자체를 바꿔 놓을 것이다. 그동안 인류가 가까운 친척인 영장류의 후손이라는 생각이 널리 받아들여졌는데, 최근 인류의 뿌리가 진화의 역사에서 훨씬 이전 시대의 심해까지 뻗어 있다는 과학적 발견이 나와 동요를 일으키고 있다. 사실 고생물학자들은 이미 오래전부터 인류 진화의 기원이 대양에 서식하던 최초의 미생물로 거슬러 올라간다는 가설을 인정해 왔지만, 인류 혈통을 추적하는 과정에서 이 이론을 뒷받침할 만한 증거는 거의 발견되지 않았다.

그렇지만 지난 수십 년간 생물학자들은 우리 종의 진화를 수심 기록까지 연결하는 고리 가운데 빠진 일부를 채워 나가기 시작했다. 2006년 《네이처(Nature)》에 발표한 두 편의 논문에서 시카고대학교의 닐 슈빈(Neil Shubin) 교수는 그의 팀이 캐나다 엘즈미어섬의 버드피오르드에 있는 고대 암석을 깎아 내던 중 지질학 역사상 물고기가 최초의 사지동물

(tetrapod)로 진화한 3억 7500만 년 전에 살았던 몸길이 2.7미터 이상의 생물체 화석을 발견했다고 밝혔다. 이 기이한 생물은 물고기 비늘과 송곳니, 아가미가 있을 뿐 아니라 일정 시간 육지에서 생활하는 동물에만 나타나는 해부학적 특징도 보였다. 슈빈과 그의 동료들은 이 생물을 '피사포드(fishapod, 사지형 어류)'라고 명명했다.[21] 피사포드는 두개골이 넓고 목이 유연하며 악어처럼 눈이 머리 위로 올라가 있어 수면 위까지 볼 수 있다. 또한 서로 맞물리는 큰 흉곽이 있어 폐호흡을 한 것으로 추정된다. 연구자들은 이 생물의 몸통이 얕은 물이나 육지에서 몸을 지탱할 만큼 튼튼했을 것으로 추측한다. 가슴지느러미를 해부했을 때는 놀랍게도 초기 형태의 사지형 손과 원시적인 손목, 그리고 손가락을 닮은 다섯 개의 뼈가 확인되었다. 이 예상치 못한 발견에 슈빈은 외쳤다. "이것은 우리의 일족이다. 우리는 지금 고대의 선조를 보고 있다!"[22]

시간이 흘러 2021년, 코펜하겐대학교의 과학자들은 《셀(Cell)》에 발표한 연구 결과를 통해 지구 생명체의 진화에 관한 160년 동안의 통념을 깨뜨렸다.[23] 코펜하겐대학교와 다른 연구소가 공동 수행한 원시 어류의 게놈 지도를 만드는 작업에서, 약 3억 7000만 년 전 원시 도마뱀과 유사한 사지동물의 지느러미가 공기 호흡이 가능한 팔다리와 기관으로 변하면서 육지로 이동하기 시작했다는 기존의 통념을 무너뜨리는 결과가 나온 것이다. 새로운 게놈 연구 결과에 따르면 사지동물이 육지에 출현하기 5000만 년 전에 이미 물고기에는 팔다리 비슷한 형태와 공기 호흡이 가능한 원시적 기능의 폐에 대한 유전암호가 있었던 것으로 추정된다. 지금도 호수와 강을 헤엄치는 고대 원시 어류의 일종인 폴립테루스 비키르는 심지어 인간과 심폐 기관의 필수 기능을 공유한다. 바로 심장의 우심실에 자리하며 심장이 온몸에 산소를 공급할 수 있게 하는 관상동맥이다. 인간 게놈과 일단의 원시 어류에서 확인된 이 유전암호는 인류가 수억 년 동안 바다를 헤엄친 어류와 유전적 역사를 공유하며, 영겁의 시간 동안 생명체가 진화해 온 고대 바다와 연결되어 있음을 보여 주는 놀라운 발견이다.[24]

우리 인류는 자궁에서 생명이 잉태되는 첫 순간부터 '물의 종'이다. 성인의 인체는 60퍼센트가 물이지만, 태아의 몸은 70~90퍼센트가 물로 이루어져 있고 출생 시점에 가까워지면서 감소한다.[25] 1만 년 전의 암벽화에는 고대 조상들이 평영과 개헤엄 등 오늘날 우리에게 익숙한 다양한 자세로 수영하는 모습이 그려져 있다. 기원전 9000~4000년 사이에 만들어진 이집트 점토 인장에는 크롤 영법으로 헤엄치는 수메르인의 모습이 담겨 있다. 기원전 2100~1200년 사이 메소포타미아 문명 시대에 쓰인 최초의 문학작품 길가메시 서사시에서도 수영이 언급되는 구절을 찾아볼 수 있다.[26]

인류는 생존과 오락을 위해 끊임없이 물에 몸을 담그며 살아왔다. 마시고, 수영하고, 다이빙하고, 떠 있고, 즐기고, 씻고, 세례 의식과 갱신에 참여하고, 심연의 영적 세계와 교감하고, 경제 및 사회 생활을 영위하는 데 물을 활용한다. 다시 말해 우리는 잉태한 순간부터 죽음에 이를 때까지 몸 안팎으로 물의 환경에서 살아간다. 또한 세포, 조직, 기관 등 우리의 액상 존재를 구성하는 모든 물 분자는 일생 동안 그리고 그 후에도 다른 웅덩이와 실체로 이동하며 새로운 거주지를 찾는다. 그래서 생명의 오고 감을 '흙에서 흙으로' 순환함으로 해석하는 성경 구절은 실제와 거리감이 느껴질 수밖에 없다. 지구상의 생명은 액체 환경에서 액체 환경으로 끊임없이 이동하고 재배치되는 것으로 표현하는 편이 더 정확하다.

심해 조상과 우리의 유전적 연결 고리는 훨씬 더 심오하겠지만, 의식이 깨어 있는 동안에는 대체로 인지되지 않는다. 하지만 우리가 꾸는 꿈의 상당수는 물에 관한 것이거나 물이 상상을 이끄는 중심 주제 또는 은

유로 등장한다. 물을 주제로 하는 꿈은 무의식에 숨겨진 두려움이나 희망, 고난, 기대 등 인간 감정의 내밀한 영역을 다루며 상상력을 자극하는 경우가 많다. 예를 들어 정신과 의사는 환자가 물에 빠져 죽는 꿈을 꾸면 정신적으로 힘들다는 의미로 해석하고, 물에 빠졌다가 나오는 꿈은 영적인 정화나 거듭남 또는 삶의 개선을 연상시킨다. 꿈에 등장하는 물의 은유는 다른 어떤 매개체보다 무의식이 정신의 깊숙한 곳까지 내밀히 접근할 수 있게 하며, 이는 인간과 물의 뒤얽힌 관계가 집단 무의식의 근원에 내재된 기억일 수 있음을 암시한다.

역사학자 미르체아 엘리아데(Mircea Eliade)는 생명의 원동력인 물의 중요성에 대한 우리 종의 직관적 감각을 포착하고 이렇게 썼다.

> 물은 잠재성 전체를 상징하며, 모든 가능한 존재의 근원이다. …… 물은 항상 무언가를 움트게 한다. …… 신화, 의식, 도해 등 어떤 문화적 패턴에서든 물은 동일한 기능을 충족한다. 즉 모든 형태보다 앞서고 모든 창조물을 지탱한다. …… 물과의 접촉은 모두 재생을 의미한다.[27]

자신을 인식하고 타인과 소통하는 가장 중요한 방법은 언어 사용에 반영되는 경우가 많다. 생각을 설명하고 전달하기 위해 은유에 얼마나 많이 의존하는지 대개 인식하지 못하지만, 은유는 자신을 표현하는 방식의 중추다. 저명한 로마 가톨릭 사제이자 신학자, 철학자인 이반 일리치(Ivan Illich)는 "물은 은유를 전달하는 거의 무한한 능력이 있다"고 했다.[28] 여기서 우리가 물에 얼마나 중요성을 부여하는지 이해하게 된다. 모든 생명체에 생기를 불어넣는 물이 다른 사람과 생각을 주고받는 데 핵심 역할을 하는 것은 지극히 당연한 일이다.

물의 은유는 문화와 언어를 가리지 않고 어디에나 존재한다. 눈물의 홍수, 아이스 브레이킹(첫 만남의 어색한 분위기 깨뜨리기), 빙산의 일각, 물결 효과, 다리 밑의 물(이미 흘러간 일), 늪에 빠진 느낌, 얼음 같은 시선, 모두 젖은 아이디어(완전히 틀리거나 잘못된 아이디어), 낚싯줄과 봉돌(무언가에 완전히 빠지거나 낚인 상황), 발이 젖다(새롭거나 익숙하지 않은 일에 연루되다), 안갯속 마음, 서리 내린 표정(싸늘한 표정), 생각에 잠기기, 거친 물살(험난한 상황), 가라앉거나 헤엄치기(죽기 살기), 클라우드 9(극도의 환희), 뜨거운 물에 빠지다(곤경에 처하다), 귀 뒤가 젖은(경험이 없거나 순진한), 물 밟기(제자리걸음), 희석된 제안(본디보다 약해진 제안이나 계획), 물 밖에 나온 물고기, 졸졸 흘러나오는 뉴스(느리게 또는 소량으로 제공되는 정보), 파도에 올라탄(도전이나 변화, 부침을 성공적으로 헤쳐 나가는), 인터넷 서핑 등 그 목록은 끝이 없다.

인류가 육지에 기반을 둔 종이라는 점을 고려하면 녹색 공간을 근본적인 거주지로 생각하는 것도 이해할 만하다. 수천 년 동안 우리는 적어도 의식적으로는 풍경(landscape), 즉 대지와 동일시하는 집착을 보여 왔다. 그러면서 물에 대해서는 대개 생명력이 아니라 자원으로, 우리가 거주하는 불가분의 환경이라기보다는 유용한 무엇으로 당연시해 왔다.

하지만 최근 다양한 과학 분야에서 '물의 경관(waterscape)'에 주목하고 물이 인간 본성을 정의하는 데 어떤 역할을 하는지 질문을 던지기 시작했다. 과학자들은 우리가 무의식 수준에서 여전히 물의 영향을 받는다는 사실을 발견하고 있다. 이제 그 현실이 기후 온난화와 지구 수권의 재야생화로 모습을 드러내기 시작했다. 대기천과 봄철 홍수, 여름철 가뭄, 폭염, 산불, 가을철 허리케인과 태풍은 인간 역시 다른 모든 종과 마찬가지로 플래닛 아쿠아에 살고 있다는 사실을 일깨운다.

씁쓸한 깨달음이 아닐 수 없다. 그나마 다행인 것은 생물학자, 생태학자, 엔지니어, 건축가, 도시계획가 들이 물 경관과의 잠재적 관계를 재발견하고 있다는 점이다. 물 경관을 여전히 풍경의 부속물로 여기기는 하지만, 우리는 점차 물과의 더 깊은 관계를 깨닫고 있다. 연구자들은 이제 인간이 푸른 공간을 녹색 공간과 비교해 어떻게 간주하는지 묻기 시작했으며, 수천 년 동안 가려져 있었지만 푸른 공간과의 친연성이 항상 존재했다는 사실을 발견하고 있다. 인구의 대부분이 어디에 사는지 생각해 보라. 인류의 10퍼센트는 해안가에 살고 또 다른 40퍼센트는 해안에서 약 100킬로미터 이내에 살고 있다.[29] 더욱이 전 세계 인구의 50퍼센트가 담수에서 3킬로미터 이내에 살고 있으며, 물에서 10킬로미터 이상 떨어진 곳에 사는 인구는 10퍼센트도 안 된다.[30]

이제 수권이 온난화하는 기후에서 예측할 수 없는 특별한 요인이 되면서, 푸른 공간이 치료와 건강에 미치는 영향이 생물학자, 생태학자, 도시계획가, 건축가, 일반 대중 사이에서 재조명되고 있다. 다만 이에 관한 새로운 연구들은 녹색 공간의 확장으로 주제에 접근하는데, 실제로 암석권을 생성하는 것은 수권이며 그 반대의 경우는 성립하지 않는다.

독일 본대학교의 위생및공중보건 연구소에서 푸른 공간이 인간의 건강과 웰빙에 미치는 영향에 관해 수행한 다수의 연구는 물속에 잠겨 있거나 물 위에 떠 있는 것이 미적 측면과 건강 증진에 효과가 있음을 밝혔다. 푸른 공간에 들어가는 것은 풍성한 현상학적 효과, 즉 체화된 경험을 불러왔다. 연구에 참여한 응답자들은 푸른 공간에 접근했을 때 습도 증가와 더불어 푸른 수면 위아래와 주변에 분포하는 다양한 야생동물을 예민하게 인식했다. 깨어난 감각은 피험자들을 푸른 환경으로 감싸는 효과를 발휘했다. 물의 색, 소리, 투명함, 움직임, 배경 등은 기계적인 도시 환경에서 발생하는 각종 소음과 금속 냄새, 배출 가스 같은 불협화음에 비해 훨씬 더 밀도 있고 생동감 넘치는 대안적 영역으로 피험자들을 이끌었다.

여러 실험의 피험자들이 푸른 공간에서 몰입감이 높아졌고 물에서 탄생한 다양한 생명체의 생생한 생동감을 느꼈다고 답했다. 특히 물의 흐름과 소리, 색채는 일련의 짜릿한 생리적 반응과 푸른 경관에 대한 깊은 일체감을 불러일으켰다. 이 대규모 연구의 저자들은 푸른 경관의 영향과 효과를 조사한 여러 실험을 설명하며 피험자들이 공유한 경험을 다음과 같이 보고했다. "사람들은 물소리에 감탄하며 잔잔하거나 완만하게 흐르는 소리부터 활기찬 굉음에 이르기까지 그 다양성과 특수성에 큰 중요성을 부여하고 잔잔한 물소리가 회복에 도움이 된다고 생각한다. 물의 색깔도 다양한 감정 반응을 유발한다. 예를 들어 푸른 물은 순수하다고 여겨지지만 노란 물은 그렇지 않은 경우가 많다. 또한 푸른 물은 시원함을, 하얀 물은 굉음과 힘을 연상시킨다."[31]

파도가 밀려왔다가 이내 깊은 바다로 사라지는 해안선을 따라 걸어 본 사람이라면 누구나 넋을 잃고 그 아래와 너머에 무엇이 있을지 궁금해한 적이 있을 것이다. 가둬지길 거부하는 광활한 바다를 바라보며 아무 느낌도 들지 않거나 존재의 광대함에 대해 숙고해 보지 않은 사람, 무한해 보이는 우주가 어떻게 생겨났으며 우리 각자가 이 지구상의 큰 그림에 어떻게 들어맞는지 생각해 보지 않은 사람은 없을 것이다.

인류와 물의 관계에 대한 흥미로운 발견 중 하나는 역사적으로 모든 문화권에서 회복을 목적으로 수중 환경을 찾았다는 사실이다. 환자와 학생들을 대상으로 벽에 걸고 싶은 그림에 대한 선호도를 조사한 연구에서는 "물과 관련된 경관이 지속적으로 가장 높은 순위를 차지했다."[32] 물은 지구상의 모든 생명체가 삶을 영위하는 환경이자 매개체인데도 우리는 종종 물이 지구의 다른 권역에 활기를 불어넣고 우리 종의 번성을 북돋우는 데 결정적 역할을 한다는 사실을 망각한다. 미국의 소설가 데이비드 포스터 월리스(David Foster Wallace)는 거의 검토된 바 없는 물과 우리의 친밀한 관계를 다음과 같은 비유로 보여 주었다.

어린 물고기 두 마리가 헤엄치는데, 우연히 반대편에서 나이 든 물고기가 헤엄쳐 오더니 고개를 끄덕이면서 인사를 건넨다. '좋은 아침이야, 꼬마들. 물은 어때?' 두 어린 물고기는 조금 더 헤엄치다가 결국 한 마리가 다른 물고기를 바라보며 말한다. '도대체 물이 뭐지?'[33]

물은 어디에나 존재하며 매 순간 우리의 육체적 존재와 구체화된 관계를 이끌지만, 우리가 거주하는 매개체인 탓에 종종 감지되지 않는다. 슈무엘 버밀(Shmuel Burmil), 테리 대니얼(Terry Daniel), 존 헤더링턴(John Hetherington)은 《조경과 도시계획(Landscape and Urban Planning)》에 발표한 연구에서 물의 상존성에 관해 고찰한다. 연구는 물의 반사 성질을 언급하며 시작한다.

물은 표면에서 거의 완벽하게 광파를 반사할 수 있다. …… 표면이 잔잔할 때는 산이나 바위, 나무, 야생동물, 때로는 관찰자 자신의 모습이 매우 선명하게 드러난다. …… 물의 색은 그 안을 부유하는 침식물의 영향을 받기도 한다. 콜로라도('붉은')강은 강물이 운반하는 진흙의 색깔 때문에 그런 이름이 붙었다. …… 소리는 물이 장애물 위나 주변을 흐르거나 폭포 아래로 떨어짐으로써 또는 물고기나 다른 동물들이 수면 위아래를 오가며 이동함으로써 만들어진다. …… 한 방울이 떨어져 수면에 부딪힐 때 나는 매우 미묘한 소리가 있는가 하면 급류의 돌진 소리와 폭포의 천둥 같은 포효도 있다. …… 자연에서 물은 계곡을 채우고 웅덩이를 형성하며 개울을 따라 구불구불 흐른다. …… 물은 고요하게 반사하며 가만히 있을 수도 있고, 거친 수직면이나 각진 평면을 형성하며 활기차게 움직일 수도 있다. …… 물은 풍경에 극적인 영향을 미칠 뿐 아니라 만들어 내기도 하며 '(애리조나의 그랜드캐니언과 같은) 기념비적으로 조각된 환경'을 창출할 수도 있다.[34]

매개체로서 항상 존재하는 물이 당연한 것으로 받아들여지는 이유는 버밀 등이 지적한 것처럼 "물은 자체 형태가 없고 그것을 담은 그릇의 형태를 취하기" 때문이다.[35] 요컨대 물은 모든 생명체를 살아 움직이게 한다.

지구물리학자들은 오래전부터 지구 내부 맨틀과 핵에 물이 있을지도 모른다고 생각해 왔다. 맨틀은 지구 부피의 84퍼센트를, 핵은 지구 부피의 15퍼센트를 차지한다. 껍질에 해당하는 지각은 나머지 1퍼센트인 것이다.[36] 우리가 사는 행성의 내부에서 무슨 일이 벌어지고 있는지는 최근까지도 거의 알려지지 않았다. 1990년대에 들어 지표면에서 400~660킬로미터 아래에 있는 상부 맨틀과 하부 맨틀 사이 전이대의 주성분인 링우다이트(ringwoodite)라는 광물이 수억 년 혹은 수십억 년 동안 막대한 물을 저장하고 있다는 추측이 제기되었다.[37] 지구물리학자들은 그 깊이와 극한의 온도 때문에 물이 수소와 산소로 분해되어 암석의 결정 구조에 화학적으로 결합되어 있을 것으로 생각한다. 어떤 형태를 취하든 물은 여전히 물이다.

그러다 2014년 앨버타대학교의 지질학자 그레이엄 피어슨(Graham Pearson)이 브라질의 전이대에서 형성된 작은 다이아몬드를 발굴했는데, 그 안에서 약 1퍼센트의 물을 함유한 링우다이트가 발견되었다. 이를 계기로 지구의 맨틀과 핵에 물이 실제로 얼마나 숨겨져 있을지 질문이 제기되었다.[38] 노스웨스턴대학교의 지질학자 스티븐 제이컵슨(Steven Jacobsen)과 뉴멕시코대학교의 지질학자 브랜든 슈만트(Brandon Schmandt) 팀은 미국 전역에 설치된 2000개의 지진계를 분석해 지구 맨틀을 조사했고, 그 결과 지구 내부 전이대에서 엄청난 양의 용융 물질을 발견해 전이대가 물로 가득 차 있음을 명확하게 밝혀냈다.[39]

그 후 지금까지 지질학자들은 전이대 위와 아래에서 추가로 물을 발견하고 있다. 2016년 제이컵슨의 연구팀은 9000만 년 전 화산 폭발 때 지표면에서 약 960킬로미터 아래 하부 맨틀에서 올라온 작은 다이아몬드를 발견했다. 이 다이아몬드에는 하부 맨틀의 핵심 성분인 페로페리클레이스(ferropericlase)가 함유되어 있었으며, 그 안에 무게 기준으로 1퍼센트 미만의 물이 들어 있었다.[40]

제이컵슨과 지질학자들은 하부 맨틀이 지구 맨틀의 절반을 차지한다는 점을 고려해 암석층 사이에 또 다른 해양 덩어리가 분포할 가능성이 있다고 생각한다. 제이컵슨은 데이터를 통해 다음과 같이 추정한다. 전 세계 섭입대 전체에 걸쳐 "대양들은 하나의 해양 덩어리를 구성하고, 상부 맨틀에 하나의 해양 덩어리가 있으며, …… 전이대에 두 개가 더 있다고 가정할 수 있다. 지각과 하부 맨틀을 합쳐서 한 개 더 있을 수 있으므로 지구에는 모두 다섯 개의 해양 덩어리가 존재할 것이다."[41]

바다 밑 바다에 대한 이 새로운 발견은 소수만 즐기는 호기심 이상의 의미가 있다. 오하이오 주립대학교의 지구물리학자 웬디 파네로(Wendy Panero)는 물이 암석을 유동적으로 만들기 때문에 "판구조론이 가능해진다"는 사실을 상기시킨다. 판구조는 열과 물, 화학물질을 각 권역으로 순환시켜 지구의 기후를 오랜 시간 비교적 안정적으로 유지함으로써 생명체가 살 수 있는 환경을 마련해 준다. 컬럼비아대학교의 지구물리학자 도나 실링턴(Donna Shillington)은 지구에 대한 지구물리학자들의 인식을 바꾸고 있는 새로운 발견들을 이렇게 요약한다. "물은 지구 표면에서만큼이나 지구 내부의 작용에서도 결정적인 역할을 한다."[42]

2

물을 가두기 시작한 인류: 수력 문명의 여명기

●

인류의 세계관을 완전히 바꿔서 우리가 사는 행성이 대지가 아니라 플래닛 아쿠아라는 사실을 깨달으려면 우리 존재의 근본을 개념부터 다시 정립해야 한다. 우리 종은 지구에서 '땅을 딛고' 사는 존재일까, 아니면 물의 연장선에 있는 존재일까? 이 물음에 답하기 위해서는 역사와 집단 기억을 거슬러 올라가 인간이 수천 년간 전승해 온 신화, 전설, 이야기 들을 검토해야 한다. 그것들이 우리가 스스로를 어떻게 생각했고, 삶을 어떻게 상상했으며, 지구상의 삶을 어떻게 경험했는지 정의하기 때문이다.

생명의 기원과 인류의 문화적, 사회적 발전을 설명하는 많은 이야기에는 대지 중심 관점과 아쿠아 중심 관점의 대비가 드러난다. 의식의 진화를 세심하게 탐구하다 보면 필연적으로 인간의 자연 서식지를 어떻게 정의할지 고심할 수밖에 없다. 우리가 대지의 흙에서 나온 존재인지 바다의 물에서 나온 존재인지는 역사의 분수령에 선 오늘날 인류의 내러티브를 재고하는 핵심 질문이다. 온난화로 수권이 격변하는 지구에서 생존하는 방법에 대해 관심이 높아지면서, 우리는 대지를 보호하는 것과 바다를 자유롭게 하는 것 사이에서 어디에 우선순위를 두어야 할지 갈피를 잡지 못하고 있다.

사실 두 가지 모두 해결해야 하지만, 우리 발밑의 대지를 보호하는 것도 미지의 세계로 생명체를 몰아가고 있는 수권의 해방을 인식하고 그에 적응하는 데 달려 있다는 사실에 주의해야 한다. 이를 위해서는 은하계 안의 작은 태양계에 다른 일곱 행성과 함께 자리한 플래닛 아쿠아에 산다는 것이 무엇을 의미하는지 새로운 상상이 필요하다. 최우선순위는 역사적으로 형성된 물의 존재론을 탐구하는 것으로, 친밀하지만 거의 검토되지 않았던 수권과의 관계를 다양한 차원에서 주목해야 한다.

수권과의 관계를 이해하는 작업은 우리 종이 물의 행성에서 영위하는 삶의 흐름을 어떻게 '길들였는지' 살펴보는 것에서 출발한다. 모든 것은 약 1만 1000년 전 마지막 빙하기가 끝나고 온화한 기후가 펼쳐지면서 시작되었다. 지질학자들이 홀로세라고 부르는 시기에 접어들자 우리 조상 대부분은 유목 생활에서 벗어나 정착 생활에 들어갔고, 식물과 야생동물을 길들여 농경과 목축을 발달시키면서 넓은 의미로 경제생활이라 할 수 있는 것의 초석을 놓았다. 경제생활의 핵심은 복잡한 인간 사회 인프라의 조성인데, 여기서 수권이 중심 역할을 수행하게 된다.

사회적 유기체의 형성

문명이 태동한 이래 인류가 자연계와 상호작용하는 방식에서 일어난 중대한 변화는 모두 수권이 선도한 획기적인 인프라 혁명으로 기록할 수 있다. 역사학자 대부분은 인프라를 단순히 집단생활에서 많은 사람을 결속하는 발판 정도로 여기지만, 인프라는 사실 훨씬 더 중요한 역할을 수행한다. 새로운 인프라 패러다임은 사회집단의 존립을 유지하는 데 필수적인 네 가지 구성 요소의 결합으로 이루어진다. 바로 새로운 커뮤니케이션 형태, 에너지와 동력의 새로운 원천, 새로운 운송·물류 방식, 그리고 가장 중요한 요소인 새로운 수권 관리법이다. 이 네 가지 기술 진보가 매끄럽게 결합할 때 사람들이 일상적인 경제생활과 관련해 소통하고 작동하고 움직이는 방식, 사회와 정치 규범을 확립하는 방식에 변화가 생긴다.

전작인 『회복력 시대(The Age of Resilience: Reimagining Existence on a Rewilding Earth)』에서 설명한 바와 같이, 인프라 혁명에 요구되는 것은 커뮤니케이션 방식, 에너지원, 환경에서 움직이기 위한 이동성 또는 기동성, 그리고 생명을 유지하기에 충분한 물 공급 등 모든 유기체가 살아가는 데 필요한 것과 유사하다. 인간 사회의 인프라 혁명은 갈수록 복잡해지는 사회적, 경제적, 정치적 상황에서 많은 사람이 상호작용하며 차별화된 역할을 수행할 수 있게 하는 기술적 보완 수단이다. 대규모 '사회적 유기체'를 형성하는 셈이다.

모든 유기체는 살아남고 번성하기 위해 내부 생명과 외부 세계 사이의 관계를 관리하는 (피부나 껍질 같은) 반투막이 필요하다. 사회적 유기체도 마찬가지다. 건물과 기타 구조물이 반투막으로 기능해 우리 종이 자연의 위협 요소들을 피하고 신체 건강을 유지하는 데 필수적인 식량과 에너지를 저장하며 존속에 필요한 재화와 용역을 생산하고 소비하도록 도울 뿐 아니라 사람들이 모여 가정을 꾸리고 사회생활을 영위하는 장소가 된다.

인프라 혁명은 또한 사회의 시간적, 공간적 지향과 더불어 사회생활과 경제활동, 거버넌스 형태의 성격을 변화시킨다. 인프라로 가능해진 새롭고 더욱 차별화된 집단생활 유형에 따르는 기회와 제약이 영향을 미치기 때문이다.

19세기에는 증기 동력 인쇄와 전신, 풍부한 석탄, 전국 철도망과 기관차, 현대적인 배관 및 하수 처리 시스템이 철도역 주변에 밀집해 조성된 도시 건축물과 맞물리며 커뮤니케이션, 에너지 체계, 이동성이 상호작용하는 인프라가 형성되었다. 그에 따라 1차 산업혁명이 태동하면서 도시 거주지 건설, 자본주의 경제, 국민국가 정부가 감독하는 국내시장이 출현했다.

20세기에는 전화, 중앙 집중형 전력, 라디오와 텔레비전, 저렴한 석유, 전국 도로망과 내륙 수로, 해로 및 항공로를 오가는 내연기관 운송수단이 인공 저수지 및 거대한 수력 댐의 건설과 맞물려 인구가 성장하는 도시와 교외, 시골에 전기, 물, 농업용 관개용수를 추가로 제공했다. 그렇게 태동한 2차 산업혁명은 세계화와 다양한 글로벌 거버넌스 기구의 부상을 가져왔다.

오늘날 우리는 3차 산업혁명의 초기 단계에 있다. 커뮤니케이션 인터넷은 태양광 및 풍력 발전으로 구동되는 디지털화한 전력 인터넷과 융합하고 있으며, 지역 및 전국 기업과 가정, 지역사회 단체, 농장 및 목장, 시민사회 기관, 정부 기관 들이 태양광이나 풍력을 이용해 자체적으로 전기를 생산하고 있다. 잉여 녹색 전기는 현재 커뮤니케이션 인터넷으로 뉴스, 지식, 엔터테인먼트를 공유하듯이 재생 에너지 전기를 공유하기 위해 데이터, 분석, 알고리즘을 이용하는 점차 통합되고 디지털화하며 머지않아 대륙 간에도 설치될 전력 인터넷에 되팔리고 있다.

현재 이 두 가지 디지털화 인터넷은 태양광 및 풍력 전기를 전력 인터넷으로 공급받는 전기 및 연료전지 차량으로 구성된 이동성 및 물류 인터넷과 융합하고 있다. 앞으로 수십 년 동안 이런 운송 수단은 도로, 철도, 수로, 항로에서 점점 더 자율주행으로 움직이다가 완전 자율주행에 도달할 것이며, 전력 인터넷과 커뮤니케이션 인터넷처럼 빅데이터와 분석, 알고리즘으로 관리될 것이다.

이 세 가지 인터넷이 이제 네 번째 디지털화한 수자원 인터넷과 융합하기 시작했다. 수만 개의 분산형 및 분권형 스마트 저수조와 여타의 집수 시스템으로 구성된 수자원 인터넷은 우리가 살고 일하는 지역에 내리는 비를 수확해 지하 수조와 물 마이크로그리드에 저장한다. 그런 다음 빅데이터와 분석, 알고리즘을 이용해 필요한 곳에 가정용수, 산업용수, 관개용수를 스마트 파이프 시스템으로 전달한다. 하수는 다시 지하 수조로 보내 정화하고 재사용한다.

이 네 가지 인터넷은 데이터와 분석의 지속적 흐름을 갈수록 더 공유할 것이며, 커뮤니케이션, 녹색 전기의 생성·저장·유통, 지역과 대륙과 전 세계를 오가는 무공해(탄소 배출 제로) 자율주행 운송 수단, 가정용·산업용·농업용 빗물 수확 및 정화를 동기화하는 알고리즘을 생성할 것이다. 또한 생태계와 호수, 강, 개천, 농경지, 창고, 도로망, 공장의 생산 라인, 특히 주거용·상업용 건물에서 일어나는 활동을 실시간으로 추적 관찰하는 사물인터넷(IoT) 센서로부터 지속적으로 데이터를 수집해 일상의 경제활동과 사회생활을 더 효과적으로 영위할 수 있게 할 것이다.

인프라 패러다임의 대변혁은 역사를 통틀어 도시 수력 문명의 흥망성쇠와 궤를 같이한다. 그럼에도 복잡한 도시 생활을 가능하게 한 물의 격리가 아니라 도시화의 다양한 단계에 부합하는 경제, 거버넌스, 종교의식이 전통적으로 더 주목받은 것은 이상한 일이 아닐 수 없다. 역사학자와 인류학자들은 지난 6000여 년간 도시 수력 문명의 흥망성쇠가 광대한 지구 대지의 생태계를 훼손해 온 것에도 별다른 주의를 기울이지 않았다. 지구의 물을 '생명의 원천'에서 '자원'으로 변형시키며 주기적인 열역학적 붕괴와 인간 거주지의 대규모 방기, 인구의 분산 및 대량 이주를 초래한 점 말이다.

메소포타미아, 이집트, 인도의 인더스 계곡, 중국 황허, 그리고 훗날 로마에서 부상한 수력 제국은 새로운 인간 행위를 상징했다. 우리 선조들은 물을 활용하고 재배치 고도로 복잡한 기술을 도입해, 다른 모든 종과 마찬가지로 늘 지구의 자전과 공전에 따른 수권의 시간적, 공간적 흐름에 적응하며 살던 방식에서 벗어나 우리 종의 배타적인 시간적, 공간적, 사회적 우선순위에 맞춰 물을 길들여 나가기 시작했다.

이어서 그리스의 크레타와 동남아시아의 크메르 제국, 멕시코와 중앙아메리카의 마야문명, 서남아메리카의 잉카제국에서도 수력 문명이 등장했으며, 이들 각각은 밀집한 도시 환경의 출현과 더불어 성장했다.[1]

이 모든 문명은 구성원들에게 안정적으로 물을 공급하고 농경지에 물을 대며 곡물을 재배하기 위해 주변의 물을 격리하고 저장하는 복잡한 수력 시스템을 확립했다.[2]

최초의 도시 수력 사회는 오늘날의 튀르키예, 이라크, 시리아, 이란 일부를 포함하는 지역인 메소포타미아의 티그리스강과 유프라테스강 유역에 정착한 수메르인들이 형성했다. 그들은 제방과 운하를 건설하고 유지하기 위해 수천 명의 노동 인력을 활용해야 했다. 또한 인공물을 건설하고 곡물을 체계적으로 생산, 저장, 유통하기 위해 전문적인 수공업 기술을 개발해야 했다. 건축가와 엔지니어, 광부, 금속기술자, 부기계원 등 사상 최초의 전문화된 노동력이 나타났다. 수메르인들은 라가시, 니푸르, 우르, 우루크, 에리두 등지에 웅장한 도시국가를 건설하고 신을 기리는 기념비적인 신전 건물을 세웠다.[3]

가장 중요한 것은 전체 시스템을 관리하기 위해 최초의 문자인 설형문자가 발명되었다는 사실이다. 지중해, 인도, 중국 등 곡물 식물의 광합성 작용을 통해 태양 에너지를 포집하는 대규모 복합 수력 문명이 발달한 곳 어디든 독자적으로 문자를 발명해 생산, 저장, 물류 작업을 체계화했다.

수메르 최초의 문자 기록은 기원전 3500년으로 거슬러 올라간다.[4] 문자는 상업과 무역에 활용되었을 뿐만 아니라 정부 관료 조직과 종교 관습을 관리하는 행정 도구로, 문학작품을 위한 예술의 매체로도 이용되었다. 점토 벽돌, 양피지, 파피루스, 밀랍 정제 등이 글자를 남기는 재료로 사용되었다. 펜나이프라고도 불리던 깃펜이나 붓이 필기구로 이용되었으며 다양한 식물성 잉크가 글을 새기는 데 쓰였다. 초기 문자는 점토에 새긴 상형문자 형태였고, 말소리를 기호로 나타낸 표음문자가 뒤를 따랐다. 필기를 가르치기 위해 '서판의 집'이라는 특별한 학교가 설립되었으며, 글쓰기를 배운 장인과 상인, 정부 관리, 궁전 사제 들은 문자로 서로 소통할 수 있었다. 나중에 서판의 집은 학교로 바뀌어 수메르에서 배움의 중심이 되었다.[5] 수메르 도시국가 인구의 1퍼센트 미만이 글을 읽고 쓸 수 있었던 것으로 추정되지만, 부분적으로나마 문자가 사용되는 최초의 사회에서 생활하는 것은 사회적, 경제적, 정치적으로 지대한 영향을 미쳤다.[6] 학교의 교육과정에는 수학, 천문학, 마술, 철학 공부까지 포함되었다.[7]

문자가 법률의 성문화와 공표를 이끈 덕분에 사법 행정이 더 체계적인 기반을 갖추게 되었다. 셈족의 한 갈래인 아카드인이 수메르인을 정복하고 반독립적인 성벽 도시들을 하나의 제국으로 통합하면서 사법 체계는 더욱 정교해졌다. 문화와 언어 배경이 다양한 사람들을 하나로 규합하기 위해서는 모든 사람에게 동등하게 적용되고 모든 주체에게 정의를 보장할 수 있는 법규가 필요했다. 통치자 함무라비의 이름을 딴 함무라비법전은 특히 사유재산의 취득, 보유, 상속과 관련해 개인의 권리를 제한적으로나마 보장한 최초의 법전이다. 나중에 바빌로니아 제국을 세운 아카드인들은 수메르의 문자 체계를 자신들의 언어에 더 잘 맞도록 개조했다.[8] 바빌로니아 제국은 인간 의식의 역사에서 특별한 자리를 차지할 자격이 있다. 바로 그 시대에 "문자를 사용하는 사회에서 '개인'이라는 인식이 처음으로 출현했기 때문"이다.[9]

법을 성문화 및 객관화하고 개인의 법적 권리를 어느 정도 보장함으로써 사법 규범은 개인의 자의식 발달에 많은 영향을 미쳤다. 사법 행정의 공통 기준이 확립되자 사람들은 타인의 사회적 행동을 자신과 비교해 객관적으로 판단할 수 있었다. 함무라비법전은 여러 문화권에서 불의에 대한 다양한 경험과 잘못을 바로잡는 처방을 조합해서 더 일반적인 범주로 추상화했다. 따라서 관련자들은 불의에 대한 자신의 경험이 수많은 부족의 이질적인 경험을 종합한 지배적 규범과 어떻게 일치하거나 상충하는지 이해하느라 어느 정도 성찰과 해석의 시간을 가져야 했다. 반면 단일 부족 문화에서는 금기 사항이 모호하지 않고 명확했으며 성찰과 해석이 거의 필요하지 않았다. 자신의 감정에 대해 생각할 필요도 없었다. 선조들이 상황에 적절하다고 한 행동 방식을 따르기만 하면 되었다. 정형화된 구전 문화에서는 정형화된 감정 및 행동 반응이 요구됐지만, 문자 문화에서는 법으로 정해진 추상적인 규범을 기준으로 각각의 새로운 상황에 맞는 개별적인 감정 및 행동 반응이 필요했다.

법규의 추상화는 모든 이에게 동등하게 적용되고 개인의 준수를 요구하는 법률을 창출함으로써 전통적인 부족의 권위를 약화했으며, 이로써 각 개인을 이전의 집단적 부족 소속에서 부분적으로 분리했다. 함무라비법전은 미약하나마 역사상 처음으로 개인의 자아를 하나의 독립된 존재로 공식 인정한 것이다.

수메르에서는 곡물 생산의 양적 도약으로 인구가 크게 늘면서 수만 명 이상의 주민이 거주하는 공동체, 즉 훗날 도시 환경으로 구분되는 공동체가 형성되었다. 제분소, 가마, 작업장 등 일부 생산 시설에는 1000명 이상의 인력이 고용되어 사상 최초의 도시 노동력을 구성했다.[10]

강 유역 전체를 거대한 생산 시설로 바꾸려면 고도로 중앙집권화된 새로운 정치적 통제가 필요했다. 거대 수력 문명은 특정 계절에 수천 명의 농부들을 동원하는 것부터 운하 청소, 곡물의 운송·저장·분배, 인근 지역과의 상거래 관리, 세금 부과 및 징수, 국경 방어를 위한 군대 유지에 이르기까지 지역 행정 및 생산의 모든 측면을 감독하는 최초의 자치 통치자들과 정부 관료들을 탄생시켰다. 이들 초기 수력 문명에는 궁정 사제, 필경사, 숙련된 장인과 하인 등 수천 명의 전문 노동자도 필요했다. 전문 직무 및 기술에 종사한 이는 전체 인구의 일부인 10퍼센트 미만으로 추정되지만, 이들이 바로 문명 생활의 첫 단추를 끼운 사람들이다.[11]

인류가 문명화를 위해 치른 대가는 좋고 나쁜 것이 뒤섞여 있었다. 한편으로 사람들은 무자비한 규율과 엄격한 통제에 종속되어야 했다. 삶의 모든 측면이 절대 권력을 누리는 통치자의 감독하에 있는 강력한 관료 조직에 의해 조율되었다. 반면에 전문적인 공예 기술과 노동의 발달, 그리고 제한된 형태의 사유재산, 화폐 거래, 임금의 발명은 선사시대의 집단적 '우리'에서 개인을 분리해 최초의 부분적 '자아'와 자립심의 태동을 이끌었다.

하지만 수력 문명의 발전에서 가장 큰 이득을 본 축은 수메르 상인들이었다. 이들은 숙련된 장인들보다 훨씬 더 큰 독립성과 자유를 누렸다. 물론 지배층의 명령을 따라야 하는 처지는 같았지만, 자기 뜻대로 거래하고 교역하는 것도 허용되었다. 수메르의 상인들은 역사상 최초의 대규모 민간 기업가가 되었고, 그들 중 다수는 큰 재산을 모았다.[12] 집단과 구별되는 유일한 개인은 이렇게 수메르에서 처음으로 희미한 자아의 공기를 호흡했다.

모든 주요 수력 문명은 노동력과 동물을 수송하고 상거래와 무역으로 곡물과 기타 상품을 교환하기 위해 정교한 도로 시스템과 수로를 건설했다. 왕국 간의 통신에 사용된 왕의 도로는 바퀴 달린 마차 및 범선과 더불어 수력 문명의 위대한 발명품 중 하나였다. 바빌로니아, 아시리아, 페르시아의 도로들은 그리스인에게, 그리고 이어서 로마인에게 영감을 주었는데, 로마인들은 이를 모방해 실로 방대한 도로망을 구축했다. 왕의 도로는 인도 전역을 가로질러 건설되었고, 중국에서도 기원전 221년 제국의 출현과 함께 거대한 도로망이 갖춰지기 시작했다.[13] 이 왕의 도로들로 도시 생활이 가능해졌다.

수메르인과 이후의 모든 수력 문명은 풍요로운 도시 문화를 발달시켰다. 왕의 도로는 이주를 장려하고 도시 생활을 촉진했으며 도시 중심지는 다양한 문화를 끌어들이는 자석이 되었다. 밀집된 주거 환경은 문화 간 교류와 세계주의적 태도를 불러왔다. 이질적인 문화가 갈등을 빚기도 했지만, 이전에는 이방인으로 여겼던 사람들을 '친구'로 경험하는 문이 열리기도 했다. 낯선 타자에게서 유사점을 발견하는 것은 공감 표현을 강화하고 심화하며 혈연관계를 넘어 보편화했다.

이방인으로 여기던 무관한 타자와의 일상적인 상호작용과 부분적인 자아의식의 결합은 인류 역사에서 획기적인 순간이었다. 친족 집단에 속하지 않은 개인과의 접촉은 각자의 개인성을 어렴풋하게나마 인식하는 계기가 되었다. 물론 도시 생활은 고립과 외로움으로 이어질 수 있다. 하지만 그것은 공감의 확장을 통해 다른 고유한 자아와 동질감을 느낄 수 있는 유일한 자아를 낳기도 한다. 집단에서 부분적으로 분리된 개인이 이번에는 별개의 존재로서 다시 타인과 연결되는 과정을 시작하고, 이를 통해 자신의 자아를 더욱 발전시킨다. 다른 인간 존재에 공감하는 보편적 감정에 대한 깨달음은 초기 수력 문명에 약간의 동요를 일으켰을 뿐이다. 하지만 인류의 여정에서 새로운 국면이 펼쳐지는 계기가 되기에는 충분했다.

경제학의 발명

수자원 인프라의 등장은 인류 역사에서 중차대한 전환점이 되었다. '도구의 인간'인 호모 파베르는 말 그대로 지구의 수권 전체를 길들여 인간 종의 필요와 열망을 충족시키는 도구로 만들면서 영향력이 훨씬 더 커졌다. 우리 종의 배타적 의지를 충족하기 위해 수권을 굴복시키자 잉여 식량이 엄청나게 증가했고, 그에 따라 논밭에 필요한 일손이 줄어들어 상대적으로 더 밀집한 도시 지역으로 인구가 이동하고 경제생활이라는 새로운 현상이 나타났다. 도시 생활은 이어서 우리가 문명이라고 부르는 것을 탄생시켰다. 이것이 역사의 한 페이지에 불과하다고 생각할 수 있지만, 20세기 전체와 21세기 초반 20년은 오직 인류만 사용하는 수력발전 댐과 인공 저수지, 파이프, 펌프 시스템이 기록적인 수치로 구축되면서 지난 6000년 중 수자원 인프라가 가장 크게 확장된 시기였다. 2007년 유엔(UN)은 지구상의 인류 대다수가 도시 공동체에 밀집해 살고 있다고 보고했다.[14] 2014년 현재 전 세계 400개 이상의 도시에 각각 100만에서 3800만 명에 달하는 인구가 거주하고 있는데, 이는 복잡하게 얽힌 수자원 인프라 덕분에 가능하다.[15]

거대 수력 문명과 그에 따른 도시 생활은 지중해, 인도, 중국에서 거의 비슷한 시기에, 그리고 뒤이어 동남아시아, 멕시코 일부 지역, 중앙아시아, 서남아메리카 등지에서 출현했다. 인류학자들은 왜 다른 곳에서는 그것이 나타나지 않았는지 의문을 품었다. 이와 관련해 워릭대학교와 라이히만대학교, 예루살렘히브리대학교, 폼페우파브라대학교, 바르셀로나경제대학원의 연구진이 2021년《정치경제학 저널(Journal of Political Economy)》에 발표한 획기적인 연구는 경제생활의 기원과 계급제도의 형성에 대한 기존 이론을 재고할 수밖에 없는 흥미로운 해답을 제시한다.(계급제도야말로 도시 기반 수력 문명을 떠받치는 주된 지주다.)[16]

기존의 통념은 이렇다. 농경의 도입은 신석기시대 동안 세대를 이어가며 토지의 재생력을 높이는 방법을 배우고 생산성을 점진적으로 증가시킨 시행착오 과정이었다. 생산성 증대로 인한 잉여 생산은 인구 증가와 더불어 논밭에 필요한 인력을 줄여 잉여 노동력이 도시 지역으로 이주할 수 있었고, 이것이 사회적 계층화와 계급 출현, 국가 형성으로 이어졌다. 그렇다면 비슷한 시행착오와 점진적인 생산성 증가의 역사를 가진 열대 지방의 농경 지역이 수력 문명처럼 복잡한 계급제도와 국가를 형성한 구조화된 도시 생활로 '진보'하지 않았다는 사실은 어떻게 설명할 수 있는가? 연구자들은 "복잡한 계급제도와 국가가 형성된 것은 식량 생산이 증가했기 때문이 아니라 '사적으로 전용할 수 있는' 곡물에 의존하면서 신흥 엘리트들의 과세가 수월해졌기 때문"이라고 주장한다.[17]

왜 곡물일까? 수확한 후 빠르게 부패해 장기 저장과 축적, 유통이 불가능한 덩이뿌리 및 덩이줄기 작물과 달리 곡물은 장기간 저장할 수 있고, 계약 노동에 대한 보수의 수단이나 대중에게 세금을 징수하고 서비스 제공에 대한 대가를 지급하는 수단으로 사용할 수 있다. 이런 이유로 곡물은 사회적, 경제적 계층과 정부 관료제의 형성을 설명하는 매우 흡인력 있는 요소다. 통치 엘리트들이 감독하고 관료가 관리하는 자본의 형태로서 부를 축적하는 최초의 원천이었던 잉여 곡물에는 도적질이라는 강력한 단점도 따랐다. 도둑이나 약탈자로부터 곡물을 지키려면 치안 당국이 필요했고, 이 저장되는 새로운 부를 보호할 최초의 군대가 창설되었다.

연구진은 서기 1000~1950년 사이 1000년 가까운 기간의 151개국을 조사해, 신대륙에서는 주요 곡물 열한 가지 중 옥수수만 구할 수 있었고 네 가지 주요 덩이뿌리 및 덩이줄기 작물 중 카사바, 흰 감자, 고구마 세 가지가 1500년 이전에 존재했다는 사실을 밝혀냈다. 반면 구대륙에는 주요 덩이뿌리 및 덩이줄기 작물 가운데 참마만 있었고[18] 대신 옥수수를 제외한 모든 곡물을 구할 수 있었다. 이것으로 신대륙에서 멕시코와 페루에만 관료제가 정립된 국가 체제가 들어선 이유를 설명할 수 있다. 곡물이 "국가 형성에 결정적 역할을 했다는" 전제에 대해 연구진은 "덩이뿌리와 덩이줄기 작물에 의존한 농경 사회에서는 계층적 복잡성이 인류학자들이 말하는 족장제 수준을 넘어서지 못했지만, 우리가 아는 농업 기반 거대 국가는 모두 곡물에 의존했다"고 밝혔다.[19]

그러나 연구진은 곡물이 덩이뿌리나 덩이줄기 작물보다 물이 훨씬 많이 필요하다는 사실을 간과했다. 최근 《환경과 개발, 지속가능성 (Environment, Development, and Sustainability)》에 발표된 한 연구는 덩이뿌리 및 덩이줄기 작물과 곡물의 물 발자국을 비교했는데, 이전의 많은 연구와 마찬가지로 "덩이뿌리 및 덩이줄기 작물의 물 발자국이 곡물보다 훨씬 작다"는 사실을 확인했다. 이는 곡물을 재배하는 지역에서 관개용수가 훨씬 더 많이 필요했으며, 그래서 역사를 통틀어 곡물을 주식으로 삼은 문명들이 대규모 관개 및 농경을 위해 복잡한 수자원 인프라를 구축했다는 의미다.[20]

수자원 인프라, 잉여 곡물의 증대, 제국의 흥망성쇠 사이의 연관성을 로마제국보다 잘 보여 주는 사례는 없다. 로마제국은 유럽과 지중해 전역에 방대한 수자원 인프라를 설계하고 배치하는 데 탁월한 능력을 발휘했다. 로마제국의 수로는 식수, 위생, 오락을 위한 물을 제공했으며, 서쪽으로는 스페인과 프랑스, 동쪽으로는 이집트와 시리아, 요르단에 이르는 농경지를 관개하는 중요한 역할을 했다.[21]

복잡한 수자원 인프라를 활용한 대규모 곡물 재배는 제국의 안정성을 확보하는 결정적 요소였다. 제국의 생존은 상당 부분 수십만 명의 시민과 노예 노동력에게 매주 공짜 빵을 나눠 준 덕분에 유지될 수 있었다. 듀럼밀이 주를 이룬 곡물은 제국 전역에서 재배되어 해상과 육로를 통해 로마와 여타 지방으로 운송되었다. 이집트는 오늘날 리비아, 튀니지, 알제리, 모로코를 아우르는 지역들과 마찬가지로 로마와 여타 지방의 주요한 곡물 허브였다.

로마의 풍자시인 유베날리스는 로마 시민들에게 무상으로 제공된 곡물과 빵의 압도적 중요성을 언급한 바 있다. 그는 유럽, 아시아, 아프리카 전장에서 영광을 떨치며 세 대륙의 일부를 약탈하고 식민지로 삼았던 제국이 영향력을 잃고 쇠퇴기에 접어들어서는 시민들에게 '빵과 서커스'를 제공함으로써 약하게나마 지배력을 유지할 수 있었다고 노래했다. 이 무상 배급제는 마침내 제국의 농지가 황폐해지면서 붕괴했고, 시민들에 대한 제국의 지배력이 약화하는 결과를 낳았다. 한때 최강대국이었던 로마는 이렇게 침략자들의 약탈에 취약해졌으며 결국 서기 455년 반달족의 침략과 약탈로 제국의 종언을 맞이했다.

수력 제국은 밀집한 도시 환경에서 집단적으로 행사되는 새로운 인간 행위를 낳았다. 수력 제국이 등장하기 전에는 마을이나 빈약한 거주 구역에 모여 사는 초보적인 도시 생활이 일반적이었다. 인류학자와 역사학자 대부분이 최초의 도시 공동체로 간주하는 요르단강 서안의 예리코는 기껏해야 수천 명이 거주했으며, 그마저도 계절에 따라 인구 증감이 심하던 단기 체류지에 가까웠다. 공동생활은 다신교의 종교 관습과 다산 숭배나 주술적 관습 형태의 우상 숭배를 중심으로 조직되었다. 나중에 이스라엘 민족이 이 도시를 정복했고, 그들은 '약속의 땅'에 들어서자마자 히브리인의 첫 번째 집단 거주지를 건설했다.

초기 원시적 도시 환경은 대부분 순회 상인 무리가 방문하는 교역지 역할을 했다. 또한 성벽을 두르고 지역 주민들을 약탈자로부터 보호하는 보호구역으로도 기능했다. 그러나 전반적으로 오늘날 도시의 특징으로 간주되는 여러 지표가 부족했다. 기술이 거의 차별화되지 않았고 거버넌스도 피상적인 수준에 머물렀다.

초기 원시 사회는 거의 언제나 소규모 인구를 유지하기에 적합한 호수나 강, 우물 근처에 자리 잡았다. 그럼에도 이런 서식지는 인류가 마을을 넘어 '커먼즈 거버넌스' 형태로 도시 생활에 한 걸음 더 가까워지게 했고, 그렇게 곳곳에 형성된 도시들은 훗날 주권국가에 편입되어 오늘에 이른다.

그러나 우리가 아는 도시 생활이란 수만 명이나 수십만 명, 심지어 수백만 명에 이르는 서로 무관한 사람들이 일찍이 예술, 공예, 상거래 등으로 알려진(그리고 이제는 경제활동과 교류를 규제하는 성문화된 법률에 따라 기업, 산업, 부문 등으로 구분되는) 차별화된 기술이 존재하는 복잡한 환경에서 함께 살아가는 것이다. 이것들이 우리가 도시 생활이라 부르는 것의 필수 요소가 아닌가? 이런 형태 즉 '사회적 유기체'는 기원전 수천 년 전에 수력 문명의 부상과 함께 출현했으며, 이후 역사에서 흥망성쇠를 거듭하며 우리 종이 거버넌스와 경제 및 사회생활을 조직하는 지배적 방식이 되었다.

최근 도시 생활이 부상할 당시의 거버넌스 형태에 관해 논쟁이 가열되고 있다. 인류학자 데이비드 그레이버(David Graeber)와 데이비드 웬그로(David Wengrow)는 공저 『모든 것의 여명(The Dawn of Everything)』에서 초기의 도시 생활이 정치적 위계나 관료적 감독이 미약한 커먼즈 거버넌스에 가깝다고 주장했다. 저자들은 초기 도시 환경의 상당수가 놀랍도록 민주적인 성격을 보이며, 그 안에서 오늘날의 역사학자들이 '시민사회'의 맹아로 정의할 만한 경제적, 정치적 생활이 펼쳐졌다고 지적했다. 모두 타당한 주장이다. 재화 및 용역의 호혜적 교환과 공유 자연환경의 집단적 관리를 중심으로 하는 커먼즈 거버넌스는 사회생활의 기초다. 이것이 역사적으로 도시 문명을 쌓아 올린 기저를 이룬 것은 분명하다.[22]

그레이버와 웬그로의 분석에는 누락된 점이 있다. 우리 선조들이 집단적 도시 생활을 정립하기 위해 뿌리 내린 세계의 다양한 지역에서, 많은 초창기 커먼즈 거버넌스가 인구밀도의 증가에 따라 사람들에게 충분한 물과 식량을 공급하기 위해 지구의 수권을 특정하게 격리해야 하는 단계에 이르렀다는 사실이다. 초기 도시 생활의 형성 과정과 커먼즈 거버넌스의 출현, 초기의 시민사회로 여겨지는 환경, 초기 거버넌스의 민주적 접근 방식에 대한 저자들의 예리한 분석에는 이상하게도 물과 식량의 공급이 한계에 부딪힌 시점에 일어난 변화가 빠져 있다. 이것이 바로 세계의 일부 지역에서 공유형 도시 공동체가 오늘날 우리가 도시 문명으로 여기는 복잡한 사회적 유기체로 변모한 지점인데 말이다.

우리 인류가 지구에서 살아가는 방식에 발생한 이 예외적 변화에 '수력 문명'이란 이름을 처음 붙인 이는 독일계 미국인 학자 카를 비트포겔(Karl Wittfogel)이다. 그는 1957년 저서 『동양적 전제주의(Oriental Despotism)』에서 인류의 이익과 실용적 이용을 위해 지구의 강과 호수, 습지, 범람원, 우물물 등을 대량으로 채취하고 격리하고 사유화하고 상업화하고 소비하기 시작한 거대한 변혁을 가리켜 수력 문명이라 칭했다.[23]

비트포겔의 분석은 한편으로 도시 수력 문명을 탄생시킨 주요 특징과 구성 요소 다수를 잘못 파악한 탓에, 다른 한편으로 이데올로기적 맹목과 문화적 편견이 작용한 탓에 결함이 있다. 그러나 그가 이름 붙인 이 발전 과정은 6000년 이상 인류와 함께해 왔다. 도시 수력 문명은 인류를 하나로 결속하는 요소이며, 극소수만이 그 거품의 주변부나 바깥에 살고 있다.

비록 심각한 결함이 있긴 했지만 대규모 수력 인프라를 오늘날 우리가 도시 문명(즉 인류를 작금의 멸종 위기로 몰아온 6000년의 여정)으로 여기는 것의 핵심으로 식별해 낸 비트포겔의 도발적 제안은 반론의 여지가 없다. 진화하는 시민사회 형태의 커먼즈 거버넌스는 계속해서 수력 문명의 중요한 요소였고 때로는 대립 요소로서 오늘에 이르렀다. 그 이상도 이하도 아니다.

미국자연사박물관 큐레이터로 활동한 미국의 인류학자 고(故) 로버트 레너드 카네이로(Robert Leonard Carneiro)는 국가 형성의 근본 조건을 분석하면서 강하게 대립하는 두 세력 사이의 화해를 시도했다. 그는 다음과 같이 썼다. "물론, 대규모 관개가 해당 지역에서 국가의 권력과 영향력을 확대하는 데 상당한 기여를 하지 않았다는 말은 아니다. 그것은 의심할 여지가 없다. 비트포겔의 이 주장에 대해서만큼은 그와 다툴 생각이 전혀 없다. 하지만 중요한 논점은 국가가 어떻게 권력을 확대했느냐가 아니라 그것이 애초에 어떻게 생겨났는지다."[24]

카네이로의 말이 맞기는 하지만, 그것은 부수적 사안일 뿐이다. 분명히 모종의 도시적 기반과 기초적인 커먼즈 거버넌스 및 시민사회의 존재는 초기 국가를 형성하는 필요조건이며, 그것들 없이는 복잡한 도시 수력 문명의 부상도 불가능했을 것이다. 그러나 그레이버와 웬그로 그리고 여타 학자들은 고대의 거대 도시 문명들이 생존하고 번성하기 위해 어떤 형태로든 세계의 큰 강들에 의존했다는 사실을 설명하지 않고 남겨 두었다.(앞으로 계속 이 부분을 살펴볼 것이다.)

그렇다고 도시 수력 문명의 진화가 모두 유사한 성장 양상을 따랐다는 의미는 아니다. 예를 들어, 로마제국의 붕괴 이후 봉건 유럽이 취한 경로를 생각해 보라. 우리는 대부분 유럽이 이른바 '암흑기(Dark Ages)'로 후퇴했다고 학창 시절에 배웠지만, 이는 사실과 전혀 다르다.

유럽 전체에 걸쳐 있던 로마제국의 수로는 대부분 버려지고 몇 세기 동안 방치되어 제대로 기능하는 것을 찾아보기 힘들었지만, 지역 장인들이 곳곳의 강에 물레방아를 설치하면서 수자원을 격리하는 새로운 접근 방식이 대륙 전역에 서서히 자리를 잡았다. 11세기경 영국에서만 3000여 지역공동체에 설치된 물레방아 5600개가 곡물 제분에 사용되었다.[25] 물레방아는 유럽 전역에 널리 퍼져 제분뿐만 아니라 세탁과 무두질, 톱질, 올리브나 광물 분쇄, 용광로용 풍선 작동, 페인트나 펄프용 안료 제작, 무기 광택 작업 등에도 쓰였다.

이런 물레방아는 도시 공동체의 강변을 따라 무수히 존재했다. 프랑스만 해도 11세기에 물레방아 2만 개가 돌아갔는데, 인구 250명당 한 개 꼴이었으니 물레방아가 초기 산업혁명의 가속화에 얼마나 중요했는지 짐작할 수 있다.[26] 이 현상을 '산업'이라 칭하는 것이 조금 어색하게 느껴진다면, 물레방아를 돌리는 작업자 한 명이 20명분의 노동을 대체했다는 사실을 참고하라. 어느 모로 봐도 인상적인 생산성 도약이 아닐 수 없다. 이 물레방아 수천 개의 총 수력은 유럽 성인 인구 노동력의 25퍼센트에 해당했다.[27] 1790년대에는 유럽 전체에서 50만 개의 물레방아가 주요 강들의 물 흐름을 격리하며 도합 225만 마력을 제공했다.[28] 프린스턴대학교의 역사학자 린 화이트(Lynn White)는 화석연료 에너지가 등장하기도 전 유럽의 수자원을 산업용으로 격리한 역사적 의미를 다음과 같이 요약했다. "15세기 후반 유럽은 이전의 어떤 문화권보다 훨씬 다양한 에너지원을 갖추었을 뿐 아니라 그 에너지를 포획하고 인도하고 활용하는 기술 수단도 이전의 어떤 문화권보다 훨씬 다양하고 숙련도가 높았다."[29]

중세의 물레방아는 지역적으로 분산되어 지역에서 관리하고 감독했지만, 유럽의 강을 관리하면서 얻은 교훈은 19세기 후반과 20세기에 대규모 댐과 지하 수조 그리고 관련 인프라로 구성된 고도의 중앙 집중형 수력 시스템을 확립하는 데 활용되었다. 영국은 높이 15미터 이상의 댐 200개를 건설하며 이 흐름을 선도했다. 다른 국가들도 모두 곧 뒤를 따르며 세계의 산업 경제를 위한 대규모 수력발전 댐의 새로운 세대를 인도했다. 그렇게 유럽을 비롯해 아메리카와 아시아 등 전 세계의 물을 격리하면서 각국 정부들은 절정에 달한 수력 문명을 관리하기 위해 규약과 규정, 표준으로 가득 찬 중앙집권적 관료 체제를 수립했다.

이 모든 설명의 요점은 6000년의 역사를 통해 도시 수력 문명의 성장과 몰락 그리고 재성장이 인간의 여정을 정의하는 요소임에도 거의 인정받지 못한다는 것이다. 지구의 수권에 대한 더 분산적이고 민주적인 커먼즈 거버넌스가 점점 더 역사의 각주로 남게 되었기 때문이다.

도시 기반 수력 문명의 출현에 대한 기록에서 특히 눈에 띄는 것은 지난 6000년 동안 노동자 고용 및 보상과 세금 징수 방식에 거의 변화가 없었다는 점이다. 고대 수메르의 우르 제3왕조 시대에도 농부, 도시 노동자, 장인, 상인, 관료, 성직자, 하인, 천민 등 다양한 노동이 삶의 방식이었으며, 대규모 노동력 동원이 생활의 일부였다.

수메르는 노동을 추상적 개념으로 구상한 최초의 도시 문명이었을 것이다. 그들은 직종 분류와 기술 수준에 따라 개인의 노동을 정량화했고, 노동 일수와 생산량으로 보수를 책정했다. 기원전 2400년, 수메르어 á(아)는 '팔, 힘, 능력, 육체적 노력'을 의미했는데, 여기서 '일'이 이미 기록하고 보상할 수 있는 것으로 인식되었음을 짐작할 수 있다. 이는 훗날 '노동'이 되고 근대에 이르러 '고용'이 되는 단어의 초기 기록에 해당한다.[30]

하버드대학교의 아시리아학 교수 피오트르 스타인켈러(Piotr Steinkeller)는 "노동을 추상적인 '근무일' 또는 '연인원'으로 계산할 수 있게 된 것은 회계와 행정의 역사에서 개념적 약진이었으며, 인간의 어떤 생산 활동이든 일련의 숫자로 변환함으로써 특히 경제계획 영역에서 완전히 새로운 관리 및 운영 가능성을 열었다"고 설명한다.[31] 그는 수메르어 á가 '임금, 고용, 임차료'를 포함하는 단어로 확장되었음을 지적하며 "노동이 시간의 문제였을 뿐만 아니라 은이나 곡물로 표현되는 측정 가능한 금전적 가치를 지녔음"을 보여 주었다. 경제학자들은 현대 자본주의의 토대를 마련한 복식부기의 발명이 15세기 후반 베니스 상인들의 아이디어였다고 오랫동안 믿었지만, 사실 현대 회계의 기원은 기원전 2000년 전 수메르의 초기 수력 문명까지 거슬러 올라간다.[32]

또한 통설에 따르면 초기 수력 문명들은 수자원 인프라를 건설하고 관리하고 수리하기 위해, 그리고 들판과 여타 장소에서 노동력을 충당하기 위해 주로 노예제도에 의존했다. 물론 메소포타미아 최초의 수력 제국에도 노예제도는 존재했지만, 노예의 수가 적었고 일반적으로 부유한 가정의 하인이나 장인으로 가사 노동에 투입되었다. 대다수는 빚을 진 노예였으며 빚을 갚으면 자유의 몸이 되었다.

메소포타미아에서 노동력의 주된 공급원은 코르베(corvée), 즉 강제 노역이었다. 이는 국가가 인구 전체에 '부과하는' 노동으로 보통 연중 수개월 동안 부역해야 했다. 스타인켈러는 여기서 예외를 인정받은 개인이나 가족은 거의 없었다고 말한다. "장인, 양치기, 농업인, 정원사, 임업인, 상인, 다양한 행정·제례 공무원뿐만 아니라 지방 총독과 그 친족 같은 지역 엘리트들도"1년 중 몇 달 동안은 코르베에 참여해야 했다. 매우 부유한 사람이나 정부 엘리트 들은 직접 가지 않고 노동을 수행할 대리자를 보냈을 것이지만 말이다.[33]

일반 대중은 형식적으로는 자유로웠지만, 수력 관개 시스템을 유지하고 농작물을 수확하며 궁전이나 사원, 성벽, 기타 공공 건축물을 짓고 수리하는 일에 시간을 할애해야 했다. 군 복무도 공공 노역 의무 중 하나였다. 대신 국가로부터 농경지와 관개용수를 이용할 수 있는 권한을 보상으로 받았다. 코르베는 모든 사람이 집단의 일원으로서 누리는 혜택을 받는 대가로 지역사회와 국가에 대한 봉사 차원에서 수행해야 하는 일종의 공동 노동이었다.

사원이나 다른 국가기관의 허드렛일처럼 비교적 덜 중요한 노동을 하는 범주도 있었다. 고용 노동과 계약 노동이 각각 고유한 제약과 보상이 따르는 두 가지 다른 범주의 노동이었다. 코르베의 흥미로운 점은 공동의 노력이자 집단적 책무로 여겨졌다는 사실이다. 다시 말해서 대중을 하나의 사회적 유기체로 결속하는 일종의 '공공' 참여로 본 것이다. 이것은 나중에 시민광장과 시민사회의 토대로 발전할 의식의 첫 시작으로서 의미를 지닌다. 여기서 알 수 있는 것은 도시 생활과 문명의 진화는 하나이며 동일하다는 점이다. 하나는 다른 하나 없이는 존재할 수 없으며, 둘다 제대로 기능하려면 특정한 수자원 인프라가 필요하다.

놀랍게도 수자원 인프라가 도시 문화의 부상과 문명의 출현에서 수행한 역할에 대해서는 지식이 부족하다. 오래전 고대 상황을 말하는 것이 아니다. 수자원 인프라는 모든 도시 생활이 의존하는 축소할 수 없는 발판이자 문명의 기반이 되는 필수적인 플랫폼이다. 그럼에도 도시 생활의 출현과 발전에 관한 영향력 있는 논의와 철학적, 인류학적 논쟁에서 대규모 도시화를 가능하게 한 수자원 인프라에 대한 언급은 거의 찾아

볼 수 없다.

　부유한 산업국의 중산층 도시 거주자들은 물이 어디에서 오는지, 어떻게 정화되고 관리되는지, 사용한 후에는 어디로 가는지 거의 관심을 두지 않는다. 하지만 도시 빈곤층은 특히 독성 화학물질로 물이 오염되거나 노후된 파이프에 납이 차는 상황 등으로 물의 중요성을 절실히 인식하는 경우가 많다. 물이 귀하거나 마시기에 안전하지 않거나 거의 구할 수 없는 나라들의 빈곤층은 상수도 시스템의 작동에 관해 지속적으로 경각심을 갖지 않을 수 없다. 시골 주민, 특히 농부들은 관개에 생계가 달렸기 때문에 복잡한 수자원 흐름과 수자원 인프라의 작용 및 결함에 대한 지식이 풍부하다.

　언급할 필요도 없는 명백한 사실은 오늘날 수십억 명의 인류가 깨어있는 시간의 상당 부분을 물의 가용성과 수질을 걱정하며 무언가 잘못되었다고 느낀다는 것이다. 때로는 물 공급 부족에 대해 신이나 기후를 탓하고, 또 때로는 물의 흐름과 가용성을 자기에게 유리하게 조작하려는 도시 엘리트들의 사악한 영향력이 작용한다고 어느 정도는 타당한 주장을 하기도 한다. 그러나 사실은 그 이상이다. 물을 통제하는 것은 플래닛 아쿠아에 대한 '인간의' 궁극적인 지배권을 행사하는 것이다. 이는 수천 년 전 세계 여러 지역에서 인류가 처음 의식적으로 선택한 것이다. 수백 킬로미터에 뻗어 있는 거대한 강을 흐르는 물을 가두어 농업 생산량을 최적화하고 잉여 곡물을 저장하고 식량 배급 시기와 대상과 양을 조정하기 위해 체계적으로 관리하는 것이 바로 수력 문명의 본질이다. 인간이 설계하고 배치한 이 인프라의 규모는 무엇과도 비교할 수 없을 정도로 방대하다. 지구의 수권에 대한 이 원초적인 힘의 행사가 곧 경제생활의 모든 측면이 의존하는 기본 인프라다.

　수자원 인프라는 본질적으로 중앙 집중형 구조물이며 계층적 설계,

관료적 배치, 강제적 실행을 특징으로 한다. 수자원 인프라를 설계하고 구축하고 배치하고 관리하는 것은 인간이지만, 그 인프라의 작용과 양립할 수 있는 사회를 결정하는 것은 바로 인프라다. 수자원 인프라가 사회의 시간적, 공간적 방향을 바꾸고 그 인프라를 설계하고 운영할 수 있는 거버넌스를 결정한다는 뜻이다.

한 사회의 소재지와 자녀의 양육 방식, 학습의 접근 방식, 자연과의 관계조차도 인간을 수자원에 맞추는 것이 아니라 수자원을 인간에게 맞춤으로써 생기는 한계에 영향을 받는다. 인프라의 영향이 엄격하거나 절대적이라는 의미가 아니라, 인프라 자체가 인프라와 양립할 수 있는 경계를 설정한다는 의미다. 선택지는 다양할 수 있지만 수자원 인프라가 건설되고 배치되는 방식과 상충할 수는 없다.

요점은 세계관이 수자원 인프라를 만드는 게 아니라 수자원 인프라가 세계관을 창출한다는 것이다. 이 사실은 받아들이기 어려울 수 있다. 보통 인간의 주체성이 인프라 사용 방식을 결정한다고 믿을 테니 말이다. 우리의 지력과 상관없이, 단일 종인 인간이 지구의 수권을 지배할 수 있다고 믿었던 놀라운 오만함을 상상해 보라. 그것이 바로 약 6000년 전에 세계 곳곳에서 우리가 해보겠다고 나선 일이다. 그렇게 6000년 동안 물을 길들인 결과, 지구라는 행성과 지구상의 다른 생명체에는 미치는 엔트로피의 영향은 압도적인 수준이 되었다. 지구 전체 바이오매스의 1퍼센트가 안 되는 호모 사피엔스가 2005년 기준 광합성에 따른 순 1차 생산량의 25퍼센트를 썼으며, 현재 추세가 이어진다면 2050년쯤에는 44퍼센트를 써서 다른 생명체 몫은 56퍼센트만 남을 것으로 예상된다.("순 1차 생산량은 광합성과 호흡작용 간의 순 차이로 계산한다. …… 식물이 광합성 중에 흡수하는 이산화탄소 양에서 호흡작용으로 방출하는 이산화탄소 양을 뺀다는 뜻이다.")[34] 지구의 저장고에 대한 이 엄청난 점령과 소비는 수자원 인프라를 통해 물을 격리하고 그 배치를 관리함으로써 가능하다.

수력 문명의 역사에서 인류가 겪은 갈등의 상당수는 물 접근권을 둘러싼 것이었다. 하지만 지구상에 존재하는 대부분의 시간 동안 우리 종은 물을 인류 가족과 동료 생물이 함께 나누는 열린 공유물로 여겼다는 사실을 기억해야 한다. 수자원에 대한 공유형 접근은 수력 문명의 급습에도 세계 여러 곳에서 계속 번성했다.

수자원의 격리는 곡물 저장과 잉여 식량 분배에 큰 진전을 가져와 인구수와 인간의 수명을 획기적으로 늘리고 들판의 노동력 수요를 줄임으로써 도시 생활의 출현을 불러왔다. 그러나 수자원 인프라의 본질적 특성이 부과하는 제약은 수천 년의 역사 동안 우리 종의 갈등과 전쟁의 주요 촉매제가 되기도 했다.

일찍부터 이를 인식한 선조들은 격리된 수자원에 대한 접근권을 놓고 지속적으로 충돌하고 전쟁까지 벌였지만, 인프라 자체를 우려 대상으로 삼아야 하는지는 거의 고민하지 않았다. 물의 격리에 따르는 이점, 즉 곡물 생산을 늘리고 잉여 식량을 창출하고 노동력의 도시 이주를 돕고 생활수준을 개선하고 인류 가족의 기대 수명을 늘릴 수 있다는 이점이 너무도 강력한 고무적 요소로 작용해 의문을 품을 생각조차 못 했기 때문일 것이다. 아니면 수자원 인프라가 삶의 모든 측면에 구석구석 스며들면서 인프라가 풍경의 불가분한 일부이자 '자연의 질서'를 반영하는 어떤 것으로 여겨졌기 때문일 수도 있다. 그리고 서양에서는 이런 자연의 질서가 전능하신 신의 선물로, 인류에게 지구와 모든 생명체에 대한 지배권을 부여한 것으로 여겨졌다.

화석연료 기반의 산업화 시대가 초래한 지구온난화는 최근 학자들 사이에서 각성을 불러일으켰다. 수문 순환이 야생으로 돌아가면서 수력 문명의 굴레에서 벗어나고 있기 때문이다. 강력한 대기천과 위협적인 홍수, 장기간의 가뭄, 전례 없는 폭염과 산불, 허리케인과 태풍의 발생은 학자들을 뒤흔들어 수자원 인프라 운영의 기본 가정에 우려를 제기하고 더불어 우리가 문명이라고 부르는 것의 구조에 의문을 던지도록 이끌고 있다.

유럽에서 물의 격리와 수자원 인프라 구축의 역사에 나름의 명성을 쌓은 국가가 네덜란드다. 2022년, 네덜란드 바헤닝언대학교와 암스테르담대학교의 연구진은《정치지리학(Political Geography)》에「수력사회 영토의 (재)구성((Re)Making Hydrosocial Territories)」이라는 논문을 발표했다. 이 연구는 물의 격리와 수자원 인프라의 발전이 "공간과 사람, 유형물 간의 관계를 변화시키는" 방식을 재고하게 하는 최근의 활발한 논쟁을 담고 있다.[35]

연구자들은 수자원 인프라가 중립적인 발판 역할을 하기보다는 모종의 세계관을 수용한다는 전제하에 모든 대륙의 수자원 인프라를 연구했다. 경제 안에서 역할을 이해하고 사회 안에서 위치를 정의하며 자연과 맺는 관계와 심지어 거버넌스에 참여하는 방식을 결정하는 등 삶을 살아가는 방식을 조정하는 데 필수적인 역할을 하는 이 세계관을 연구자들은 '상상'이라고 일컬었는데, 수자원 인프라가 그것을 수용한다는 전제였다. 저자들은 우리 주변에 산재한 대형 댐과 관개 체계, 수력발전소 같은 거대한 수자원 인프라가 우리가 추켜세우는 '현대성'과 '진보'의 핵심으로 여겨진다는 당연한 사실부터 시작한다. 그들은 이렇게 썼다.

이런 맥락에서 현대성은 종종 지속적인 진보에 대한 믿음과 계획된 사회적, 생태적, 기술적 미래에 대한 믿음, 그 계획 과정에서 과학과 기술이 차지하는 중심적 위상과 역할, 자연을 통제하고 길들일 필요성과 같은 주요 특징과 연관된다.[36] 특히 마지막 두 가지 측면은 현대적 생산 시스템을 강화하고 확장하는 데 자연을 경제적 자원으로 참여시킨 것이므로 수자원 인프라와 본질적으로 연결되어 있다. 이 프로젝트의 기저에는 자연을 사회의 외부적 요소로, 무질서하고 야만적이어서 발전된 과학과 기술을 통해 통제하고 생산적으로 활용할 대상으로 보는 현대적 상상이 자리 잡고 있다. 따라서 자연은 사회의 이익을 위해 지배되고 생산적으로 전환되기를 기다리는 존재로 상상된다. 인프라를 통해 영토 변혁의 현대화를 구상하는 이런 상상은 경관과 물 흐름, 그리고 중요하게는 이들의 사회적, 정치적 관계의 공간성과 물질성 또한 극적으로 변화시키는 것을 목표로 한다.[37]

하지만 수자원 인프라는 갑자기 생겨난 것이 아니다. 수렵과 채집을 하던 우리 조상들은 그런 아이디어를 상상조차 못 했을 것이다. 그들은 계절에 따라 유목 생활을 하며 자연이 제공하는 무엇에든 매 순간 적응하려 애쓰며 살았다. 그러다 1만 1000년 전 마지막 빙하기가 물러가면서 전 세계 대부분 지역에 온대나 건조 또는 반건조 기후가 형성되어 정착 생활에 적합해졌고, 식량을 재배하고 동물을 가축화해서 식량과 섬유를 얻을 수 있는 토대가 마련되었다.

인류가 자연에 적응하는 것이 아니라 자연을 인류에 적응시키는 최초의 시도는 씨앗을 심고 농작물을 수확하고 강인하며 영양가 높은 새 품종을 찾는 과정에서 시작되었을 것이다. 여기서 크게 벗어나지 않아 자연을 지배할 수 있다는 원시적인 믿음이 싹텄고, 그런 생각은 시간이 지나면서 점차 커져 자연계에 대한 책임에서 정복으로 나아가는 기반을 닦았다. 풍성한 수확과 잉여 생산을 확보하기 위해 물을 격리하고 길들인 것은 작은 도약이었지만, 그 결과는 진보의 시대의 토대가 된 산업 수자원 인프라를 통해 인류와 자연의 관계를 바꿀 정도로 획기적이었다.

수자원 인프라는 또한 거버넌스의 영토 경계를 설정할 뿐만 아니라 시스템을 설계하고 관리할 주체와 물을 할당하는 방법과 대상, 조건까지 지정한다. 요컨대 수자원 인프라는 물이 흐르고 인프라가 설치되는 영토 전반에서, 그리고 사회의 모든 수준에서 권력관계를 결정한다. 이 논문의 저자들은 다음과 같은 의견을 개진한다. 수자원 인프라는 "우리가 어떻게 살고 행동해야 하는지에 대한 도덕적 질문에 답을 준다. …… 다시 말해서, 수자원 기술은 설계자의 계급과 성별, 문화적 규범을 담고 기술을 적용할 때 이 도덕과 행동 규범을 적극적으로 확산시키는 식으로 '윤리적'인 것이 된다." 종종 눈에 띄지 않는 것은 "물의 흐름을 바꾸고 경관을 변화시킴으로써 사람들이 환경과 관계를 맺고 경험하는 방식을 바꾼다는 것이다."[38]

지구의 수권을 격리하고 길들이고 방향을 바꾸어 인간을 위한 풍요로운 환경을 만드는 것은 궁극적인 유토피아의 꿈을 실천에 옮기는 것이다. 하지만 다른 유토피아와 마찬가지로 그 약속은 최종 분석에서 결코 실현되지 못했다. 기대와 결과물을 면밀히 비교해 보면 역사를 통틀어 헛된 희망과 재앙적 결과로 점철된 음울한 기록이 그려진다. 거듭된 연구에 따르면, 관개 시스템은 농업 생산성 향상이라는 측면에서 그 '수명' 동안 체계적으로 저조한 성과를 냈다. 여러 이유가 있는데 그중 몇 가지를 구체적으로 살펴보자.

가정용 상수도 시스템은 물이 부족해지며 예상했던 양과 품질의 물을 공급하지 못한다. 수력발전소는 약속된 전력을 거의 생산하지 못한다. 이 결함과 균열은 첫째, 자연(홍수나 가뭄, 토양 침식, 침전 등), 둘째, 인프라와 그것의 본질적 특성(마모나 파손 등), 셋째, 인프라와 물 흐름을 제어하고 관리하고 사용하는 사회 시스템의 예측 불가능성에서 비롯한다.[39]

수자원 인프라의 단점과 실패가 비밀은 아니었다. 6000여 년의 역사에서 수자원 인프라의 부침은 전체 문명의 흥망성쇠를 상징했으며, 각 문명은 엔트로피 청구 비용의 상승과 급격한 기후변화로 필연적으로 어려움을 겪었다. 그럼에도 (특히 서구에서) 인류가 지구 전체에 대한 지배권을 갖는 특별한 언약을 주님과 맺었다는 확고한 믿음 때문에 수자원 인프라 사업에 대한 신뢰는 계속해서 되살아나곤 했다. 우리 종을 자연에 맞추는 것이 아니라 자연을 우리 종에 맞추는 것, 이것이 문명의 특징이자 홀로세 내내 우리가 내면화한 세계관의 핵심이다. 우리의 어리석음을 변명해 본다면, 현세의 온화한 기후가 수권을 격리하고 아쿠아 행성의 작동을 재조정해서 보복에 대한 두려움 없이 마음대로 해도 된다는 환상을 준 것 같다. 이 얼마나 잘못된 생각인가.

이상하게도 수력 문명은 인류학이나 역사학 세미나에서 각주 정도로 언급되고 대중 토론의 주제가 되는 경우도 거의 없다. 오랫동안 묻혀 있던 역사적 유물이나 고고학적 발견이라도 되는 듯이 그 중요성이 간과되고 있다는 얘기다. 하지만 이보다 잘못된 취급은 없다. 수력 문명은 지난 2세기 동안 화석연료 기반의 산업화 시대를 맞아 절정에 달했다. 인류가 지구의 지배적인 종으로 우뚝 선 것과 지구상 여섯 번째 대멸종의 위기가 닥친 것 모두 수력 문명의 큰 뒷받침으로 이뤄진 일이다.

진행 중인 익사

수력 문명의 절정은 근대화와 함께 찾아왔다. 진보의 시대는 지구의 수권 격리와 긴밀하게 연관되어 있지만 이 사실은 거의 인식되지 못했다. 19세기와 20세기, '신세계'의 발견과 각 대륙 원주민의 식민화는 군사적 정복과 원주민에 대한 '재교육' 및 '재정치화'라는 두 기둥을 중심으로 진행되었다. 이 재정치화는 거대한 수자원 인프라를 구축하고 관리하는 형태로 이루어졌다. 수자원 통제는 곧 인구 전체에 대한 통제를 의미했다. 새로운 식민지 지배자들은 새로운 원주민 엘리트들을 엔지니어로 양성했는데, 대부분 해외로 보내 수자원 인프라를 운용하고 관리하는 기술과 과학을 배우게 했다. 그렇게 식민지 통치자들은 수자원 관료 조직과 관리 법령, 법규, 규정을 확립하고 새 원주민 관료 계층과 함께 '개발도상국'의 수자원 인프라를 공동으로 관리했다. 이 현대식 수자원 인프라를 구축하고 운영하기 위해 코르베 노동력을 동원하고 고용 계약도 늘린 것은 물론이다.

갈수록 정교해진 수자원 관리는 농작물의 잉여 생산을 가능하게 했고, 그렇게 생산된 식민지의 잉여 농산물은 유럽이나 아메리카 등의 모항으로 운송되었으며, 거기서 값싼 외국인 노동력에 의해 상대적으로 저렴한 농산품과 섬유로 가공되어 본국이나 여타 지역에 공급되었다. 훗날, 특히 2차 세계대전 이후 소위 '제3세계'는 식민지에 설치된 인프라를 그대로 유지한 채 식민 통치에서 벗어나기 위해 고군분투했고, 결국 자국 사람들을 위해 인프라를 업그레이드하고 수자원을 더욱 격리해 남은 생태자본을 고갈시켰다.

19세기 후반과 20세기 전체, 21세기 초 20여 년에는 세계 각국이 서로를 능가하기 위한 경쟁으로 더 큰 댐을 건설하고 남은 강물을 더 많이 활용하고 종종 건조 지대나 반건조 지대, 심지어 사막에 물을 대기 위해 수백 킬로미터를 파이프로 연결하면서 전 세계적으로 수자원 인프라의 구축이 말 그대로 절정에 달했다.

지난 100년 동안 전 세계 주요 강에 건설된 댐의 규모는 놀랍기 그지없다.(그런 댐 건설은 오늘날까지도 계속되고 있다.) 현재 북미와 남미, 유럽, 아프리카, 아시아의 주요 강 유역에는 도합 3만 6222개의 댐이 있다. 아시아는 1만 138개로 가장 많은 인프라를 보유하며 전 세계 댐 건설의 28퍼센트를 차지한다. 북미는 지난 100년 동안 건설된 댐의 26퍼센트, 남미는 21퍼센트를 차지한다. 아시아와 남미는 전 세계 수력발전량의 각각 50퍼센트와 20퍼센트를 담당하며, 북미는 9퍼센트, 유럽은 18퍼센트를 차지한다. 댐은 식수를 비롯해 청소용 및 목욕용 담수 공급, 가정, 사무실, 산업계를 위한 수력발전, 농경지 관개 등에 쓰인다.[40]

미국의 댐 건설은 수십 년 동안 둔화되었지만, 주된 이유는 이미 모든 강에 댐이 건설되었기 때문이다. 그렇지 않은 아프리카, 남미, 아시아의 개발도상국들에서는 여전히 댐 건설을 늘리고 있다.[41] 미국은 전 세계의 모든 강을 댐으로 막으려는 마지막 대공세를 주도한 국가다. 미국이 거둔 가장 큰 승리는 콜로라도강의 경로를 변경해 인공적으로 건설된 미드호로 물이 흘러 들어가게 하고 거기서 다시 새로 건설된 후버댐으로 흘러나오게 한 것이었는데, 이로써 애리조나주, 네바다주, 캘리포니아주 전체와 멕시코 일부 지역의 2500만 주민에게 전기와 물을 공급할 수 있었다.[42]

도시와 교외, 리조트, 골프장을 세우는 것은 말할 것도 없고 반건조 및 건조 지대, 심지어 사막까지 과수원과 호박색 곡물 물결로 바꾸는 것은 결코 좋은 생각이 아니었다. 오늘날 그것은 수력 유토피아에 대한 인류의 비전이 얼마나 오만했는지를 끊임없이 상기시킬 뿐이다. 전 세계의 거의 모든 나라가 비슷한 길을 걸었다.

20세기 초, 수력 문명의 열렬한 지지자 윌리엄 엘즈워스 스미스(William Ellsworth Smythe)는 『미국의 건조지 정복(The Conquest of Arid America)』이라는 책에서 과학으로 물을 정복하려는 시도에 찬사를 보냈다. "관개는 진정한 과학 영농의 토대이다. 강우에 의존해 토양을 경작하는 것은 비유하자면 열차를 버리고 마차에 오르는 것과 같고, 전깃불을 버리고 등잔불로 돌아가는 것과 같다."[43]

20세기 내내 전 세계의 과학자와 엔지니어, 기업가, 정치인, 기업인들은 강을 길들여 '사막을 정원으로' 만들자는 요구를 계속했다. 물을 가두는 유토피아적 꿈을 통해 인류의 자연 지배가 제2의 에덴동산으로 가는 길을 열 수 있다는 오랜 믿음을 반영한 주장이었다.[44]

하지만 지난 수십 년 사이에 급격한 기후 온난화로 생태계가 피폐해지고 도시와 농촌의 지역사회가 파괴되며 인간과 동료 생물이 목숨을 잃고 곳곳의 수자원 인프라가 무력화되었다. 수권의 반란이 일어난 셈이다. 이에 젊은 세대는 인류가 상업적, 정치적 술책에 현혹되어 지구의 수권 전체를 격리하고 활용할 수 있다고 믿는 우를 범했다는 사실을 깨달았다.

수력 유토피아의 오랜 악몽에서 깨어나기 시작한 것은 19세기 유럽에서 새로운 생태학이 탄생하면서였다. 뒤이어 20세기 초 미국에서 보전 운동이 일어나면서 광대한 국립공원과 야생동물 보호구역이 설정되었고, 이후 1960년대에 환경보호 운동이 출현했으며, 그 20년 후에는 유럽과 미국에서 각각 녹색운동이 시작되었다. 그리고 지금은 자신을 죽어 가는 행성에서 동료 생물과 함께 위기에 처한 '멸종 위기종'으로 여기는 밀레니얼세대와 Z세대가 급격히 부상하고 있다.

젊은 세대는 멸종 사태를 초래한 구체적 원인을 조사해 수자원 제어와 문명 출현이 상호 인과관계에 있다는 사실을 이해하기 시작했다. 그 다음은 무엇일까? 밀레니얼세대와 Z세대는 수권의 해방을 혁명적 행위이자 구원의 행위로 여기기 시작했다.

현재 수권은 따뜻해지는 지구에서 야생으로 돌아가며 새로운 평형을 찾고 있고, 그 과정에서 지구 전체에 심각한 변화를 일으키고 있다. 하지만 미래의 관점에서 보면 이것은 새로운 지구가 태어나려고 애쓰는 것이다. 그렇다면 우리가 문명이라고 부르는 것에서 빠르게 멀어지고 있는 전혀 다른 지구에서는 앞으로 살아갈 방식을 어떻게 정의해야 할까?

문명에 대해 생각해 보자. 문명은 이해하기는 쉽지만 명확하게 표현하기는 어려운 개념이다. 문명은 특정한 공간이자 특정한 삶의 방식이다. 문명을 떠올릴 때 그것은 항상 '타자'를 상정하며, 그 타자는 적어도 서구 세계에서는 일반적으로 생경한 자연을 의미했다. 자연은 대개 야생적이고 길들지 않고 불안정하며 심지어 야만적이고 잔인한 것으로 여겨지며, 진정시키고 속박하고 변형하고 소비해야 하는 현상으로 인식된다. 자연은 기껏해야 자원으로, 최악의 경우 위험하고 위협적인 적으로 간주된다. 반면에 문명은 안전한 피난처이자 거주지로 여겨진다. 문명은 우리 종 전체의 안녕을 위해 환경을 길들이고 대규모로 협력하는 곳이다. 따라서 문명은 예측할 수 없는 자연으로부터 대체로 격리된 예측 가능한 시간과 공간의 질서를 의미한다.

문명은 또한 인간 존재를 발전시키고 완성하는 것을 의미한다. 이 애매한 개념은 대개 그렇지 않은 것, 즉 '인정사정 봐주지 않는 자연'과 관련해 중요성을 더한다.[45] 항상 그랬던 것은 아니다. 18세기 프랑스 철학자 장 자크 루소(Jean Jacques Rousseau)는 자연 상태에서 "인간은 본성적으로 선하지만 사회에 의해 타락한다"고 생각했으며, 낭만주의를 추구한 여러 철학자가 이에 동조했다.[46] 다른 철학자들은 정치철학자 토머스 홉스(Thomas Hobbes)의 편에 섰는데, 홉스는 자연 상태의 인간은 생존을 확보하기 위해 '만인의 만인에 대한 투쟁' 상태에서 서로 싸우는 경향이 있으며 자연 상태의 삶은 추악하고 잔인하고 짧다고 믿었다. 그는 인간이 자연 상태에서의 자유를 어느 정도 포기하고 가혹한 처벌로 엄격하게 시행되는 법과 행동 규칙이 뒷받침하는 강력한 통치 권력을 받아들여야만 공동선을 위한 협력이 강제될 수 있다고 주장했다.

이마누엘 칸트는 인간은 본질적으로 이성적인 존재이지만 감정과 느낌, 물리적 존재에 현혹되어서는 안 된다고 주장했다. 그의 아이디어는 이성의 시대를 촉발했다. 문명이란 이성화를 실행하는 과정이며 순수하게 환경과 분리될 수 있고 나아가 인간을 자연 세계에서 분리한다. 칸트의 이런 사상은 널리 퍼져 철학자들이 계몽주의라 부르는 시대를 열었고 곧이어 진보의 시대가 뒤를 따랐다.

'진보'는 본디 프랑스어 단어로 18세기 유럽에서 처음 인쇄물에 등장한다. 프랑스 철학자 니콜라 드 콩도르세(Nicolas de Condorcet)가 이 단어에 불멸의 명성을 불어넣었다. 그는 1794년 프랑스 혁명의 암흑기에 근대성의 모티브가 된 짧은 에세이를 남겼는데, 여기에 문명이 수행하는 일차적 목적에 대한, 당시로서는 최신의 이해가 담겨 있다. 그는 이렇게 썼다. "인간 능력의 향상에는 한계가 없다. …… 인간의 완전성은 절대적으로 무한하다. …… 이 완전성은 방해하는 모든 힘의 통제를 넘어 진보할 것이며 한계는 자연이 우리를 둔 지구가 지속되는 시간뿐이다."[47] 진보 개념은 그렇게 새로운 것은 아니지만, 아담과 이브의 후손이 자연을 지배하고 격리하고 활용해 사회를 발전시킴으로써 제2의 에덴동산이자 낙원에 가까워져야 한다는 서구 세계의 오랜 믿음이 좀 더 최근에 재해석되었다고 할 수 있다.

모든 문명은 유토피아적 주장으로 포장되어 있으며, 그 중심에 자연 상태의 인간 존재를 특징짓는다고 여겨지는 야만성에 대한 정복이 자리한다. UCLA의 정치학자 안토니 파그덴(Anthony Pagden)은 이렇게 말한다. 문명은 "모든 인류에게 최적의 조건이 되는 국가적, 사회적, 정치적, 문화적, 미적 상태를 묘사하며 …… 유토피아적 비전에 점점 더 가까워지는 것이다."[48]

문명의 본질과 그 천적인 자유분방한 자연에 관해 널리 받아들여지는 평가는 19세기 철학자이자 경제학자인 존 스튜어트 밀(John Stewart Mill)을 참고할 수 있다. 그는 훗날 식민지 시대와 근대화에 대한 정의로도 인정받게 되는 명쾌한 해석을 내놓았다. 그의 평가는 수력 제국의 본질과 그리스도 이전 몇 세기 동안 출현한 문명에 관한 고찰에 뿌리를 둔다.

미개한 부족은 소수의 개인으로 구성되어 광활한 영토를 떠돌아다니거나 여기저기 흩어져 산다. 따라서 인구밀도가 높고 고정된 주거지에 거주하며 대체로 마을과 도시에 모여 사는 것을 우리는 문명화라고 부른다. 미개한 생활환경에는 상업, 제조업, 농업이 아예 없거나 거의 없다. 그래서 농업, 상업, 제조업의 결실을 거둔 나라를 우리는 문명국이라고 부른다. 미개한 공동체에서는 각자 자기 자신만을 위해 움직이며, 전쟁을 제외하면 많은 인원이 연합해 공동 작전을 수행하는 것은 거의 볼 수 없다. 전쟁 때 공동 행동조차도 사실 매우 불완전하다. 미개인은 사회적 활동에서 큰 즐거움을 찾지 못한다. 그러므로 인간이 공동의 목적을 위해 대규모로 함께 행동하고 사회적 상호작용의 즐거움을 향유하는 것을 우리는 문명화되었다고 말하는 것이다.[49]

'문명'의 영역 밖에 있는 다른 모든 사람을 후진적이고 야만적인 존재로 규정하는 관념은 식민 지배 세력에게 세계 곳곳의 원주민을 붙잡아 정복하고 착취하는 데 필요한 도덕적 권위를 제공했으며, 후진적이고 억압받고 불결한 대중에게 문명을 가져다준다는 미명으로 약탈과 수탈을 정당화했다.

프랑스 역사가 프랑수아 피에르 기욤 기조(François Pierre Guillaume Guizot)는 학자들이 적어도 계몽주의가 시작된 이래 문명을 어떻게 설명해 왔는지에 주목했는데, 주요 가정은 고대 메소포타미아의 최초 수력 문명까지 거슬러 올라간다고 할 수 있다. 그는 이렇게 주장했다. "문명이라는 단어에 내포된 첫 번째 사실은 …… 진보의 문제이자 발전의 문제이며, 그것은 특정 민족이 장소가 아니라 그 조건을 바꾸기 위해 전진한다는 생각과 그들의 문화를 지속적으로 개선하고 발전시킨다는 생각을 동시에 나타낸다. 결국 문명이라는 단어의 핵심 개념은 진보와 발전으로 보인다."[50]

문명의 본질에 대한 학술적 논의에서 주로 놓치는 지점은 역사상 같은 시기에 세계 각지에서 문명을 탄생시킨 결정적 역할을 한 요인이다. 과연 무엇이 그 시절 마을 생활과 소규모 농업 및 목축업 공동체에서 수만 명 이상의 인구가 밀집한 도시 사회로 옮겨 가도록 했는가? 바로 수자원 인프라의 개발이다. 그것이 문명을 일으킨 요인이라는 얘기다. 지구의 수권을 인류의 독점적 사용에 맞게 조정한 것은 인류와 자연과의 관계에서 모종의 전환점이 되었으며, 그때부터 환경과 유대를 끊고 지구와 거리를 두는 인류의 긴 여정이 시작되었다.

20세기에 들어 각 나라의 과학자와 엔지니어, 수자원 관료 들이 정부 및 산업계와 협력해 공공사업 역사상 유례없는 기술력을 과시하며 국가 간 경쟁에 열을 올리면서 수력 문명은 새로운 차원에 도달했다. 대중의 지지를 얻으려는 구호가 모든 곳에서 거의 똑같이 등장했다. 예컨대 '과학 영농 촉진'이나 '사막에 꽃을 피우자'는 구호는 농촌 공동체와 따뜻한 반건조 및 건조 기후를 찾는 새로운 도시 및 교외 거주자 세대에 소구력을 발휘했다. 미국의 이전 세대는 노동 계층을 '레드넥(redneck)'이라 칭했는데, 뙤약볕 아래서 '이마에 땀을 흘리며' 일해야 하는 미숙련·반숙련 노동력을 폄하하는 의미였다. 반건조 및 건조 지대를 늘 선탠을 즐길 수 있는 여유로운 생활환경으로 이상화한 중산층 가정은 이 비하 표현에 긍정적인 의미를 불어넣었다.

자연 정복은 보편적 구호가 되었다. 이에 걸맞게 미국은 '세계 7대 산업계 불가사의'라는 칭송을 얻게 되는 후버댐(원래 이름은 볼더댐)을 건설해 과도한 수자원 착취의 세기를 열었다. 댐의 거대하고 웅장한 규모와 위용은 대중을 매료시켰고, 미국은 20세기 수력발전의 선두 주자로 자리 잡았다. 프랭클린 델러노 루스벨트(Franklin Delano Roosevelt) 대통령은 문명의 승리에 어울리는 허세를 부리며 댐의 준공을 선언했다.

오늘 아침 나는 이 위대한 인류의 위업을 처음 보는 모든 사람과 마찬가지로 이렇게 말하지 않을 수 없습니다. '왔노라, 보았노라, 정복당했노라.' 우리가 모인 이곳은 10년 전만 해도 사람이 살지 않는 황량한 사막이었습니다. 어두운 협곡에는 300미터가 넘는 깎아지른 절벽 아래로 강물이 위험하고 격렬하게 흘렀습니다. 협곡 양쪽의 산은 도로도 오솔길도 없어 접근하기가 어려웠고, 산의 바위들은 나무도 풀도 없어 태양의 뜨거운 열기로부터 보호받지 못했습니다. 댐이 있는 볼더시티는 선인장으로 뒤덮인 황무지였습니다. 지난 몇 년 사이 이곳에서 이루어진 변화는 20세기의 경이 그 자체입니다.

우리는 강바닥 암반 위로 220미터를 솟아올라 지역 전체의 지형을 바꾼 세계에서 가장 큰 댐의 완공을 축하하기 위해 이 자리에 모였습니다. 길이 185킬로미터에 코네티컷주를 3미터 깊이로 덮을 만큼의 물을 저장할 수 있는 세계에서 가장 큰 인공 호수의 탄생을 보기 위해 이 자리에 모였습니다. 이 나라에서 가장 큰 발전기와 터빈이 설치되어 200만 마력에 가까운 전기에너지를 지속적으로 공급할 수 있는 수력발전소가 완공 단계에 들어선 것을 보기 위해 이 자리에 모였습니다.

크기와 규모, 복잡성과 중요성 등 이 댐의 모든 차원은 최고 수준입니다. 이것은 수 세기 동안 축적된 공학 지식과 경험의 압축과 구현을 상징합니다. …… 콜로라도강의 거대한 물줄기가 제대로 쓰이지도 않은 채 바다로 흘러

가고 있었습니다. 오늘 우리는 그것을 국가의 위대한 소유물로 바꾸어 놓았습니다. …… 이것은 공학의 최상위급 승리이며 미국의 수완과 기술, 결단이 낳은 또 하나의 위대한 업적입니다.[51]

수력 문명의 예외 사례는 역사적으로 무수히 많았다. 커먼즈(commons: 자원과 가치 등의 공유를 특징으로 하는 자기조직적 공동체 — 옮긴이)처럼 자치 체계를 갖춘 해안이나 하곡 지역의 소규모 도시형 자치체가 대표적이다. 그러나 그런 예외는 수자원 인프라에 연결된 대규모 도시 서식지의 역사를 발굴하는 데 훨씬 관심이 많은 인류학자와 역사학자 들로부터 그다지 주목을 받지 못했다. 이 대안적 인간 공동체에 대한 새로운 관심은 2009년 경제학자 엘리너 오스트롬(Elinor Ostrom)이 자연을 인간 공동체에 적응시킨 것이 아니라 인간 공동체가 자연에 적응함으로써 더 오랫동안 성공적으로 생존하고 번영한 거버넌스의 풍부한 역사를 밝혀낸 공로로 여성 최초 노벨 경제학상을 수상하면서 촉발되었다. 수력 문명이 쇠퇴하기 시작하면서 학계는 물론 정계와 시민사회에서도 커먼즈 거버넌스에 대한 새로운 관심이 상당히 고조되고 있다.

북극과 남극의 해빙, 강력한 대기천의 출현, 해류의 변화, 대규모 홍수, 가뭄·폭염의 장기화, 산불의 확산, 강력한 허리케인과 태풍은 수권이 야생으로 돌아가고 있다는 명백한 징후다. 오늘날의 자녀 세대와 그 후손들은 21세기의 후반과 22세기 초반에 전 세계 수자원 인프라의 대부분이 붕괴되고 우리가 문명으로 알고 있던 것이 와해되는 모습을 목격할 것이다.

그렇다면 지구의 수권이 야생으로 돌아가는 상황에서 특정한 집단적 삶의 유형이 출현하고 나아가 번성할 수 있을까? 그 가능성은 조금씩 대두하고 있지만 아직 규모를 갖추지는 못했다. 우리는 현재 죽어 가는 수력 문명에서 떠오르는 '임시 사회'로 전환하는 중대한 기로에 서 있다. 그곳에 도달할 수 있을지는 미지수다.

화석연료에 기반한 산업 문명이 초래한 온난화로 지구의 담수는 전 세계적으로 빠르게 줄어들고 있다. 강과 호수가 마르고, 전 세계 수자원 인프라의 격자형 네트워크를 구성하던 댐과 인공 저수지가 사라지고 있다. 지구상에 남아 있는 담수의 70퍼센트가 관개에 쓰인다는 점을 고려하면 이 현실은 더욱 무섭게 다가온다. 지구상에 남아 있는 담수의 20퍼센트가 북미의 오대호에 있다는 사실만 봐도 상황의 심각성을 짐작할 수 있다. 수력 문명의 이 마지막 시대에 쌀, 밀, 옥수수, 대두 등 주요 곡물 작물이 전 세계 식량 작물에 할애되는 담수의 59퍼센트를 소비하고 있다.[52]

최근 미국의 공영방송 PBS의 한 코너에서는 "전 세계의 지하수가 줄어들면서 쌀과 밀, 기타 국제 농작물이 사라질 수 있다"는 충격적인 제목으로 재앙에 가까운 담수량 감소에 관해 보도하기도 했다.[53]

포스트모던 학자들은 특히 제국주의의 과도한 확장과 식민지화와 관련해 문명의 어두운 측면을 광범위하게 조사했지만, 또 다른 어두운 측면은 거의 관심을 받지 못했고 별로 탐구되지도 않았다. 물론 학자들은 조밀한 도시 생활이 다양한 재능과 기술을 보유한 무관한 사람들을 연결해 서로 돕게 함으로써 삶의 기본 수준과 안락을 제공한다는 사실을 언급한다. 인류학자들은 수렵 채집 사회에서는 혈연 및 친족 관계의 대가족이 100명 내외를 넘지 않았기 때문에 협력이 공동 노력의 형태를 띠었다고 말한다. 하지만 서로 잘 알지 못하는 수천 명의 비혈연 인구가 함께 살게 되면 새로운 협력이 필요해진다. '시민적'인 것은 문명인의 특질로서 혈연과 무관한 사회적 유대를 형성하는 문제다. 좀 더 발전된 도시 문명에서 협력은 모르는 타자에 대한 관용을 내포하는 세계주의라 불리는 것으로 변모한다. 그러나 도시 울타리 너머에 사는 사람은 야만인으로 여겨지고 이질적인 타자로 취급될 가능성이 크다는 사실이 따른다. 시민이 되는 것이 항상 자연스러운 것은 아니기에 시민사회의 구조가 약해지지 않도록 법과 행동 강령, 처벌 조항을 제정해서 가르치고 시행해야 한다.

하지만 앞서 언급했듯이, 인류학자와 역사학자에게 거의 주목받지 못했지만 서로 무관한 사람들을 하나의 사회적 유기체로 묶어 주는 더 깊고 강력한 끈이 있다. 바로 우리 신경 회로에 있는 '공감 충동'의 확대다. 그것이 직계 대가족과 이웃을 넘어 점점 더 밀집되고 복잡해지는 도시 문명에서 함께 사는 다양한 사람들을 포용하게 한다.

지금까지 공감 의식의 중요한 확장이 세 차례 있었는데, 각각이 우리 종의 거버넌스 방식에 깊이 각인되었다. 수렵 채집 사회와 이후 신석기 시대 농경 사회에서는 공감 충동이 혈연관계와 친족 집단에 국한되었다. 자기 영역에 침입하는 비혈연 인간 무리는 (항상 그런 것은 아니었지만) 종종 외계의 '타자'로, 생존에 대한 위협으로 여겨졌다. 이 시기 선조들의 정신세계를 인류학자들은 '정령숭배 의식'이라고 부른다. 그들은 저승의 조상들과 교감하고 산, 강, 개울, 숲, 사바나에 깃든 모든 정령과 관계를 맺었다.

세월이 흘러 거대 수력 문명이 도래하면서 생물학적으로 관련이 없는 사람들이 처음으로 모여 살게 되었다. 이 격변은 공감을 통한 유대감을 끌어올려 '무관한 사람'들을 하늘 높은 곳의 남성 신들을 아버지 같은 존재로 여기며 인도와 위안을 구하고 복종하는 '가상의 확대가족'의 일부로 여기게 했으며, 이런 상황은 인류 전체를 감독하는 하나의 남성 신을 신봉하는 것으로 이어지기도 했다. '종교적 의식'의 시작이었다.

유대교, 힌두교, 불교, 도교 그리고 이후의 기독교와 이슬람교 등 세계의 기축 종교들이 서로 연관성이 없는 수많은 개인이 수력 문명의 전개로 밀집한 도시 환경에 모이기 시작한 것과 같은 시기에 같은 장소에서 등장한 것은 결코 우연이 아닐 것이다. 한 가지 예를 들면, 1세기 거대 수력 문명의 중심지였던 로마에서 제국 전역에서 몰려온 수만 명의 실향민은 100만 이상의 인구가 사는 수도에서 의지할 곳이 없다는 사실을 체감하지 않을 수 없었다. 그들이 느꼈을 고립감을 상상해 보라. 이제는 혈족 및 친족 집단에 둘러싸여 있지 않고 위로가 되는 정령의 세계와도 분리된 그들은 변치 않는 사랑과 돌봄, 공감적 포용으로 위안을 주는 선지자 예수 그리스도와 새로운 부모 자식의 유대를 형성하고 자신을 그리스도의 자녀로, 여타 개종자들을 그리스도 가족의 형제자매로 인식했다. 로마의 기독교 개종자들은 식별할 수 있는 옷차림으로 거리에 나섰는데, 서로를 만나면 걸음을 멈추고 뺨에 입을 맞추며 형제자매라고 칭하면서 그리스도의 자녀라는 공통의 유대감을 나눴다. 그리고 정령을 숭배하던 조상들처럼 서로 지지하고 심지어는 서로를 위해 목숨까지 바쳤다. 이것이 공감의 두 번째 중요한 변화였다.

공감의 세 번째 대확장은 민족국가(국민국가)가 감독하는 화석연료 기반 산업 문명과 함께 등장한 '이데올로기적 의식'이다. 민족국가는 새로운 애착의 대상이 되었다. 각자 고유한 언어와 방언, 문화적 전통, 거버넌스 방식을 보유한 서로 무관한 지역별 민족문화가 갑자기 민족국가라는 광대한 거버넌스 관할권에 통합되었다. 새로 출현한 이들 민족국가의 주요 임무는 더 광범위한 수자원 인프라를 관장하면서 통치 영역 내 이질적인 지역 및 지방 민족성을 하나의 보편적인 공동체로 융합하는 것이었다. 이 과업을 달성하기 위해 그들은 하나의 공용어, 보편적인 교육제도와 더불어 가상의 공통 유산을 발명했다. 모든 유산은 '모국'과 '조국'이 현명하게 유도하는 보호 아래 지방 집단들을 가상의 공통 가족으로 재구성하기 위해 고안되었다. 예컨대 이탈리아가 민족국가로 정립되었을 때 사르데냐의 전 총리는 다음과 같은 농담을 던졌다. "우리는 이탈리아를 만들었다. 이제 이탈리아 사람을 만들어야 한다."[54]

국가적 가족을 형성하기 위한 인간 의식의 재구성은 효과적인 것으로 입증되었다. 지난 2세기 동안 세계 모든 대륙에서 민족국가가 생겨났고, 각 국가에는 모국과 조국에 대한 충성심을 토대로 기꺼이 서로를 돕고 심지어 '동포를 위해' 싸우다 죽을 수도 있는 가상의 가족이 살고 있다.

정령숭배, 종교, 이데올로기 등 새로운 의식의 물결은 각각 공감적 포용을 확장하는 데 기여했지만, 종종 영역 경계 너머의 다른 집단을 '이질적 타자'로 여기는 대가를 동반하기도 했다. 수많은 인간이 정령숭배와 종교적, 이데올로기적 의식의 기치 아래 동료 인간과 싸우며 상대를 정복하고 노예로 삼고 살해했으며 바로 지금까지도 그러고 있다는 사실은 새삼 상기할 필요도 없을 것이다.

이런 공감의 확장은 역사의 흐름에 따라서 왔다가 사라진다. 친족 집단, 종교 단체, 민족국가 역시 그들과 연결된 공동체와 함께 부침을 겪었다. 오늘날 우리는 공감 의식의 네 번째 단계, 즉 젊은 세대가 '생명애(biophilia) 의식'이라고 부르는, 지구상에 살아 있는 모든 것에 감정 이입하고 동일시하는 의식의 초기를 목도하고 있다. 언급한 바와 같이 밀레니얼세대와 Z세대는 자신을 멸종 위기종으로 인식하고 동료 생물들을 진화 집단 가족의 일원이자 똑같이 멸종 위기에 처한 존재로 여기기 시작했다. 그리고 그 가운데 많은 젊은이가 병든 지구를 구하기 위해 기꺼이 삶을 헌신하려 한다.

공감 애착의 시대적 변화는 적어도 지금까지는 역사적으로 흥하기도 하고 쇠하기도 했다. 공감 애착이 일정 기간 확장되고 나면 필연적으로 문명 전체의 붕괴와 학살이 뒤따랐다. 이 변화에는 적어도 두 가지 주요 이유가 작용한다. 첫째, 문명에는 수명이 있기 때문이다. 지금까지 모든 문명을 보면 군사적 침략이나 불가피한 엔트로피 청구서 또는 급격한 기후변화로 탄생, 성장, 성숙, 죽음의 과정을 겪었다. 둘째, (첫 번째 이유보다는 덜 명백하지만) 더 보편적인 친밀감을 향한 공감의 진전에는 필연적으로 이전 공감 애착의 도전이 따르기 때문이다. 오늘날 젊은 세대가 생명애 의식과 지구적 포용을 향해 나아가는 현상 역시 오래된 공감 애착에 위협으로 인식되고 있다. 그것을 신봉하는 이들이 세계관의 혼란 속에서 고립되고 버려지고 있다고 느끼며 자신의 정체성을 잃을까 봐 충성심을 지키기 위한 반격에 나서는 것이다.

오늘날 부족 간의 유혈 전쟁이 격렬해지고 종교 전쟁이 발발하고 이데올로기 전쟁이 확산되고 있으며, 곳곳에서 사람들이 죽어 가고 공동체가 뒤집히고 생태계가 흔들리고 있다. 기후변화가 초래한 온난화가 인류 전체와 동료 생물을 집단 무덤으로 이끌고 있다는 사실을 젊은이들이 깨닫기 시작한 이때, 이런 슬픈 인간사가 전개되고 있다.

아이러니하게도 역사적으로 공감 애착의 각 단계는 보편적 친밀감에 대한 탐색, 즉 존재 자체와 하나가 되려는 (종종 인식되지 않은) 탐구의 과정이다. 회의론자는 보편적 친밀감이라는 개념 자체가 모순이라는 일리 있는 주장을 펼칠 수 있다. 어떻게 친밀함과 보편성이 함께 갈 수 있겠는가? 그렇게 볼 수도 있지만, 보편적 친밀감은 항상 의식의 저변에 도사리며 불안이나 불편을 유발한다.

독일 낭만주의 시대의 위대한 철학자이자 과학자인 요한 볼프강 폰 괴테(Johann Wolfgang von Goethe)가 이 점을 가장 잘 표현했다. 그는 자연에 대해 이렇게 썼다. "우리는 자연에 둘러싸여 그 안에 자리한다. 자연에서 벗어날 수도, 더 깊이 침투할 수도 없다."[55] 괴테는 모든 생물이 제각기 다 독특하지만 하나의 통일체 안에서 연결되어 있다고 믿었다. "자연의 모든 창조물은 저마다 고유한 특성이 있다. …… 전부가 모이면 하나가 된다."[56]

괴테는 인류가 적절한 표현을 생각해 내기 전에 이미 '공감적 포용'이라는 보편적 욕구에 관해 썼다. 그는 "타인의 상황을 헤아릴 방법을 찾고 인간이 존재하는 특정한 방식을 감지하고 기꺼이 그것에 참여하고 것"이 바로 삶의 보편성을 긍정하는 것이라고 설명했다.[57] 괴테가 요약한 보편적 친밀감은 이렇다. 그것은 "함께하는 인류가 진정한 인간이고 개인이 스스로 전체의 일부로 느끼는 용기를 가질 때 비로소 즐겁고 행복할 수 있다는 아름다운 감정이다."[58]

3

젠더 전쟁: 대지와 물의 행성 사이의 투쟁

•

수력 문명은 신석기시대 전반에 걸쳐 우리 선조들이 고도로 국지적이고 분산된 생활 방식에서 벗어나게 해 주었다. 소규모 농경과 목축을 했던 이 초기 시대에 여성은 밭과 농작물을 돌보고 남성은 먹이를 사냥하고 가축 무리를 감시하면서 남녀 관계는 어느 정도 평등했다. 한 가지 특색이 있었다면, 동물보다는 작물에 의존하는 식생활을 영위했기 때문에 여성이 생업 경제에서 지배적 역할을 했다는 점이다. 또한 여성은 육류를 저장할 방부제, 곡물을 저장할 도자기, 보금자리를 덮을 포장재와 의복을 만드는 직물 기술의 발명에 중요한 역할을 함으로써 경제생활의 태동에 이바지했다.[1] 신석기시대에 살았던 선조들의 기대 수명은 25세에서 28세 정도였다.[2]

편 가르기: 신과 여신의 전쟁

신석기 문화권 곳곳에서는 암컷 뱀의 형상을 한 여신을 숭배했다. 그들이 주는 잉태의 물이 밭을 비옥하게 하고 생명 유지에 필요한 영양분을 공급한다고 믿었기 때문이다. 신석기시대의 소규모 농업 경제는 지속적인 돌봄과 보살핌이 특징이었으며, 공동체와 그 후손들이 농업을 존속시키는 생산력을 고갈시키지 않도록 사회적 공유물로 구성되었다.

이렇게 이전에는 물이 유동성, 다산성, 생식력이라는 여성적 속성과 연관되며 강이나 호수, 하천에 속한 뱀 형상의 여성 신이 지배하는 것으로 여겨졌다면, 관할 지역의 인구 전체를 다스리는 고도로 중앙집권적이고 관료적인 수력 왕국의 출현은 권력, 정복, 보호 또는 처벌, 심지어 시간성과 공간성에 대한 통제라는 좀 더 남성적 속성으로 파악되었다.(호모 사피엔스의 역사에서 자연의 사유화를 규정한 최초의 법률과 달력이 등장한 것이 바로 이 시기였다.) 물을 길들이면서 물의 여신에 대한 충성은 점차 하늘에서 지상의 창조물을 감독하는, 대부분 남성인 신들에 대한 믿음으로 바뀌었다. 수력 문명의 부상은 남성이 지배하는 신성에 대한 의존도를 높였고, 이런 경향은 현대까지 계속되었다. 남성과 여성의 영향력 사이의 생사를 건 투쟁의 형태로 나타난 문명과 자연의 싸움은 수천 년이 지난 지금도 지속되고 있다.[3]

수력 문명의 가장 초기에 기록된 역사에는 강력한 남성 신들이 뱀 형상의 물의 여신을 죽이는 이야기가 나온다. 바빌로니아에서는 마르두크가 뱀 여신인 티아마트를 살해했다.[4] 그리스 신화에서는 제우스가 가이아 여신의 뱀 자식인 타이폰을 물리치고 올림피아 신들의 통치를 확립했다.[5]

신석기시대 조상들에게 물은 모든 존재를 살아 움직이게 하는 생명의 자궁으로 인식되었지만, 수력 문명과 도시 생활이 도래하면서 물은 남성적 상징물로 바뀌었고 길들여야 하는 위협적인 존재로 여겨졌다. 베어울프와 페르세우스, 이아손과 아르고호의 선원들 등 신화와 고대사에 등장하는 남성 영웅들이 대부분 심해와 여성적 존재를 소멸시키려는 사냥꾼이었다는 사실을 상기해 보라.《역동적 심리 치료(Dynamic Psychotherapy)》에 게재된 윌리엄 영(William Young)과 루이스 드코스타(Louis DeCosta)의 '꿈과 환상 속의 물 이미지'에 대한 연구는 신화의 남성 영웅들이 물의 여신을 스토킹하고 죽이기 위해 심해로 뛰어들었다는 소름 끼치는 이야기를 들려준다.

요나와 고래 또는 베어울프 이야기처럼 바다 괴물과 싸우기 위해 물속 심연으로 뛰어드는 영웅적 모험을 그릴 때, 무의식 속 '수중' 심연으로의 영웅적 모험도 상기시키는 것이 아닐까? 혹은 마찬가지로, 여성적 매력을 지닌 험악한 물에 대한 영웅적 정복은 여성에게 익사 당할지도 모른다는 남성의 무의식적 두려움을 반영하는 것이 아닐까? …… 매혹적이며 파괴적인 인어와 사이렌, 생명을 주는 어머니로서의 바다, 아서왕의 호수의 여인과 같은 묘사에서 알 수 있듯이 여성성과 물은 사실상 하나로 표현된 것으로 보인다.[6]

수많은 기원 설화가 수력 문명을 감독하는 강력한 남성 신에 의해 뱀의 형상을 한 물의 여신이 죽음을 맞이하는, 초기 물활론 문화의 유사한 이야기를 들려준다.

더럼대학교의 인류학 교수인 베로니카 스트랭(Veronica Strang)은 일반적으로 여신이 관장하는 물 숭배가 이미 기원전 6000년 무렵부터 유럽 전역에 존재했다고 지적한다. 수력 문명이 발달하고 지중해와 유럽에서 남성이 물을 지배하면서 심해를 관장하는 남성 신들로 무게중심이 기울었지만, 그 과정에는 오랜 투쟁이 있었다.

성스러운 우물을 바라보며 물의 여신을 숭배하는 일은 흔했다. 샘, 특히 우물은 생명을 낳고 기르는 '대지의 여신의 자궁'에 연결된 출구로 여겨졌다.[7] 이런 성지를 매년 순례하는 것이 당시 사회생활에 필수적인 부분이었으며, 고대인이 존재를 보는 핵심 방식이었다. 선조 수백만 명이 성지를 방문해 경의를 표하고 물의 여신에게 다산, 재생, 치유, 건강 등을 베풀어 주기를 청하는 친숙한 의식에 참여하며 안식을 찾았다. 그리스도 시대까지도 유럽 전역에 성스러운 우물 수천 개가 남아 있었고, 이 성스러운 장소의 '치유력'을 체험하려는 정기 순례가 계속되어 가톨릭 교회가 당혹감에 빠지곤 했다. 6세기에 교황 그레고리우스 1세는 더 참지 못하고 우물들을 파괴하는 대신 남근의 상징이 관장하는 기독교 성소로 개조할 것을 명령했다. 그래서 영국과 아일랜드에서만 "수천 개의 성스러운 우물이 …… 성자의 이름을 딴 성역으로 탈바꿈했다."[8]

위로부터 하느님의 창조 세계를 관장하는 남성 중심의 교회와 심연의 여신에게 경의를 표하는 초기의 종교적 숭배 및 의식 사이의 투쟁은 계속되었고, 12세기와 그 이후까지도 성스러운 우물터의 숭배 의식을 금지하는 교회 칙령이 되풀이해서 발표되곤 했다. 우물 숭배의 오랜 관습은 6000년 전 수력 문명이 시작된 이래로 인류의 여정을 특징지은 거대한 저류를 시사한다. 유동적인 물 대 대지, 그리고 여성의 생식력 대 수동적 자연에 대한 남성의 지배라는 대립과 투쟁 말이다.

스트랭은 '물의 영적인 힘'을 기리는 색슨족의 이교도 의식에 대해 들려주며 그들이 "신성한 샘에서 떠 온 물을 숭배 의식에서 사용하고 일종의 부적으로도 썼으며, 동쪽으로 흐르는 개울에서 해가 뜰 때 조용히 길어 온 물은 성장을 회복하고 발진을 치료하고 소를 튼튼하게 한다고 믿었다"고 설명한다. 결국 교회는 일부 성스러운 우물을 여성 성자의 이름으로 바꾸는 등 조금 양보하기도 했다. 어쨌든 대다수 기독교인은 17세기, 근대 위생과 공중 보건의 새 시대이자 베이컨주의 과학과 보편수학이라는 새로 합리화된 세계관이 등장한 계몽주의의 여명기에도 여전히 우물을 "질병을 치료하고 다산을 돕는 치유의 물"로 여겼다.[9]

오늘날에도 여성 젠더의 발자국을 곳곳에서 발견할 수 있다. 영국의 디강은 여신을 뜻하는 고대 영어인 데바를 따서 명명되었다. 프랑스의 센강은 바다에 산 켈트족 여신 세콰나의 이름을 딴 것이다. 여신에 대한 남성 신의 승리는 동서양 모두에서 거대 수력 문명의 개시와 더불어 대두한 물의 통제권 및 소유권과 밀접히 얽혀 있었으며, 결과적으로 남성은 문화적 규범과 사회 참여 규칙, 경제적 요소, 기술 배치, 거버넌스를 감독하고 여성은 자녀 양육과 가정생활을 돌보는 일을 맡게 되었다.

흥미로운 점은 우리 종이 물과 맺은 관계가 여성과 남성에 대한 고정관념을 확립한 젠더 관계에 어떻게 영향을 미쳤는지에 대해 거의 관심이 없었다는 사실이다. 예를 들면, 서양에서는 인어와 미노타우로스를 대조적으로 묘사하고, 동양에서는 여성과 남성의 전형이 음과 양을 따라 흐른다. 둘 모두에서 여성은 수동적이고 수용적이며 감정적이고 양성적이고 희생적인 존재로, 남성은 적극적이고 공격적이며 강력하고 이성적이고 무심한 존재로 묘사된다. 이런 고정관념은 사회 진화 과정에서 남성과 여성의 역할을 결정하는 주요소로 작용했다. 최초로 물을 길들이며 수력 문명의 토대를 닦은 고대 메소포타미아부터 수자원 사유화와 상품화를 거의 완전히 달성한 19세기와 20세기 산업 수력 시대에 이르기까지 거대 수력 인프라를 개념화하고 배치하고 관리한 것은 남성 집단이다.

심해에 대한 남성의 두려움이 인류와 물의 관계를 복잡하게 만든 반복적인 주제였다면, 물에 대한 사랑은 그에 못지않게 강렬했지만 조건이 따랐다. 예를 들어 로마제국 전성기에 수자원은 제국의 권력과 위엄을 드러내는 결정적 요소였다. '모든 길은 로마로 통한다'는 말이 널리 알려졌지만, 사실 '모든 수로는 로마로 통했다'는 말이 더 정확할 것이다. 로마제국은 수자원 활용에서 이전의 모든 문명을 능가했다. 매우 실용적인 관점에서, 자유민, 계약 하인, 노예 등 100만 명 이상의 주민을 수용하려면 그리스에서 서유럽, 발칸반도, 중동, 북아프리카에 이르는 제국의 모든 통치 지역으로 물을 운반해야 할 뿐 아니라 내륙지역에서 로마로 엄청난 양의 물을 가져와야 했기 때문이다. 앞서 제국을 연결한 정교한 미로 같은 도로망에 찬사를 보냈지만, 거대한 왕국을 가로질러 세 개 대륙의 강을 연결한 대규모 수로 역시 수백만 명의 시민을 통합하는 데 똑같이 중요한 역할을 했다.

수력공학은 제국의 자부심이었으며 광활한 지역 곳곳에서 말 그대로 물을 길들이기 위해 인간의 창의력과 기술력이 빚어낸 엄청난 업적이었다. 그러나 로마가 수자원에 지닌 애착은 훨씬 더 복잡했다. 로마의 뛰어난 공학적 기술력은 양날의 검과 같았다. 수자원을 포획하고 노예로 삼는 작업이 땅과 민족을 점령할 때와 마찬가지로 군사적으로 정밀하게 수행되었지만, 물과 하나가 되고자 하는 열망은 그에 못지않게 강력한 대항력으로 작용했다. 그리고 여기서 모순이 생긴다. 로마제국 곳곳에서 뿜어져 나오는 분수가 남성 지배 문명의 남근 리비도를 상징한다면, 수만 개의 정교한 목욕탕과 수영장에서 즐기는 호사는 기억 이전의 태내에서 맺은 물과의 유대 속으로 다시 삼켜지고 싶은 무의식적 욕망을 반영한 것일 수 있다.

웅장한 목욕탕과 수영장이 군부대 진영이나 공공 광장, 개인 별장 등의 부속 시설로 로마제국 전역에 설치되었다. 숫자가 사정을 말해 준다. 2008년 런던은 인구 770만 명에 공공 수영장이 196개에 불과했지만, 전

성기의 로마는 인구가 약 100만 명에 800개의 공공 수영장이 모든 시민에게 개방되었다.[10]

영국의 역사가 에드워드 기번(Edward Gibbon)은 "가장 평범한 로마인도 작은 구리 동전 하나로 아시아 왕들의 부러움을 살 정도로 화려하고 사치스러운 물놀이를 일상적으로 즐길 수 있었다"고 기록했다.[11] 당시 황제와 귀족, 부유한 상인 계층은 영지나 저택에 웅장한 수영장과 목욕탕을 두고 자랑했지만, 부수적 피해가 따르기도 했다. 디오클레티아누스(Diocletianus) 황제의 목욕탕과 수영장을 7년에 걸쳐 지은 계약직 기독교인들은 시설이 완공되자마자 즉결로 처형되었다.[12] 로마제국 전역에서 수영은 보편적인 오락이자 나아가 집착이 되었으며, 칼리굴라(Caligula) 황제가 수영을 할 줄 모른다는 소문이 퍼지면서 대중의 조롱거리가 될 정도였다.[13]

로마의 통치 엘리트들은 인간의 독점적인 소비와 관개, 순전한 즐거움을 위해 물을 격려하고 통제한 것이 그들의 가장 큰 성취라는 신념에 의견이 일치했다. 제국의 주요 건축가이자 엔지니어였던 섹스투스 율리우스 프론티누스(Sextus Julius Frontinus)는 로마가 창건된 시점부터 당시까지 441년 동안 저 멀리 알바니 구릉지대부터 로마 시민에게 물을 공급하는 9개의 수로가 완공된 역사를 개관하면서 이런 재담을 남겼다. "이렇게 많은 물을 운반하는 필수 불가결한 구조물을 무용한 피라미드나 유명하지만 역시 쓸모없는 그리스인들의 작품과 비교해 보라."[14]

정확히 말하자면, 로마제국은 다신교 문화로 남성 신과 여성 신을 모두 숭배했다. 하지만 하늘의 신 유피테르는 "로마를 보호하는 것을 포함해 …… 삶의 모든 측면에 대한 최고의 감독자"로 여겨졌다. 여신들은 놀랍지 않게도 상대적으로 부차적인 역할을 맡았다. 유피테르의 아내 유노는 "여성과 그들 삶의 모든 측면을 면밀히 살폈다."[15]

지구의 물에 대해 정복과 친밀감을 동시에 추구한 통제적 연인의 이야기는 궁극적으로 상충하는 면이 있지만, 문명이 탄생한 이래로 인류와 지구 수권 관계의 역사에서 본질적 의미를 규정하는 변증법 역할을 했다. 아이오와대학교 미술사학과의 역사학자 브렌다 롱펠로(Brenda Longfellow)는 기원전 1세기에 로마의 강력한 정치 엘리트와 군부 지도자, 부유한 상인 들이 자연을 모방한 인공 경관으로 둘러싸인 웅장한 저택을 지어 부유함을 과시하기 시작했다고 전한다. 이는 일종의 교묘한 게임이나 스포츠로서 자연을 재구성하는 것으로, 목표는 마치 신인(神人)에게 기대할 수 있는 바를 갖춘 양 자신의 남성상을 부각하는 데 있었다. 롱펠로는 로마의 부자와 권력자가 "이전에는 없었던 곳에 강이나 폭포, 언덕을 만들어 풍광을 형성하는 데 큰 기쁨을 느꼈으며 감성적 반향을 일으키는 운하부터 수로로 물을 받아 자연 또는 인공 동굴로 흘려보내는 인공 폭포까지" 물의 특색에 열정적으로 초점을 맞추었다고 말한다.[16]

이 자연 재현의 핵심은 물을 정교하게 디스플레이하는 것으로, 연못이나 벽감 폭포, 장관을 이루는 분수에 이르기까지 설치되는 모든 것이 서로 화려함을 겨뤘다. 여기서 그다지 어렵지 않게 추정할 수 있는 사실은 로마의 엘리트들이 물의 주인이면서 만물의 주인인 남성 신을 모방하고 있었다는 것이다. 오늘날의 페미니스트 역사가들은 물에 대한 남성 신들의 지배가 확립되면서 한때 강력한 힘을 발휘했던 여신들의 추방이 당연시되었다고 덧붙일 것이다. 남성이 만든 새로운 물의 낙원에는 여신이 들어설 자리가 없었다. 물론 물의 자궁을 가진 여신에서 남근 분수와 남성이 만든 자연을 가진 남성 신으로 중심이 이동한 것은 무의식적으로 이뤄졌을 것이지만, 어쨌든 후대의 자연 인식에 큰 변화를 준 것만큼은 틀림없다.

새로운 위상에 자신감을 얻은 로마 엘리트들은 자신들의 낙원을 일반

대중과 공유하기 시작했다. 롱펠로는 로마의 가장 강력한 통치자로 정적 관계에 있던 율리우스 카이사르(Julius Caesar)와 폼페이우스(Pompeius)가 개인 정원만큼이나 웅장하며 수상 공원까지 갖춘 공공 정원을 개발하며 경쟁하기 시작했다고 이야기한다. "폼페이우스는 평범한 로마인들이 들어 봤지만 직접 경험한 적은 없는 볼거리를 제공했고, 로마인들은 폼페이우스 덕분에 저택 문화와 관련된 편의 시설과 여가 생활을 누릴 수 있었다." 이에 뒤지지 않으려고 카이사르는 자신의 공공 단지인 카이사르 포럼을 건설하고 기념비적인 아피아데스 분수를 설치했다. 분수 가운데에 강이나 호수, 시내에 지낸다고 여겨지던 신화 속 여성 정령인 아피아 님프의 조각상을 세워 남성이 지배하는 생명의 분수에 속한 피보호자로 전시한 것이 특징이었다.

두 통치자 모두 공공 낙원의 정원을 로마 대중과 공유하는 것의 이점, 즉 '친선을 증진하며 지지를 얻는 무대'로 이용할 수 있다는 사실을 인식하고 있었다. 그러나 아우구스투스(Augustus) 황제야말로 정교하고 거창한 물 시설을 제공하는 것이 어떤 의미인지 완벽히 이해한 통치자였다. 롱펠로는 대중을 향한 이런 제스처의 정치적, 사회학적 의미를 다음과 같이 요약한다.

아우구스투스는 녹지 공간과 예술적인 물 디스플레이가 대중에게 주는 매력을 인식하고 로마의 새로운 정치적 안정을 조성하기 위한 노력의 하나로 곳곳에 일반 대중의 여가 활동을 위한 물 경관을 갖춘 시민 녹지 공간의 설치를 승인했다. 나아가 거대한 장식용 시민 분수가 넓은 공간에 설치된 여러 편의 시설 중 하나에서 황제의 이데올로기를 전하는 기념비적인 독립 건축물로 바뀐 것도 아우구스투스의 통치하에서였다.[17]

서기 286년 동과 서로 분열되면서 로마제국은 쇠퇴하기 시작했고, 고트족의 침략과 455년 반달족의 침략이 이어지면서 당시까지 서구 세계를 대표하던 수력 문명의 종언이 개시되었음을 알렸다.

로마제국은 서기 476년에 무너졌지만, 그들의 엄격한 남성 중심 세계관은 신화나 현실에서 불거져 나와 종종 끔찍한 결과를 낳으며 오늘날까지 살아남았다. 결국 지구 생명체의 멸종을 위협하는 지구온난화 위기와 위로는 군사화된 지정학에서 아래로는 (경제와 심지어 가정까지 뿌리박힌 성 불평등을 폭로하는) '미투 운동'에 이르기까지 사회적 스펙트럼 전반에서 드러나는 남성의 지배와 공격성을 둘러싼 젠더 전쟁의 와중에 로마의 유산이 다시 글로벌 대중 무대에 등장하며 긁어 부스럼을 만든 것은 그리 놀랄 일이 아니었다.

모든 일은 스웨덴의 여성 인플루언서 사스키아 코르트(Saskia Cort)가 인스타그램 팔로워들에게 "남성 파트너와 친구들에게 로마제국에 대해 얼마나 자주 생각하는지 물어봐 달라"고 요청하면서 시작되었다.[18] 세계 곳곳의 남성들이 '한 달에 서너 번'이나 '이틀에 한 번' 또는 '하루에 한 번 이상' 로마의 영광스러운 시절을 생각한다고 답하자 여성들은 놀라움을 금치 못했다. 틱톡에서 입소문을 탄 이들의 응답은 남성들이 그 남성 지배 제국의 ('빵과 서커스'를 제공한 관대함은 말할 것도 없고) 군사적 위업과 공학적 성취, 관료적 통찰력을 찬양하고 있음을 드러내면서 젠더 전쟁을 새로운 국면으로 이끌었다. 이 로마 시대의 부활은 《뉴욕타임스》와 《워싱턴포스트》 등 주요 언론의 1면을 장식하며 지난 6000년 역사 동안 수력 문명과 함께한 가부장제의 지속력을 또 한 차례 보여 주었다.

로마의 몰락 이후 몇 세기 동안 진행된 가톨릭교회와 신성로마제국의 부상은 교회의 지배층이 적당히 통제하는 좀 더 느슨한 분권적 거버넌스를 불러왔다. 유럽을 가로질러 아프리카와 아시아로 확장되었던 로마의 도로망과 마찬가지로 로마의 거대한 수로는 대부분 방치되거나 버려졌고, 교회가 내면과 내륙으로 눈을 돌려 대지에 초점을 맞추면서 물에 대한 숭배와 집착도 사그라졌다. 물은 이제 초기 히브리 우주론에서처럼 공허로 인식되며 우상화하기보다는 피해야 할 대상으로 여겨졌다. 다음 세상에서 신자들을 기다리는 영생에 모든 시선이 집중되면서 물의 님프는 교리서에서 지워졌다.

이후 지금까지 변한 것이 거의 없다. 예수 그리스도의 십자가 처형과 신성로마제국의 등장 사이에 부활의 의미와 기독교 사상에 대해 색다른 아이디어를 주창하고 여성의 지위를 높이며 매우 짧은 기간 번성했던 영지주의 기독교 종파의 미미한 예외를 제하고 여성 젠더는 계속해서 소외되고 위축되었다.

2000년이 지난 지금도 로마 가톨릭교회는 오직 남성만 사제나 추기경, 교황이 되어 하느님의 메신저 역할을 할 수 있도록 승인하고 있으며, 하느님이 아담을 창조한 다음에 그의 갈비뼈를 뽑아 이브를 만들었다는 사실을 남녀 신자 모두에게 상기시키고 있다. 사실 선악과를 따먹지 말라는 주님의 명령에 순종하지 않은 이브에 대한 성경 기록으로 짐작할 수 있듯이 여성의 지위는 처음부터 박탈당한 셈이었다. 그녀의 무분별한 행동은 주님이 아담과 이브를 낙원에서 추방하고 이후의 모든 후손에게 수고와 고난의 삶을 선고하는 결과를 초래했다.

종종 간과되는 사실은 로마의 문화와 거버넌스, 경제생활의 핵심 기반이었던 거대 수력 인프라의 쇠퇴와 파손, 붕괴로 이후 수 세기 동안 젠더 관계를 정의하는 특징으로서 물 이미지도 부분적으로 폐기되었다는 점이다. 젠더 관계를 설명하는 데 물의 은유가 대지의 은유보다 덜 매력적인 것이 되었다는 의미다. 여성 젠더가 여전히 축소되고 수동적인 속성으로 여겨지는 가운데, 물은 젠더 범주의 매개체와 상징물로서 역할을 상실했다.

16세기 들어 위대한 해양 탐험이 시작되면서 젠더 관계가 재조명되며 모든 것이 다시 바뀌었다. '신세계들'과 대륙 전체를 탐험하고 정복하고 식민지화하려는 경쟁은 남성을 바다의 주인으로, 여성을 침략자를 삼키기 위해 심해에 잠복하는 바다의 유혹자로 상징화했다.

1790년대부터 1850년대까지 이어진 낭만주의 시대에 젠더 관계는 성별 역할과 바다를 둘러싼 역사적 투쟁이 반복되는 정치적 놀이터가 되면서 더욱 경직되었다. (주로 영국과 스코틀랜드 출신의) 남성 시인과 작가 들은 여성 페르소나를 정복하려는 욕망과 자궁에 대한 원초적 애착에 사이에서 시소를 타기 시작했다. 6000년이 넘는 수력 문명 역사 전반에 걸쳐 남성/여성 젠더 역학에서 오랫동안 언급되지 않았지만 반복되던 주제이자 존재인 사랑/정복 역학이 다시 수면 위로 떠오른 것이다.

바이런 경(Lord Byron)은 낭만주의 시대를 풍미한 인물로, 오늘날의 관점에서는 마초적인 낭만주의자로 묘사될 수 있을 것이다. 특히 그는 물을 '사랑'했다. 동시대 시인 퍼시 셸리(Percy Shelley)와 친구 사이였던 바이런은 셸리를 비롯해 여성화한 것으로 보이던 당대의 낭만주의 시인들을 경멸하는 태도를 보였다. 바이런의 첫사랑은 바다였다. 당시 시인으로 유명했던 바이런은 수영 실력으로도 유럽 전역에서 존경을 받았다. 그는 수영을 잘 못하는 셸리를 책망하곤 했는데, 실제로 셸리는 라스페치아만에서 보트가 전복하는 바람에 익사로 생을 마감했다.

선천적으로 오른발을 절었던 바이런은 어린 시절부터 바다에서 수영하는 것이 안식이자 자유가 되었다. 그는 이렇게 말했다. "바다에 몸을 담그면 즐겁고 다른 어떤 경우에도 느낄 수 없는 영혼의 부력을 느낀다. 만약 영혼의 환생이 있다면, 이전의 존재에서는 내가 '인어'였다는 생각이 들 정도도."[19] 바이런의 여성 비하는 명백히 드러나곤 했다. 이타카섬을 여행하던 중 현지 유적을 방문하고 싶은지 질문을 받자 그는 다음과 같이 중얼거리며 여성적 신비주의에 대한 경멸을 드러냈다. "내가 거세된 꼰대처럼 보이나요?" 그러고는 바로 덧붙였다. "수영이나 합시다."[20]

바이런의 시와 풍자에는 바다 표면 아래의 존재를 그린 내용이 없으며, 심해의 세계에 대한 언급도 없다. 오히려 그의 유일한 관심사는 바다를 정복하는 것이었다. 새뮤얼 테일러 콜리지(Samuel Taylor Coleridge)와 로버트 브라우닝(Robert Browning) 등 낭만주의 시대의 여타 시인들과 문학계·예술계 거장들도 같은 생각이었다. 『검은 안마사의 출몰: 수영 영웅(Haunts of the Black Masseur: The Swimmer as Hero)』의 저자 찰스 스프로슨(Charles Sprawson)은 역사 전반의, 특히 낭만주의 시대의 열정적인 수영선수들을 연구해 그들이 나르키소스처럼 자기과시와 권위에 집착하고 거만하며 공감 능력이 부족하다는 사실을 밝혔다.

낭만주의자들은 존재의 육체성과 자연에 대해 혐오를 드러내던 계몽주의 사상가들의 이성적 분리를 비난하면서 대부분 자연을 향유해야 한다고 생각했지만, 언제나 자연을 즐거움을 주는 선물로 여겨야 한다는 태도를 유지했다. 여성 젠더에 대해서는 어떻게 인식했을까? 여성과 자연이 오랫동안 '타자'로 여겨졌기에, 문학계에서든 예술계에서든 낭만주의 시대의 지배적인 남성 대부분은 여성을 계속해서 열등한 지위에 두었으며, 여성의 주된 목적이 자녀를 낳고 가정을 돌보며 남성의 요구와 기대에 부응하는 데 있다고 믿었다.

낭만주의자들에게 자유는 자율성을 의미했고 여성은 '지배해야 하는 타자'를 상징했다. UCLA의 여성학 교수 앤 멜러(Anne K. Mellor)는 낭만주의 시대 남성 시인과 예술가 들의 시각에 담긴 이 역학을 포착했다. 멜러는 초기 낭만주의 작가 윌리엄 블레이크(William Blake)에 초점을 맞춰 다음과 같이 말한다.

블레이크의 젠더 정치는 다른 낭만주의 시인들과 일치한다. 그는 이렇게 썼다. 남성의 상상력은 여성의 몸을 생산적으로 흡수할 수 있지만 그 반대의 상황, 예컨대 발라(신비로운 에너지로 충만한 여성 예언자)나 여성의 의지가 앨비언(영국을 시적인 의미로 가리키는 이름)의 몸을 베일로 덮는 상황이 생기는 경우 그 이미지는 죽음이나 자멸에 빠지는 것과 동등하다고 여겨진다.[21]

블레이크는 혼자가 아니었다. 낭만주의 시대를 이끈 시인 존 밀턴(John Milton) 역시 남성과 여성의 관계에 대해 매우 분명한 입장을 취했다. "여자는 남자를 위해 창조되었지만 남자는 여자를 위해 창조된 것이 아니라는 사실을 누가 모를 수 있겠는가?"[22] 밀턴이 공유하지 않은 것은 그의 글이 "세상은 사람을 위해 만들어진 것이지, 사람이 세상을 위해 만들어진 것이 아니"라고 한 근대과학의 아버지 프랜시스 베이컨(Francis Bacon)의 글을 연상시킨다는 점이다.[23]

하지만 적어도 밀턴과 몇몇 남성 낭만주의자들은 여성의 역할에 관한 나름의 태도를 완화하려 했다. 밀턴은 한 산문에서 여성을 말동무가 아니라 남성의 자율성과 숙달을 증진하는 것이 인생의 주된 사명인 '영적 조력자'로 여겨야 한다고 썼다. "남자는 여자를 종으로 여겨서는 안 되며, 하느님께서 동등하게는 아니지만 자신의 형상과 영광으로 그에게 할당한 제국의 일부로 받아들여야 한다."[24]

낭만주의 시대가 진행되는 동안 광활한 바다에 대한 마초적인 접근 방식이 유일한 관점은 아니었다는 사실, 즉 그에 대응하는 보다 우아한 애착도 있었다는 사실에 주목해야 한다. (18세기 후반과 19세기 초 감수성을 중시하며 자연의 아름다움과 평화를 주제로 시를 쓴) 영국의 호수 시인들은 주로 전원 풍경에 초점을 맞춰 작품 활동을 하며 심지어 강, 개울, 호수, 우물의 님프와 같은 여신의 존재를 인정하기도 했다. 하지만 이 시기의 비교적 활동 영역이 넓었던 철학자와 시인, 예술가, 수필가 들은 더 넓은 무대인 대양에 초점을 맞추며 섬나라가 제국주의 시대의 지휘 본부가 되는 환경에서 전 세계적인 영향력을 발휘하려 애썼고, 그러한 무대를 '남성 엘리트의 전유물'로 여겼다.[25]

거듭 강조하자면, 당시의 낭만주의 시인과 작가, 예술가 들은 윌리엄 워즈워스(William Wordsworth)가 「눈먼 고지대 소년(The Blind Highland Boy)」에서 "바다의 경이"라고 언급한 것을 남성적으로 다루고 길들이는 데 열중했다.[26] 바다 정복은 전 세계를 식민지로 삼으려는 영국 제국주의의 가장 중요한 주제가 되었다. 그리고 낭만주의자들은 제국주의자들의 강력한 전쟁 무기에 시와 문학, 예술이라는 부드러운 무기로 힘을 보태며 동참했는데, 그 모든 것은 바다를 격려하고 문명을 세상에 안기는 것이 목표인 낭만적인 모험의 형태를 띠었다. 제임스 조이스(James Joyce)의 20세기 소설 『율리시스(Ulysses)』에 나오는 미스터 디지(Mr. Deasy)는 "대영제국에는 해가 지지 않는다"고 말한다. 반면 대서양에 면한 영토가 없는 독일의 낭만주의자들은 자신들이 주도할 수 있는 대양의 숭고함을 상상하기 어려웠다. 독일도 세계 곳곳의 식민지를 꿈꾸었지만, 아프리카와 태평양의 몇몇 지역까지만 영역을 확장할 수 있었다.

바이런은 시 「해적(The Corsair)」에 영국 낭만주의와 제국주의 야망의 시대정신과 진수를 다음과 같이 담아냈다.

짙푸른 바다의 기쁜 물 위로,
우리의 생각은 무한하고 우리의 영혼은 자유롭고,
산들바람이 견딜 수 있는 한 멀리 거품이 일렁이네,
우리의 제국을 음미하며 우리의 고국을 보라!
이들은 우리의 영역이고, 그들의 지배에 제한이 없으니—

우리의 깃발은 만나는 모든 이가 복종하는 왕의 홀이로다.

우리의 삶은 여전히 배회하는 야생의 삶으로

노고에서 휴식까지, 변화를 이룰 때마다 기쁨이 넘치네.

오, 누가 알 수 있을까? 그대는 아니라네, 호사스런 노예여!

누구의 영혼이 넘실대는 파도에 병들겠는가?

그대는 아니라네, 음탕하고 안락한 헛된 귀족이여!

누가 자고 나서도 편치 않은가― 쾌락도 즐겁지 않으니―

오, 누가 알 수 있을까, 마음을 다해 시도한 사람은 제외하고,

그리고 광활한 바다 위에서 승리의 춤을 춘 사람도,

환희의 감각― 맥박이 미친 듯이 뛰노니,

저 길 없는 방랑자를 설레게 하는 것은?

그것은 그 자체로 다가오는 싸움을 유혹할 수 있으니,

그리고 어떤 이들은 위험하다고 여기는 것을 즐거움으로 바꿀 수 있으니,

그것은 열정 이상의 열정으로 겁쟁이가 피하는 것을 애써 찾으니,

그리고 나약한 자들이 기절하는 곳에서― 오직 느낄 수 있으니

떠오르는 가슴의 가장 깊은 곳까지― 느낄 수 있으니,

그 희망은 깨어나고 영혼은 솟구치지 않는가?

소수의 다른 낭만주의 작가(대부분 여성 작가)들은 심해의 물과 여성의 이미지를 원초적 생명력으로 부활시키려 시도했다. 하지만 그들의 노력은 19세기 후반 수질오염이라는 새로 발견된 공중보건 위험 요인에 대한 조증적 히스테리의 확산으로 무시되고 말았다. 치명적 질병인 장티푸스와 콜레라가 오염된 물을 통해 인간에게 전염된다는 사실이 밝혀지자 영국과 프랑스는 물론 유럽 전역이 광기에 가까운 공포에 휩싸였다.

프랑스 보르도몽테뉴대학교의 빅토리아 시대 연구 교수인 베아트리

스 로랑(Beatrice Laurent)은 여성화된 물과 남성화된 대지 간의 싸움이 갑자기 생사를 건 투쟁으로 변했다고 지적한다. 전염병이 확산하자 매달 피를 흘리는 월경, 이른바 이브의 저주가 여성을 질병의 불순한 매개체로 만들었다는 예전의 믿음이 대중 사이에 떠올랐고, 얼마 지나지 않아 여성과 오염된 물을 연결 짓는 속설이 퍼지기 시작했다. 로랑은 이렇게 썼다. "여성과 물이 똑같이 오염에 취약하다고 인식되었고 여성의 신체와 성격에 투수성(물이 스며들게 하는 성질 — 옮긴이)이 있다고 여겨졌기 때문에 둘 중 어느 것이 어느 것의 오염을 유발하는지 판단하기 어려웠다." 요컨대 여성은 '야만적 본성'을 지녔다는 것이다.[27]

그리고 근대과학과 의학의 새로운 '발견'은 월경만 희생양으로 삼는 데서 그치지 않았다. 고대의 '히포크라테스 기질론'이 "부적절하게 조절된 체액이 가장 여성스러운 질병인 히스테리를 유발한다"는 의료계의 일부 목소리와 함께 새로운 모습으로 부활했다. 수(水)치료법이라는 새로운 분야는 물로 체액을 조절할 수 있다는 믿음에서 비롯했다. 당대의 한 저명한 의사는 "질 세척이 치료의 매우 필수적인 부분"이라고 지적하기도 했다.[28]

이 사례에서 우리는 틀린 생각이라도 '생각이 결과를 낳는다'는 것을 알 수 있다. 프린스턴대학교의 명예교수이자 문학평론가인 일레인 쇼월터(Elaine Shawalter)는 여성 페르소나와 불결한 물에 대해 업데이트된 이 '의학적' 믿음이 변형되어 정신과 이론 및 실천의 중요한 토대가 되었다고 지적한다. 그녀는 이렇게 썼다. "19세기 말, 고전적인 여성 질환인 히스테리가 두 번째 정신의학 혁명의 중심이 되었다."[29]

여성의 몸을 오염된 물과 치명적인 질병의 매개체와 연결 짓는 대중적 진단은 터무니없지만 널리 받아들여졌고, 물이 생명을 위협하는 질병의 매개체라는 발견은 먼저 영국에서 새로운 위생 개선 운동을 촉발했으며, 이 운동은 곧이어 프랑스와 독일, 미국 및 전 세계로 퍼져나갔다. 19세기 후반에는 하수도 시스템의 구축과 더불어 정수 시스템이 도입되고 정수된 물이 배관을 통해 직접 가정과 사업장으로 공급되면서 수질 정화가 거대 인프라 혁명의 핵심이 되었다.

영국은 1852년 대도시 수도법을 통과시키는 등 엄격한 수질 관리 기준을 마련하는 데 앞장섰고, 뒤이어 다른 나라들도 시민에게 깨끗한 물을 공급하려는 노력을 펼쳐 나갔다. 하지만 171년이 지난 2023년에도 지구상 20억 명의 인구가 안전하게 관리되는 식수에 접근하지 못하고 있으며, 전 세계 인구의 절반에 가까운 42억 명이 가정에서 위생 시설을 이용하지 못하고 30억 명은 기본적인 손 씻기 서비스와 비누조차 이용할 수 없는 상황이다.[30] 결과적으로 매년 수억에 달하는 사람들이 수인성 질병으로 고통받는다.

19세기 말과 20세기 초 영국을 비롯한 전 세계에서 담수의 포획과 관리, 정화, 분배 그리고 폐수의 재활용은 인류의 가장 소중한 생명력을 격리하고 길들이는 과정의 정점이자 종반전을 드러냈다. 담수의 격리는 나아가 산업 혁명의 필수 요소가 되었고, 물-에너지-식량 넥서스는 시장 중심 국가와 사회주의 국가 모두에서 자본주의 시스템의 원동력이 되었다.

하지만 이제 물은 지칠 대로 지쳤다. 행성의 수권은 흔들리고 있으며, 이제는 인간의 개입으로 족쇄를 채울 수 없다. 다양한 측면에서 문제는 우리가 청지기로서 물과 하나가 되는 법을 다시 배우고 물이 무엇을 주든 적응할 것인지, 아니면 그 반대의 길을 택할 것인지다. 인류세에서는 젠더 관계를 어떻게 재구성하느냐에 따라 많은 것이 달라질 것이다.

여성: 물의 운반자

모든 문화권의 모든 역사에서 여성은 물을 운반하는 역할을 맡았다. 오늘날에도 수백만 여성이 물을 길어 오느라 일주일에 몇 시간씩 수 킬로미터를 걷고 있다. 아프리카와 아시아의 일부 지역에서는 여성들이 물을 구하기 위해 하루 평균 약 6킬로미터를 걷는다. 보통 무거운 물통을 머리에 이고 균형을 잡다 보니 심각한 부상을 입는 경우도 많다. 유엔 아동기금(UNICEF)과 세계보건기구(WHO)의 최근 보고에 따르면, 21억 명(대부분 여성)이 여전히 물을 운반하는 역할을 하고 있다.[31] 잘 논의되지 않지만, 매일 물을 긷는 이 긴 여정은 개발도상국의 어린 소녀들이 학교에 다니지 못하고 교육을 받지 못하는 결정적 요인이다. 물 때문에 평생 집과 가정생활에 발이 묶이는 것이다.

내 어머니가 태어난 1911년에는 전 세계 어느 주권국가에서도 여성에게 투표권을 주지 않았다. 1913년 여성에게 최초로 투표권을 부여한 독립국가는 노르웨이였다. 미국 정부는 1920년에 여성에게 투표권을 부여했다.[32] 20세기의 나머지 기간에 다른 국가들이 뒤를 따랐다. 여성은 뒤늦게나마 투표권을 얻었지만, 거버넌스 내부와 기업 이사회 등에서는 최근까지도 의사결정에서 체계적으로 배제되었다. 시민사회에서도 정도만 덜할 뿐 마찬가지였다. 가난한 나라는 물론 세계에서 가장 부유한 국가 일부에서도, 글로벌 수자원 정치 및 정책보다 남성 우위와 여성 복종의 격차가 더 뚜렷하게 드러난 분야는 없다.

수문 순환은 지구상에 생명을 낳고 번성하는 환경을 보장하는 작용이므로, 수자원에 영향을 미치는 의사결정에서 여성이 거의 배제된 상황은 모든 생명을 통제하는 수력 인프라에 대한 남성의 지배력, 즉 지난 수십 년 동안 전 세계의 정부와 국제기구, 자본주의 경제에 의해 논의되지 않고 감춰진 채 유지된 지배적 지위를 여실히 보여 준다. 분명한 것은 지구의 수문 순환과 수자원 인프라 전체가 기원전 수천 년 전 최초의 수력 문명이 등장한 이래 그랬던 것처럼 남성들이 거의 독점적으로 남성의 영역으로 통제하고 있다는 사실이다.

관개 엔지니어이자 사회과학자, 수자원 거버넌스 교수인 마르흐레이트 즈바르테베인(Margareet Zwarteveen)은 수자원 분야의 최고위층에서 직접 일한 경험이 있는 몇 안 되는 여성으로, 남성 중심의 이 분야에 대한 내부자의 시각을 제공한다. 그녀는 인류가 사용하는 물 전체를 관리하는 수문학 분야가 크게 두 가지 수준으로 나뉜다고 지적한다. 하나는 유엔이나 세계은행, 국제통화기금(IMF), 경제협력개발기구(OECD), 관련 싱크탱크, 연구 기관, 컨설팅 기관, 대학에 소속되어 관개 시스템 지식을 관장하는 수자원 전문가 및 국제 전문가 그룹이며, 다른 하나는 그에 인접해 병행하며 전 세계 수력 인프라의 모든 구성 요소를 계획하고 배치하고 관리하는 수백만 명의 개인이다. 구체적으로 다음과 같다.

두 그룹 모두 관개 연구원이나 전문가, 엔지니어, 기획자, 관리자 등으로 고용된 남성이 여성보다 훨씬 많다는 점에서 남성이 지배하는 셈이다. 실제로 관개 엔지니어, 관리자, 기획자, 연구원 같은 직업은 남성의 활동으로 식별되고 인식된다.(적어도 예전엔 그랬다.)[33]

공개적으로 드러나지는 않지만, 지역적으로나 전 세계적으로 인류 공동체를 하나로 묶는 모든 요소 중에서 수자원 인프라가 기술 문명 전체를 지탱하는 대들보라는 주장에 이의를 제기할 사람은 거의 없을 것이다. 여기서 종종 간과되는 진실은 수력 제국의 등장 이후 인류와 함께해 온 이 시스템이 통제와 지배의 인프라라는 점이다. 그렇다면 수력 문명과 함께 발전한 기술 역량은 어떠한가?

그런 공학적 능력이 "남성성이 지배하는 문화적 이상의 중심이며 그것의 부재는 정형화된 여성성의 주요한 특징"이라고 주장하는 페미니스트 학자들이 늘고 있다.[34] 인구를 달래고 지리적 영역을 변형시키고 적대 세력의 점령과 파괴로부터 인프라를 보호하는 군사적 관료 체제가 동반하지 않았다면 수자원의 격리와 지배, 통제는 불가능했을 것이다. 19세기와 20세기 산업화 시대의 식민 지배 정권(영국, 프랑스, 스페인, 포르투갈, 네덜란드, 독일, 일본, 미국)은 모든 대륙에 걸쳐 영토를 점령했는데, 모두 군사 지휘부와 수력공학자라는 두 그룹이 점령지에 진출했음을 주목해야 한다. 이들은 각기 고대 메소포타미아에서 최초의 수력 문명이 등장한 이래로 흔들림 없는 남성 중심 문화의 합리화된 관료제와 지휘 및 통제 전통을 가져왔다.

대륙을 가로지른 이들의 존재와 침투는 그것을 침략 행위로 여긴 토착민들에게는 당연히 환영받지 못했지만, 각자의 고국에서는 세계 곳곳의 후진 민족에게 계몽된 문명을 전파하는 용자로 평가받았다. 수력 인프라의 선구자인 네덜란드의 식민지 엔지니어들은 본국에서 문명 그 자체의 위대한 무명 영웅으로 이상화되었다.

엔지니어들은 열대의 험난한 물줄기를 정복하는 영웅적 투쟁에 참여했다. 그들은 집에서 멀리 떨어진 데다 기후도 치명적인 극도로 가혹한 환경에서 이 일을 해냈다. 특히 기념비적 시설물을 세운 선구자들은 후세대의 눈에 진정한 영웅으로 비쳤다.[35]

지구의 오지에 문명을 가져다준 영웅적인 남성 수력 엔지니어의 이야기는 근대화와 진보의 시대를 앞당긴다는 명목으로 수자원 식민지 개척에 투자한 모든 강대국이 비슷한 버전으로 들려준다. 수력 엔지니어에 대한 찬사와 이 직업에 수반된 남성적 신비는 20세기에 한 세대의 소년들을 끌어들였고, 그들은 수자원의 미래를 열며 대중을 계몽하는 보병이 되길 열망했다. 수자원 관련 직업에 대한 일종의 주입식 세뇌는 남성적 페르소나를 강화하는 데 기여했으며, 주류에서 벗어난 '타자'를 여성과 여성적인 것, 수동성과 의존성, 감정적이고 몽환적인 것과 결부시켜 수세대의 여성을 교육받지 못하는 열등한 지위에 가두며 자녀 양육자와 물의 운반자 역할로 축소시켰다.

역사상 가장 오랫동안 지속된 이 심리적 대량 학살, 즉 공공 영역에서 여성 페르소나의 대량 축출이 인간 정신에 미친 비극적인 대가는 우리 종에게서 양육과 공감, 삶의 생성적 특징을 앗아 가는 결과로 나타났다. 이 때문에 인류 집단은 지구 수권과의 상호작용에서 냉정한 계산과 합리화로 무장한 무심한 접근 방식으로 치닫게 되었다.

세계은행과 OECD, IMF 등 세계 유수의 거버넌스 기구의 이사회와 중역실보다 남성적 페르소나와 여성의 의존성이 폭넓게 고착된 곳은 없다. 은밀하고 미묘한 양상을 띠긴 하지만 말이다. 그러나 이제 수자원에 대한 남성의 헤게모니가 도전받기 시작했다. 지난 40여 년 동안 개발도상국을 중심으로 새로운 세대의 여성 수자원 운동가들이 목소리를 높이기 시작했고, 특히 먼 미래가 아니라 앞으로 수십 년 안에 지구 생명체의 생존에 지대한 영향을 미칠 지구의 수문 순환에 휘말린 지금, 우리 종과 물의 관계를 결정하는 데 동등한 역할을 요구하고 있다.

수자원 관리에 참여해 목소리를 내려는 여성들의 적극적인 투쟁은 수천 년 동안 남성 중심으로 돌아가던 환경과 더할 나위 없이 극명하게 대조된다. 전 세계의 여성 활동가들은 "물 관리에 관한 논쟁이 '효율성'을 넘어 돌봄의 윤리를 포용하고 발전시키는 제도 구축의 중요성을 강조한다"고 주장한다.[36] 여성 수자원 운동가들은 현재 세계은행과 유엔, IMF, OECD 같은 글로벌 거버넌스 기구들이 수자원 정책 의사결정 과정에 여성을 참여시켜야 한다는 점을 공식 보고서와 정책 성명서에 포함하기 시작했다는 사실을 인정한다. 하지만 사실 그들은 공공 민간 파트너십 (PPP)이라는 미명하에 수자원 관리의 일상적인 통제권을 엘리트 글로벌 기업들에 넘기고, 종종 보조금까지 안겨 주는 장기 임대 형태로 수자원을 전반적으로 관리 감독할 수 있게 하는 등 수자원의 사유화를 계속 추진하고 있다. 이런 소위 공공 민간 파트너십은 비용편익분석과 분기별 손익계산, 주주에 대한 수익 환원을 타협할 수 없는 영역으로 내세우며 남성 주도 접근 방식이 수자원의 공평한 분배를 보장하는 최선의 방법이라고 주장한다. 결국 수자원 관리 분야에서 남성 페르소나의 지배를 지속시키는 셈이다.

페미니스트 수자원 운동가들은 수자원과 관련해 "돌봄의 관행은 인간과 인간이 아닌 모든 존재와의 관계에 우선권과 중요성을 부여한다"고 반박할 것이다.[37] 인류와 물의 미래 관계를 둘러싼 젠더 분열은 이보다 더 명확할 수 없다. 남성은 물을 '자원'으로 보는 반면에 여성은 물을 '생명력'으로 여긴다. 남성의 접근 방식은 물을 사유화하고 상업화하지만 여성의 접근 방식은 물을 전 세계가 함께 나누는 공유물로 여긴다. 지구의 수문 순환과 상호 작용하는 방법에 대한 이 두 가지 매우 다른 아이디어는 우리 앞에 놓인 거대한 투쟁을 규정한다. 그 결과에 따라 지구 생명체의 미래가 결정될 것이다.

인간공학으로 물을 제어할 수 있다고, 즉 정부의 요구와 세계시장의 변덕에 따라 계속 물을 격리하고 길들이고 조정하고 조작할 수 있다고 믿는 사람이 있을까? 지구 생태계의 지형과 지질, 생리학을 변화시키고 지구의 다른 세 권역인 암석권, 대기권, 생물권의 진화를 재편하는 수문 순환을 통제하지 못하는 상황에서 과연 6000년의 역사를 거쳐 오늘에 이른 남성 중심의 수력 문명이 살아남을 가능성은 얼마나 될까?

빠르게 진화하는 수권에서 살아가는 법을 배우려면 물을 자유롭게 하는 것에 관심을 기울이고 그에 공감하는 감수성을 지녀야 하며, 물이 우리에게 말하는 것에 주의 깊게 귀를 기울이는 태도를 갖춰야 한다. 물론 경청에서 그치지 않고 우리 종이 타고난 여타의 생물학적 특성도 발동해야 한다. 동료 생물과 협력하고 전 세계의 수자원을 공유하는 우리의 능력은 앞으로 새로운 삶의 기회를 제공할 것이다. 이는 수력 문명 시대에 오랫동안 인질로 잡혀 갇혀 있던 여성적 페르소나와 전통적으로 연관되는 자질이다. 그러나 우리는 공감 충동이 우리 종에서 태어나는 모든 남성과 여성의 신경회로에 연결되어 있다는 것을 안다. 진보의 시대가 지구의 수문 순환을 통제하는 데 얽매인 왜곡된 남성적 정체성 개념의 정점을 대변했다면, 새로운 회복력 시대에는 공감적 참여라는 여성적 페르소나가 남자와 여자 아기 모두가 공유하는 생명현상이자 균형추로 자리 잡을 것이다. 모든 아기의 신경회로에 연결된 공감 충동을 기르기 위해서는 야생으로 돌아가며 자연 세계를 재편하는 수권 변화에 적응하면서 인간의 가장 기본적인 충동이 생명애 의식의 형태로 성숙해지고 번성할 수 있도록 돕는 보다 계몽된 사회적 내러티브가 필요할 것이다.

수권이 진화하는 복잡한 방식을 다 알 수 없다는 생각에 기꺼이 굴복하고 끊임없는 갱신으로 지구의 생명 역학을 바꾸려는 의지에 따라 많은 것이 좌우될 것이다. 그렇다고 해서 수권의 기능을 배우지 말자거나 지난 20억 년 동안 수권이 전개되어 온 방식에 주목하지 말자는 뜻은 아니다. 그보다는 수권이란 미묘하고 광범위한 방식으로 지구 전체를 지속적으로 활성화하며 스스로 조직화하고 진화하는 권역이기에 미리 확실하게 예측하거나 통제·제압할 수 없다는 의미다.

그렇다면 우리는 기껏해야 과거로부터 배워 어디로 향할지 예상할 수 있을 뿐이다. 결국 더 중요한 것은 수권이 우리를 어디로 데려가든 지속적으로 '수면에 떠 있을 수 있는' 적응성의 현상학을 개발하는 것이다. '물과 조화를 이룬다'는 것은 우리가 하나의 종에 불과한 복잡한 유기체, 즉 지구 생태계에서 진로를 안정적으로 유지하고 위치를 확보하는 것이며, 우리의 회복력과 안녕은 역동적인 물 행성이라는 큰 그림 안에서 우리에게 꼭 맞는 자리를 지키는 비판적 사고력과 기술적 정교함을 가지고 '흐름을 따르는 것'에 달려 있다.

4

패러다임의 전환, 자본주의에서 수생태주의로

•

지구의 수권과 인류의 관계를 재고하는 것은 이제 학문적 사안이 아니라 생사가 걸린 문제다. 6000여 년에 걸친 인류의 수자원 탈취와 조작, 상품화와 사유화가 지난 200년 동안 화석연료 기반의 산업 문명, 즉 물-에너지-식량 넥서스와 긴밀하게 얽히면서 생명을 더욱 위협하는 상황에서 이 논의는 그 어느 때보다 절실하다. 이 넥서스는 산업사회를 움직이는 필수 불가결한 메커니즘일 뿐 아니라 자본주의 체제의 엔진이기도 하다.

물-에너지-식량 넥서스

물-에너지-식량 넥서스가 어떻게 작동하는지 보여 주는 전형적인 사례로 미국을 살펴보자. 미국 전력의 90퍼센트는 화력발전소에서 생산되는데, 화력발전소는 전기를 생산하기 위해 막대한 양의 물을 취수해야 한다. 그 과정은 다음과 같다.

열을 전기에너지 형태로 변환하는 화력발전소는 전 세계에서 생산되는 전기의 약 80퍼센트를 생산한다. 대부분 물을 가열해 증기로 바꾸고 이 증기가 터빈을 돌려 전기를 생산하는 방식이다. 터빈을 통과한 증기는 냉각되고 응축되어 다시 순환에 들어감으로써 이른바 증기 순환을 완성한다. 물을 가열하는 에너지원은 발전소의 하위 유형에 따라 석탄이나 석유, 천연가스, 우라늄, 태양광, 바이오매스, 지열 등으로 달라지지만 원리는 동일하다. 모든 화력발전소는 증기를 식혀야 하고 이를 위해 대부분 물을 사용하므로 수자원(강이나 호수 또는 바다) 근처에 있어야 한다. 발전소는 다양한 공정(증기 순환, 재[灰] 처리, 연통 가스 탈황 시스템 등)에 물이 필요하지만, 물 요구량의 대부분(일반적으로 전체의 약 90퍼센트)은 냉각을 위한 것이다.[1]

미국에서는 화력발전이 전체 용수 취수량의 상당 부분을 차지하는데, 그 가운데 72퍼센트가 담수에서 나온다.[2] 전 세계적으로 원자력발전소의 29퍼센트가 원자로 냉각을 위해 자국의 담수를 사용하며, 원자력이 전력의 거의 68퍼센트에 달하는 프랑스에서는 해마다 더 많은 양의 담수를 환경에서 취수해 쓴다.[3] 프랑스 남부를 비롯해 많은 지역에서는 기후변화로 여름철에 물이 너무 뜨거워지는 바람에 발전소 냉각에 필요한 물을 끌어오지 못하는 경우가 빈번하며, 그 때문에 발전소 가동이 축소되거나 아예 중단되는 상황이 종종 발생한다. 프랑스에서는 수년에 걸쳐 극심한 여름철 무더위에 원자력발전소 가동이 축소되거나 중단되어 냉방 시설을 돌리지 못한 탓에 노인들이 사망하는 사례가 속출했다. 더욱이 원자로에 사용되는 냉각수는 다시 주위 환경으로 순환되므로 생태계를 더욱 따뜻하게 하고 농업 생산량에 해를 끼칠 수 있다.[4]

물과 에너지는 식량 생산에도 필수 요소다. 여기서도 넥서스의 세 가지 요소 모두에 부정적인 영향을 미치는 폭주형 양성 피드백 루프가 형성되어 전체 물-에너지-식량 넥서스의 가용성과 회복력에 문제를 일으킨다. 전 세계 취수량의 약 70퍼센트가 농업에 사용되며, 취수량의 많은 부분이 제대로 작동하지 않는 낙후된 인프라와 잘못된 관리로 인해 낭비되고 있다.[5]

화석연료 에너지는 물을 가열해 전기 생산용 터빈을 돌릴 증기를 만들 뿐만 아니라 식량과 섬유질 기반 작물을 재배하고 농기계에 동력을 공급하는 데도 사용된다. 1950년대 후반부터 전 세계를 휩쓴 농업의 녹색혁명은 다수확 교배 작물 품종을 재배하기 위해 석유화학 비료와 살충제의 광범위한 사용에 의존했다. 놀랍게도 전 세계 식량 재배 시스템에서 사용되는 에너지의 40퍼센트가 석유화학 기반의 인공 비료와 살충제 생산에 들어가는데, 그런 비료와 살충제가 토양과 지하수에 스며들어 독성 혼합물을 생성하는 것도 문제다.[6]

물에 관해 강조하자면, 앞으로 모든 공동체와 지역사회는 거주지나 일터에 비가 올 때 가능한 한 많은 물을 수확해 저장하고 필요하면 공유해야 할 것이다. 에너지 측면에서는 화석연료 및 원자력 발전의 신속한 단계적 퇴출과 더불어 태양광, 풍력, 지열, 조력, 파력 에너지의 신속한 보급과 그에 따른 친환경 수소 저장 체계의 구축을 전환 의제에서 최우선순위로 잡아야 한다. 그리고 식량 측면에서는 석유화학 및 생명공학 농업에서 탈피해 생태학 기반의 재생 농업을 활성화해야 한다.

물-에너지-식량 넥서스는 이제 우리 종과 동료 생물을 한계로 몰아가고 있다. 지구온난화로 연중 시기를 가리지 않고 담수가 극도로 부족해지고 가뭄, 폭염, 산불이 강도를 더해 가며 지구 전역으로 빠르게 확산하는 오늘날, 최우선 과제는 이 넥서스를 해체하는 것이다. 이제 사회적 걸림돌이 된 그 넥서스가 산업화 시대의 지정학과 함께 내파되면서 사회 구조 재편에 지대한 영향을 미치고 있다.

태양광 및 풍력 발전은 고정비용이 급락하고 한계비용이 제로(0)에 가까워지면서 세계에서 가장 저렴한 에너지가 되었다. 이 새로운 에너지는 모든 대륙에서 빠르게 온라인으로 이동하고 있다.(즉 전력 그리드에 연결되고 있다.) 2019년 핀란드 라펜란타의 LUT대학교 연구진이 《네이처 에너지(Nature Energy)》에 발표한 연구에 따르면, 태양광 기술은 원자력 및 석탄 화력발전소에서 사용하는 물의 2~15퍼센트, 풍력 터빈은 0.1~14퍼센트 정도만 소비한다.[7] 이 연구는 전 세계 화력발전소의 95퍼센트 이상에 해당하는 1만 3863개 화력발전소의 자료를 수집했다. 연구진은 화석연료와 원자력 발전에서 태양광과 풍력 발전으로 빠르게 전환하면, 최상의 정책 시나리오를 따를 경우 "기존의 발전용 물 소비를 95퍼센트까지" 줄일 수 있다는 사실을 발견했다.[8] 화석연료 및 원자력 발전에서 물을 분리하는 것은 지구의 수문 순환을 자유롭게 하는 변곡점이 될 수 있다.

태양광 및 풍력 발전의 시장 보급이 가속화하면서 물-화석연료-원자력의 넥서스가 해체되고 있는데, 이것이야말로 지각변동과 같은 큰 변화다. 화석연료 기반의 산업화 시대는 각국이 전력 생산을 위해 수자원이나 화석연료, 발전용 우라늄의 통제권을 놓고 싸우면서 글로벌 지정학의 부상과 보조를 맞추며 움직였다. 2015년 담수 및 전체 물 소비량 기준 상위 4개국은 중국, 미국, 인도, 러시아인데, 이들 주요 4개국은 모두 화석연료 기반 경제 질서의 지정학과 결합된 대규모 군사 조직이 세를 과시하는 나라다. 물-화석연료-원자력 복합체를 해체하고 태양광 및 풍력 전기를 공유하는 사회로 전환하는 것은 세계를 지정학의 시대에서 상존하는 태양과 바람을 활용하는 생물권 시대로 이끌어 감으로써 우리가 살고 일하는 곳에서 공동으로 태양광 및 풍력 전기를 생산하고 갈수록 확장되는 글로벌 에너지 인터넷을 통해 지역, 대륙, 대양, 시간대를 가로질러 재생에너지를 공유하도록 도울 것이다.

화석연료 기반 산업 문명과 물-에너지-식량 넥서스에 동력을 공급하기 위해 수권 및 암석권을 포획하는 일은 인류가 땅과의 관계를 생각하는 방식에 근본적인 변화가 없었다면 불가능했을 것이다. 암석권의 사유화에 대해서는 영국의 철학자 존 로크(John Locke)가 철학적 근거를 제시했는데, 이를 받아들인 후학들은 사유화 논의를 수권까지 확장했다. 사유재산의 본질과 역할에 관한 로크의 논문은 자본주의 발달의 지적 근거를 제공했다.

봉건시대에서 중세 초기에 이르는 긴 시간 동안 재산은 오늘날 우리가 정의하는 것과 매우 달랐다. 교회는 이 땅을 창조한 하느님이 당신의 영역을 책임과 의무의 위계질서에 따라 교회의 사도들부터 왕과 귀족, 기사, 농노까지 내림차순으로 당신의 양들에게 나누어 주었음을 분명히 했다. 봉건 유럽에서는 재산 관계가 아니라 점유 관계에 따라 하느님의 창조물을 어떻게 공유할지 결정되었다. 오늘날 우리가 생각하는 방식으로 재산을 소유한 사람은 없고, 주님이 각 계층에 물려주신 창조물의 일부를 청지기처럼 관리했을 뿐이었다. 토지를 사고판다는 생각 자체가 상식에서 벗어난 변칙에 가까웠다.

12세기에 점유 관계 기반의 봉건 질서가 무너지기 시작했고 이후 인클로저(공유지의 사유화를 위한 울타리 치기 ― 옮긴이)가 전개되면서 영주는 토지를 사유화하는 동시에 신생 부동산 시장에서 판매할 수도 있었으며, 이런 모든 상황은 시장경제에서 근대적 사유재산 관계의 토대를 마련하기 시작했다. 존 로크는 1690년에 펴낸『시민 정부에 관한 두 가지 논고 (Two Treatises on Civil Government)』에서 사유재산을 불가침의 자연권으로 주장하면서 사유재산을 중심으로 사회를 재편해야 한다는 철학적 논리를 제시했다. 로크는 하느님이 아담과 그의 모든 후손에게 당신의 창조물을 물려주고 지구상의 모든 생명체에 대한 지배권을 허용했다는 내용을 언급함으로써 자신의 전제를 정당화했다.

(하느님은) 모든 인류에게 세상을 공유하도록 주면서 또한 인간에게 수고하라 명령했고, 곤궁한 처지로 그렇게 할 수밖에 없도록 했다. 하느님과 그의 이성은 그(인류)에게 땅을 정복하라고, 즉 삶의 유익을 위해 땅을 개선하라고, 그 위에 자신의 것인 무언가, 즉 노동을 투여하라고 명령했다. 하느님의 명령에 순종해서 땅의 일부를 정복하고 경작하고 씨를 뿌린 사람은 그것에 자기 재산을 덧붙인 것이며, 따라서 다른 사람은 소유권을 가질 수 없고 해를 입지 않고는 빼앗을 수도 없다.[9]

어떤 이들에게는 불편한 얘기겠지만, 로크는 재산 소유 논쟁에서 한 걸음 나아가 자연 자체가 인간의 노동을 통해 활용되어 가치 있는 재산으로 변모하기 전까지는 낭비 상태라고 주장했다.

노동으로 토지를 자신에게 전유한 사람은 인류의 공유 자산을 줄이는 게 아니라 늘리는 것이다. 울타리를 두르고 경작한 1에이커의 토지에서 생산되는 식량은 …… 똑같이 비옥하지만 공유지로 방치된 1에이커에서 생산되는 것보다 열 배나 더 많다. …… 토지에 가장 큰 가치를 부여하는 것은 노동이며, 노동이 없으면 토지의 가치는 거의 없을 것이다.[10]

로크는 지구를 각 세대가 공동의 의무감으로 관리해야 하는 공유물로 보던 생각을, 각 개인에게 지구를 생명력에서 개인의 이익을 위한 자원으로 변형할 양도할 수 없는 권리가 있다는 실리주의적 생각으로 대체했다.

애덤 스미스(Adam Smith)를 비롯한 후대의 수많은 경제학자가 지구를 사유재산과 시장에서 거래되는 부로 전환되기를 기다리는 수동적 자원으로 재구성한 로크의 이론을 채택했고, 그에 따라 실리주의적 이기심이 진보의 시대의 기본 주제로 자리 잡았다. 스미스는 이렇게 선언했다.

> 모든 개인은 어떤 자본이든 많이 받는 데 유리한 일자리를 찾기 위해 끊임없이 노력한다. 그가 염두에 두는 것은 실로 사회의 이익이 아니라 자신의 이익이다. 그러나 자신의 이익에 대한 연구는 자연스럽게, 아니 오히려 필연적으로 사회에 가장 유리한 고용을 선호하게 한다. …… 그는 오직 자신의 이익을 의도하지만, 다른 많은 경우와 마찬가지로 보이지 않는 손에 이끌려 의도하지 않았던 목적을 증진하게 된다. …… 자신의 이익을 추구함으로써 종종 자신이 실제로 의도할 때보다도 더 효과적으로 사회의 이익을 증진하는 것이다.

지구를 부를 창출하는 수단으로 변형하고 사유화하고 상품화하려는 집착 때문에 로크와 그의 동시대 사람들은 지구의 생명력을 활성화하는 진정한 부가 물이라는 사실을 도외시했다. 물이 없다면 광합성은 불가능하다. 로크가 놓친 것은 다음과 같다.

> 식물은 광합성을 하는 동안 공기와 토양에서 이산화탄소(CO_2)와 물(H_2O)을 흡수한다. 식물세포 안에서 물은 산화해서 전자를 잃고 이산화탄소

는 환원해서 전자를 얻는다. 이를 통해 물은 산소로, 이산화탄소는 포도당으로 변한다. 그러면 식물은 산소를 다시 공기 중으로 방출하고 포도당 분자 안에 에너지를 저장한다.[11]

그러나 광합성은 자연의 기초 자본인 토양 없이는 불가능하다. 토양이 없으면 식물도, 광합성도 없다. 토양은 매우 복잡한 미세 환경이다. 그 모재(母材)인 암석은 오랜 시간 물리적 풍화와 물에 의한 자연 침식을 겪으며 점점 더 작은 입자로 분해되고 결국 모래와 퇴적물이 된다. 모래와 퇴적물은 지의류와 섞여 더 작은 입자로 분해된다. 곰팡이와 박테리아, 땅을 파고 사는 곤충, 동물 등도 암석이 토양으로 분해되는 과정을 돕는다. 분해된 암석의 미네랄은 토양의 기본 성분이 된다. 그 토양에서 식물이 자란다. 동물은 식물을 먹고 배설물을 토양에 제공하며 벌레와 박테리아는 식물 쓰레기와 동물 배설물을 분해해서 토양의 기반을 보충한다. 평균적으로 토양은 미네랄 45퍼센트, 물과 공기 각각 25퍼센트, 유기물 5퍼센트로 구성된다. 토양의 유형은 미국에 있는 것만 해도 7만 가지가 넘는다.[12] 분해된 토양에서 나온 미네랄은 먹이사슬을 타고 식물에서 동물, 인간까지 올라간다.

암석에서 추출되며 인체에서도 발견되는 미네랄에는 칼슘과 인, 나트륨, 칼륨, 황, 염화물, 마그네슘 등이 있다.[13] 암석권의 기초가 되는 토양은 물의 힘으로 형성된다. 하지만 물은 지구의 또 다른 큰 권역인 대기의 형성에도 중요한 역할을 한다. 해양 식물성 플랑크톤은 지구에 존재하는 산소의 50퍼센트를 생산한다.[14] 과학자들은 지구의 처음 20억 년 동안에는 대기 중에 산소가 거의 없었다고 생각한다. "하지만 어느 순간 지구는 과학자들이 대산화 사건이라고 부르는 과정을 거쳤다. …… 이것은 해양 미생물이 광합성을 통해 산소를 생산하는 방향으로 진화한 것이다."[15] 산소가 대기 중으로 올라오면서 육지와 물에서 생명체가 진화할 수 있었다.

인류가 생명을 조절하는 지구의 네 가지 권역(수권, 암석권, 대기권, 생물권)을 포획하고 상품화하고 소유화하고 소비한 후, 이제 그 권역들이 우리의 미약한 시도로는 막을 수도, 이해할 수도 없는 대규모 반란을 일으키고 있다. 그리고 앞으로 지구 생명체의 진화 또는 퇴화를 결정할 새로운 규칙은 바로 수권이 정의할 것이다.

지구의 기본 작용이 진화하는 데 수권의 물이 하는 역할을 완전히 이해하기 시작하면서, 가치를 부여하는 '인공적인' 것(일반적으로 상품과 서비스의 생산과 교환, 소비 그리고 부의 축적을 촉진하는 기계류와 지적재산, 금융자산 등을 포함)이 곧 자본이라는 로크와 스미스의 순진한 생각은 완전히 잘못되었음이 드러나고 있다. 더 정확히 말하자면, 바로 수권이 스스로 조직화하며 끊임없이 진화하는 지구를 움직이는 힘이며 모든 생명체가 번성하는 데 없어서는 안 될 매개체다.

현재 자본주의 체제는 세계경제에 영향을 미치는 수권의 주요 역할에 대한 새로운 이해와 타협점을 찾으려 하고 있다. 이를 보여 주는 하나의 지표가 세계시장이 농업 생산과 상업 및 무역에서 수자원을 활용하는 방식일 것이다. 이는 최근 수십 년 사이에 '가상수'라는 새로운 개념이 도입되면서 세상에 알려졌다. 가상수는 1993년, 당시 킹스칼리지런던의 지리학 교수였던 토니 앨런(Tony Allan)이 '식품이나 제품의 생산·유통·소비 과정 전체에 들어가는 눈에 보이지 않는 물'을 표현하기 위해 고안한 말이다. 그가 이 말을 만든 이유와 새로운 계산법이 드러낸 물 사용의 어두운 면에 관한 이야기는 실로 놀랄 만한 사실을 밝힌다. 앨런의 자료는 자본주의 체제가 어떻게 지속 가능한 물 관행을 대표하는 척하면서 정부의 비호하에 글로벌 영농 기업과 공모해 지구에 남은 담수 매장량을 고갈시키는지 보여 준다.

앨런은 "지속 불가능한 식량 및 수자원의 정치경제학이 존재하는 이유"를 설명하기 위해 이 말을 고안했다고 했다.(처음에는 '내장된 물'이라고 칭했다.)[16] 가상수는 식량, 섬유, 에너지 등을 생산하는 데 사용되는 물의 총량을 계산하는 방법이다. 이것은 한 국가의 국민이 소비하는 상품과 서비스를 생산하는 데 필요한 물의 양을 계산하는 '물 발자국' 개념에서 파생되었다. 물 발자국은 다시 상품과 서비스를 생산하는 데 사용된 국내물의 양과 해당 국가로 수입된 상품과 서비스를 생산하기 위해 다른 국가에서 사용된 수입 물의 양으로 나뉜다.[17]

감자칩 한 봉지에는 가상수 185리터가 들어간다. 커피 한 잔에는 원두를 재배하고 포장하고 배송하는 데 가상수 140리터가 필요하다. 버터 450그램(1파운드)에는 가상수 1만 3635리터가 들어간다.[18] 아몬드 한 개를 생산하는 데 물이 12리터 필요하다는 사실을 고려하면 물이 우리 식습관을 정하는 범위와 정도를 이해할 수 있다. 아몬드의 주 생산지는 전 세계 아몬드의 80퍼센트를 생산하는 캘리포니아의 센트럴밸리 지역이다. 해마다 캘리포니아 농업용수 중 10퍼센트가 센트럴밸리에 있는 아몬드 나무의 갈증을 해소하는 데 쓰이는데, 이는 로스앤젤레스와 샌프란시스코의 전체 인구가 1년 동안 소비하는 물보다 많은 양이다.[19]

모든 국가의 물 발자국은 지속적으로 업데이트된다. 전 세계 인구의 17퍼센트가 거주하는 인도는 전 세계 물 발자국의 13퍼센트를 차지한다. 반면 미국은 1인당 물 발자국이 가장 큰 국가다.[20] 가상수 계산은 상품을 생산할 때 사용된 물의 양을 비교하는 데 쓰이기도 한다. 예를 들어 밀 1톤을 생산하는 데는 물 1300톤이 소비되지만, 소고기 1톤을 생산하는 데는 물 1만 6000톤이 사용된다.[21] 소에게 공급되는 건조 사료의 50퍼센트 이상이 밀의 형태라는 점을 고려하면 밀과 소고기 비교는 특히 흥

미로워진다.[22]

　일상의 식습관으로 가상수 사용량을 평가하면, 소고기를 많이 먹는 사람은 매일 가상수를 5세제곱미터 이상 소비하는 반면 채식주의자는 2.5세제곱미터만 소비한다.[23] 우리 대부분은 매년 막대한 담수가 음용과 목욕, 요리, 청소 등 인간의 일상생활에서 소비된다고 생각하지만, 실제로는 농업용수가 전 세계 연간 담수 사용량의 무려 92퍼센트를 차지하고, 산업용수는 4.4퍼센트, 가정용수는 3.6퍼센트로 최하위권에 해당한다.[24]

　압도적으로 많은 물을 소비하는 농업 분야에서 출발하는 것이 좋다. 가상수에 관해서라면 토양에 저장되어 식물과 나무가 흡수하는 녹색 물(강우)과 강, 하천, 호수, 저수지의 청색 물로 나누어 말할 수 있다. 녹색 물은 펌프로 퍼낼 수 없지만 청색 물은 퍼내서 파이프를 통해 사용자에게 보낼 수 있다. 앨런은 식물이 흡수하고 농장 동물이 소비하는 물은 녹색이거나 청색일 수 있지만, 식수는 항상 청색이라고 차이를 구분한다. 녹색 물은 "국제적으로 거래되는 식량의 20퍼센트에 포함된 가상수의 80퍼센트"를 차지한다.[25]

　가상수 계산법이 농업과 지구상에 남은 담수에 어떤 영향을 미치는지 이해하려면, 참가자가 누구인지(즉 누가 물을 처리하고 공급하며 누가 이를 받아 쓰는지) 파악하는 것이 도움이 된다. 세계의 식량 무역은 무서울 정도로 일방적이다. 미국, 중국, 인도, 브라질, 호주, 아르헨티나, 캐나다, 인도네시아, 프랑스, 독일 등 10개 수출국이 농산물 무역을 통한 가상수의 주요 수출국이며, 그 외 국가는 가상수의 수입국이다.[26] 후자는 주로 지형이 건조하거나 반건조하고 기후 온난화로 녹색 물이 줄어들어 식량 생산력이 인구를 먹여 살리기에 충분하지 않은 나라들이다. 이들은 음용과 목욕은 물론이고 공장 가동에 필요한 전기를 생산하기 위해 필사적으로 물을 찾는 상황이라 전통적으로 적은 담수 매장량마저 급격히 감소하고 있다.

담수의 가용성과 관련해 담수 보유국과 미보유국 간의 편향된 비율은 더욱 고착될 것이다. ADM, 카길, 루이드레퓌스, 번지 등 미국과 프랑스 대기업을 주축으로 하는 글로벌 영농 기업이 전 세계 농업과 무역 대부분을, 단 10개의 수자원 관련 회사(에버소스에너지, 아크와파워, 아메리칸워터웍스, 자일럼, 홍콩중화가스, 수에즈, 이센셜유틸리티, 유나이티드유틸리티, 세번트렌트, 상파울루상하수도공사)가 세계 물 통상 무역의 대부분을 지배하고 있기 때문이다.[27]

가상수 계산법은 농산물 무역에서 특히 불확실성과 논란을 더한다. 갈수록 담수 공급이 줄어드는 수입국은 음용과 위생에 필요한 물을 확보하기 위해 식량 재배를 꺼리고 소수의 주요 수출국으로부터 식량을 수입하기를 선호하는데, 사실상 자국민을 먹일 가상수를 수입하는 것이다. 다시 말해서 이때 가상수란 수입국으로 배송된 식량을 생산하는 데 들어간 물을 의미한다. 현실적으로 수입 식량은 국내 생산 식량보다 값이 저렴하며, 인간의 생존과 안녕에 귀중한 물을 아끼도록 돕는다.

여기서 교묘한 속임수가 작용한다. 소수의 수출국이 160개 물 부족 국가에 더 저렴한 식량을 팔 수 있는 이유는 무엇일까? 농장과 글로벌 영농 기업이 정부로부터 막대한 보조금을 받기 때문이다. 그렇게 그들은 세계시장에서 번영하는 동시에 자국의 남은 담수 매장량을 축내고 있다. 미국을 보자. 미국 유권자의 대다수가 현재 진행 중인 이 게임에 대해 잘 알고 있는지 의문이지만, 사실 미국 정부는 농경 부문 전체에 충격적인 규모로 보조금을 지급하고 있다. 2020년에만 미국 정부가 농장에 지원한 금액이 농가 순소득의 39퍼센트에 해당하는 465억 달러에 달한다.[28]

이 엄청난 보조금(즉 공돈)으로 농부들이 한때 풍요로웠던 미국의 수로와 저수지에서 물을 점점 더 많이, 거의 말라 버릴 정도로 퍼내면서 국가의 물 안보를 위협하는 가운데, 글로벌 영농 기업과 그에 연계된 농부들은 전 세계의 물 부족 국가에 값싼 식량을 판매하고 있다. 이것이 의미하는 바는? "식량 수출국은 식량 생산에 소비되는 물에 대해, 그리고 수생태계와 자연의 생물 다양성을 훼손하는 행위에 대해 비용을 청구하지 않는다. 하지만 밀과 같은 주곡을 수입하는 가장 큰 매력은 수입국이 누리는 식량 상품 가격이 농장의 전체 생산 비용을 반영하지 않는다는 사실이다."[29] 수출국에서 가격을 보조해 주었기 때문이다.

계속해서 미국의 사례를 보자. 이제 미국에는 엔트로피 청구서의 만기가 다가오고 있다. 이것은 대륙 전체에 걸쳐 지하수의 잠재적 소멸을 예고하며, 그럼으로써 세계에서 가장 부유한 국가의 생존을 위협하고 있다. 2023년 8월 28일, 《뉴욕타임스》 조사팀이 북미 대륙의 지하수 자원 현황에 관한 대규모 연구 결과를 발표했다. 조사팀은 1920년부터 존재한 8만 4000개의 우물을 모니터링한 결과, "지난 40년 동안 자연이 보충할 수 있는 양보다 많은 물을 퍼내면서 우물 절반에서 수량이 크게 감소했다"는 사실을 발견했다.[30] 지난 10년 사이에는 열 곳 중 네 곳이 "사상 최저치의 수량을 기록"했다고 한다. 《뉴욕타임스》는 다음과 같이 보도했다.

미국 수자원의 90퍼센트를 차지하며 미국의 광활한 지역을 세계에서 가장 풍요로운 농지로 변화시킨 대수층 중 상당수가 심각하게 고갈되고 있다. 이러한 수자원 감소가 미국 경제와 사회 전체에 돌이킬 수 없는 피해를 입히고 있다.[31]

미국 전역의 농장들은 관개 목적으로 지하수를 매우 저렴하게 이용할 수 있으므로 이 역시 일종의 보조금을 받는 것이다. 물론 더 중요한 것은 거대 영농 기업들이 막대한 보조금을 받으며 물 부족 국가들에 식량을 판매하는 동시에 미국의 남은 지하수 매장량을 고갈시키고 있다는 사실이다.

《뉴욕타임스》 조사팀은 다음과 같이 경고한다.

미국의 많은 지역에서 생명 유지에 필수적인 자원이 고갈되고 있으며, 많은 경우 다시는 돌아오지 않을 것이다. 거대한 기업형 농장과 거대한 도시가 대수층을 고갈시키고 있는데, 가능할지 모르지만 어쨌든 이것이 회복되려면 수 세기 또는 수천 년이 걸릴 수 있다.[32]

주요 수출국에서 부분적으로 숨겨져 있는 정부 보조금은 농부들을 기쁘게 하고 글로벌 영농 기업들의 수익은 넘쳐나게 한다. 세계자연기금(World Wildlife Fund)의 새로운 연구에 따르면, 정량화 가능한 물의 총 사용 가치는 2021년 글로벌 GDP의 60퍼센트에 해당하는 58조 달러로 추산된다.[33] 그리고 앞서 언급했듯이 전 세계 담수 취수량의 70퍼센트가 농업에 사용된다. 미국 소비자들은 적어도 우크라이나 전쟁과 유가 인상에 부분적으로 기인한 최근의 인플레이션 소용돌이가 일기 전까지는 식료품 쇼핑에서 비교적 낙관적인 태도를 유지할 수 있었다. 이 속임수가 간과하는 것은 미국과 다른 수출 국가들이 이미 고갈되어 가는 수자원 매장량에 직면해 있고, 머지않아 자업자득으로 국가 간의 갈등이나 충돌이 발생할 것이라는 사실이다.

모든 경제활동에 내재된 물 발자국과 가상수를 측정하는 일의 가치를 부정하는 사람은 없을 것이다. 하지만 수출국과 수입국 모두에서 가상

수 사용량이 많은 식생활, 특히 소고기를 비롯한 육류 기반 식생활에서 포괄적인 식물 기반 식생활 문화로 전환할 필요성에 대해서는 부끄럽게도 거의 논의되지 않고 있다. 아스파라거스, 대황, 덩굴제비콩, 근대, 호박, 루콜라, 오크라 등 단백질과 비타민 함량이 높고 물이 거의 없어도 잘 자라는 가뭄에 강한 채소가 많이 있다.[34] 사과, 석류, 오디, 포도, 무화과, 블랙베리, 살구, 자두 등 가뭄에 강한 과일도 있다.[35]

기후변화가 불러온 아마존의 가뭄으로 수력발전이 주기적으로 중단되는 브라질의 예에서 알 수 있듯이, 수자원이 빠르게 고갈되고 있는 주요 가상수 수출국들이 소고기를 비롯한 육류 소비와 가축 사료용 곡물 생산에서 벗어나야 한다는 것은 자명하다. 오늘날 전 세계 농작물 칼로리의 55퍼센트가 사람들에게 직접 공급되고, 36퍼센트는 가축 사료로, 9퍼센트는 바이오 연료로 사용되고 있다.[36] 다양한 식품의 공급에 사용되는 물을 가상수 계산으로 측정하는 진정한 장점은 전 세계 인구가 육류 위주의 식단에서 벗어나 영양가 높은 채소와 과일 위주의 식단으로 식습관을 바꾸도록 장려함으로써 물도 보존하고 건강도 증진할 수 있다는 점이다. 특히 모든 식품의 라벨에 가상수 정보가 포함된다면 효과가 더 커질 것이다.[37]

자본주의에서 벗어나기

플래닛 아쿠아의 생명력에 대한 새로운 이해는 우리를 자본주의에서 수생태주의로 이끌며 지구 진화의 다음 단계에 들어서도록 돕고 있다. 자본주의는 성장을 옹호하는 반면 수생태주의는 번영을 강화한다. 자본주의는 생산성을 추구하지만 수생태주의는 재생성을 촉진한다. 자본주

126

의는 자연을 '수동적 자원'으로 여긴다. 이에 반해 수생태주의는 자연을 살아 움직이는 '생명의 원천'으로 여긴다. 자본주의는 부정적 외부효과를 발생시키지만 수생태주의는 순환성을 조성한다. 자본주의는 국내총생산(GDP)으로 경제적 성공을 측정하지만 수생태주의는 삶의 질 지수(QLI)로 행복을 측정한다. 자본주의는 세계화를 우선하지만 수생태주의는 세방화를 추구한다. 자본주의는 지정학을 추구하지만 수생태주의는 생물권 정치에 초점을 맞춘다. 자본주의는 국민국가 주권과 밀접하게 결합되는 반면 수생태주의는 생물권 거버넌스로의 부분적 확장을 선호한다. 자본주의는 시장에서 번성하지만 수생태주의는 네트워크에서 번성한다. 자본주의는 제로섬 게임을 펼치지만 이와 대조적으로 수생태주의는 네트워크 효과를 촉발한다. 자본주의는 화석연료와 원자력에 의해 구동되지만, 수생태주의는 한계비용이 제로(0)에 가까운 태양광과 풍력 에너지에 의존해 경제에 동력을 공급한다.

여기서 품어야 할 더 깊은 의문은 무엇이 경제활동의 개념화와 조직화에서 이토록 상반되는 두 가지 방식을 이끌어 냈는가 하는 점이다. 자본주의는 뉴턴 물리학을 모델로 하고 수생태주의는 열역학 법칙을 바탕으로 경제에 대한 사고방식 자체를 바꾸고 있기 때문이다. 신고전주의와 신자유주의 경제 이론과 관행은 뉴턴 법칙의 탈시간적 특성에서 운영 원리를 도출하며 모든 경제활동의 시간적 특성을 대부분 무시한다. 경제활동의 외부효과는 미래로 퍼져 나가 흔적을 남기며 아무리 작더라도 지구의 역동적 권역인 수권과 암석권, 대기권, 생물권의 패턴과 과정, 흐름에 영향을 미치는데 말이다. 하지만 새로운 세대의 생태경제학자들은 모든 경제적 가정과 결과물을 열역학 제1법칙과 제2법칙이 제시하는 경로와 자연과의 교류에 수반되는 엔트로피 흔적에 기반해 판단한다. 그것들이 플래닛 아쿠아에 아직 도래하지 않은 미래의 모든 사건에 영향을 미친다는 사실을 알고 있기 때문이다.

자본주의는 과학적 탐구에 이성적이고 무심하며 실리적인 접근 방식을 취하는 반면, 수생태주의는 수권, 암석권, 대기권, 생물권과 자연계 전반의 생명 진화 간의 관계와 시너지 효과를 이해하기 위해 복합 적응형 사회·생태 시스템(CASES) 모델링을 활용하며 모든 자연 현상에 대해 생명애 의식을 가지고 연구한다.

CASES는 (자본주의 및 진보 시대와 깊은 관계가 있는) 전통적인 베이컨주의 과학 탐구 방식과 상반되는 완전히 새로운 과학 영역에 사회를 참여시킨다. 근대과학의 아버지로 인정받는 프랜시스 베이컨의 과학적 탐구에 대한 관점은 계몽주의의 청사진이 되면서 인류의 풍요를 증진할 목적으로 자연의 비밀을 파헤치는 귀납적 추론의 도입을 이끌었다. 베이컨식 과학은 객관성과 공평성, 예측을 추구하며 자연에 대한 선취권을 인간 행위의 필수 요소로 여긴다. 이 실리주의적 신념은 근대에 자연계를 '관리'하는 학문적 놀이터를 열어 주며 자본주의 이론과 관행이 자리 잡도록 도왔다.

이와 대조적으로, CASES의 접근 방식에서 자연은 "정보와 에너지의 교환을 통해 자신의 구조적 형상을 지속적으로 자기조직화하는 개방적이고 역동적인 시스템"으로 여겨진다.[38] 이 새로운 과학에 결정적인 접근 방식이 있다면, 바로 살아 움직이며 끊임없이 진화하는 지구에서 각각의 새로운 프로세스, 패턴, 흐름에 반응하는 법을 배운다는 것이다. 이른바 '창발(emergence)'의 과정이다.

CASES의 과학적 탐구는 지금까지 과학이 추구한 것과 같은 예측 능력에는 미치지 못하는데, 그럴 만한 이유가 있다. 살아 움직이며 진화하는 지구의 권역들에 경계를 정하려는 시도는 자기조직화 시스템이 곧 복잡하게 서로 연결된 패턴이며 지구 권역 전반에 걸쳐 시간과 공간에 널리 분포하며 거의 예측할 수 없는 미묘하고 심오한 방식으로 서로 영향을 미친다는 요점을 놓치는 것이다. CASES 사고방식을 적용하는 심오한 교훈은 부분적으로 '예측'과 '선취'에 대한 집착을 버리고 '예기'와 '적응'에 우선순위를 두는 것이다.

흥미롭게도 오늘날 과학 탐구에 부는 혁신적인 변화는 19세기 말과 20세기 초 과학 실용주의의 선구자였던 존 듀이(John Dewey)와 찰스 샌더스 퍼스(Charles Sanders Peirce), 윌리엄 제임스(William James), 조지 허버트 미드(George Herbert Mead) 등이 예견한 것이었다. 그들은 자연의 풍요로움을 희생하면서까지 선취권과 실리주의에 집착하는 귀납적이고 연역적인 과학적 탐구 프레임에 분노했다. 실용주의 과학자들은 '귀추적(abductive) 과학 탐구법'을 도입했다. 이는 자연의 부름을 듣고 예측하며 수권 및 그에 수반하는 암석권, 대기권, 생물권의 매 진화에 적응하는 등 자연을 깊이 의식하는 참여를 우선시하는 방법론이다. 그들의 과학은 살아 움직이는 지구와 지속적으로 통합되는 것이다. 자연계의 진화를 붙잡고 진정시키며 선취하는 것이 아니다.

CASES 모델링은 자연에 관여하는 자본주의적 접근 방식과 근본적으로 다르다. CASES에서는 자연에 대한 '관리'가 '돌봄'으로 바뀌고 수권은 암석권, 대기권, 생물권과의 복잡한 상호작용을 통해 플래닛 아쿠아의 진화적 안녕과 궁극적으로 우리의 경제생활을 결정하는 주요 행위자가 된다. 이것이 바로 우리 종을 자본주의에서 수생태주의로 이끄는 중요한 변곡점이다.

CASES는 20세기 후반 여러 학문 분야에서 부상한 복잡성 이론의 초기 버전에서 발전했다. 복잡성 이론의 선구자로는 비평형 열역학에서 소산적 구조를 연구해 복잡성 이론의 도입을 도운 노벨 화학상 수상자 일리야 프리고진(Ilya Prigogine), '나비효과'라는 말로 유명한 기상 시스템과 비선형 인과 경로 연구로 잘 알려진 에드워드 노턴 로렌즈(Edward Norton Lorenz) 등이 있다.

과학 분야의 복잡성 이론은 새로운 것이지만, 역사적으로 훨씬 이전, 즉 계몽주의와 진보의 시대와 현대 자본주의 이전부터 우리 종의 이전 세대들은 공유 생태계 전반에 걸친 공유 자원의 관리와 관련해 복잡성 이론 및 관행의 좀 더 단순한 접근 방식을 이용했다.

앞서 언급했듯이 엘리너 오스트롬은 오랫동안 묻혀 있던 '커먼즈'의 역사를 재조명하며, 무엇보다도 생태계 관리에서 오랜 세월 이용되던 전통적인 복잡성 관행을 되살렸다. 다중심 시스템에 관한 그녀와 다른 이들의 연구는 과학적 탐구와 관행에 대한 모든 전통적 개념을 변혁하고 있는 CASES 모델링이라는 새로운 과학의 몇몇 지류에 속한다.

경제활동에 대한 커먼즈의 접근 방식은 자본주의의 접근 방식과 얼마나 다른가? 후자는 경제활동의 단기적 시장 이익에 뒤따르는 막대한 부정적 외부효과를 고려하지 않기 때문에 수천 년에 걸쳐 미래 세대에 빈곤한 지구를 떠안긴다. 지구온난화 배출로 인한 엔트로피 청구서는 믿기 어려울 정도로 놀라운 수치를 보여 준다. 2023년 9월 전미경제연구소(NBER)에서 발간한 논문에서 일단의 저명한 과학자와 경제학자 들은 "2100년까지 미국의 과거 배출량과 관련된 피해 비용만 100조 달러를 넘어설 수 있으며, 향후 배출량까지 합하면 총 피해 비용은 더욱 증가할 것"이라고 추산했다.[39]

자본주의와 수생태주의 사이의 이러한 투쟁은 이미 표면화되고 있다. 그러나 자본주의 체제는 새로운 현실에 정면으로 대처해 그동안 경제생활 조직의 표준 지표가 되던 모든 것을 무너뜨리는 급변하는 수문 순환에 적응하는 대신, 남은 자본 투자를 지키기 위해 지연 위주의 방어적인 접근 방식을 취하고 있다. 이미 주목받고 있는 이 전략은 기후변화가 가져온 누적된 부정적 외부효과를 시장에서 제거하는 데 주력하는 것이다. 어떤 의미에서는 손실 감소가 목적인데, 시장의 입지를 좁히는 결과만 낳고 있을 뿐이다.

최근 떠오르는 새로운 개념인 블루라이닝(bluelining)을 생각해 보라. 이 말은 은행과 보험회사, 지방자치단체가 흑인 및 여타 유색인종이 주로 거주하는 빈곤 지역을 경계로 설정해서 대출과 투자 서비스, 특히 주택담보 대출을 거부하는 수단으로 쓰던 예전의 레드라이닝(redlining)을 연상시킨다. 은행과 보험회사가 기후 재난 고위험 지역을 경계로 설정해 해당 지역의 주택 소유자와 지역 기업의 보험 가입을 거부하는 블루라이닝이 미국 전역에서 갑자기 횡행하고 있다. 흑인과 히스패닉 및 여타 유색인종이 주로 거주하는 저소득층 지역에서 블루라이닝이 발생하고 있으니 데자뷔가 느껴지지 않을 수 없다.[40]

수백만 명의 미국인이 물-에너지 넥서스로 인한 인명 및 재산 피해, 생태계 파괴, 야생동물의 멸종을 경험하고 있지만, 그럼에도 여전히 정부 법규와 규제, 표준의 관성은 물을 자유롭게 하고 생태계가 생명력 증진의 새로운 방식으로 재야생화하고 진화하도록 하는 데 걸림돌이 되고 있다. 미국 정부의 국가홍수보험프로그램(NFIP)은 일반적으로 범람원과 해안가 근처의 침수된 건물에 대해서만 현장에서 수리 및 재건축을 허용한다는 사실을 명심하라. 이는 곧 반복적으로 침수되는 건물들이 미국 납세자의 세금으로 거듭 수리되는 것은 NFIP에 따른 보험금 때문이라는 뜻이다. 1989년부터 2018년까지 22만 9000채의 '반복적인 홍수 피해 건물'에 220억 달러가 넘는 보험금이 지급되었다.[41]

기후 재해가 계속 진화하고 가속화함에 따라 전체 인구의 절반인 1억 6200만 명 이상의 미국인이 환경의 악화를 경험하고, 9300만 명의 미국인이 '혹독한' 기후 관련 영향에 직면할 것이라는 연구 결과가 나온 상황에서 동일한 고위험 재해 취약 지역들을 지속적으로 재건하기 위해 국가홍수보험을 제공하는 것은 실로 어처구니가 없는 일이다.[42] 블루라이닝은 자본 지향의 사회가 리스크를 측정하고 소위 부를 창출하는 방식인 반면, 커먼즈 접근 방식은 재야생화의 여정에 들어간 물의 흐름을 따르고 지구의 방향 전환에 지속적으로 적응하면서 새로운 번영의 방법을 찾는다.

기후변화 대응에 관한 모든 논의에도 불구하고 정부와 시장, 시민사회는 세계 전역의 물이 스스로를 해방시키고 있다는 것이 무슨 의미인지 제대로 파악하지 못하고 있다. 지구온난화로 수문 순환이 어떻게 변화하고 있는지 몇 가지 예를 더 살펴보자. 먼저 2022년 늦여름 미시시피주의 주도인 잭슨시에서 일어난 일을 생각해 보라. 도시와 교외에 폭우가 쏟아져 대규모 홍수가 발생했고, 그로 인해 도시의 노후화한 정수장 및 수자원 인프라가 마비되며 전체 시스템을 엉망으로 만들었고, 결과적으로 15만 명의 주민들이 물을 공급받지 못하게 되었다.[43] 시 관계자는 상수도 시스템이 완전한 작동을 회복하려면 몇 달 또는 몇 년이 걸릴지도 모른다고 말했다. 그 몇 주 전, 켄터키 동부 2만 5000명의 주민들 역시 치명적인 홍수로 낡은 수도관이 끊기는 등 지역사회가 피폐해졌는데 한동안 아무런 구호 조치도 받지 못했다.[44] 같은 시기에 텍사스주 전역의 마을과 도시에서 기록적인 폭염과 가뭄, 토양 경화로 상수도관이 끊기는 피해가 발생했을 때 아무런 준비가 되어 있지 않던 텍사스 상수도 시스템은 마비 상태에 이르렀다. 게다가 이것은 앞서 겨울 폭풍으로 수천 개의 수도관이 동파한 사건에 뒤이어 발생한 일이었다.[45]

잭슨의 한 시의원은 자신이 속한 지역사회와 세계 곳곳의 지역사회가 직면한 문제를 요약하며 이렇게 한탄했다. "우리의 홍수 통제 시스템, 즉 현재 가동되고 있는 홍수 통제 시스템은 극도로 구식이다."[46] 많은 지역사회에서 십분 이해하고 공감할 말일 것이다. 애리조나주립대학교의 토목과 환경 및 지속가능성 공학 교수인 미하일 체스터(Mikhail V. Chester)는 "기후변화가 인프라를 바꿀 수 있는 우리의 방법이 따라잡지 못할 정도로 빠르게 진행되고 있다"는 사실을 인류가 아직 제대로 이해하지도, 받아들이지도 못하고 있다는 불길한 지적을 내놓았다.[47]

그러나 세계 곳곳에서 붕괴되고 있는 것은 수자원 인프라뿐만이 아니다. 세계의 대도시와 교외, 소도시, 시골 마을 등지에 산재한 노후화한 20세기 인프라의 모든 부분이 기후변화에 따른 수문 순환에 희생되는 가운데 현대의 인프라 전체를 뒤흔들고 있다. 그리고 현재 상황을 이해하기 어렵게 만드는 것은 걷잡을 수 없는 수권이 우리가 일하고 생활하는 세분화된 수준에 미치는 영향의 규모뿐만이 아니다. 그런 영향이 어디에나 있다는 것도 문제다.

미국에서 여섯 번째로 큰 도시인 필라델피아의 공립학교들이 개학한 2022년 8월 마지막 주를 예로 들어 보자. 폭염이 기승을 부린 그날, 학생 수만 명이 교실에 들어선 지 얼마 지나지 않아 에어컨 부족으로 집으로 돌려보내졌다.[48] 필라델피아 교육 시스템에 속한 학교 건물 중 60퍼센트 이상에 에어컨이 충분하지 못했고, 그 밖의 많은 건물이 부분적으로만 냉방 시스템을 가동하는 구조였다.[49] 문제는 건물의 평균 연령이 75년이나 되어서 대부분 건물에서 전기 시스템이 중앙 냉방을 지원하지 못한다는 것이었다.[50] 시 당국은 이를 해결하는 데 필요한 자금이 수십억 달러에 달해서 문제가 더욱 심각해진다고 보고했다. 설령 자금이라는 장애물을 넘는다고 해도 도시의 노후화 인프라를 정비하는 작업은 그 규모를 봐서는 아무리 빨라도 2027년은 되어야 완료할 수 있다.[51] 그러나 여기서 다시, 기후변화를 따라잡는 것(이 경우에는 섭씨 약 32도 날씨에 수업을 원활하게 진행할 수 있도록 학교 건물을 준비시키는 것)은 소기의 목표에 이르지 못할 수 있다. 앞으로 몇 년이나 몇 십 년 내에 기후변화로 여름철 정상 기온이 섭씨 35도, 심지어 섭씨 40.5도에 이를 수 있기 때문이다. 결국 계속 상승하는 기온 변화를 따라잡지 못하면 필라델피아뿐 아니라 다른 지역의 교육 시스템에서도 초가을 학기에 며칠 또는 몇 주 동안 학교 문을 닫아야 할 것이고, 나아가 6월 초 또는 5월 말에 학기를 끝내야 할 것이다. 학년과 학생 교육이 줄어드는 것을 피할 수 없다는 뜻이다.

하지만 미국을 위시해 전 세계의 공직자 가운데 겨울철 혹한과 기록적인 눈보라, 봄철의 대홍수, 여름철의 긴 가뭄과 극심한 폭염 및 산불, 가을철의 강력한 허리케인(카테고리 3, 4, 5에 해당) 등에 휩싸인 도시와 교외, 시골 지역 전체가 앞으로 수십 년 내에 거주지와 거주 방식을 재고해야 할지 모른다는 사실을 말하는 사람은 거의 없다. 그러나 아무도 말하고 싶어 하지 않는 진실은 앞으로 수십 년 내에 수억 또는 심지어 수십억 명의 사람들이 더 온화한 지역으로 이주해야 하며, 그 이주지에서도 일시적으로 머무를 가능성이 크다는 것이다. 결국 세계 인구는 감소할 것이고 남은 이들 가운데 상당수는 안전한 피난처를 찾아 계속 이동할 것이다.

이것이 바로 인류가 직면한 문제이며, 해결해야 할 과제다. 수권이 스스로를 해방시키고 있기 때문에 우리 인류는 그 수권에 적응하는 법을 배워야 한다. 동시에 수권을 우리 종의 변덕에 맞춰 적응시킬 수 있다는 순진한 허구를 버려야 한다. 경각심을 일깨우는 이 긴박한 상황은 우리에게 시간과 공간에 자신을 배치하는 방식을 바꿀 것을 요구할 것이다. 그리고 그 변화는 인류가 역사상 단 한 차례 경험했던, 즉 지구가 마지막 빙하기인 홍적세에서 지난 1만 1000년의 온대 기후로 전환되었을 때 경험했던 것과 같은 규모가 될 것이다.

2.

광산의 카나리아:
온난화 지구에서 지중해
생태 지역은 어쩌다
데이 제로에 이르렀고
어떻게 다시 생명의 재림을
알리는 전조가 되었는가

5

죽다 살아난 지중해 지역

•

　지난 6000년 동안 인류 역사적 여정의 뚜렷한 궤적은 수력 문명의 흥망성쇠로 압축될 것이다. 수력 문명은 고전적인 종 곡선의 모양을 따른다. 앞서 언급했듯이 문명의 요람은 6000년 전 고대 아나톨리아(현 튀르키예)의 산기슭들, 즉 강력한 유프라테스강과 티그리스강의 상류로 거슬러 올라간다. 우리의 선조들은 오늘날의 튀르키예와 시리아, 이라크, 이란을 포함하는 지역의 비옥한 토지에 관개하고 밀과 보리 같은 곡물을 넉넉하게 생산하기 위해 세계 최초로 이 거대한 강들을 포획하고 격리하고 개조하고 착취했다. 오늘날 우리가 문명의 산물이라고 여기는 모든 것이 이 강들을 따라 시작되었고, 앞으로 수십 년 동안 지금의 아기들이 살아가는 동안 바로 이 강들이 말라 갈 것이다. 이곳에서 최초의 대규모 도시 수력 문명이 생겨났고, 이후 수력 문명의 연속적인 발전의 토대가 마련되었다. 인류는 이를 발판으로 지구의 지배 종으로 부상했으나 지금은 지구 생명체의 대량 멸종 위기에 직면하게 되었다.

이 최초의 도시 문명에는 '강들 사이의 땅'이라는 뜻의 그리스어인 메소포타미아라는 이름이 주어졌다.[1] 이곳의 마을들이 인구가 4만~5만 명에 이르는 최초의 도시로 발전했다.[2] 메소포타미아는 수메르, 아카드, 바빌로니아, 아시리아 제국 등 초기의 거대 문명을 탄생시켰으며, 어떤 시기에는 2000만 명 이상의 인구를 부양했다.[3]

메소포타미아 문명과 그 뒤를 이은 이집트의 나일강 유역과 인도의 인더스 계곡, 중국의 황허 유역, 그리스의 크레테섬, 로마제국, 동남아시아의 크메르 문명, 현재의 멕시코 남부와 과테말라, 벨리즈 북부를 아우르는 마야문명, 남아메리카 서부의 잉카 제국도 유사한 종 곡선을 겪었다. 이 중 일부는 기후변화로, 일부는 약탈 세력의 침략으로, 또 다른 일부는 엔트로피 청구서의 증가로 쇠퇴했다. 인류학자와 역사가 들은 앞의 두 가지 원인을 탐구하는 데 상당한 시간을 들였지만, 수자원 인프라에 필연적으로 따르는 엔트로피 부채에 대해서는 그보다 훨씬 적은 시간을 할애했다.

중동, 인도, 중국의 수력 제국은 인류 의식의 비약적인 발전을 이끌며 인류 최초로 세계주의의 꽃을 피웠다. 그러나 그들 모두 열역학 제2법칙의 진리를 피할 수는 없었다. 수력 문명의 흥망성쇠를 조사한 다수의 연구에는 수력 문명의 궁극적 멸망 원인에 대해 많은 설명이 나오지만, 가장 중요한 것은 토양 염분과 퇴적물의 변화가 불러오는 엔트로피 청구서다.

메소포타미아에서는 충적토가 강물과 관개수를 따라 내륙으로 운반되었다. 관개용수에는 칼슘, 마그네슘, 나트륨 등이 포함된다. 물이 증발하면 칼슘과 마그네슘은 탄산염으로 침전되고 나트륨은 땅속에 묻힌다. 나트륨 이온은 지하수로 씻겨 내려가지 않으면 콜로이드성 점토 입자에 흡수되고 토양에 물이 스며들지 않게 된다. 고농도 염분은 발아 과정을 지연시키고 식물의 수분 및 영양소 흡수를 방해한다.[4]

예를 들면, 이라크 남부는 기원전 2400년에서 기원전 1700년 사이에 심각한 염분 문제를 겪었고, 이라크 중부는 기원전 1300년에서 900년 사이에 비슷한 위기를 경험했다. 토양의 염분이 증가하자 그들은 밀 재배에서 염분에 잘 견디는 보리 작물 재배로 전환해야 했다. 기원전 3500년에는 밀과 보리의 생산 비율이 거의 같았다. 하지만 1000년이 채 지나지 않아 염분에 덜 강한 밀 작물은 농업 생산량의 고작 6분의 1 미만으로 줄어들었다. 기원전 2100년에는 같은 지역에서 밀이 차지하는 비중이 2퍼센트에 불과했고, 기원전 1700년에는 이라크 남부 충적 평야에서 밀 재배가 완전히 중단되었다.[5]

토양의 염분화는 비옥도의 감소로도 이어졌다. 예를 들어 기르수라는 도시에서 기원전 2400년의 평균 농업 생산량은 헥타르당 2537리터였지만 기원전 2100년경에는 헥타르당 1460리터로 줄었다. 인근 도시인 라르사에서는 기원전 1700년경 헥타르당 897리터로 생산량이 줄어들었다.[6] 이것은 도시 생활방식을 유지하기 위해 인구 대부분이 잉여 농산물에 의존하는 도시에 치명적 영향을 미쳤다. 수메르의 도시국가들은 정치적, 경제적 혼란에 휩싸였고, 이에 따라 복잡한 인프라의 상당 부분이 황폐해지거나 심지어 붕괴되었으며, 인구도 급감했다.[7] 결국 수메르 인구가 최초의 위대한 도시 문명을 이룩하고 원시적인 세계주의를 확립하며 개인의 자아 개념을 발전시키도록 물의 흐름을 대폭 늘려 준 바로 그 수자원 인프라가 지역 생태계에 대한 마찬가지로 운명적인 엔트로피 영향을 초래하면서 그동안 얻은 이득의 상당 부분을 상쇄하고 수력 도시 문명을 확립하려던 초기 실험을 좌초시키며 그 주변 환경을 빈곤하게 만들었다. 약 반세기 전 시카고대학교 동양학연구소의 톨키드 야콥슨

(Thorkild Jacobsen)과 로버트 애덤스(Robert M. Adams)는 《사이언스(Science)》에 발표한 연구에서 다음과 같은 결론을 내렸다.

이 정도 규모의 역사적 사건을 한 가지 원인으로 설명할 수는 없겠지만, 토양의 염분 증가가 수메르 문명의 붕괴에 중요한 역할을 했다는 것은 의심할 여지가 없어 보인다.[8]

4000년 전 인더스 계곡에서도 유사하게 토양의 염도가 높아지면서 대규모 농작물 실패와 엔트로피 위기가 발생했다.[9] 마찬가지로 고고학자들은 중미의 고대 마야 수력 문명에서 토양 염분이 파국적인 농작물 실패와 영토 포기를 유발했다는 증거를 발견했다.[10] 토양의 염화와 엔트로피의 축적은 "역사 전반에 걸쳐 복잡한 수력 문명의 약화와 붕괴를 초래한 요인으로, 에너지 처리량 증가와 엔트로피 부채 증가 사이의 피할 수 없는 관계를 재차 확인해 준다."[11]

복잡한 수력 문명은 점점 더 정교해지는 도시 환경에서 공감적 참여를 확대하는 한편 엔트로피 부채를 증가시킨다. 즉 이질적으로 보이는 두 가지 현상을 동반한다. 공감과 엔트로피는 복잡한 수력 문명의 발전과 함께 동시에 진화하며 인류학자, 역사학자, 철학자 들이 미처 탐구하지 못한 역설을 제기한다.

나는 2003년부터 2010년까지 7년 동안 인류의 역사적 발전에서 공감이 수행한 역할을 연구하면서 이 역설을 처음 접했다. 이보다 앞서 30년 동안 많은 책을 쓰면서 공감에 대해 서술했지만 깊이 있게 다룬 적은 없었다. 그래서 이번에는 공감의 인류학과 역사를 중심으로 가정 및 사회생활, 경제, 거버넌스 방식, 세계관 등 사회의 주요 측면에 미치는 영향까지, 공감의 진화를 아주 상세히 탐구하기로 마음먹었다. 한창 연구에 몰두하던 중에 이 역설을 깨닫고 놀라지 않을 수 없었다. 다음은 당시 출간한 『공감의 시대(The Empathic Civilization)』에 밝힌 내용이다.

인류사의 한복판에는 공감과 엔트로피의 역설적 관계가 있다. 역사를 통틀어 새로운 에너지 제도는 새로운 커뮤니케이션 혁명을 통해 훨씬 복잡한 사회를 창조해 냈다. 그렇게 기술적으로 진보한 사회는 다양한 사람들을 하나로 묶어 인간의 의식을 확장하고 공감적 감수성을 고조시켰다. 그러나 환경이 복잡해질수록 에너지 사용은 많아지고 자원은 더욱 빨리 고갈된다.

공감 의식이 커질수록 지구의 에너지와 그 밖의 자원의 소비가 급증하고 그래서 지구의 건강이 급속도로 악화된다는 것은 역설이 아닐 수 없다.

지금 우리는 대단히 에너지 집약적이고 상호 연결된 세계에서 지구 차원의 공감대가 형성되어 가는 현장을 지켜보고 있다. 그리고 그 배경에는 재앙에 가까운 기후변화와 우리의 존재 자체를 위협하는 치솟는 엔트로피가 자리 잡고 있다. 공감-엔트로피의 역설을 해결하는 일이야말로 지구에서 인류가 살아남아 번영할 수 있을지를 가늠하는 중대한 시금석이 될 것이다. 그러기 위해서는 지금의 철학적, 경제적, 사회적 모델을 근본적으로 재고해야 할 것이다.[12]

공감-엔트로피 역설을 해소할 열쇠는 '위대한 재설정'이다. 6000년 동안 우리 종의 독점적 필요에 맞게 자연을 적응시킨 우리는 이제 방향을 바꾸어 지구가 생명력을 강화하는 과정 및 패턴에 우리 종을 적응시키고 자연의 품으로 돌아갈 길을 찾아야 한다. 이것이 바로 생명애 의식의 핵심이다. 지금 부족한 것은 방법이 아니라 의지다. 바라건대 생명애 의식으로 무장한 젊은 세대가 앞으로 나아갈 길을 열어 줄 것이다. 오늘날 수자원 인프라의 붕괴는 열역학적 청구서 때문만은 아니다. 나트륨

이 축적되어 토양이 불투수성으로 변하는 것은 모든 수자원 인프라와 나란히 진행되는 영구적인 문제이다. 위험한 온난화로 지구의 강과 호수, 하천이 고갈되어 곳곳에 마른 수층이 남는 것도 문제다. 유엔 산하 기후변화에 관한 정부 간 협의체(IPCC)가 발표한 2021년 보고서에 따르면, 지구가 지금보다 따뜻했던 마지막 시기는 약 12만 5000년 전이었다.[13]

세계기상기구(WMO)의 「2022년 기후 서비스 현황(2022 State of Climate Services)」 보고서는 머지않아 지구온난화가 걷잡을 수 없는 위기를 초래할 것이라 경고한다.[14] WMO는 지구온난화가 전력 생산에 필수적인 세계 곳곳의 수자원 인프라에 미치는 영향에 초점을 맞췄다. 그들은 기후변화와 관련된 가뭄과 폭염이 "이미 기존 에너지 생산에 스트레스를 주고 있다"는 사실을 발견했다. 다음은 WMO의 조사 결과를 요약한 내용이다.

2020년에 화력, 원자력, 수력 발전 시스템에서 생산된 전 세계 전력의 87퍼센트가 수자원 가용성에 직접적으로 의존했다. 한편, 냉각을 위해 담수 가용성에 의존하는 화력발전소의 33퍼센트는 이미 물 스트레스가 높은 지역에 있다. 기존 원자력발전소의 15퍼센트도 마찬가지 상황이며, 이 비율은 향후 20년 이내에 25퍼센트로 증가할 것으로 예상된다. 수력발전소의 11퍼센트 역시 물 스트레스가 심한 지역에 있다. 그리고 기존 수력발전 댐의 약 26퍼센트와 건설 예정인 댐의 23퍼센트가 현재 물 부족 위험성이 중간 정도에서 매우 높은 수준 사이에 속하는 강의 유역에 있다.[15]

2023년 9월 13일, 리비아에 쏟아진 폭우로 와디데르나강의 댐 두 개가 순식간에 무너지면서 지역사회 전체가 홍수에 휩쓸리고 수천 명이 목숨을 잃는 비극이 발생했다. 특히 이런 비극이 앞으로 수십 년 동안 더 강력하게 반복될 수 있다는 점이 경각심을 일깨운다. 세계 인구의 3분의 1에 해당하는 28억 명이 사는 중국과 인도에만 75년 이상 된 대형 댐이 2만 8000개나 있는데, 대부분 붕괴에 취약할 정도로 낡은 상태라 말 그대로 수백만 명의 생명을 위협하고 있다. 미국의 댐은 더 튼튼하게 지어지고 유지 관리도 잘돼서 화를 피할 수 있다고 생각하기 쉽지만, 사실은 절대 그렇지 않다. 미국 댐도 평균 65년 이상 되었으며, 현재 "2200개의 구조물이 붕괴 위험이 높은 것으로" 추정된다.[16] 야생으로 돌아가는 수권이 향후 75년 동안 세계의 수자원 인프라 전체를 파괴할 것이고, 그에 따라 세계 곳곳의 도시와 지역 전체가 유실될 위험에 처할 것이다.

이 보고서에 대해 논평하면서 WMO의 최고책임자는 "시간은 우리 편이 아니고 기후는 우리 눈앞에서 변화하고 있다"고 경고하며 전 세계의 호수와 강이 고갈되는 상황을 고려해 "글로벌 에너지 시스템의 완전한 전환"을 추진해야 한다고 덧붙였다.[17]

세계의 각 나라는 화석연료와 원자력에서 태양광과 풍력 및 기타 재생에너지로 옮겨 가고 옥수수, 밀, 쌀, 보리, 귀리, 호밀 등 물 집약적인 수출용 환금작물을 감자, 참마, 당근, 카사바, 비트 등 주로 덩이뿌리 및 덩이줄기 작물인 물 절약적인 내수 및 수출용 작물로 바꾸는 물-에너지-식량 넥서스의 방대한 전환을 지원해야 할 것이다. 또한 모든 국가는 감소하는 큰 강과 호수의 물에 대한 의존을 줄이고, 오랫동안 묻혀 있던 강이나 하천, 대수층, 습지를 되살리고 분산된 수조와 물 마이크로그리드에 빗물을 저장하거나 스펀지 방식으로 포집하는 등 거주지와 일터에서 고도로 분산된 다양한 물 수확에 의존을 높여야 할 것이다.

진보 중심의 인프라에서 회복력 지향 인프라로의 전환은 이미 규모를 확대하기 시작했으며, 지중해 연안 국가들에 다가오는 회복력 시대를 선도할 기회를 제공한다. 지중해 생태 지역은 우리 종과 동료 생물들이 재야생화하는 지구에서 회복하고 생존하며 번성할 수 있는지 알려 줄 시험대가 될 것이다.[18] 죽어 가는 수력 문명에서 회복력 있는 생태 중심 사회로의 성공적인 전환은 물-에너지-식량 넥서스를 어떻게 재구성하느냐에 달려 있다. 이 재구성의 특징이 이미 지중해를 위시해 여러 지역에서 모양새를 갖춰 가고 있다.

데이 제로: 말라 가는 나라들

WMO 보고서는 인간 생존과 작물 생산 및 사회생활에 필수적인 물이 마르면서 수자원 인프라의 대부분이 빠르게 '좌초 자산'으로 바뀌고 있음을 말해 준다. 흥미로운 것은 지구온난화와 물의 고갈로 혼란에 빠진 전 세계 모든 생태 지역 중에서 수력 문명의 요람인 지중해 연안이 6000년의 역사 끝에 '광산의 카나리아'가 되었다는 사실이다. 이 지역은 21세기 후반에 들어서면 강과 호수가 말라 일부 지역에 사람이 살 수 없게 될 위험성이 가장 높다. 여기서 오랜 세월 번성한 수력 문명의 종말이 시작되었음을 알리는 것이다. 다른 수력 사회도 비슷한 운명에 직면해 있다. 기후 과학자들은 특히 지중해 지역에 초점을 맞추고 있는데, 그럴 만한 이유가 있다. 이곳에서 일어나는 일이 전 세계의 여타 지역에서 앞으로 전개될 상황을 예고하기 때문이다.

역사적으로 지중해 지역은 장기간의 가뭄이 함께하는 건조하고 더운 여름, 강한 바람과 많은 강수량을 동반하는 온화하거나 서늘한 겨울이 특징이었다. 그러나 이제 기후 과학자들은 지중해 생태 지역을 공유하는 국가들의 수백만 명이 지구온난화 배출로 인한 기온 상승으로 다른 어떤 지역 및 인구보다 더 큰 위험에 처해 있다고 경고한다.[19] 통계는 끔찍하다. 지중해 지역은 세계 전체보다 20퍼센트 더 빠르게 온난화되고 있다.[20] 이 지역의 생태계는 2050년 무렵이면 겨울 우기의 강수량이 40퍼센트 감소할 것이고, 4월부터 9월까지의 여름철 강수량은 20퍼센트 줄어들어 연중 6개월 동안 가뭄이 지속될 것이다.[21] 2050년경 집수 유역은 25퍼센트 감소할 것으로 예상된다.[22] 일련의 새로운 연구와 보고서는 지중해 지역이 "지구상의 모든 육지 가운데 예상 강우량의 가장 큰 감소를 겪고 있다"고 경고한다.[23]

최근 발표된 보고서들은 특히 티그리스강과 유프라테스강을 공유하는 튀르키예, 시리아, 이란, 이라크에 경종을 울린다. 연구에 따르면 지난 40년 동안 해당 강물의 양이 40퍼센트 감소한 것으로 나타났다.[24] IPCC는 향후 몇 년 사이에 티그리스강의 수량이 29퍼센트, 유프라테스강의 수량은 73퍼센트 감소할 것으로 예상한다.[25] 하지만 이런 예측조차도 해가 갈수록 빠르게 무색해지고 있다.

새로운 연구에 따르면 튀르키예의 기온은 2050년이면 여름철에 섭씨 40도를 넘는 기간이 훨씬 길어질 가능성이 높다.[26] 이미 튀르키예 국토의 60퍼센트가 사막화되기 쉬운 상태에 이르렀다.[27] 기후변화가 결정적 요인이지만, 튀르키예에서 지난 100년 동안 개발로 인해 전체 습지의 절반이 사라졌다는 사실도 짚고 넘어가야 한다.[28] 튀르키예에서 일어나는 일은 그곳에만 머무르지 않는다. 시리아, 이라크, 이란, 심지어 쿠웨이트도 티그리스–유프라테스강 유역을 공유하고 있다. 이라크만 해도 지표수의 98퍼센트를 유프라테스강과 티그리스강에 의존하고 있는데, 그곳의 연간 기온이 '지구 전체의 거의 두 배에 달하는 속도'로 상승하고 있다.[29]

지난 세기 동안 지구는 섭씨 1.3도 상승했지만, 이라크는 섭씨 2.5도 상승하며 한계점을 훨씬 넘어섰다. 2021년 12월 이라크 수자원부 장관이 발표한 보고서는 2040년에 이르면 유프라테스강이 말라서 국가의 식수 공급원이 없어질 수 있다고 경고했다. 이라크 언론의 헤드라인은 "2040년 강 없는 땅이 되는 이라크"였다.[30]

기후변화가 가장 큰 문제이긴 하지만, 이웃한 튀르키예가 대규모 신규 댐 건설에 열을 올리면서 이라크, 시리아, 이란으로 유입되는 유프라테스강과 티그리스강의 유량을 더욱 줄이는 등 다른 지정학적 요인도 작용한다. 튀르키예는 유프라테스와 티그리스의 남은 강물을 자국의 정치적 경계 내에 격리하기 위해 대규모 수자원 인프라 건설에 열중하고 있다. 유프라테스강과 티그리스강을 따라 최소 19개의 댐을 급하게 건설했고 3개 댐을 추가로 계획하고 있다.[31]

한편 2020년에 발표된 이라크 수자원부 보고서는 2년 이내에 이라크의 물 공급이 수요를 따라가지 못할 것이며, 2035년이면 물 부족으로 식량 생산이 20퍼센트 감소할 것이라고 결론지었다.[32] 유엔은 이라크를 기후변화에 '세계에서 다섯 번째로 취약한 국가'로 분류하며, 지역 구호단체들은 "얼마 지나지 않아 이라크인과 시리아인 수백만 명이 물과 식량, 전기를 이용할 수 없게 될 것이고, 이에 따라 엄청난 규모의 난민 위기가 발생할 것"이라고 경고한다.[33]

분명한 것은 유프라테스강과 티그리스강이 마르면서 수력 문명의 요람이었던 지중해 지역이 실시간으로 붕괴되고 있다는 사실이다. 2022년 독일과 쿠르디스탄의 고고학자들은 장기간의 가뭄이 덮친 이라크에서 "농작물이 말라 죽지 않도록" 티그리스강과 연계된 저수지에서 많은 양의 물을 퍼내는 바람에 오랫동안 물에 잠겨 있던 고대 도시를 조사할 뜻밖의 기회가 생겼다고 발표했다. 고고학자들은 수몰된 도시에 대해 알고 있었지만, 전에는 조사할 방도가 없었다. 그들의 새로운 발견 가운데는 "성벽과 탑이 있는 거대한 요새와 기념비적인 다층 창고 건물, 원시적 산업단지" 등이 있었다. 이 고대 도시는 기원전 1550년에서 1350년 사이에 존재했으며 고대 메소포타미아 미타니 왕국의 "광범위한 도시 단지"
의 일부였던 것으로 추정된다.[34]

지중해 생태 지역에 속한 국가 중 튀르키예는 거대한 유프라테스강과
티그리스강의 상류를 통제하는 부러운 위치에 있어서 물 부족의 위험이
적다고 생각할 수도 있지만, 실상은 그렇지 않다. 튀르키예의 더위가 매
우 심각하기 때문이다. 런던정치경제대학교의 기후변화 정책 교수이자
유엔 IPCC의 제5차 평가 보고서의 주 저자인 바리스 카라피나르(Baris
Karapinar)는 튀르키예의 기온이 "1950년에서 2100년까지 섭씨 7도 상승
해서" 지구 기온의 상승을 섭씨 1.5도 이하로 유지한다는 유엔기후변화
협약 파리협정을 크게 넘어설 수 있다고 말한다. 카라피나르는 이 정도
의 기온 상승은 "지중해 지역 대부분을 '지옥'으로 만들고 일부는 사람이
거주할 수 없을 것"이라고 강조한다.[35]

튀르키예의 수자원 고갈은 단순히 불운의 문제가 아니다. 1980년대
부터 시작된 튀르키예의 농업 정책은 환금작물 재배에 인센티브를 제공
했다. 그러한 환금작물은 수확량이 높아 튀르키예를 세계 7위의 농업 생
산국이자 주요 수출국으로 성장시켰지만, 그만큼 물이 훨씬 더 많이 필
요했다. 구체적으로 말해서 옥수수, 사탕무, 면화 재배는 세계시장에서
수익성이 높지만 안타깝게도 튀르키예에 쏟아지는 강우량보다 평균 서
너 배 더 많은 물을 소비한다. 그 결과, 튀르키예가 자랑하는 대규모 농
업 부문이 "국가 담수 사용량의 75퍼센트를 집어삼키고 있으며" 전문가
들은 이것이 지속 가능한 수치가 아니라고 경고한다. 이스탄불대학교의
토지 이용 연구원인 도가나이 톨루나이(Doğanay Tolunay)는 극심한 갈증
작물 때문에 지난 10년 사이에 농업 부문의 물 사용량이 33퍼센트 증가
했으며 이는 경제 정책의 실패를 보여 주는 명백한 사례라고 지적한다.[36]

관개용수 공급이 줄어드는 상황에서 많은 농부가 지하수의 고갈을 막

기 위해 불법으로 우물을 뚫는다. 이는 강과 호수, 습지를 보충할 수 있는 물이 줄어들고 다시 관개와 생활에 소비할 지표수가 줄어든다는 것을 의미한다.

튀르키예 수자원의 급격한 감소 문제를 더욱 악화시키는 것은 농경지에 물을 공급하기 위해 개방된 수로와 지상 운하에 의존하는 오래된 관개 기술이 "증발과 누수 및 누출로 인해 35~60퍼센트의 손실"을 겪고 있다는 사실이다.[37] 여기에 수력발전의 문제도 따른다. 예일대학교 환경대학원은 이 난문제를 다음과 같이 요약한다.

튀르키예의 광범위한 수력발전으로 물 공급이 약화하고 있다. 세계 9위의 수력발전 생산국인 튀르키예는 상징적인 티그리스강과 유프라테스강을 포함해 나라의 거의 모든 강에 댐을 건설했다. 수력발전은 재생 가능한 에너지원이지만 대수층을 건조시키고 댐 하류에 물 부족 현상을 가져온다. 저수지는 증발로 인해 초당 수천 리터의 물을 잃을 수 있다.[38]

튀르키예가 국경 내 유프라테스강과 티그리스강의 모든 물줄기를 댐으로 막는 데 어떤 결과가 따를지 전혀 몰랐던 것은 아니다. 튀르키예에서도 지정학 세계의 여타 국가와 마찬가지로 항상 결정적 요소로 작용하는 것은 환경 자산의 문제다. 유프라테스강과 티그리스강 상류를 정치적 경계 안에 두고 있는 튀르키예는 자국의 경제를 보호하고 거버넌스를 안정화하기 위해 이 귀중하지만 점점 사라져 가는 자산을 통제하는 데 점점 더 몰두하지 않을 수 없다.

튀르키예와 마찬가지로 이란도 유프라테스와 티그리스의 지류를 따라 541개의 크고 작은 댐을 대대적으로 배치하기 시작했으며, 340개의 댐을 추가로 건설할 계획이다.[39] 그렇다면 새로운 댐들이 이란 내 남은 물을 격리하고 유프라테스강과 티그리스강의 불가피한 물 고갈을 적어도 한동안은 막을 수 있을까? 그런 희망은 갈수록 사그라질 것이다.

최근 수십 년 동안 튀르키예와 이란에서는 대규모 댐 건설과 그에 따른 수자원 인프라 구축으로 수십만 명이 삶의 터전을 빼앗기고 강제 이주를 당했다. 시골 지역에 사는 많은 튀르키예 사람이 튀르키예의 3대 도시, 특히 이스탄불로 이주했는데, 그곳에서 일부는 새로운 기회를 찾았지만 그렇지 못한 사람들은 허드렛일만 계속하거나 대를 이어 국가보조금에 의존하는 신세가 되었다.

현재 튀르키예는 세계에서 가장 많은 수준인 난민 약 400만 명을 수용하고 있으며, 대부분 시리아 출신이지만 내란으로 고국을 떠나거나 온난화로 인한 물 공급 감소로 고향을 등진 이웃 국가들의 난민들도 적잖다.[40] 농촌 인구가 대규모로 이동하고 기후나 전쟁으로 인한 시리아 및 여타 주변 국가의 난민까지 유입되면서 튀르키예의 주요 도시들은 거대 도시로 변모했다. 1950년 96만 7000명에 불과했던 이스탄불의 인구는 2023년 현재 1600만 명에 달한다. 이스탄불은 도시 경계 내 인구 기준으로 세계에서 가장 큰 도시 중 하나가 되었다.[41]

수자원 관리에 대한 튀르키예의 모든 전략적 노력은 자국의 물 부족 문제를 해결하는 데 거의 도움이 되지 못했다. 2021년 이스탄불의 저수지 수위는 20퍼센트로 떨어져 수백만 명의 주민이 45일 동안 사용할 수 있는 공급량에도 미치지 못하게 되었다. 같은 시기에 다른 지역들도 2년 이상 지속된 가뭄으로 똑같이 물 부족에 시달렸다. 이스탄불 물 공급의 절반은 가뭄으로 자체 저수량도 부족한 주변 도시들에서 오기 때문에 관련된 도시 인구가 연달아 위기에 처하는 연쇄 반응이 초래되고 있다.[42] 장기화한 가뭄으로 공황에 가까운 상황이 발생했고, 문제를 완화할 방법이 없는 정부는 "튀르키예의 모든 도시에서 종교 담당 책임자의 주관으로 '기우제'를 치르도록 명령했다."[43]

문제는 기후 온난화 상황에서 얼마나 많은 물을 사용할 수 있는지뿐만이 아니다. 물의 품질도 문제다. 이스탄불 정책 센터에서 작성한 보고서는 홍수, 가뭄, 폭염, 폭풍우를 동반하는 수문 순환 재야생화의 연쇄적 영향에 대해 논한다. 예를 들어 집중호우는 다음과 같이 담수원의 수질에 악영향을 미친다.

집중호우는 환경에 내재하는 병원균을 활성화해 강이나 호수, 저수지, 연안 해역, 우물 등으로 옮겨 놓는다. …… 그것은 또한 하천의 흐름과 함량을 변화시키고 하수도 및 폐수 처리장의 부하를 증가시켜 폐수가 식수와 섞이게 함으로써 물 위생 문제를 일으킨다. …… 폭염은 열역학과 산소 역학, 식물플랑크톤 개체수의 변화를 통해 물의 질과 양에 영향을 미치고 시아노박테리아의 대량 증식을 유발한다.[44]

이스탄불은 여타 대도시와 마찬가지로 언젠가 어떤 식으로든 지구가 온난화 이전의 기후로 되돌아가리라는 희망을 부여잡고 있지만, 그런 일은 일어나지 않을 것이다. 이 도시는 남아프리카공화국의 케이프타운의 사례에서 배울 점이 있다. 인구 400만 명의 케이프타운은 2018년, 3년간 가뭄이 연속되며 수자원이 고갈되던 상황을 수수방관하다가 큰 위기에 처했다. 케이프타운의 상황이 너무 심각해지자 시 당국은 이른바 '데이 제로(Day Zero)'를 공표했다. 더는 수도관에 깨끗한 물이 흐르지 않아 모든 수도꼭지가 마르는 날, 그래서 수백만 시민이 꼼짝 못 하고 무력감에 빠진 날을 가리키는 말이다.

케이프타운 시 당국은 튀르키예처럼 신의 개입을 바라는 마음으로 도시 차원의 기우제를 열지는 않았다. 하지만 여러 가지 기이한 제안을 내놓았고 그 가운데 남극에서 케이프타운으로 빙산을 견인해 주민들에게 물을 공급하자는 아이디어를 유력한 대안으로 검토했다. 이 제안은 2015~2018년 가뭄의 초기에 처음 떠올랐고, 제로 데이가 목전에 다가오자 다시 한번 큰 관심을 불러 모았다. 그러나 한 미국인 과학자가 자료를 분석한 후 남극해에서 케이프타운까지 300미터짜리 빙산을 끌어온다고 해도 2500킬로미터를 이동하는 동안 빙산이 녹아 초기 부피의 1퍼센트만 남을 것이고 목마른 케이프타운 주민들에게 겨우 4분 동안 버틸 수 있는 양을 제공할 수 있다는 결론을 내리면서 이 제안은 논외로 밀려났다.[45]

지중해 생태 지역의 부활을 위한 재생에너지

물-에너지-식량 넥서스의 중심에는 에너지가 있는데, 튀르키예는 화석연료 의존도가 너무 높아 경제를 발전시키지 못하는 나라에 속한다. 국내 에너지 소비의 약 70퍼센트를 화석연료 수입에 의존하는 것이 튀르키예의 현실이다.[46] 사우디아라비아와 이란, 이라크, 쿠웨이트, 아랍에미리트, 이집트, 카타르, 오만, 예멘 등 석유 수익이 경제와 수출 시장의 주축을 이루는 중동의 다른 국가들도 비슷한 상황에 직면해 있다. 이들 국가에서 화석연료에 대한 의존도를 낮추자는 이야기도 나오고 있지만, 아직 정확한 목표들이 설정된 상태는 아니다.

최근 튀르키예는 흑해에서 거대한 사카리아 가스전을 발견했다. 가스와 석유의 탐사 및 생산을 확대하려는 튀르키예의 제반 노력은 화석연료를 국가의 주요 에너지원으로 삼던 관행에서 벗어나기보다 더욱 집착하는 그림을 보여 준다.[47] 석탄 의존도를 줄여야 한다는 식의 립서비스가 가끔 나오긴 했지만 실제 생산량은 "지난 10년간 소폭 감소하는 데 그쳤다."[48] 튀르키예와 여타 지중해 연안 국가들이 국내 생산과 수출입의 주요 동력원으로 화석연료에 계속 의존한다면 석유와 석탄, 천연가스에 대한 단기적 의존에 더욱 갇히게 되면서 기후 온난화와 경제적 손실이 더욱 가속화할 것이다.

엄밀하게 경제적 관점에서 특히 문제가 되는 것은 2019년에 태양광과 풍력 에너지의 균등화 비용이 원자력이나 석유, 석탄, 천연가스의 비용 아래로 떨어졌고, 고정비용이 계속 지수 곡선을 그리며 급락하면서 전력 생산의 한계비용이 거의 제로에 가까워지고 있다는 사실이다. 태양과 바람은 청구서를 보낸 적이 없다. 태양광과 풍력은 일단 기술을 적용해 설치하고 나면 유지 보수와 교체 비용만 들 뿐이다. 시장성이 분명하고 유망하기 때문에 태양광과 풍력이 전 세계 신규 발전량 증가의 대부분을 차지하는 것이다. 국제에너지기구(IEA)는 태양광과 풍력이 "향후 5년 동안 전 세계 전력 확장의 90퍼센트 이상을 차지할 것이며, 2025년에는 석탄을 제치고 전 세계 최대 전력 공급원이 될 것"으로 전망한다.[49]

지중해에 면한 유럽연합(EU)의 강국들은 시장 판도를 바꿀 태양광과 풍력의 잠재력을 이해하고 친환경 에너지의 미래로 도약하고 있다. 2023년 스페인은 태양광 및 풍력 시장의 비용 급락 덕분에 2030년까지 온실가스 배출량 감축 목표를 기존의 23퍼센트에서 32퍼센트로 상향 조정했다고 발표했다. 스페인은 앞으로 7년 사이에 무려 56기가와트(GW)의 태양광발전과 32기가와트의 풍력발전 시설을 설치할 예정이다.[50] 스페인은 또한 녹색 수소 생산에 박차를 가해 2030년까지 11기가와트의 수전해 용량을 갖출 계획이다. 4기가와트에 불과했던 예상치에서 크게 늘어난 수치다.[51]

지중해 연안의 상대적으로 작은 EU 국가들도 빠르게 친환경 에너지를 확대하고 있다. 2022년 10월, 그리스는 '자국의 전력 시스템 역사상 처음으로' 하루 중 다섯 시간 동안 발전량의 100퍼센트를 재생에너지로 생산한다고 발표했다. 그리스는 2030년까지 전체 전력의 70퍼센트를 재생에너지로 생산하는 것을 목표로 하고 있다.[52] 지중해 연안의 이 선구적인 EU 국가들은 지중해를 공유하는 다른 국가들과 긴밀한 관계를 맺고 있다. 이는 유럽 에너지 기업들의 전문성과 자본이 중동의 산유국까지 확대되며 충실한 오일 메카들을 조금씩이나마 재생에너지 국가로 전환하도록 끌어들이기 시작했다는 뜻이다.

앞으로 수조 달러의 '좌초 자산'이 발생한다는 사실을 투자자들이 깨달으면서 이미 11조 달러 이상의 자금이 글로벌 화석연료 복합체에서 빠져나갔다.[53] IEA는 "향후 몇 년 내에 전 세계 석탄 수요가 감소하고, 천연가스 수요는 2020년대 말 무렵 정체기에 도달하며 …… 석유 수요 역시 2030년대 중반쯤 일정 수준에서 정체될 것"으로 예상한다. 또한 IEA는 "전 세계 화석연료 사용량이 18세기 산업혁명이 시작한 이래로 GDP와 함께 증가해 왔는데, 이 증가세의 역전은 에너지 역사에서 중요한 순간이 될 것"이라고 지적한다.[54] 전적으로 동의하지 않을 수 없는 말이다!

결국 지중해 지역은 독특한 지리적 상황과 막대한 석유 및 가스 매장량 때문에 (한때 축복이자 자산이었지만 지금은 저주이자 부담이 된) 죽어 가는 화석연료 문화와 확장일로에 들어선 유망한 재생에너지 사회 사이에 애매하게 걸쳐 있는 셈이다. 튀르키예는 화석연료가 넘쳐나는 많은 지중해 국가가 직면한 난제에 관한 좋은 연구 사례이다. 튀르키예는 아시아와 유럽 간 석유 및 천연가스 이동의 중개자 역할을 하는 나라다. 런던 대학교 동양및아프리카연구소의 정치학 및 국제학 교수인 윌리엄 헤일 (William Hale)은 이렇게 지적한다. "튀르키예는 한편으로는 중동, 카스피해 유역, 러시아 등 석유 및 천연가스의 주요 수출국과 다른 한편으로는 유럽 사이에서 중요한 지리 전략적 위치를 점하고 있다. 그 결과 현재 다섯 개의 중요한 국제 파이프라인이 튀르키예의 영토를 가로지른다."[55]

키르쿠크-제이한 파이프라인은 이라크의 유전에서 튀르키예의 지중해 연안까지 이어져 튀르키예 내수용 및 여타 지역 수출용 석유를 운반한다. 튀르키예-이란 파이프라인은 타브리즈에서 튀르키예의 수도 앙카라까지 가스를 운반하고, 거기서 다시 튀르키예 국내 가스 네트워크와 연결된다. 그 유명한 남부가스회랑(SGC)은 아제르바이잔의 가스전을 튀르키예, 조지아, 그리스, 이탈리아와 연결한다. 블루스트림 가스 파이프라인은 러시아의 이조빌니에서 흑해 아래를 지나 앙카라까지 이어진다. 마지막으로 튀르크스트림 가스 파이프라인은 러시아산 가스를 흑해 아래로 러시아와 튀르키예 해양 구역을 거쳐 튀르키예와 그리스로 이어지며 불가리아와 헝가리, 슬로바키아, 오스트리아, 세르비아까지 확장된다.[56]

이 화석연료 파이프라인 인프라 전체가 빠르면 2020년대 후반부터 좌초 자산으로 변하리라는 사실을 안다 해도, 단기적으로는 화석연료 매트릭스에 계속 얽매여 있는 편이 더 쉽다. 하지만 화석연료에 대한 의존을 계속 이어가는 것은 말 그대로 불에 기름을 붓는 격으로, 지구온난화 가스의 배출을 증가시켜 지중해 전역의 기후를 더 뜨겁게 만들고 지중해 생태 지역 전체를 위협하며 수백만 주민을 크나큰 위험에 빠뜨릴 것이다.[57]

임박한 대재앙의 반대편에는 화석연료 기반의 수력 문명에서 탄소 배출 없는 회복력 재생에너지 사회로 전환하기 위한 협정에 참여함으로써 지중해 공동 생태 지역의 미래를 재고하는 기회가 놓여 있다. 이것은 지중해를 고향이라고 부르는 수억 명의 인류에게 놓쳐서는 안 될 매우 좋은 기회지만, 안타깝게도 상황이 그렇게 흘러가지 않을 수도 있다.

다시 한번 튀르키예의 미래 전망에 대한 IEA의 의견을 살펴보자. 튀르키예의 에너지 포트폴리오에 대한 IEA의 2021년 보고서에서 의미심장한 부분은 튀르키예의 수력발전이 2023년에 최대 용량에 도달해서 "2023년 이후로 추가되는 수력발전의 역할은 제한적일 것"이라는 진단이다. 기후 모델이 예측하는 바에 따르면, 유프라테스강과 티그리스강은 앞으로 20년 정도 지나면 말라 버릴 것이다. 그 공백은 어떻게 메워야 하는가? 먼저 화석연료 발전이나 원자력발전을 고려할 수 있는데, 이 둘은 모두 전기를 생산하고 화력발전소를 냉각하기 위해 엄청난 물이 필요하다. 다른 선택지는 튀르키예의 내륙과 해상에 풍부한 태양광과 풍력 에너지를 주로 삼고 조력, 파력, 지열 에너지로 뒷받침하는 방식이다. "이게 진정 고민할 거리인가?"[58] 그러나 문제는 '만약에'가 아니라 '언제냐'다. 낡고 쇠퇴하는 화석연료 및 원자력 인프라에 매몰되어 너무 오래 기다리면 시기를 놓칠 수 있다. 너무 늦으면 새로운 에너지와 회복력 시대 인프라로의 전환이 불가능할 수 있다는 뜻이다.

수치를 살펴보면 튀르키예가 지중해 지역에서 회복력 있는 3차 산업혁명과 탈탄소 인프라로의 전환에서 선도적인 역할을 할 수 있다는 고무적인 전망이 나온다. 튀르키예는 현재 석유, 가스, 석탄 수입에 연간 500억 달러를 지출하며 폭주하는 인플레이션으로 이미 약화된 경제를 구속하고 있지만, 태양광 '금광'을 보유한 덕분에 "태양광의 강도와 가용성을 기준으로 유럽에서 두 번째로 태양광발전에 적합한 국가"이기도 하다.[59]

2023년 기준, 생산에 들어간 태양광 에너지의 총량이 이미 기대치를 훨씬 넘어서면서 새로운 에너지 시대로 대전환이 임박했음을 알리고 있다. 하루 평균 7.5시간 내리쬐는 일조량을 고려하면 건물 옥상의 태양광발전소만 해도 2020년대 말까지 생산량이 20기가와트를 넘어설 잠재력이 있는 것으로 추정되며, 이것이 현실화하는 경우 튀르키예는 지중해 지역에서 태양광 에너지 발전의 선두 주자로 자리매김할 것이다. 이미 튀르키예 전역의 78개 주에서 태양광발전이 확대되고 있으며, 국토 전체에 분산형 태양광발전이 보급될 것으로 전망된다.[60] 이처럼 태양광 발전 설치가 급격히 늘어난 배경에는 통화가치 폭락이 불러온 기록적인 인플레이션과 러시아의 우크라이나 침공이 유발한 글로벌 에너지 비용의 급등이 있다. 여유 있는 주택 소유자와 기업 들이 '값비싼 전기 요금과 글로벌 화석연료 에너지의 가격 폭등 문제를 해결하기 위해' 태양광 패널의 설치를 서두르면서 태양광 에너지 기업과 시장의 급격한 성장이 이뤄진 것이다.

튀르키예 국영 아나돌루 통신에 따르면, 2022년의 어느 2주 동안에만 300개 이상의 기업이 태양광 패널 설치 승인을 신청했다. 튀르키예 규제 당국의 책임자는 "기업들이 재생에너지 생산을 위해 1100억 달러 상당의 투자를 신청했다"고 보고했다.[61] 튀르키예 정부는 주택 소유자와 기업이 잉여 전력을 전력 그리드에 판매하는 절차를 단순화함으로써 상황을 더욱 바람직한 방향으로 이끌었다.

은행들도 경쟁에 뛰어들어 자금 여력이 충분치 않은 기업이나 주택 소유자에게 저렴한 친환경 융자를 제공하기 시작했다. 유럽부흥개발은행(EBRD) 역시 튀르키예의 친환경 투자를 돕기 위해 2022년에 5억 2200만 달러를 배정하는 등 적극적으로 나섰다.[62] 태양광 시장의 활황에 힘입어 기업들은 전국적으로 태양광 패널은 물론, 공익사업 규모의 태양광발전 설비를 제조하고 설치하는 데 투자하기 시작했다. 지금까지 전환 규모를 평가하면 "튀르키예에 설치된 8.3기가와트의 태양 에너지 용량은 지붕 및 들판형 프로젝트 진행에 따라 2030년에 30기가와트를 초과할 것으로 추산된다."[63] 1기가와트의 태양광발전 설비만으로도 75

만 가구에 공급할 전력을 얻을 수 있다.[64]

튀르키예는 지중해 연안에서 타의 추종을 불허하는 태양광발전 잠재력이 있을 뿐만 아니라, 그에 못지않은 해상풍력발전의 기회도 보유하고 있다. 2022년 글로벌풍력에너지위원회 세계보고서에 의하면, 튀르키예는 아제르바이잔, 호주, 스리랑카와 더불어 세계에서 가장 높은 수준의 해상풍력 잠재력을 자랑한다.[65] 튀르키예 풍력발전 잠재력의 상당 부분은 지중해의 에게 해역에서 나온다. 해상풍력 설비는 육상풍력보다 설치 비용이 많이 들지만, 에너지 생산량이 더 많아서 비용 균형을 맞출 수 있다. 현재 튀르키예의 풍력 에너지 로드맵은 이미 설치된 10기가와트에 2030년까지 20기가와트의 풍력발전을 추가하는 것을 목표로 준비되고 있다. 이즈미르 개발청은 튀르키예의 총 해상풍력발전 잠재력을 70기가와트로 추정한다.[66]

해상풍력은 75기가와트까지 이를 수 있으며, 여기에 30기가와트의 태양광발전 잠재력과 48기가와트의 육상풍력발전 잠재력까지 합치면[67] 튀르키예는 금세기 중반 이전에 화석연료 기반 경제에서 재생에너지 경제로 전환할 수 있을 것이다.[68] 유럽 및 여타 지역의 국제 기업들이 튀르키예의 도약에서 기회를 잡기 위해 몰려들고 있는데, 일부는 단독으로 사업을 개시하고 일부는 이미 사업을 시작한 현지 태양광 및 풍력 회사와 파트너십을 맺었다. 2021년 기준 튀르키예에서는 3500개 이상의 기업이 2만 5000명의 직원을 고용해 육상풍력 터빈을 제조하고 설치하면서 부품이나 전체 풍력 터빈 시스템을 해외로 수출까지 하고 있다. 예를 들면, 풍력 터빈에 들어가는 고품질 복합재를 생산하는 미국 기업 TPI콤퍼짓은 이즈미르 지역에서 약 4200명이 근무하는 공장 두 곳을 운영하며 튀르키예 국내시장 영업과 유럽 및 중동 수출을 병행한다.[69]

최근에 발표된 새로운 보고서들은 지중해 에게 해역의 해양 플랫폼에서 태양광과 풍력을 결합하는 방안을 제시한다. 이들의 연구에 따르면, 부유식 및 고정식 해양 플랫폼에서 태양광과 풍력을 결합하면 여러 이점을 얻을 수 있다. 우선, 해상에서의 태양광 조도가 육상보다 높다. 태양광, 풍력, 파력 에너지를 결합하면 초기 비용은 올라가지만, 재생에너지를 더 많이 생산하고 더 균형 잡힌 분산 방식으로 비용을 절감하는 동시에 에너지의 안정적 공급을 보장함으로써 추후에 이득을 얻을 수 있다.[70]

해상풍력과 태양광 발전 플랫폼의 공동 구축과 더불어 화석연료 기반 인프라에서 회복력 있는 무공해 친환경 에너지 인프라로 전환을 가속화하는 또 하나의 요인이 있다. 특히 지중해 지역에서 게임에 참여하기 시작한 수소가 그것이다. 수소는 우주 어디에나 존재하는 가장 흔한 원소다. 지구에서 수소는 오랫동안 산업 분야에서, 주로 암모니아 생산과 원유 정제, 메탄올 생산 등과 같은 다양한 산업 공정에 필수적인 촉매제로 활용되었다.

최근 몇 년 사이에 석탄이나 천연가스에서 수소를 추출해 산업 공정에 활용하고 수송용 연료 등으로 사용하는 것에 관심이 높아졌다. 이렇게 석탄이나 천연가스에서 얻는 수소를 회색 수소나 청색 수소라고 한다. 수소는 물을 전기분해 해서 얻을 수도 있다. 이 경우 태양광과 풍력으로 생산된 전기로 물에서 수소와 산소 분자를 분리하고 수소를 액체 또는 기체로 저장해 산업 공정에 쓰거나 운송용 연료로 사용한다. 이것이 녹색 수소다.[71]

재생에너지 업계에서는 재생에너지를 저장하고 파이프라인을 통해 운반해 도로, 철로, 수상 운송, 중공업 등에 사용하기 위한 목적으로 녹색 수소 투자를 늘리고 있다. 문제는 석탄과 천연가스 업계도 화석연료에서 추출하는 수소를 지원하고 있으며, 그것을 녹색 수소로 가는 과도

기 연료로 분류함으로써 탄소 배출 제로 경제로의 전환을 지연시키고 있다는 사실이다.[72]

2022년 9월, 아쿠아테라에너지와 시윈드오션테크놀로지는 이탈리아의 지중해 연안에서 세계 최대 규모의 해상 부유식 풍력 및 친환경 수소 생산 프로젝트를 진행하기 위해 파트너십을 체결했다. 이 프로젝트는 2027년까지 3.2기가와트의 생산 용량을 갖추고 가동을 개시하는 것이 목표다. 해상에서 생산되는 친환경 수소는 파이프라인을 통해 해안으로 운반한 뒤 다시 선박으로 세계시장에 공급할 예정이다.[73]

지중해 지역 국가들이 회복력 시대로 전환하기 위해 해상풍력과 태양광, 조력, 녹색 수소에 대해 활발하게 논의하는 가운데, 명심해야 할 것은 지중해가 하나의 생태 지역이므로 부유식이든 고정식이든, 그리고 해상풍력이든 태양광이든 수소든 플랫폼 용도에 상관없이 환경에 미치는 영향을 우선적으로 평가해야 한다는 점이다.

EU의 사상적 지주 중 하나인 사전예방 원칙은 "과학적 자료로 위험성을 완전히 평가할 수 없는 경우, 이 원칙에 따라 위험 가능성이 있는 제품의 유통을 중단하거나 시장에서 철수하도록 명령할 수 있다"고 명시한다. 이 원칙은 인간 건강과 동식물 건강, 환경 등 모든 분야에 걸쳐 광범위하게 적용되며,[74] 다음 세 가지 전제 조건을 충족하면 발동할 수 있다. 하나, 잠재적 부작용의 확인. 둘, 이용 가능한 과학적 데이터의 부정적 평가. 셋, 일정 정도 이상의 과학적 불확실성.[75]

EU 지역개발기금에서 자금을 지원하는 지역 간 협력 촉진 프로그램인 인터레그 지중해(Interreg Mediterranean)에서 지중해 지역 해양 재생에너지의 잠재력이 환경에 미치는 영향을 평가할 상세 가이드를 발간했다. 인터레그 지중해는 지중해 생태 지역을 탈탄소 시대로 전환하고 지역의 해양 생물이 번성하는 데 해양 재생에너지가 필수적이라는 점을 인식하면서도, 풍력, 태양광, 친환경 수소 재생에너지의 배치는 "생물 다양성과 생태계 보전에 추가 위협을 가하지 않고 달성되어야 한다"고 강조한다.[76]

해상 태양광 플랫폼은 환경적으로 거의 위험이 되지 않지만, 풍력 터빈은 조류의 충돌이나 지속적인 소음, 수백 킬로미터 범위 내 해양 포유류의 부상 등 몇 가지 우려 사항을 제기한다. 해저 케이블 설치는 문제가 덜하지만 전반적인 생태 발자국에 부정적인 영향을 미칠 수 있다. 고정식이나 부유식 풍력 플랫폼 설치도 생태계 역학을 교란할 수 있다. 인터레그 지중해의 지침은 부정적 영향을 줄이는 가장 효과적인 방법이 공간적 분리, 즉 "처음부터 보존 가치가 높은 지역을 피해 신중하게 부지를 선정하는 것이며 그것은 곧 (해상풍력발전 단지의) 잠재적 위치로서 (해양 보호구역을) 배제하는 것"이라고 주장한다.[77]

인터레그 지중해에 따르면, 해상풍력발전소의 운영에서는 "심해나 먼바다에서 작동할 수 있는 부유식 풍력 터빈(플로터, 앵커)을 위한 기술 개발을 지원하고 해양 생태계와 생물 다양성에 미치는 영향을 최소화하도록 설계하는" 것을 중요하게 고려해야 한다.[78]

지중해 생태 지역을 화석연료 인프라에서 벗어나게 하는 것은 지구 온난화 가스 배출을 없애는 데 결정적이지만 지중해의 해양 생물 보호 역시 마찬가지로 중요하기 때문에, 두 목표 모두 달성할 수 있는 효과적인 방법을 찾는 것이 균형을 맞추는 대단히 중요할 것이다. 향후 해상풍력과 태양광, 친환경 수소 발전의 모든 개발에서 사전예방 원칙을 최우선시하고, 풍력, 태양광, 파력, 조력의 활용에서 늘 세심하고 친환경적인 해상 방식과 함께 생태 모델링을 적용한다면, 지중해 생태 지역을 신중하게 복원할 수 있을 것이다.

태양광과 풍력 에너지는 특히 EU와 중국, 그리고 이제 미국에서 화석연료 기반 산업 에너지의 200년에 걸친 지배를 뒤집고 있지만, 세계의 다른 지역에서는 아직 그 수준에 미치지 못한 상황이다. 국제재생에너지기구(IRENA)는 2050년에 이르러야 전기의 90퍼센트를 재생에너지로 충당할 것으로 전망한다.[79]

가장 많은 화석연료 매장량으로 세계시장을 주도하는 지중해 연안 중동 지역에 속한 국가들도 이제 친환경 재생에너지로 전환하기 시작했다. 그러나 지중해 생태 지역이 재생에너지로 전환하더라도 우리 종은 훨씬 더 큰 문제에 직면할 것이다. 바로 인간과 다른 생물이 소비하고 식량 생산에 사용하는 담수의 양이 줄어들고 있다는 문제다. 이해하기 쉽게 비유하자면, 전 세계 모든 대륙의 생태계에 '제로 데이'가 다가온다는 것이다. 다음의 통계를 고려해 보라. 세계은행은 "지난 50년 동안 1인당 담수 사용량이 절반으로 줄었다"고 보고했는데, 이는 부분적으로는 세계 인구가 1970년 37억 명에서 2021년 78억 명으로 두 배 이상 증가했기 때문이다. 하지만 지구온난화로 세계의 많은 지역, 특히 건조 및 반건조 지역에서 가뭄이 만성화하면서 호수, 강, 지하 대수층이 마르고 있기 때문이기도 하다. 1인당 사용할 수 있는 물이 50년 만에 절반으로 줄었다는 사실은 아마도 가장 파괴적인 통계일 것이며, 21세기의 남은 기간에 인류의 수가 불가피하고 급격한 감소에 얼마나 근접할지를 보여 주는 지표가 될 것이다.[80]

물, 물, 사방에 있지만 마실 물 한 방울이 없다…… 지금까지는

"전 세계 인구의 40퍼센트가 해안에서 100킬로미터 이내에 살고 있다."[81] 새뮤얼 테일러 콜리지(Samuel Taylor Coleridge)의 시 「노수부의 노래(Rime of the Ancient Mariner)」에는 망망대해에서 오도 가도 못하는 상황에 처한 배의 선원이 "물, 물, 사방에 물은 있지만 마실 물 한 방울이 없다"고 한탄하는 장면이 나온다. 수억 명의 인구가 이용할 수 있는 담수가 위태로울 정도로 부족한 지중해 생태 지역에서 새로운 담수화 기술이 부상하면서 일종의 유예가 시작되고 있다. 담수화는 담수를 공급하기 위해 염수에서 소금을 추출하는 과정을 포함한다. 기존의 오래된 공정은 화석연료 에너지를 사용해 "식염수를 증기로 바꾸고 …… 증기의 응축을 통해 고순도 증류수를 형성"하는 열 담수화다.[82] 비교적 최근에 개발된 두 번째 담수화 공정은 바닷물을 고압으로 멤브레인(액체나 기체를 차단하는 필터 역할을 하는 두께가 아주 얇은 막. 발전, 섬유, 화학공업, 식품, 의료, 제약 등 광범위한 분야에 쓰인다. ─옮긴이)에 걸러 담수를 분리하는 역삼투압 방식이다.[83]

현재 1만 7000개에 달하는 담수화 플랜트의 대부분은 화석연료를 사용해 바닷물을 가열하고 소금과 미네랄 및 기타 오염 물질이 없는 증기를 생성하는 열 공정에 의존한다. 중동 지역은 전 세계에서 생산되는 담수의 거의 50퍼센트를 차지한다. 사우디아라비아와 아랍에미리트, 이스라엘, 쿠웨이트, 카타르에 전 세계 담수화 플랜트의 약 3분의 1이 위치한다.[84] 하지만 태양광과 풍력 에너지가 모든 화석연료보다 저렴해지면서 재생에너지 기반의 담수화로 전환하려는 움직임이 활발해지고 있다.[85]

2040년에 이르면 지중해 중동 지역에서 생산되는 담수의 약 75퍼센트가 멤브레인 삼투압 방식에 기반할 것이다. 그러나 이 지역의 산유국들이 가스와 석유에 보조금을 계속 지급하는 한 공정의 대부분은 화석연료로 생산된 전기에 계속 의존할 것이며, 그럼으로써 지중해 생태 지역의 기후 온난화에 더욱 기여하는 꼴이 될 것이다.[86]

오늘날 담수화에 쓰이는 재생에너지는 고작 1퍼센트에 불과하다. 물론 태양광과 풍력 에너지가 화석연료보다 저렴해지면서 중동 산유국에서도 상황이 바뀔 가능성이 높다.[87] 이런 분위기에서 나온 것이 글로벌 청정담수화연합으로, "청정 담수화 기술의 사용을 확대하기 위해" 에너지 업계와 담수화 업계, 수도 공익사업체, 정부, 금융 기관, 연구개발 및 학술 기관이 뜻을 모아 구성한 조직이다.[88]

수자원과 에너지 부문의 고위층 인사 상당수는 담수화 공정에 사용되는 태양광 및 풍력 발전 전기가 더 빠르게 확장되어 화석연료 전기를 대체할 것이라는 믿음에 낙관적이며 "2025년까지 태양광 열 담수화에 드는 비용이 40퍼센트 이상 떨어질 것"으로 전망한다.[89] 압둘라티프자밀에너지의 자회사 알마르워터솔루션의 CEO인 카를로스 코신(Carlos Cosin)은 태양광 및 배터리 에너지 기술의 비용 급락을 지켜보는 다른 사람들과 마찬가지로 "분명한 것은 담수화의 미래가 재생에너지와 함께 간다는 것이며, 중동에서는 시간문제일 뿐"이라고 말한다.[90]

2022년 12월, 이집트는 재생에너지를 사용하는 21개의 담수화 플랜트를 건설하기 위한 30억 달러 규모의 대규모 계획을 발표했다. 나일강이 급속히 말라 약 1억 5000만 명이 '데이 제로'에 근접하는 극심한 위험에 처해 있는 상황에서, 이 계획은 궁극적으로 80억 달러의 비용으로 매일 880만 세제곱미터의 담수를 생산해 자국민에게 새로운 식수원을 제공하는 것이 목표다.[91]

스페인의 글로벌 에너지 및 수자원 기업인 악시오나는 사우디아라비아와 협력해 이미 가동 중인 2개의 플랜트 외에 담수화 플랜트 4개와 폐수 플랜트 3개를 추가로 건설할 계획이다. 이들 플랜트는 전체적으로 "사우디아라비아 인구의 4분의 1에 육박하는 830만 명에게 충분한 (물을)" 공급할 것이다.[92] 지구 반대편 호주의 웨스턴오스트레일리아주에서는 향후 신설되는 모든 담수화 플랜트에 재생에너지를 사용하도록 의무화했다.[93]

최근 재생 가능 담수화의 획기적 발전으로 담수화 비용과 공급 시간이 훨씬 단축된 덕분에 극심한 가뭄에 직면한 농경지에 관비(fertigation: 관 개용수에 비료 성분을 녹여 함께 공급하는 일 또는 그런 관수 방법 — 옮긴이)를 적용할 가능성도 열렸다. 2021년 텍사스대학교와 펜실베이니아주립대학교의 연구진은 멤브레인의 효율을 나노 단위로 30~40퍼센트 향상해 훨씬 적 은 에너지로 더 많은 물을 정화할 수 있다고 보고했는데, 이는 국가가 농 경지에 대한 관비 및 관개를 지원하는 상당량의 담수를 생산하는 데 필 요한 획기적인 도약이다.[94]

이미 150개국 3억 명의 사람들이 약 1만 7000개의 담수화 플랜트에 서 음용과 목욕, 요리, 세탁 등 가정용 및 사업체용으로 생산한 물을 사 용하고 있다. 기술이 발전하고 비용이 '기하급수적으로' 떨어지면서 앞 으로 수십 년 안에 이 수치가 세 배, 네 배 이상 증가해 인류의 상당수가 담수화한 바닷물에 의존해서 살아가는 상황도 상상할 수 있다. 가장 중 요한 질문은 향후 수십 년 사이에 물의 담수화 비용이 얼마나 빨리 하락 해 현재 심각한 가뭄에 직면한 모든 대륙의 가정과 산업체, 농경지에 쓰 일 수 있느냐다. 10년 전만 해도 이는 순전한 환상에 불과했을 것이다. 지금은 그렇지 않다.

옥에 티라고 할 수 있는 한 가지 문제는 역삼투압 공정에서 태양광 및 풍력 에너지를 사용하는 비용이 점점 저렴해지더라도 농축된 소금물을 어떻게 처리하느냐 하는 불편하면서도 사소하지 않은 사안이다. 그것이 일반적으로 바다에 다시 버려지는 탓에 해양 생태계에 환경 피해를 입 힐 위험이 있다. 다행히도 세계 여러 지역의 화학자와 엔지니어 들이 바 닷물을 보호하는 동시에 상업적 목적으로 원소와 금속을 사용하는 데 드는 비용을 줄이기 위해 농축된 소금물에서 산업에 유용한 금속을 추 출하는 다양한 방법을 실험하고 있다. 문제를 기회로 전환하기 위해 무 수히 많은 접근 방식을 시도하는 셈이다.

이와 관련된 다양한 선택지를 실험하는 많은 기관 중 하나가 매사추세츠공과대학교(MIT)다. 《네이처 카탈리시스(Nature Catalysis)》에 게재된 논문을 보면, MIT의 연구자들은 담수화 플랜트에서 해수의 사전 처리에 다량의 수산화나트륨(가성소다)을 사용하는 점에 주목했다. 이는 물의 산도를 낮추고 짠물을 걸러 내는 멤브레인의 파울링(fouling)을 방지하는 과정이다. 파울링은 유입수에 들어 있는 오염 물질 때문에 멤브레인이 막히는 현상으로 종종 삼투압 공정에 심각한 중단을 일으킨다.[95] 만약 시장에서 사 오는 대신 현장의 염수에서 수산화나트륨을 직접 추출할 수 있다면 비용을 크게 절감할 수 있다. 또한 현장에서 추출할 수 있는 수산화나트륨의 양이 삼투압 공정에 필요한 양을 초과하기 때문에 잉여분을 시장에 산업용으로 판매하는 동시에 바다로 다시 배출되는 소금물을 줄일 수 있다.

세계 곳곳의 화학 실험실에서는 담수화 삼투압 공정에 사용되는 고농도 염수에서 몰리브덴, 마그네슘, 스칸듐, 바나듐, 갈륨, 붕소, 인듐, 리튬, 루비듐 같은 귀중한 원소를 추출하는 연구에도 관심을 돌리고 있다. 이들 원소는 대부분 지금까지 중고급 광석에서 채굴해 왔는데, 마찬가지로 갈수록 고갈되고 있어 바닷물에서 추출하는 것이 더욱 매력적이다.[96]

분명한 것은 담수화 프로세스가 급격히 변화하는 기하급수적 곡선을 그리고 있다는 사실이다. 1940년대 컴퓨터 시제품의 시장성을 타진하던 초창기에 당시 IBM의 사장인 토머스 왓슨(Thomas Watson)은 "전 세계 컴퓨터 시장은 다섯 대 정도의 규모가 될 것으로 생각한다"고 말한 바 있다.[97] 왓슨이 예상하지 못한 것은 기하급수적 곡선이었다. 1950년대 후반, 인텔의 공동창업자인 고든 얼 무어(Gordon Earle Moore)는 수치를 돌려본 후 인텔 엔지니어들이 24개월마다 인텔 칩의 부품 수를 두 배로 늘려 컴퓨팅 성능을 더 강력하게 하는 동시에 컴퓨터 가격은 점점 더 저렴해지고 있다는, 즉 컴퓨터 칩의 가격이 기하급수적 곡선을 그리며 떨어지고 있고 앞으로도 계속 그럴 것이라는 사실에 깜짝 놀랐다.[98] 2023년 기준으로 전 세계에서 사용되는 스마트폰은 67억 대에 달하는데, 스마트폰 하나가 미국이 우주비행사를 달에 보낼 때 쓴 컴퓨터보다 컴퓨팅 성능이 뛰어나다.[99]

앞서 언급한 바와 같이 태양광 재생에너지는 거의 반세기 동안 이와 유사한 기하급수적으로 하락하는 비용 곡선을 그렸다. 풍력도 마찬가지로 기하급수적으로 비용이 하락하며 재생에너지의 균등화 비용이 화석연료나 원자력보다 저렴해지고 있다. 담수화 공정에서도 비슷한 기하급수적 곡선이 이미 형성되고 있다.

강과 대수층이 말라 감에 따라 전 세계의 많은 농장 지역에서 농작물의 관비 재배를 담수화 공정으로 생산한 물에 의존하기 시작했다. 예를 들어 스페인에서는 담수화된 물로 관비를 수행하는 비율이 22퍼센트에 달한다. 쿠웨이트는 13퍼센트, 이탈리아는 1.5퍼센트, 미국은 1.3퍼센트가 담수화된 물로 관비를 수행한다.[100]

해수 담수화는 아무리 대규모로 이루어지더라도 예전의 정상으로 돌아가는 빠른 해결책이 될 수는 없다. 그런 시대는 영원히 사라졌다. 해수 담수화는 앞으로 쾌락적 실리주의에서 벗어나 살아 움직이는 지구에 다시 연결되어 번성해야 하는 인류가 적용해야 할 다른 많은 변화와 함께, 우리가 더 검소하고 엄격하지만 견실한 생활방식으로 수월하게 이행하도록 도울 것이다.

6

입지, 입지, 입지: 유라시아 판게아

•

모든 부동산 개발업자가 검증된 것으로 여기는 익숙한 격언이 있다. '사람의 행운과 불행은 모두 입지, 입지, 입지에 달려 있다'는 것이다. 고대에 그랬던 것처럼 오늘날에도 세계에서 가장 가치 있는 입지가 될 가능성이 높은 곳이 바로 지중해 지역이다. 유프라테스강과 티그리스강, 나일강 등 한때 장엄했던 강들이 문명을 꽃피웠지만 지금은 빠르게 말라 가는 이 지역이 어떻게 그럴 수 있을까? 과거와 마찬가지로 '입지, 입지, 입지'가 중요하기 때문이다. 다만 이제는 더 이상 한때 거대했던 강과 연계된 입지가 아니라 유럽, 아프리카, 아시아 대륙 사이에 위치한다는 전략적 입지가 중요해진 것이다.

유럽과 아시아를 잇는 다리

"2022년 중국은 EU의 상품 수출에서 세 번째로 큰 상대(9퍼센트)이자 EU의 상품 수입에서 가장 큰 상대(20.8퍼센트)"였다는 사실에 주목할 필요가 있다.[1] 요컨대, 유라시아는 모든 의도와 목적으로 보건대 확장된 단일 대륙이자 잠재적으로 균일한 시장이며 튀르키예는 '문자 그대로든 비유적으로든' EU와 중국, 그리고 그 사이의 모든 것을 연결하는 다리다.(참고로 유럽과 아시아를 잇는 튀르키예의 네 다리는 보스포루스 대교와 파티술탄메흐메트 대교, 야부즈술탄셀림 대교, 그리고 1915 차나칼레 대교다.)

21세기의 새롭고 역동적이며 원활하고 균일한 유라시아 시장을 구축하기 위한 첫 번째 움직임은 2013년 시진핑 중국 국가주석이 카자흐스탄 방문길에서 고대 실크로드의 현대적 버전에 대한 아이디어를 내놓으면서 시작되었다. 시진핑 주석은 이를 일대일로 이니셔티브(Belt and Road Initiative, BRI)라 칭하며 아시아와 유럽의 국가들이 교역을 목적으로 결합해 유라시아 대륙을 가로지르는 새로운 육로와 해로를 구축하고 모로코, 알제리, 튀니지, 리비아, 이집트 등 지중해에 접한 북아프리카 5개국으로 확장할 것을 제안했다.

신실크로드라고도 불리는 BRI는 이미 유라시아 전역에 걸쳐 프로젝트를 배치하기 시작해 세계 역사상 가장 큰 인프라 구축 및 교역 계획 중 하나로 부상하고 있다.[2] 2022년 초 현재 146개 국가와 32개 국제기구가 BRI를 위한 협력 협정에 서명한 상태다.[3] 주목할 부분은 미국과 캐나다, 멕시코, 서유럽 대부분의 국가는 참여하지 않았다는 점이다. BRI는 현재 유라시아 인프라에 투자하는 데 초점을 맞추고 있지만, 궁극적으로는 전 세계에 도로와 교량, 송전선, 운송회랑, 공항, 철도 등 21세기형 인프라를 구축하는 것을 목표로 삼고 있다.

세계은행은 BRI가 참여국의 글로벌 무역을 4.2퍼센트 증가시키는 동시에 교역 비용은 최대 2.2퍼센트 절감할 수 있을 것으로 예상한다.[4] 런던에 기반을 둔 영국의 싱크탱크 경제경영연구소(CEBR)는 BRI의 상호 연결이 완전히 구축되면 2040년쯤에는 연간 7조 1000억 달러의 GDP가 추가되는 동시에 "세계의 교역을 저해하는 운송 및 여타의 마찰을 상당 부분 줄일 수 있을 것"이라고 밝힌다.[5]

대규모 상호 연결 인프라를 구축하려면 향후 10년 동안 연간 최소 9000억 달러, 즉 현재의 인프라 지출보다 50퍼센트 넘는 수준의 투자가 필요할 것이다.[6] 2017년 기준, 초기 인프라 구축에 전 세계 GDP의 40퍼센트를 차지하는 68개 국가가 포함될 것으로 예상되었다.[7] 유라시아를 가로지르는 육로와 해로가 하나씩 신설될 예정이다. 육상 루트는 승객과 화물 운송을 위해 끊김 없이 상호 연결되는 도로 및 철도로 구성될 것이다. 해양 실크로드 루트는 중국 연안에서 동남아시아와 남아시아, 아프리카 해역을 가로질러 지중해로 연결될 것이다.

튀르키예는 상업과 무역을 목적으로 아시아와 유럽을 단일 대륙 매트릭스로 연결하는 핵심 국가로서의 전략적 이점을 충분히 인식하고 있으며, 중국에서 시작해 중앙아시아와 카자흐스탄, 키르기스스탄, 우즈베키스탄, 투르크메니스탄, 카스피해를 가로지르고 위쪽으로 아제르바이잔과 조지아를 거쳐 튀르키예와 지중해로 이어지는 '카스피 횡단 동서-중앙 회랑'이라는 자체 이니셔티브도 발표했다.(흔히 '중앙 회랑'으로 통한다.) 튀르키예는 이미 아제르바이잔과 중앙아시아 공화국들과 협력 의정서를 체결했고, 다른 지중해 국가들 역시 이 이니셔티브에 담긴 기회를 감지하기 시작했다.[8]

지중해를 둘러싼 국가들이 협정을 맺고 각국 항구들이 유라시아 초대륙을 연결하는 물류 허브로 기능할 수 있을지는 금세기 최대의 정치적,

경제적 문제이자 역사적 기회이기도 하지만, 아직은 많은 부분이 불확실하다. 그럼에도 지중해 지역 항구에서 처리하는 화물은 477퍼센트나 증가했으며, 이는 어떤 기준으로도 강력한 수치이다. 지중해는 현재 전 세계 해운의 20퍼센트를 처리하고 있는데 "아시아와 유럽의 연결에서 지중해만큼 효율적인 항로는 없다"는 인식이 확산되고 있다.[9]

안타깝게도 그동안 지중해의 항구들은 부상하고 있는 특별한 기회를 현대화하고 활용하는 데 소극적이었다. 하지만 최근 지중해 항구들을 중심으로 돌아가는 유라시아의 물류 및 공급망에 대한 관심이 높아지면서 유럽과 아시아를 공동 경제권으로 연결하기 위한 협상을 체결하는 데 시선을 모으기 시작했다. 지중해의 잠자고 있던 항구들을 깨우고 방정식을 바꾼 것은 "중간 목적지로 물품을 운송한 다음 다른 목적지로 보내는" 환적의 시장 점유율이 증가한 데 기인한다.[10]

미국의 싱크탱크인 독일마셜펀드의 최근 연구는 이전에는 무시했지만 더 이상 그럴 수 없는 이 환적과 유럽과 아시아 간 화물 이동에서 지중해 항구들이 수행할 역할에 주목했다. 그들의 보고서는 "환적 활동의 급증으로 연결 시장으로서 지중해(즉 중간 목적지)의 전략적 중요성이 높아졌지만, 이 상황이 국내시장보다는 세계시장, 특히 환적 허브가 위치한 국가들보다는 세계 최대 수출업체들에 이롭게 작용하는 경향이 있다"고 지적한다. 보고서는 이어서 급격한 환적 증가가 "중국 BRI에서 지중해가 그토록 중요한 위치를 차지하는 이유를 설명"한다고 밝힌다.[11]

이 경기장에 늦게 들어선 EU는 2021년 BRI와 경쟁하도록 설계된 글로벌 게이트웨이 이니셔티브를 발표했다. 그에 따라 21세기형 인프라 프로젝트의 전개에 2027년까지 우선적으로 공공 및 민간 자금 3000억 유로를 투입하기로 하고 카자흐스탄의 수소 프로젝트와 중앙아시아의 수송로 연결, 타지키스탄의 수력발전소, 몽골의 프로젝트 등 약 70개의 프로젝트를 이미 승인했다. 하지만 유럽과 아시아를 균일한 경제 공간으로 연결할 지중해 생태계의 인프라에 대한 유럽위원회 차원의 공개적인 논의는 거의 없었는데, 이제 코로나19 팬데믹의 완화에 따라 그러한 논의에 속도가 붙을 것으로 보인다.[12]

한 가지 측면에서 EU는 중국과 경쟁과 협력을 병행하며 공동의 무역을 위한 유라시아 인프라의 구축을 촉진할 수 있는 생각보다 좋은 위치에 있다. 적어도 지정학적으로는 그렇다. 스페인, 프랑스, 이탈리아, 그리스, 크로아티아, 슬로베니아, 사이프러스, 몰타 등 지중해에 접한 27개 EU 회원국과 알바니아, 알제리, 보스니아 헤르체고비나, 이집트, 이스라엘, 요르단, 레바논, 모리타니, 모나코, 몬테네그로, 모로코, 팔레스타인, 시리아, 튀니지, 튀르키예 등 지중해 생태계를 공유하는 18개 회원국 간의 공동 관심사 및 이니셔티브에 대한 제도적 협력을 장려하기 위해 2008년에 설립한 지중해연합(Union for the Mediterranean, UfM)이 여기서 비장의 무기가 될 수 있다.

EU와 UfM의 공동 협력에는 환경 거버넌스, 지역을 연결하는 항만 및 철로의 개선, 재생에너지의 확대, 고등 교육 및 연구의 촉진, 중소기업의 발전을 위한 노력 등이 포함되어야 한다. 2011년 UfM은 가자지구에 해수 담수화 플랜트를 건설하는 첫 번째 프로젝트를 발표했다. 그리고 2016년에는 지중해 지역을 관리하기 위한 공동의 지중해 기후 의제를 수립하는 데 관심을 기울였다.

15년 동안 공동의 정치적 행보를 보인 EU 회원국과 UfM 회원국을 공동의 제도적 사업에 묶는 것은 이 지역에 중국의 BRI 및 EU의 글로벌 게이트웨이와 경쟁 및 협력 관계를 구축할 수 있는 강력한 입지를 부여한다. 건전한 경쟁이 유라시아 전역에 인프라 구축을 촉진할 것이지만, 모든 당사자는 안보 문제를 해결하고 유라시아 초대륙을 무공해 대륙 및 공유 슈퍼 커먼즈로 전환한다는 목표하에 기후변화를 완화하는 공동 노력에 참여하기 위해 공식적인 강령과 규정 및 행동 표준을 수립하는 데 적극적으로 협력해야 할 것이다.

장기적으로는 이미 언급한 바와 같이 EU와 중국, 그리고 그 사이에 있는 모든 국가가 실제로 공통의 땅을 공유하고 있다는 점을 명심하는 것이 중요해질 것이다. 그리고 지리에 변동이 없는 한, 양쪽 모두 먼 미래에도 서로의 주요한 무역 상대가 될 가능성이 높다. 향후 유라시아의 안녕은 궁극적으로 기후변화에 대응하고 공유하는 땅을 관리하기 위해 두 대륙이 얼마나 공조 노력을 기울일 것인가에 좌우될 것이다.

막힘없이 이어지는 유라시아 인프라에 대한 구상은 윤곽을 드러내고 있지만, 여전히 인프라 패러다임의 본질, 즉 해당 인프라의 근본 원칙과 실용적 용도에 대한 오해는 해소되지 않고 있다. 세 당사자, 즉 EU와 중화인민공화국, UfM는 모두 전략적으로 중요하다고 여기는 미로 같은 독립형 프로젝트의 추구에 초점을 맞추고 있는데, 명료한 전체 계획은 결여된 상태에서 무질서하게 그러는 경우가 많다. 그러면서 그러한 프로젝트들이 결국에는 합쳐져 유라시아를 가로지르는 무역과 상거래를 촉진하는 원활한 인프라를 형성할 것이라는 막연한 희망을 품고 있다. 각 당사자는 지정학적 관점에서 인프라 개발에 접근하며 경쟁 우위를 확보하고자 하지만, 실제로 필요한 것은 환경과 생태계에 미칠 보다 큰 영향을 고려하는 것이다.

이 모든 계산이 놓치고 있는 것은 지정학과 시장 우위 확보에 대한 지속적인 의존이 우리 앞에 다가온 역사상 가장 큰 변혁에 해롭게 작용한다는 점이다. 그 변혁의 방식은 우리 모두가 생존하고 번영해야 하는 이 행성의 우산인 수권 및 이에 수반하는 암석권, 대기권, 생물권에 대해 공동으로 책임을 수행하는 집단적 생물권 정치학에 의존하는 것이기 때문이다. 이는 강력한 경쟁이 가치가 없다는 뜻이 아니라, 지중해 지역을 생태적 커먼즈로 관리해야 하는 협력적 책임이라는 보다 큰 맥락에서 경쟁이 이루어져야 한다는 의미이다.

지중해는 여타 지역과 구분되는 뚜렷한 생태 지역을 형성하므로, 엄격한 생태학적 관점에서 하나의 자연적 커먼즈로 인식할 수 있다. 유럽 환경청은 생태 지역을 다음과 같이 정의한다. "생태 지역은 지정학적 고려사항이 아닌 생물학적, 사회적, 지리적 기준의 조합에 의해 정의되는 영역으로 일반적으로 인접하며 서로 연결되는 생태계의 시스템이다."[13]

생물권 정치학 맥락의 거버넌스는 생태 지역 수준과 지역 생태계에 대한 돌봄에서 시작해 다양한 동심원으로 방사되며 유라시아 대륙 전체를 감싼다. 일대일로, 중앙 회랑, 글로벌 게이트웨이 같은 이니셔티브를 이렇게 지정학이 아닌 생물권 정치학의 관점에서 재고하는 바람은 지중해를 공유하는 국가들에서 단편적이고 잠정적이기는 하지만 이미 불기 시작했다.

2004년 스페인 카탈루냐 자치구와 프랑스 옥시타니아 자치구, 스페인 발레아레스제도의 정부는 뜻을 모아 지중해 최초의 공식 생태 지역인 피레네-지중해 유로리전(Euroregion Pyrenees Mediterranean)를 설립했다. 이 지역의 인구는 도합 1500만 명으로 EU 27개국 중 20개국보다 많으며, 면적은 11만 제곱킬로미터에 달해 EU의 17개국보다 생태 지역 관리 공간이 더 넓다. 2019년 기준 이 생태 지역의 총 GDP는 4400억 유로로 오스트리아의 GDP와 맞먹는 규모다.[14]

지중해 연안에서 최초로 형성된 이 생태 지역 거버넌스는 지중해 전역과 나아가 전 세계에 생태 지역 거버넌스의 정립을 촉진하기 위해 나름의 야심 찬 의제를 제시했다. 이들의 사명선언문은 국민국가의 주권 보호에 얽매인 지정학 중심의 거버넌스에서, 관련 지역들이 국경을 넘어 공동의 생태계에 대한 관리 책임을 공유하는 새로운 '생물권 정치학'으로 거버넌스를 부분적으로 전환하는 대담하고 중요한 첫걸음이다. 이 새로운 생물권 정치는 혁신적이고 새로운 정치적 의제를 따르는 강력한 친환경 전략을 지향한다. 피레네-지중해 유로리전 거버넌스는 다음과 같이 다양한 영역의 이니셔티브에 부합하는 생태 지역 거버넌스의 본질에 대한 널리 받아들여지는 설명을 제공한다.

> 피레네-지중해 유로리전의 사회적, 경제적, 영토적 이니셔티브는 자연 생태계의 보전, 즉 생물 다양성과 물, 산림, 해양 생태계의 보호를 조건으로 추진될 것이다. 우리는 행정 경계선 중심의 업무 접근 방식을 넘어 생태 지역적 관점에서 행동함으로써 기후변화로 인해 발생하는 문제를 해결하고자 한다. 우리는 지역 주체들의 참여와 동원을 통해 가장 필요한 변혁을 다루고 현장에서 혁신적인 솔루션을 제공하고자 한다.[15]

지중해에서 생태 지역 거버넌스로의 전환을 가속화하려면 정부 자금뿐만 아니라 민간 부문, 특히 연기금, 보험 펀드, 은행 및 사모펀드의 투자를 활용해야 한다. EU가 공동 설립한 유럽 지역 협력 프로그램인 인터레그 유로메드(Interreg Euro-Med)에서 기후변화에 대응하는 공공 행정 기관과 투자자, 민간 및 시민사회 단체에 자금을 제공할 것이다. 인터레그 유로메드의 정책과 이니셔티브, 프로그램, 프로젝트 모두는 인접 지역 간의 협력 및 공동 거버넌스를 장려함으로써 온난화 기후를 해결하고 지중해 생태계를 되살리는 것과 직접적으로 관련되어 있다. 듣기에는 좋게 들리지만, 이론과 실행이 만나면 보다 냉정한 현실이 드러난다.

목적과 목표는 고귀하고 거창하지만, 할당된 자금은 도전의 규모에 비해 너무 적다. 작금의 현실은 수력발전 댐과 송전선, 이동 및 물류의 통로, 주거용, 상업용, 산업용 건물, 재래식 농업 관행 등 지중해 지역의 인프라 전체가 좌초 자산이라는 것이다. 이들 홀로세 인프라는 겨울철의 강력한 대기천이나 엄청난 폭설, 봄철의 대홍수, 여름철의 장기 가뭄이나 생명을 위협하는 폭염, 파괴적인 산불 등으로 고통받는, 극적으로 온난화하는 지구에서 작동하도록 설계되지 않았다.

이 정도 규모의 위기에는 공유되는 생태 지역 전반에 걸쳐 전체 커뮤니티를 동원하는 수준의 좀 더 긴밀한 참여가 필요하다. 그런데 여기에 어려움이 따른다. 기후 위기는 극단적으로 반대되는 두 정치 이데올로기 사이의 투쟁, 즉 고착화한 지정학과 새롭게 부상하는 생물권 정치학 사이의 대립을 강요하고 있다. 전통적인 지정학적 모델에 얽매인 국가들은 주권적 국경 뒤에 방어막을 치고 사라져 가는 화석연료 도시 수력 문명을 고수하려는 마지막 시도로 점점 더 공개적인 갈등을 조장하고 있다. 하지만 지방 차원에서 공통의 생태계에 접한 지역들은 자신들의 미래가 공유 자연환경을 관리하고 되살리는 데 달려 있다는 사실을 깨닫고 국경을 초월하는 생물권 정치에 점점 더 많이 참여하고 있다.

피레네-지중해 유로리전의 생태 지역 거버넌스와 태동 단계에 있는 여타 생태 지역 거버넌스들은 아직 배워야 할 것이 많다. 그러한 점에서 지중해의 모든 신생 생태 지역 거버넌스 이니셔티브는 인접한 주권 영토와 공동 생태계에 걸쳐 생태 지역 거버넌스를 구축하려는(그리고 여전히 변화를 겪고 있는) 이스라엘과 팔레스타인, 요르단 간의 초기 노력을 검토하면 도움을 얻을 수 있다. 1994년 이스라엘에서 설립된 비정부기구(NGO) 에코피스중동이 시작한 이 국경을 초월하는 노력은 세 정부 모두 생태 지역 거버넌스로 물-에너지 넥서스를 공유해서 각자의 이익을 도모하자는 것이다. '중동의 그린-블루 거래'라고도 불리는 이 계획은 이스라엘이 팔레스타인과 요르단에 대규모로 담수화한 물을 제공하고 요르단은 이스라엘과 팔레스타인 모두에 공익사업 규모의 태양광 에너지를 공급하는 내용을 담고 있으며, 지지자들은 이를 상생의 공유 생태 지역 거버넌스로 평가한다.

생태계에 대한 이 호혜적인 생태 지역 거버넌스에서 세 당사자 모두 얻을 것은 많고 잃을 것은 거의 없다. 이스라엘은 해수 담수화 부문에서 지중해의 이웃 국가들보다 훨씬 앞서 있다. 2022년 기준 식수의 85퍼센트 이상을 담수화를 통해 생산하는 이스라엘은 다른 지중해 국가보다 저렴한 시장 가격으로 그리고 대규모로 바닷물을 담수로 전환할 수 있는 유리한 위치를 점한 상태이다. 물 부족에 직면한 요르단은 연평균 300일의 일조량으로 풍부한 태양광 에너지 잠재력을 보유하고 있다.[16] 또한 요르단의 국토 면적은 이스라엘의 4.1배에 달하므로 이스라엘과 팔레스타인 모두에 공익사업 규모의 태양광 에너지를 저렴하게 수출함으로써 그들의 경제와 사회에 거의 무공해 전기를 공급할 수 있다. 에코피스의 계획은 다음과 같다.

물-에너지 넥서스는 요르단과 이스라엘, 팔레스타인에 담수화 물과 태양광 에너지의 공동체를 구축하기 위해 설계된, 유로피스의 기후변화 적응 및 완화를 위한 대표적 프로젝트로서 해당 지역에 건강하고 지속 가능한 상호 의존성을 창출할 것이다. 이스라엘과 팔레스타인은 담수화 물을 생산해 요르단에 팔고 요르단은 이스라엘과 팔레스타인에 재생에너지를 판매하는 방식이므로 각 파트너는 물이나 재생에너지 생산에서 비교 우위를 활용할 수 있다.[17]

매우 실용적인 차원에서 이러한 생태 지역 거버넌스 제안은 세 당사자 모두에게 윈윈이 될 수 있다. 어떤 이점이 따르고 무엇을 달성할 수 있는지 좀 더 자세히 살펴보자.

　이스라엘은 가장 저렴한 비용으로 재생에너지 용량을 늘리겠다는, 파리 기후협약에 대한 자국의 약속을 이행하며 지역의 협력 강화를 목도할 것이다. 요르단은 이스라엘과 팔레스타인의 담수를 구매해서 가장 저렴한 비용으로 물 안보를 달성하고 지중해 담수화 플랜트에 전력을 공급할 뿐만 아니라 지역 전체 에너지 소비의 상당 부분까지 충당할 수 있는 태양광 에너지를 판매하는 친환경 에너지의 주요 수출국이 될 것이다. 팔레스타인은 요르단과 아마도 이스라엘의 네게브까지 물을 수출하는 국가가 될 뿐만 아니라 갈수록 이스라엘에 대한 의존에서 벗어나 물과 에너지 요구를 충족하게 될 것이다.

　무엇이 이 모든 것을 지연시키고 있을까? 이스라엘, 팔레스타인, 요르단 간의 오랜 경쟁의식과 갈등, 불신이 세 당사자 모두에게 이익이 되고 지중해 생태계에 대한 각자의 우위를 공유할 수 있는 생태 지역 거버넌스를 계속 가로막았다. 그리고 안타깝게도 2023년 10월, 이슬람 무장 조직 하마스가 가자지구 인근의 이스라엘 키부츠를 기습해 아이 포함 1100명의 주민을 살해하는 사건이 발생했다. 이스라엘은 이 테러 공격에 대규모 반격을 가했고, 가자지구에 침입한 이스라엘군에 의해 수천 명의 민간인이 희생되었다. 이렇게 다시 한번 협력과 생태 지역 거버넌스가 뒷전으로 밀려났다.
　이스라엘, 팔레스타인, 요르단 세 당사자 모두와 여타의 협력적 거버넌스에 대한 공동의 노력들이 과거를 잊고 전통적인 지정학과 '제로섬 게임'에서 생물권 정치학으로 전환해 생태 지역 거버넌스가 제공하는 책임과 기회를 공유하는 데 따르는 '네트워크 효과'를 누릴 수 있을지는 지중해 지역의 큰 의문이다. 이런 전환이 제때 이루어질지는 여전히 미지수지만, 기후 온난화의 고통 속에서 혼자서 버틸 수 있는 국가는 이제 없으므로 인류가 생존하고 번영하려면 공통의 생태계에 대한 공동의 생태 지역 거버넌스를 포함하도록 관련국들은 주권을 완화해야 할 것이다.

3.

우리는
플래닛 아쿠아에
살고 있고
그 사실이
모든 것을 바꾼다

7

물의 해방

•

물을 자유롭게 하는 것은 말처럼 쉬운 일이 아니다. 지난 6000년 동안의 인류 문명에서 가장 결정적인 특징이 수권 길들이기였다는 사실을 기억할 필요가 있다. 인류는 수자원을 포획하고, 댐으로 가두고, 운하로 밀어 넣고, 방향을 바꾸고, 소유권을 부여하고, 사유화하고, 소비하고, 이익을 얻고, 고갈시키고, 오염시키며 문명을 발달시켰다. 기원전 몇 세기 이전 고대 수력 문명의 부상에서부터 21세기의 대규모 수력발전 댐과 인공 저수지, 운하, 항구 등에 이르기까지 실로 험난한 여정이었다. 그동안 수자원은 인류의 편의를 위해 철저하게 용도가 변경되었다. 그러나 우리 종의 안녕을 위해 물을 관리하는 이러한 방대한 수자원 인프라는 종종 물의 가용성에 의존하는 수백만 다른 종을 희생시킨다.

다양한 방식으로 수권을 활용하는 것이 전체 사회의 시간적, 공간적 방향을 결정했으며, 결과적으로 기록된 역사 전반에 걸쳐 각 문화를 특징짓는 경제적, 사회적, 정치적, 시민적 차별성의 형성에도 중요한 역할을 했다. 마찬가지로 역사적 기록을 되돌아보면 수자원 인프라의 설계 및 공학은 많은 사회의 소멸과 붕괴를 불러온 엔트로피 청구서에 적어도 부분적으로 기여했다.

그러나 과거와 달리 이번에는 화석연료 기반 산업혁명(물-에너지 넥서스)에 물을 활용하면서 생성된 엔트로피 청구서가 지방과 지역, 심지어 대륙에 그림자를 드리우며 지구를 여섯 번째 생물 멸종의 위기로 몰아넣고 있다. 실제로 수권은 반세기 전에는 상상조차 할 수 없었던 방식으로 경련을 일으키며 스스로를 해방시키고 있다. 온난화 가스의 배출로 인한 지구 온도의 꾸준한 상승과 더불어 물이 속박에서 벗어나 순환 방식을 바꾸면서 우리 종이 완전히 이해할 수도, 효과적으로 대응할 수도 없는 엄청난 영향을 유발하고 있다.

다행히도, 인간의 정신을 활용하고 공동의 지속적인 노력을 동원해 물의 해방을 돕고 수권이 온난화하는 지구를 수용하면서 스스로 진화하도록 허용할 필요성에 대해 논의가 시작되고 있다. 이런 초기 대응은 훌륭하고 필수적이며 중요하지만, 더 노력을 기울여야 할 부분은 지난 수십에서 수백 년 동안, 특히 화석연료 기반 산업화 시대의 200년 동안 수권에 부과한 많은 인프라 제약을 풀어 주는 것이다.

나의 부모님이 태어난 20세기 초 10년만 해도 지구의 상당 부분이 문명의 손길이 닿지 않은 야생으로 정의되었다. 오늘날에는 인간의 개발로 세계 곳곳의 생태계가 줄어들고 나아가 제거되면서 여전히 야생으로 남은 곳은 지구의 19퍼센트를 넘지 않는다.[1] 그러나 이제 수문 순환이 수자원 인프라의 해체를 이끌고 완전히 새로운 방식으로 지구를 야생으로 되돌리는 데 앞장서고 있으며, 우리 인류는 과연 이 변화에 부응해 새로운 자연에 적응할 회복력을 갖출 수 있을지 숙고해야 한다.

수문 열기

2011~2012년, 미국 국립공원관리청은 워싱턴주 엘화강에 있는 글라인스캐니언댐과 엘화댐을 폭파했다. 64미터 높이의 글라인스캐니언댐은 당시 세계에서 가장 큰 규모의 댐 철거에 해당했다. 1914년 발전용으로 건설된 엘화댐은 지역에 전기를 공급할 것으로 기대를 모았지만 비판적 시각도 없지 않았다.[2] 엘화강이 올림픽반도에서 연어가 가장 많이 서식하는 강으로 지역 원주민인 클랄람 부족의 주요 생계 수단이었기 때문이다. 댐은 연어의 엘화강 상류 이동을 차단해 지역 어부들의 생계에 큰 영향을 미쳤다. 그리고 거의 한 세기 후, 강을 재야생화하고 토종 생물을 되살리는 데 대중의 관심이 높아지면서 댐을 해체해 연어를 돌아오게 하자는 의견이 광범위한 지지를 받았고, 이와 더불어 정치적 분위기도 바뀌었다.

댐을 철거하고 물의 해방을 지원하기로 한 워싱턴주의 결정은 일회성 이벤트가 아니다. 특히 지구온난화 배출로 인한 재앙적인 기후변화에 따라 자연 서식지의 손실과 야생동물 및 야생 자체의 감소에 대한 대중의 우려가 커지면서 젊은 세대가 수권 보호에 목소리를 높이고 있다. 미국 도시의 심장 격인 뉴욕시의 자치구에서 시민 과학자들은 롱아일랜드 전역에 흐르는 시냇물, 개울, 강을 보여 주는 옛 지도들을 발견했다. 그들은 이 지도를 지침으로 삼아 포장도로 아래에 여전히 복잡한 자연 하천 시스템이 있다는 사실을 발견했다. 그들의 목표는 지표 아래의 물을 자유롭게 해서 자연적인 흐름을 따라 흐르게 하는 동시에 도시 경관을 그 흐름에 맞도록 재조정하는 것이다. 예를 들면, 나무를 심을 때에도 포장도로 아래로 자연스럽게 물이 흐르는 곳을 택해 나무의 성장 능력을 향상하는 것이다. 마찬가지로 지하실이 상습적으로 침수되는 주택 소유자와 아파트 거주자는 지도를 통해 자신의 건물이 여전히 흐르는 하천 위에 있는지 확인하고 적절한 배수 시스템을 구축해 건물을 건조하게 유지할 수 있다.[3]

도시의 물을 자유롭게 하고 오랫동안 숨겨져 있던 강과 하천의 흐름에 맞추어 도시 인프라를 재건하려는 이런 노력은 2012년 10월 29일 뉴욕을 덮친 허리케인 샌디로 지하철 시스템과 터널, 도로, 건물이 침수되고 뉴욕증권거래소가 이틀간 폐쇄된 후 더욱 시급한 과제로 떠올랐다. 수천 명의 뉴욕 시민들이 이 폭풍 재난의 여파로 거의 일주일 동안 대피해야 했다. 당시 뉴욕시에서만 43명이 사망하고 190억 달러에 달하는 재산 피해가 발생했다.[4] 더뷰크, 캘러머주, 샌프란시스코 등 미국 전역의 다른 도시들 역시 뉴욕시의 선례를 따라 포장도로 밑에 있는 오래된 하천을 발견하고 도시 환경을 그 강들과 다시 통합하기 위해 물을 풀어 주고 있다.

지구의 약 70퍼센트는 물이지만, 담수는 3퍼센트에 불과하며 그중 0.1퍼센트만 이용할 수 있기 때문에 매우 희귀한 자원이 아닐 수 없다.[5] 안타깝게도 산업화 시대의 개발 과정에서 한때 생기가 넘치던 범람원 위에 도시와 이어서 교외 지역이 건설되었다. 이를 위해 물을 댐으로 가두고 배수 시설을 설치하고 흐름을 우회시키는 가운데 귀중한 물이 손실되고 야생생물도 함께 사라졌다. 한 예로 영국에서는 도시 산업 환경의 발달과 함께 한때 무성했던 습지의 90퍼센트와 야생생물의 상당수가 사라진 것으로 추정된다.[6]

현재 영국 전역에서 물을 해방하고 강을 자연 범람원과 다시 연결하며 야생생물 서식지를 복원하고 댐을 해체 및 철거하는 등 인간의 개발에 물을 적응시키는 것이 아니라 물에 적응하는 법을 배우려는 노력이 진행 중이다. 이 노력은 결코 사소한 것이 아니다. 영국에서는 건물 여섯 채 중 한 채가 홍수 위험에 처해 있으며, 지구의 기온이 계속 상승함에 따라 수문 순환이 불러올 기록적인 홍수가 증가해 건물에 대한 기후 위협이 더욱 악화할 것으로 예상된다.[7] 물을 해방하고 급변하는 수권에 적응하는 법을 배우는 것은 이제 일시적 발상이 아니라 생존을 위한 전제 조건이다.

영국에서도 다른 곳과 마찬가지로 해양 생물학자 및 지방정부와 협력하는 시민 과학자와 자원봉사자들이 어류 종묘장과 염습지, 다시마숲, 토종 굴 어장, 해초 서식지 등을 복원하거나 보호하면서 탄소 배출을 흡수하고 홍수를 줄이고 습지와 해양 영역을 정화하고 토종 종을 되살릴 수 있는 다양한 프로젝트에 참여하고 있다.[8] 또한 생태계를 회복하고 자연 홍수를 방지하며 오염 물질의 하류 이동을 늦추기 위해 한때는 어디에나 있었던 비버를 다시 야생으로 방생하는 운동도 진행되고 있다.[9]

육지에 물을 가두는 것이 암석권을 심각하게 훼손해서 모든 육상 생물종의 미래를 위협하게 되었는데, 대양도 예외는 아니었다. 역사의 오랜 세월 동안 바다를 포획하고 길들인다는 아이디어는 인간의 상상을 초월하는 일이었다. 광활한 바다를 점령해 상업과 무역을 위해 울타리를 치겠다는 생각은 거의 아무도 하지 않았다. 그러다 15세기 후반, 다른 대륙을 찾아 식민지를 개척하고 새로운 잠재 시장을 확립하기 위한 대항해시대가 열리면서 상황이 바뀌었다. 당시 모두가 인정하는 해양 강국이었던 스페인과 포르투갈은 각자의 왕국에 편입할 새로운 땅을 차지하기 위해 바다에서 끊임없이 전투를 벌이고 있었다. 두 나라는 공공연한 전쟁을 끝내고 대신 전 세계의 바다를 두 나라가 나눠 갖는 것이 더 실용적이라고 판단했다.

1494년, 두 나라는 토르데시야스조약을 체결하고 "카보베르데제도 서쪽으로 370리그(약 1500킬로미터) 떨어진 위치에 북극과 남극을 잇는 선을 그어" 전 세계 바다를 각자의 주권 영역으로 양분했다.[10] 스페인은 경계선 서쪽의 멕시코만과 태평양을 포함하는 바다에 대한 독점적 주권을, 포르투갈은 경계선 동쪽의 대서양과 인도양을 포함하는 바다에 대한 주권을 확보했다. 영국의 탐험가 월터 롤리 경(Sir Walter Raleigh)은 이 조약의 중요성을 다음과 같이 요약했다. "바다를 지배하는 자가 세계의 무역을 지배하고, 세계의 무역을 지배하는 자가 세계의 부를 지배하며, 결과적으로 세계 자체를 지배한다."[11] 롤리가 별 뜻 없이 한 이 말은 19세기와 20세기, 제국주의 열강들이 바다와 신생 세계시장의 상업과 무역을 장악하기 위해 서로 치열하게 싸우던 시대에 복잡한 지정학의 일부가 되었다.

각국이 드러낸 경쟁의식에도 불구하고 한 국가가 광활한 대양 전체에 주권을 행사하기는 어렵다는 사실이 곧 분명해졌다. 그래서 각국은 연안에서 확장된 해양 지역을 조금씩 잠식해 나가기 시작했다. 이탈리아는 해안에서 바다 쪽으로 160킬로미터까지 주권을 주장하면서 배가 이틀 동안 항해할 수 있는 거리라는 명분을 내세웠다. 다른 국가들도 눈에 보이는 곳까지를 주권 영해로 주장했다. 더 야심 찬 몇몇 국가는 망원경으로 볼 수 있는 곳까지 해양 주권을 확장하자고 제안했다. 네덜란드는 한발 더 나아가 대포알이 날아갈 수 있는 거리까지 주권이 확장되어야 한다고 주장했다. 이 새로운 경계선은 2차 세계대전 직전까지 표준으로 통했다. 미국의 해군 소장이자 해군 전략가인 앨프리드 테이어 마한(Alfred Thayer Mahan)은 당시 세계 열강 사이에 만연하던 시대정신을 이렇게 요약했다. "해양 상업과 해군 패권에 의한 바다의 지배는 세계에 대한 우세한 영향력을 의미하며 …… (그리고) 국가의 힘과 번영에 기여하는 단순한 물리적 요소 중 가장 중요한 것이다."[12]

전 세계 해양 공유지의 일부에 대한 패권을 확립하려던 이 모든 이니셔티브는 더 큰 혼란과 갈등을 낳았으며, 그럼으로써 해양 강국으로 부상하길 원하는 모든 나라를 지치게 했다. 결과적으로 20세기 후반에 이르러 해양을 분할하는 보다 일관성 있는 계획을 수립하자는 의견이 폭넓게 형성되기 시작했다. 1982년, 유엔은 해양법 협약을 체결해 각 국가에 연안 19킬로미터에 대한 주권을 부여했다. 마찬가지로 중요한 사항으로, 이 조약에는 연안에서 최대 200해리를 배타적경제수역(EEZ)으로 지정해서 각 국가가 해양과 해저, 해저토의 생물과 무생물 자원에 대한 '탐사, 개발, 보존, 관리의 주권적 권리'를 갖는 내용도 포함되었다. 이 전례 없는 선물 덕분에 연안 국가들은 해양어업의 90퍼센트와 해양 석유 및 가스 매장량의 87퍼센트를 포함하는 세계 해양의 상당 부분을 EEZ에 포함할 수 있었다.[13]

해양에서 최근 수십 년 동안 가장 주목받은 경품은 해저에 매장된 석유와 가스였다. 해저는 또한 망간과 구리, 알루미늄, 코발트, 주석, 리튬, 우라늄, 붕소 등 귀중한 광물과 금속의 보고다. 이렇게 광활한 해저가 여러 국가에 분양되면서 마지막 남은 대공유지와 플래닛 아쿠아를 지배하는 수권의 상당 부분에 울타리가 쳐진 것이다.

원양어업은 바다의 자원에 대한 또 다른 끔찍한 수탈이다. 남획으로 거의 모든 곳에서 어족 자원이 고갈되고 있다는 것은 잘 알려진 사실이다. 수산 업계는 위성 정찰과 레이더, 수중 음파 탐지기, 해저 매핑 같은 첨단기술을 이용해 심해 어장의 위치를 파악하며 심해의 '채굴 광부'로 변모하고 있다. 주요 업체들은 축구장 길이에 무게가 1만 4000톤에 달하는 거대한 트롤선을 사용한다. 저인망으로 물고기를 잡는 트롤선은 말 그대로 떠다니는 공장으로서 어획물을 선상에서 곧바로 도살, 가공, 포장할 수 있다. 트롤선은 무려 '130킬로미터에 달하는 해저 주낙 또는 65킬로미터 길이의 유자망'을 배치한다.[14] 첨단기술 원양어업의 과도한 효율성은 전 세계 어족 자원을 황폐화하고 있으며, 그로 인해 현재 어업 수입의 약 3분의 1이 업계 생존 유지 목적의 정부 보조금으로 충당될 정도다.[15]

이러한 상업적 착취로 대양은 현재 생명 유지 장치에 의존하는 처지가 되었다. 지정학적 착취에서 벗어나지 못하면 세계의 대양은 죽음을 맞이할 것이고 이와 함께 지구상의 생명체도 죽게 될 것이다. 한때 가능성 정도로만 여겨지던 이 전망이 이제 현실로 다가오고 있다. 큰 그림의 해법은 대양의 상당 부분을 해양 보호구역으로 지정해 해양 생태계의 회복력을 강화하는 것이다. 2016년 국제자연보전연맹(IUCN)은 대규모 생물 멸종을 막기 위해 2030년까지 전 세계 해양의 30퍼센트를 보호구역으로 지정할 것을 촉구하는 결의안을 채택했다. 미국과 영국, 멕시코, 칠레 등 자국 관할구역 내 해양의 일부를 보호구역으로 지정해 상업적 개발을 막는 국가가 점점 더 많아지고 있다.[16] 그럼에도 공식적으로 보호 대상에 포함된 해양은 아직 5퍼센트 미만이며, 고도의 보호 조치가 취해지는 해양은 2퍼센트에 불과하다.[17]

이제 변화가 생길 것이다. 2023년, 유엔은 대규모로 해양 보호구역을 설정하기 위한 포괄적인 계획과 함께 공해를 보호하고 생물 다양성을 보존하기 위한 광범위한 조약을 채택했다.[18] 해양의 30퍼센트를 보존하고 관리하는 것이 목표이며, 해양 생태계의 보호를 위한 환경영향평가 수행의 지침을 포함한다. 이 조약은 60개국의 비준을 거쳐 발효될 예정이다. 이미 EU와 27개 회원국은 이 조약에 서명하고 비준하겠다는 약속을 했다.

거대한 바다가 재산으로 전락해 병들어 가는 동안, 지구상의 희소한 담수도 소수 기업이 관리하는 세계시장에서 재산화되고 사유화되었다. 비교적 최근까지 지구의 담수는 항상 개방된 공유지에서 공공으로 관리되었다. 그런데 불과 반세기 만에 갑자기 글로벌 기업들이 지구의 담수를 장악해 시장의 상품으로 바꾼 것이다.

1980년대 초 영국과 미국 및 여타 국가들이 세계은행과 IMF, OECD, 유엔 등 국제기구와 손잡고 상수도 공익사업의 민간 부문 이전을 촉진하면서 모든 것이 시작되었다. 세계무역기구(WTO)는 물을 '거래 가능한 상품', '상업적 재화', '서비스', '투자 대상'으로 분류하고 민간 부문이 글로벌 물 사업을 통제하는 것을 막으려는 정부를 제약하는 규정을 채택했다.[19] 민간 부문이 수도 시설을 인수하면 가장 효율적인 운영 관행으로 최상의 시장 가격을 제공할 수 있고, 그 모든 것이 소비자에게 이롭다는 논리였다.

세계은행을 비롯한 대출 기관은 각국 정부가 수자원 인프라를 민간 기업에 일정 기간 임대하고 관리를 맡기는 이른바 공공 민간 파트너십을 장려했다. 세계은행과 OECD, WTO 같은 국제기구들은 민간 기업이 공공 인프라와 서비스를 관리하면 시설 개선이나 가격 인하 유인이 거의 생기지 않는다는 사실을 간과했다. 적어도 공급자를 선택할 수 있는 시장에서는 소비자가 더 나은 가격과 향상된 서비스를 제공하는 경쟁업체로 갈아탈 수 있지만, 도로나 공항 등 공공 인프라는 경쟁에서 자유롭기 때문에 자연독점을 형성한다. 안타까운 현실은 장기 임대를 통한 공공 민간 파트너십이 종종 기업들이 '자산 수탈'에 몰두하도록 조장한다는 것이다. 다시 말해서 서비스 사용자에게 대안이 거의 또는 전혀 없다는 사실에 기대어 인프라와 서비스 개선을 등한시할 수 있다.

공공에서 관리하는 인프라 서비스와 달리, 시장 기반 기업은 소비자 기반이 상대적으로 제자리걸음을 하는 상황에서도 매출과 수익을 꾸준히 증가시켜야 한다는 단순한 이유 때문에 처음부터 서비스 개선에 관심을 기울일 수 없는 제약에 묶인다. 즉 잠재 시장이 처음부터 포화 상태인 경우가 많다. 결국 비용 절감과 이익 창출을 위해 지속적인 자산 수탈에 매달릴 수밖에 없다. 특히 상수도와 위생 시스템이 더욱 그렇다. 빈곤한 지역사회에서는 민간 기업이 어떤 조건을 부과하든 받아들일 수밖에 없기 때문이다.

수자원의 민영화 초기에 세계은행은 정부에 대한 관대한 대출을 통해 그리고 민영화 프로젝트 투자를 설립 목적에 담고 있는 민간 부문 산하 기구인 국제금융공사를 통해 공공 민간 파트너십을 장려했다. 수자원 민영화의 단점에 대한 증거가 쌓여 가는데도 세계은행은 민영화에 계속 자금을 지원했다. 그리고 민영화 과정은 아직도 진행 중이다. 현재 10대 글로벌 기업이 전 세계의 상수도 서비스 시장을 장악하고 있다.[20] 이 거대 글로벌 기업들은 정부의 후한 인센티브와 보조금 혜택을 누리며 민영화 의제를 추진하는 한편, 상수도 서비스의 질적 저하를 감수하면서 가격은 높게 매겨 막대한 수익을 올리고 있다.

미국의 상수도 서비스에 대한 연구에 따르면, 기업 소유 시설은 일반적으로 "지방정부 시설보다 수도 서비스 요금을 59퍼센트 더 높게, 하수도 서비스 요금은 63퍼센트 더 높게 청구하는" 것으로 나타났다. 더욱이 민영화는 "수도 관련 사업의 자금 조달 비용을 50~150퍼센트 증가시킬 수 있다." 이 연구는 민간 기업과의 계약을 종료한 18개 지자체를 검토한 결과, "상하수도 서비스에서 공공 운영이 민간 운영보다 평균 21퍼센트 저렴하다"는 사실을 발견했다.[21]

수자원 확보

기후 온난화 때문에 물이 부족하다는 대중의 오해가 여전하다. 폭풍우와 홍수가 점점 더 심해진다는 사실은 인정하면서도, 그것을 가뭄과는 별개의 현상으로 취급하는 경우가 많다. 많은 사람이 지구에 담수가 부족한 것이 아니라 기후 온난화에 따른 수권 재편성으로 비가 내리는 계절적 시기와 강도, 지속 시간이 모두 변하고 있다는 사실을 간과한다. 문제는 전 세계 수력 문명이 이제는 존재하지 않는 온화한 기후에 맞춰진 수문 순환에 묶여 있으며, 그 결과 인간이 소비하고 산업용으로 사용하고 농경지에 관개하기 위한 물을 필요한 때와 장소에 공급할 수 없게 되었다는 것이다.

2014년 MIT의 연구원들이 「에너지 및 기후 전망(The Energy and Climate Outlook)」이라는 보고서에서 이 문제를 다루었다. 저자들은 공개 토론에서 기후변화로 인해 실제로 전 세계 담수 가용성이 약 15퍼센트 증가할 수 있다는 시나리오를 소개해 논란을 일으켰다. MIT의 지구변화 과학 및 정책 합동 프로그램의 공동 책임자인 존 라일리(John Reilly)는 이렇게 설명했다. "모든 기후 모델이 기온이 따뜻해지면 수문 순환의 속도가 빨라진다고 예측한다." 기온이 오른다는 것은 곧 "증발이 더 빨라지고 대기 중 수분이 증가하며 강우량이 더 많음"을 의미한다.[22] 이 보고서는 21세기 후반까지 전 세계적으로 담수의 흐름이 약 15퍼센트 증가할 것으로 예상하지만, 연구진은 농업, 산업, 가정용 담수 사용량이 19퍼센트까지 증가할 수 있다고 경고했다.[23]

문제는 다시 지구의 수권 전체에서 얼마나 많은 물이 언제, 어디에 분포할 것인가 하는 점이다. 현재의 기후 모델들은 일반적으로 극지방으로 갈수록 강수량이 더 많아지고 중위도 및 아열대 지방은 더 건조해질 것으로 예측한다. 라일리는 결론적으로 "물 스트레스의 유무는 적시에 적절한 곳에 적절한 형태로 발생하는 강수량에 크게 좌우될 것"이라고 말한다.[24] 예를 들어, 가을철 수확 후에 내리는 폭우는 농부들에게 거의 도움이 되지 않는다. 겨울철에 눈더미가 너무 일찍 녹으면 봄과 여름에 농경지에 댈 물이 충분히 흐르지 않게 된다. 과학자들은 특히 산악지대의 눈더미가 자연의 물 저장 시스템이며, 지난 1만 년 동안 그것이 계절에 따라 적절하게 녹아내리며 모든 곳에서 농업을 조절해 왔다는 사실을 상기시킨다. 라일리는 "더 많은 비가 더욱 집중적으로 내리고 그런 폭우의 간격은 길어질 가능성이 크기 때문에" 홍수와 유거수, 가뭄이 더 발생할 수 있다고 결론짓는다.[25] 그러나 다시 말하지만, 이는 계절이 지나가는 동안 비나 눈이 얼마나 많이 내리는지뿐만 아니라 언제 어디에 내리는지의 문제이기도 하다.

이에 대한 장기적인 해법은 물을 우리 종에 맞추는 행태에서 벗어나 우리 종이 물에 적응하는 식으로 수권과의 관계를 재설정하는 것이다. '슬로워터', '스펀지 도시', '자연 기반 시스템', '녹색 인프라'와 같은 매력적인 이름으로 이에 부응하는 이니셔티브가 세계 곳곳에서 확장되고 있다. 이들의 공통점은 홀로세의 온화한 기후에서 비교적 예측 가능한 물의 흐름을 통제하기 위한 과도하게 중앙집권적이고 고도로 효율적인 수력학적 접근 방식에서 인류세의 재야생화 수권에 적응하기 위한 훨씬 더 적응적인 접근 방식으로 패러다임의 전환을 수반한다는 사실이다. 좀 더 철학적인 틀로 표현하자면, 수권에 적응하기 위한 이 새로운 접근 방식은 지구 수권의 흐름을 지휘하는 대신 흐름에 따라가는 것으로, 즉 수권에 대한 관리에서 책임으로 균형을 전환하는 것이다.

물에 적응하기 위한 이런 분산형 접근 방식은 정치적 국경 내에서 국가 정부나 기업 관료체제가 상명하달식으로 운영 및 관리하는 중앙집권적 통제에 덜 구속되고, 생태 지역 거버넌스 형태의 생태계에 속한 지역 주민의 직접적인 참여에 보다 얽매인다. 우리 종의 시간과 공간, 애착에 대한 감각이 이처럼 목전의 생물권에 묶이도록 친밀하게 재설정되면서 오래된 유형의 '커먼즈 거버넌스'가 21세기 세계에 대한 우리의 이해에 걸맞도록 정치적으로나 기술적으로 더 진보한 방식으로 재도입되고 있다.

이 새로운 거버넌스의 확장은 세계적인 유행을 타고 있다. 그렇다고 국가가 갑자기 사라질 것이라는 의미는 아니지만, 온난화하는 기후와 야생으로 돌아가는 수권에서 살아가는 방법을 배우는 힘든 과업의 상당 부분은 우리가 동료 종과 함께 살아가는 생태계에 적극적으로 참여하는 것으로 성취할 수 있다. 지난 두 세대에 걸쳐 전 세계적으로 확산된 슬로 푸드와 슬로시티라는 두 가지 운동에서 진화한 '슬로워터'라는 개념에 대해 생각해 보라. 이들 각각의 재설정은 생명을 유지하는 생태계에 대한 효율성 중심의 추출과 상품화, 사유화, 소비를 버리고 자연이 정한 과정과 패턴, 리듬, 시간표에 각 지역 수준에서 적응하는 방법을 다시 배우는 것이다.

물 문제와 기후변화에 관한 글을 쓰며 '슬로워터'라는 말을 고안한 저널리스트이자 내셔널지오그래픽 탐험가인 에리카 기스(Erica Gies)는 자연 상태의 물이 항상 지표면을 가로질러 쏟아져 내리는 것이 아니라 토양으로 스며들거나 습지에 정착하거나 지하수 동굴에 자리 잡는 등 '느린 단계'를 거치기도 한다는 점을 강조하며, "거기가 바로 위와 아래의 많은 유형의 생명체에 서식지와 먹이를 제공함으로써 마법을 일으키는 곳"이라고 말한다. 기스는 "회복력을 높이기 위한 핵심은 물이 물답게 되도록 놔두고 물이 땅과 상호작용할 수 있는 공간을 되찾아 줄 방법을 찾는 것"이라고 제안한다.[26] 문제는 우리의 글로벌 수력 문명이 물을 빠르게 격리하고 인공 저수지에 저장한 후 파이프를 통해 목적지까지 보내 농경지에 관개하거나 수력발전으로 전기를 생산하거나 가정과 기업에 공급하도록, 다시 말해서 물을 끌어다 쓴 다음 폐수를 다시 정화 시설로 보내 빠르게 재활용할 수 있도록 설계되고 제작되어 있다는 사실이다.

문제를 더욱 복잡하게 만드는 것은 복잡한 수력 시스템의 구축으로 도시와 교외 지역으로 갈수록 많은 인구가 몰려들면서 이전의 습지나 강, 하천이 불투수성 시멘트와 아스팔트로 덮이는 바람에 빗물의 토양 침투가 차단됨으로써 토양이 지구의 생태계를 유지하는 데 필요로 하는 영양분을 공급받지 못할 뿐 아니라 공동체 전역이 대규모 홍수의 급습에도 취약하게 되었다는 점이다. 다양한 도시 및 교외 지역사회에 반복 적용할 수 있는 한 가지 예를 들자면, 인구밀도가 높은 중국의 많은 도시에서 건물과 포장도로에 떨어지는 강수의 20퍼센트 미만만 토양으로 스며들고 나머지 대부분은 배수구와 파이프로 흘러 들어가 소실된다고 기스는 보고한다. 베이징의 경우 오랫동안 지하수를 펌프로 끌어올려 증가하는 인구에 식수를 공급해 왔지만, 매년 수위가 1미터씩 낮아지는 바람에 최근까지 무시되었던 결과가 초래되고 있다. 물이 자연스러운 흐름을 찾도록 내버려 두는 것이야말로 우리 인류가 지구상의 삶에 다시 적응할 수 있는 최상의 길이다.[27]

세계 곳곳에서 물을 자유롭게 하는 새로운 생태계 친화적 방법을 도입하는 실험이 진행되고 있지만, 대부분이 파일럿 단계이며 실제로 확장되기 시작한 사례는 거의 없다. 엔지니어와 도시 계획가, 조경 기술자 등이 물을 자유롭게 하려는 목적으로 식생수로와 빗물 정원을 도입하고 있다. 식생수로는 흙이나 뿌리 덮개에서 자란 토종 풀이나 관목, 꽃으로 채운 긴 수로 또는 도랑으로, 돌을 깔아 빗물의 속도를 늦추는 동시에 석유화학 비료, 자동차 오일, 쓰레기 등 오염 물질을 걸러 낸다. 빗물 정원도 비슷한 기능을 하지만 작동 방식은 다르다. 식생수로가 곡선 또는 직선 경로를 통해 빗물의 속도를 늦춘다면, 빗물 정원은 "그릇 모양으로 빗물을 포집해 저장하고 침투시키는" 방식으로 설계된다.[28] 도시와 교외의 기존 포장도로 역시 투수성 포장으로 대체되기 시작했다. 이 새로운 포장은 아스팔트나 다공성 콘크리트, 인터로킹 포장재, 플라스틱 그리드 포장재 등으로 할 수 있으며, 빗물이나 녹은 눈이 밑의 토양으로 흘러 들어가게 한다.

녹색 옥상 정원 역시 간접적으로 물의 흐름을 늦출 수 있다. 초목으로 가득한 이 고층 정원은 "그늘을 제공하고, 공기에서 열을 제거하며, 지붕 표면의 온도를 낮춘다." 녹색 지붕은 점점 더 인기를 얻고 있으며, 기존 지붕보다 옥상의 온도를 극적으로 낮출 수 있고, 도시 전역으로 확장하면 "도시 전체의 주변 온도를 화씨 5도 정도 낮출 수 있으며" 증발산을 늦추어 물을 토양으로 가라앉게 하는 동시에 전력 수요도 줄일 수 있다.[29]

물의 흐름을 늦춰 토양으로 스며들게 하거나 도시 아래 지하 저수조나 인공 대수층에 저장하는 통합적이고 규모 있는 접근 방식이 대중의 상상력을 사로잡고 있다. 바로 중국의 건축가이자 도시학자인 유쿵젠이 고안한 '스펀지 도시'의 개념이다. 유는 베이징대학교 건축조경대학의 설립자다. '스펀지 도시'의 기본 접근법은 도시에 자연의 물을 되살리는 것이다. 조경사들은 세계의 많은 위대한 도시가 수 세기나 수천 년에 걸쳐 호수나 강, 습지 주변에서 부상했다는 사실을 상기시킨다. 점점 더 인구밀도가 높아진 도시들은 물 위에 포장을 덮고 중앙 집중형 수자원 인프라를 통해 외곽 지역에서 펌프로 끌어올린 물에만 의존했다. 이제 그런 고대의 물, 특히 세계의 큰 강과 호수조차도 과도한 채취와 온난화 기후로 인해 줄어들면서 도시 공동체를 생존의 위기로 몰아넣고 있다. 스펀지 도시는 도시 전체에 자연경관을 도입해 빗물 흐름의 속도를 늦추고 땅속으로 스며들게 해서 지역 지하수를 보충하거나 배관을 통해 지하수 탱크에 저장한 후 필요할 때 사용함으로써 홍수를 방지하려는 시도다.

튀르키예의 도시 이즈미르는 인구가 계속 증가해 현재 300만 명을 넘어섰다. 이 도시는 특히 집중호우에 취약하다. 지중해 지역에서 빠르게 성장하는 대도시 중 하나인 이즈미르는 지난 30년 동안 인구가 두 배로 증가했다. 도시화 과정의 상당 부분이 전통적인 도시 외곽을 넘어 농경지로 퍼지면서 광범위한 '토양 봉인'이 발생했고, 그 결과 포장도로와 샛길이 뒤얽힌 널찍한 도시 지역이 대규모 홍수에 취약해졌다. 새로운 연구에 따르면, 도시 전체가 75퍼센트 내지 100퍼센트 밀폐된 지표면 위에 형성되어 점점 더 강력해지는 폭우가 땅속으로 가라앉거나 지하수로 내려가지 못하고 도시 거리를 질주하는 탓에 주택과 사업장이 침수되고 도시의 많은 부분이 일시적으로 물에 잠기는 것으로 나타났다.[30]

이즈미르의 도시 계획가들은 이즈미르공과대학교와 협력해 만든 디지털 모델을 토대로 도시의 모든 구역에 필요한 스펀지 개입의 성격과 유형을 세밀하게 입안했다. 그들이 도출한 지침 문서는 도시의 장소별로 특화한 자연경관을 수립하는 계획을 담았다. 물의 흐름을 늦추고 비가 오지 않는 기간에 사용할 수 있도록 물을 저장하는 집수 시설을 설치하는 등 도시 인프라 전반에 걸쳐 회복력을 갖출 수 있는 발판을 마련한 것이다.

일부 비평가들은 도시 전체에 습지와 공원을 조성해 빗물을 저장하는 조치의 가치는 인정하면서도 온난화 시대에 빈번해질 초강력 폭풍우는 감당하지 못할 수 있다고 주장한다. 하지만 유쿵젠은 중국의 도시들이 도시의 30퍼센트를 녹지 공간으로 확보하고 추가적인 30퍼센트를 커뮤니티 공간으로 정하면 많은 양의 낙수를 담을 수 있는 연못과 물 흡수 공원을 늘리기에 충분할 것이라고 지적한다.[31]

기후변화의 핵심은 따뜻해진 대기가 지면과 수면에서 더 많은 수분을 빨아들여 겨울철 폭설과 봄철 대홍수, 여름철에는 장기간의 가뭄이나 폭염, 산불, 그리고 가을철의 파괴적인 폭풍우를 유발한다는 것이다. 지구에 담수가 떨어지는 장소와 시기, 양이 변화한다는 것은 곧 지구상 어디에서든 극심한 가뭄이나 폭염, 대형 산불이 발생하는 경우 사용할 수 있도록 빗물을 '저장'해야 한다는 뜻이다.

한때 옛날의 낡은 관행으로 여겨졌던 빗물 수확이 특히 세계 곳곳의 건조 및 반건조 지역에서 갑자기 우선 사항으로 부상하고 있다. 그런 고대의 기술이 개발도상국의 가난한 마을 공동체에서 부활할 것으로 생각하기 쉽지만, 전혀 그렇지 않다. 요르단의 마을과 소읍에서 라스베이거스와 같은 세계적인 첨단 도시에 이르기까지 전통적인 방법과 사물인터넷 감지 및 알고리즘 기술을 결합해 빗물을 수확하는 방법이 필수적인 대안으로 부상하고 있다. 다음 세기에는 수억 개의 저수조가 운영될 것이며, 일부는 독립적이겠지만 다른 일부는 분산형으로 연결되어 특정 공동체에서 수확한 물을 인근 지역에서 공유할 것이다.

요르단에서는 로마 시대와 비잔틴 시대부터 저수조를 사용해 물을 수확해 왔다. 많은 저수조가 지금도 사용되고 있으며, 오랫동안 잠자고 있던 다른 저수조도 봄철 우기에 귀중한 물을 모아두었다가 여름철과 초가을의 가뭄 동안 사용해야 하는 기후변화 환경에서 새로운 생명을 얻고 있다. 대부분의 탱크는 커다란 항아리 모양으로 석회암 집수지 아래에 설치된다. 마을 사람들은 채취한 물을 주로 음용 및 요리에 사용하며, 목욕과 관개에 사용하는 물은 종종 트럭으로 운반해 보충하기도 한다.

작업자들은 대개 잭해머로 지하 탱크 구역을 굴착한 후 시멘트 또는 점토로 미장을 하는데, 시멘트는 많은 탄소 발자국을 수반하므로 점토가 더 바람직하다. 신축 건물의 경우 지붕의 물받이에서 곧바로 지하 탱크로 물을 내려 보내는 구조를 취하며, 지하 탱크에는 수확한 물을 집의 배관 인프라로 다시 보낼 수 있는 펌프가 장착된다. 이러한 독립형 물 수확 시스템은 보다 광범위한 규모의 물 수확 구조물로 보완되기도 한다. 예를 들어, 요르단의 마다바에 있는 19세기 그리스 정교회 성당인 세인트조지스는 4세기에 마련된 저수조 위에 지어진 건물로, 오랜 시간에 걸쳐 구축된 격자형 지하 수로를 통해 도시 공동체의 낡은 자갈길 아래에서 흘러내리는 물을 모을 수 있도록 설계되었다.[32]

미국의 대외원조 기구인 국제개발처(USAID)의 소규모 프로젝트 지원 프로그램은 2018년부터 2020년까지 멕시코 4개 주 9개 지자체의 평화봉사단과 지역 커뮤니티에 자금을 지원해 도합 163만 3330리터의 빗물을 저장할 수 있는 집수 시스템을 68개의 가정과 23개의 학교 및 커뮤니티 센터에 설치하도록 도왔다.[33] 현지 기술자들은 평화봉사단 자원봉사자들 및 지역별 작업팀과 함께 가정에는 1만 2000리터 용량의 수조를, 학교에는 5만 리터 용량의 수조를 설치했다. 이러한 유형의 노력은 전 세계에서 재현되고 있는데, 대개 봄철 우기에 물을 모아 가뭄이 드는 계절에 사용하기 위해 지역사회 전체가 나서고 있다.

더 야심 찬 활동 중에는 유엔 식량농업기구(FAO)가 후원하는 '사헬을 위한 100만 수조' 계획이 있다. FAO는 세네갈과 감비아, 카보베르데, 니제르, 부르키나파소, 차드, 말리 등 사헬 지역의 7개 국가에 물 수확 및 저장 시스템을 설치 중이라고 밝혔다.[34] 이 활동은 이들 건조 및 반건조 지역에서 가장 취약한 농촌 지역사회가 대상이다. 7개 국가 모두 종종 대규모 홍수에 시달리는데, 홍수가 지나가면 곧 가뭄이 반복적으로 닥치는 것이 특징이다. FAO는 기후 온난화로 인한 수문 순환의 급격한 변화의 영향이 "그런 충격과 싸우면서 취약성이 날로 악화되는 가장 가난한 농촌 가구에 치명적"이라고 지적한다.[35]

아프리카 7개 국가에 빗물 수확 시스템을 도입하려는 이 대규모 활동의 목표는 "사헬 지역의 수백만 인구가 안전한 식수에 접근하고 가족농업의 생산량을 늘려 잉여를 창출하고 식량 수급 및 영양의 수준을 개선하고 삶의 회복력을 강화하도록 돕는 것"이라고 FAO는 설명하며, 특히 여성의 삶의 질 향상에 초점을 맞추고 있다고 덧붙인다.[36] 이 프로그램은 수조의 설치와 관리에 '유급 노동' 지원 체계로 지역사회 주민을 참여시켜 교육하도록 설계되었으며, 특히 대규모 수조의 운영을 여성들에게 맡기는 데 중점을 둔다. 이러한 역량 강화는 물의 해방에 적응하기 위한 분산형 접근 방식을 배치하고 관리하는 작업이 성 중립적 활동이 되도록 하려는 이 프로그램의 본질적인 부분으로, 지역 주민들이 사헬의 생태계를 공유하는 7개국의 공유 수자원을 감독할 수 있도록 하는 것이 핵심이다. FAO의 설명을 들어 보자.

> 지역 주민들은 저수조의 건설과 사용, 유지 보수에 관해 교육을 받고 토목 공사 및 인프라 유지 보수와 관련된 자격을 취득해 소득을 다각화하는 동시에 주거 환경을 개선할 수 있다. 또한 그들은 올바른 수자원 관리에 관한 교육도 받는다. 농업 및 농학 분야의 기후변화 적응에 대한 교육 과정 역시 농민 현장학교 프로그램과 연계되어 시너지를 내고 있다.[37]

세계에서 가장 고도로 산업화하고 기술적으로 가장 발달한 국가인 미국도 빗물 수확의 대열에 합류하고 있다. 예를 들면 로드아일랜드주와 텍사스주, 버지니아주에서는 빗물 수확을 위해 구입한 장비에 대해 세금공제 혜택을 제공한다. 하지만 일부 주에서는 수집할 수 있는 빗물의 양과 수집 방법에 제한을 두고 있다.[38] 최근까지 빗물 수확은 대부분 농경지 관개나 정원 및 잔디 급수 등 식수가 아닌 용도로만 제한되었다.

비가 올 때 물을 저장해야 하는 또 다른 강력한 이유는 기후와 관련된 계절별 가용성 변화와는 별도로, 펌프 스테이션과 파이프라인을 마비시켜 대도시 지역의 급수를 차단함으로써 수백만 명의 사람들을 고립시키고 심각한 탈수와 심지어 사망 위험에 빠뜨리려는 사이버 범죄 및 테러 공격의 위험이 증가하고 있기 때문이다. 물 저장 시스템을 갖춰 놓으면, 중앙 상수도망이 손상되어 지역 전체의 주 상수도 시스템이 중단되는 경우에도 각 커뮤니티별 상수도 마이크로그리드를 국지적으로 가동해 주 상수도가 복구될 때까지 물의 흐름을 유지할 수 있다.

사물인터넷 센서를 장착한 수자원 인터넷이 이제 파이프라인과 저수지 등에 연결되어 소비자에게 깨끗한 물을 공급하고 폐수를 수거해 재정화를 위해 처리장으로 보내기 시작했다. 사물인터넷 센서는 파이프에 더해지는 압력과 장비의 마모, 시스템 전반의 누수 가능성, 수질과 화학적 변화를 추적 관찰하고 데이터와 분석을 통해 문제 지점을 예측하고 개입하며 원격 수리까지 한다. 스마트 계량기와 센서를 통한 추적 관찰이 사용량과 사용 시간을 포함해 물의 흐름에 관한 '적시' 데이터를 제공해 깨끗한 물의 공급부터 (소비자가 재사용할 수 있도록) 폐수 재활용 및 정화에 이르기까지 수자원을 더 효과적으로 관리하고 물을 절약하는 선순환 구축을 돕는다. 미국토목학회에 따르면, 미국에서만 매일 거의 230억 리터의 수돗물이 배관 누수와 부정확한 계량 및 기타 오류로 낭비된다. 이를 고려할 때 상하수도 체계 전체에 수자원 인터넷을 도입하는 것이 실로 시급하다.[39] 다른 국가들 역시 비슷한 물 손실에 직면해 있다.

비영리 과학기술 연구기관 바텔이 미국 에너지부의 의뢰로 운영하는 태평양북서부국립연구소는 2021년, 미국 전역에 분산형 백업 용수 마이크로그리드 인프라를 도입해 지역은 물론 각 동네까지 '긴급한 물 수요'에 대비해야 할 필요성에 관해 상세히 연구하면서 배터리와 연료전지로 마이크로그리드에 전기를 저장하듯이 물을 저장해야 한다고 강조했다.

물 마이크로그리드는 지역적으로 조달한 물을 현장에서 처리해 식수와 비식수로 나눠 공급할 수도 있다. 지속 가능성과 회복력에 관한 강좌를 열고 컨퍼런스를 주최하는 기관인 오메가지속가능생활센터는 자연의 물 정화 방식을 모방한 초보적인 현장 정수 시스템 중 하나를 개발했다. 오메가에서는 지하 대수층에서 펌프로 물을 끌어올려 높은 곳의 수조로 보낸 후 거기서 생성된 수압을 이용해 정수한다. 그렇게 정수된 물은 파이프를 통해 캠퍼스 내 강의실과 기숙사, 식당 등으로 보내져 음용과 목욕용, 청소용, 화장실용 등으로 사용된다. 사용한 물은 '에코머신'으로 흘러 들어가 정화된 후 다시 원래의 대수층으로 보내진다. 에코머신은 생태학적 폐수 처리 시스템으로 하루에 최대 19만 6800리터의 물을 처리할 수 있다. 넷제로 에너지(net zero energy: 소비하는 에너지와 같은 양의 재생에너지를 생산하는 체계 —옮긴이) 방식의 이 특별한 시스템은 자연의 재활용 체계와 최대한 가까운 폐쇄 루프 수문 순환 구조다. 자연을 본뜬 순환 시스템 개발의 선구자인 존 토드(John Todd)가 개발한 이 정화 시스템은 하구에서 발견되는 자연의 '자체 물 여과 시스템'과 같은 프로세스를 활용한다.[40]

이 시스템에서 폐수는 "펌프를 통해 고농도 산소가 공급되는 인공 못으로 다시 보내진다. …… (그곳에서) 식물과 곰팡이, 조류, 달팽이, 미생물들이 암모니아를 질산염으로, 독소를 기본 원소로 분주히 변환한다." 인공 못에서 처리한 물은 재순환 모래 필터로 보내지고 거기서 "모래와 미생물이 남은 미립자와 소량의 질산염을 흡수하고 소화한 후" 다시 오메가 연구소 주차장 밑의 75~90미터 아래의 대수층으로 흘러 내려간다. 정화 과정을 마친 물은 다시 건물로 끌어올려져 음용과 청소용, 목욕용, 화장실용으로 재사용되는 폐쇄 루프를 거친다.[41]

오메가센터의 현장 물 재정화 시스템은 자체 순환 루프를 통해 현장에서 물을 반복해서 재활용할 수 있다는 가능성을 입증한 사례 중 하나다. 최근에는 가정이나 호텔, 상업용 건물, 공장, 산업단지 등의 지하실에 설치할 수 있는 소형 독립형 물 재정화 시스템이 출시되면서 현장의 물 재활용이 확장되기 시작했다. 상업용 냉장고 크기의 이 세련된 기기는 건물 곳곳에 연결된 파이프를 통해 샤워실과 싱크대, 세탁기 등에서 나오는 '회색 물'을 모은다. 기기를 거친 회색 물은 지하실로 보내져 멤브레인 여과와 자외선, 염소에 의해 깨끗하게 정화되고 손실이 거의 없이 위층으로 다시 보내져 식수 이외의 용도로 사용된다. 로런스버클리 국립연구소의 물 혁신 전국연합의 상임이사 피터 피스케(Peter Fiske)는 이렇게 말한다. "이제 우리는 도시, 캠퍼스, 심지어 개별 가정 규모에서 물을 처리하고 반복해서 재사용할 수 있는 기술을 보유하게 되었다."[42]

태양광이나 풍력 같은 분권형·분산형의 현장 물 저장 및 재활용 시스템은 이미 규모를 확장하기 시작했으며, 기하급수적으로 하락하는 비용 곡선을 경험하고 있다. 시장은 방대하며 잠재적으로 수억 개 이상의 건물에 적용될 수 있다. 앞으로 반세기 후에는 분권형·분산형 급수 시스템이 건물의 싱크대와 샤워기, 세탁기 근처에 항상 자리할 것이다. 지방 정부는 분산형 수도 시스템의 설치를 의무화하기 위해 발 빠르게 움직이고 있다. 샌프란시스코는 2015년부터 "10만 제곱피트 이상의 모든 신축 건물에 현장 (물) 재활용 시스템을 설치하도록" 의무화하기 시작했다.[43]

2018년에 개장한 61층짜리 호텔과 사무용, 주거용 복합 타워로 샌프란시스코에서 가장 높은 건물인 세일즈포스 타워는 샤워실과 세면대, 하수도의 물을 매일 11만 3500리터씩 정화해서 화장실 물과 정원 관개에 재사용하는 현장 물 재활용 시스템을 갖추었다. 이 건물은 현재 연간 2950만 리터의 물을 절약할 수 있는데, 이는 샌프란시스코의 1만 6000가구에서 사용하는 물과 맞먹는 양이다.[44] 현재 부동산 개발사 도미노리파이닝이 뉴욕시 브루클린에서 추진 중인 유사한 재개발 프로젝트에서는

매일 151만 리터의 물을 재활용할 수 있다.[45]

현재 정수 시스템은 화장실과 식기세척기, 주방 싱크대에서 나오는 검은 물과 세탁기, 샤워실, 욕조에서 나오는 회색 물에만 적용된다. 비식수를 재활용해 수세식 변기와 빨래에 쓰는 경우 물 수요를 40퍼센트까지 줄일 수 있고, 샤워까지 재활용 물을 쓰면 물 수요를 20퍼센트 더 줄일 수 있다.[46]

샌프란시스코 공익사업위원회는 2040년에 이르면 현장 물 재활용 프로젝트를 통해 "매일 492만 리터의 식수를 절약"할 것으로 예상한다. 수문학자들은 분산형 시스템에서 대규모로 오폐수를 재정화해 식수로 이용할 수밖에 없는 상황이 앞으로 5년에서 10년 후에 현실화할 것으로 추정한다.[47] 물 재활용 시스템을 설치하는 경우 주택은 약 6퍼센트, 다세대 건물은 12퍼센트의 비용이 추가된다. 투자 회수 기간은 약 7년 정도이며, 그 이후에는 거주자들이 상하수도 비용을 크게 절감할 수 있다.[48] 그리고 이 초기 비용은 규모의 경제가 실현됨에 따라 눈에 띄게 감소할 것이다.

향후 수십 년 내에 분산형 상하수도 시스템은 거의 모든 대륙에서 보편화될 것이다. 피스케는 이렇게 말한다. "언젠가는 새로운 건물과 택지가 상하수도 시스템에 연결할 필요가 없어질 수도 있다. 사람들은 상하수도 인프라에 연결하지 않고도 사실상 폐쇄 루프에서 동일한 물을 반복해서 사용하는 방식으로 집이나 건물을 지을 수 있을 것이다. 전 세계 대부분의 지역에서 지붕에 떨어지는 물만으로도 생활을 유지하기에 충분할 것이다." 최근의 한 연구에 따르면, 물의 분산화로 물 수요의 75퍼센트까지 절약할 수 있는 것으로 나타났다.[49] 현재 세계적으로 확대되고 있는 태양광과 풍력의 지역적 수확과 마찬가지로, 수억 개의 옥상에서 독자적으로 물을 수확하는 것은 우리 종이 생명을 유지하기 위해 의존하는 가장 기본적인 생명 공급원을 분산화하고 민주화한다.

이렇게 고도로 분산된 모든 노력이 재야생화 수권에 적응하려는 도시에 다소간 숨통을 틔워 주겠지만, 거대한 수력 인프라에 묶인 우리의 거대 도시가 앞으로도 계속 대기천과 홍수, 가뭄, 폭염, 산불, 허리케인을 극복하기에 적합한 서식지가 될 수 있는지 의문은 여전할 것이다. 고도의 인구밀도가 특징인 도시 수력 문명은 온화한 기후에는 적합했을지 모르지만 온난화하는 지구에는 적합하지 않기 때문이다.

보다 직설적으로 말해 보자. 도시 수력 문명이 온대 기후가 계속된 6000년 동안 우리 종이 삶을 조직하는 지배적인 방식이었고, 그 핵심 임무가 지구의 수권과 자연을 우리에게 적응시키는 것이었다면, 그런 고대의 세계관이 초래한 전 지구적 위기에서 어떻게 같은 인프라와 관행 및 세계관이 인류를 구출해 낼 것으로 기대할 수 있겠는가? 지금까지 살펴본 새로운 친환경 물 이니셔티브는 아마도 우리 종을 자연에 적응시켜 삶을 살아가는 방법을 다시 생각하는 길의 중간 기착지 정도가 될 것이다.

인류가 미래에 대해 절망하고 있는 지금, 회복력 시대는 새롭고 강력한 내러티브를 제시한다. 이를 널리 수용한다면 우리를 자연의 품으로 돌려보내고 지구에서 생명체가 다시 번성하는 근본적으로 다른 미래를 위한 토대를 마련할 수 있다.

8

대이동과 임시 사회의 부상

•

물의 흐름을 우리 종에 적응시키는 대신 우리가 물의 흐름에 다시 적응해야 한다는 것을 상상하기 어렵다면, 인류가 예전에 그렇게 산 적이 있다는 사실을 떠올릴 필요가 있다. 우리 인류는 본질적으로 유목 생활인이다. 이제 세계 인구 상당수가 살기 좋은 온화한 기후를 찾아 움직이며 새로운 유목 생활 시대의 도래를 알리는 대규모 기후 이주가 시작되었다. 일련의 새 인구통계학적 연구와 보고서에 따르면, 향후 45년 동안 미국인 12명 중 1명은 미국의 절반에 해당하는 남부를 벗어나 서부 산간 지대와 북서부로 향할 것으로 예상된다. 또한 수백만의 사람들이 가뭄과 폭염, 화재에 취약한 남서부 주들에서 짐을 챙겨 오대호 지역으로 이주할 것이다.[1]

이런 이주는 지금은 미미한 수준이지만, 다음 수십 년 동안 급증할 가능성이 크다. 세계의 곡창지대인 미국 중서부 농장 벨트는 이미 해마다 심각한 기후변화 관련 홍수와 가뭄에 직면해 있다. 미국의 농경지가 농작물 재배 시즌이 시작될 무렵에는 거대한 호수로, 시즌이 끝날 무렵에는 메마른 땅으로 변하는 것이다. 이미 큰 타격을 입은 많은 농부들이 파산을 신청하고 있다. 한편 전국의 소비자들은 상당 부분 슈퍼마켓의 식품 가격 상승에 기인하는 인플레이션에 직면해 식료품 구매를 줄여야 하는 상황이다. 이 모든 것이 기후 온난화로 수문 순환이 급변하면서 생긴 현상이다.

1만 년 동안 비교적 온화한 기후에 힘입어 자연의 주요 기관인 수권을 강제적으로 인간 사회에 적응시켰던 인류는 이제 180도 방향을 틀어 다시 한번 지구의 수문 순환에 적응하는 새로운 방법을 동료 생물들과 함께 찾아야 할 것이다. 그러나 이번에는 수권의 작용과 수권이 지구의 다른 세 기관인 암석권, 대기권, 생물권에 미치는 영향에 대해 보다 정교한 과학적, 현상학적 이해를 갖추어야 한다. 그래야 우리의 기술력을 착취에서 관리 중심으로 재조정해서 이 푸른 행성과 파트너 정신으로 함께 나아갈 수 있는 방법을 찾을 수 있다.

5600만 년 만에 지구 기후의 가장 큰 변화가 다가오고 있는 오늘날, 사실 많은 부분이 불확실하고, 그래서 더욱 불안하다.[2] 하지만 우리 인류와 (바라건대) 많은 진화적 친척들이 인류 여정의 이 교차로에서 우리가 아직은 완전히 그려 내지 못하는 전혀 새로운 방식으로 생존하고 나아가 번영할 것이라고 믿을 만한 이유가 있다. 비범한 적응력을 타고난 인류는 바다와 대륙을 가로지르며 빙하기와 해빙기를 견뎌 냈다. 따라서 다가올 미래를 종말의 전조가 아닌 모종의 문턱으로 생각하는 것이 바람직하다. 그런 자세가 우리를 저편으로 나아갈 수 있도록 돕는 강력한 강장제 역할을 할 것이다.

우리 인류는 이미 역사상 가장 큰 규모가 될 이동의 첫 번째 물결을 경험하고 있다. 많은 세대에 걸쳐 정주 생활에 익숙해진 인류가 지구의 고삐 풀린 수문 순환이 촉발하는 심각한 기후 재난을 피하기 위해 보다 회복력 있는 지역으로 이주할 수밖에 없는 상황이다. 그에 따른 새로운 유목 생활은 우리의 공간적, 시간적 방향에 큰 변화를 야기할 것이다.

다가오는 인류의 대이동은 우리의 독창성을 시험할 것이다. 홀로세에는 긴 기간의 정주 생활과 짧은 기간의 이동 생활이 특징이었다면, 인류세에는 수권이 설정하는 속도에 따른 짧은 기간의 정주 생활과 긴 기간의 이동 생활로 역학 관계가 바뀔 것이다. 이런 상황이므로 임시 사회의 부상을 알리는 초기 단계의 싹이 트기 시작했다. 수만 또는 심지어 수십만 명의 이주민이 모여 사는 일시적 임시 도시가 이미 존재하지만, 대략적으로만 정의되거나 계획되며 난민 캠프처럼 운영되는 실정이다. 그러나 인류의 이동이 일시적 현상이 아니라 삶의 방식이 됨에 따라 이주 경로를 따라 형성되는 팝업 도시는 보다 명확하게 정의되고 계획될 것이고, 검소하고 엄격하지만 나름대로 준수한 삶의 질을 보장하는 방식으로 조성될 것이며, '커먼즈 거버넌스'의 지휘 아래 집단적으로 관리될 것이다. 인류가 기후변화에 순응해 나감에 따라 우리는 향후 50년 이내에 이동 패턴의 변화와 이동 경로의 변동에 보조를 맞출 수 있는 임시 도시의 건설을 목도할 것이다. 그러한 도시들은 인간 이동의 흐름에 따라 조립하고 분해하고 옮겨 놓고 재조립할 수 있는 정교한 최첨단 구조물들을 갖출 것으로 예상할 수 있다.

지구온난화와 수권의 재야생화로 점철되는 임시 사회에서 인류가 번성할 수 있는 방법에 대한 새로운 재설정은 우리가 시간 속에서 살고 공간을 탐색하는 방식에 대한 근본적인 재고로 가시화되고 있다. 이러한 시간적, 공간적 재조정의 첫 번째 단초는 우리가 장소에 대한 애착과 서식지를 재인식하는 방식에서 비롯된다. 예측할 수 없는 기후변화의 세계에서 이른바 안전한 피난처에 대한 기존의 관념은 바람에 휩쓸려 버렸거나 더 정확하게는 물바다에 내던져져 버렸다. '존재(being)'와 '생성(becoming)' 사이의 오래된 존재론적, 철학적 투쟁, 즉 전자를 실재로, 후자를 변덕 또는 심지어 환상으로 여기던 그 오랜 논리가 불안정한 21세기가 펼쳐지면서 바뀌고 있다.

실재를 예측 가능하고 시간 초월적이며 수동적인 객체나 구조, 형태로 보는 개념이 철학계에서 그리고 심지어 과학계에서도 빠르게 사라지고 있다. 그들의 논의가 점차 '사물'을 포착하고 수동적인 물질을 격리하고 모든 현상을 객체로 취급하는 것에서 벗어나 실재를 스스로 진화하는 과정이나 패턴, 흐름으로 이해하는 방향으로 옮겨 가는 것이다.

임시 예술의 르네상스와 시공간의 재설정

예술은 대개 역사적으로 시간과 공간에 대한 우리의 변화하는 관계의 재조정에서 선구적인 역할을 해 왔다. 예술의 마지막 위대한 재설정은 1340년에서 1550년 사이의 중세와 이탈리아 르네상스 시대로 거슬러 올라간다. 시간과 공간에 대한 재해석이 두드러진 시기였다는 뜻이다. 시간적 변화는 몬테카시노의 베네딕트(Benedict)가 529년에 창시한 가톨릭 공동생활 수도회인 베네딕트회와 함께 시작되었다. 베네딕트회는 고된 육체노동과 엄격한 종교적 수행에 치열하게 헌신했다. 그들의 지도 원칙은 '게으름은 영혼의 적'이었다. 베네딕트회 수도사들에게 육체노동은 영원한 구원을 얻기 위한 일종의 참회 과정이었다. 성 베네딕트는 형제들에게 "지옥의 고통을 피하고 영생에 이르려면 (아직 시간이 있을 때, 이 육신을 보유하고 이 생의 빛으로 이 모든 것을 성취할 수 있을 때) 영원히 우리에

게 이익이 될 수 있는 일을 지금 서둘러 행하지 않으면 안 된다"고 가르쳤다.[3]

학자들은 베네딕트회 수도사들이 시간을 '희소한 자원'으로 인식한 최초의 집단이며, 시간이 하느님의 것이기에 깨어 있는 모든 시간을 주님께 경의를 표하는 데 사용해야 했다고 지적한다. 그들은 매일을 혹독하게 조직된 활동에 바쳐야 했다. 기도, 노동, 경전 공부, 식사, 목욕, 수면 등에 쓸 특정한 시간이 할당되었다.[4] 심지어 머리 깎기와 피 뽑기, 매트리스 채우기 등과 같은 가장 일상적인 잡일에도 구체적인 시간이 정해졌으며, 채우지 않고 허투루 보내도 되는 시간은 아예 없었다.

인류학자들은 베네딕트회 수도사들이 역사상 최초로 '스케줄'을 준수한 코호트였을 것으로 추정하면서, 그들의 관행이 이후 삶의 방식이자 자연스러운 질서의 상징이 되었다고 말한다. 이러한 이유로 베네딕트회 형제들은 종종 "서구 문명의 첫 번째 '프로페셔널'로 분류되기도 한다."[5] 베네딕트회 수도사들은 스케줄을 지키려는 광적인 열정에도 불구하고 늘 어떻게 하면 시간을 잘 맞출 수 있을까 하는 문제에 직면했다. 그들은 1300년경 기계식 시계의 발명으로 답을 찾았는데, 이 시계는 '떨어지는 추의 힘을 정기적으로 차단해서' 에너지 방출과 기어의 움직임을 제어하는 메커니즘을 갖춘 탈진기라는 장치에 의해 작동되는 자동화된 기계였다.[6] 기계식 시계는 베네딕트회 형제들이 시간의 길이를 표준화하고 시간과 스케줄에 맞춰 일상 활동을 하도록 도운 신의 선물이었다.

기계식 시계는 너무도 매력적인 발명품이어서 그에 대한 소문이 회랑을 넘어 공공 영역으로 빠르게 퍼져 나갔고, 곧이어 모든 마을 광장에 거대한 시계가 들어서서 일상생활의 중심이 되었으며, 얼마 지나지 않아 중세 후기 유럽의 도시 공동체들에서 부상하던 원시적 산업 경제의 조정자이자 조율자 역할을 하게 되었다. 물론 베네딕트회 수도사들이 상업 생활의 감독자가 되고 효율성이라는 새로운 시간적 지향점을 제시할 의도로 시간 통제 기계를 발명한 것은 아니었다. 하지만 그들의 기계식 시계는 일출과 정오, 일몰, 계절의 변화에 따라 시간을 측정하던 소규모 도시 공동체와 농업 경제의 느긋한 시간 지향성을 밀어내고 끊임없는 효율성이 요구되는 원시적 산업 경제를 관리, 감시, 격리하는 데 이상적인 발명품이었다. 산업화 시대에는 매 순간 시간을 보정하는 것이 모종의 집착 내지는 취미가 되었다. 곧 분침이 달렸고 얼마 지나지 않아 초침도 도입되었다. 산업화 시대와 시장 자본주의가 도래하면서 '시간은 돈이다'가 사회 및 상업 생활의 새로운 구호로 떠올랐다. 한때 구경거리이자 사치품이었던 시계는 1790년대에 이르러 모든 가정에서 갖출 만큼 저렴한 필수품이 되었고 노동자들은 회중시계까지 갖고 다니기 시작했다.

조너선 스위프트(Jonathan Swift)의 『걸리버 여행기(Gulliver's Travels)』를 보면, 소인국 릴리펏의 현자들은 족쇄를 채워 둔 외계 거인이 계속 자기 주머니에 손을 넣어 풍차처럼 끊임없이 소리를 내는 반짝이는 물체를 꺼내 "그 엔진을 그의 귀에 대고 있다"고 황제에게 보고한다. 그들의 추측은 이러했다. "미지의 동물이거나 그가 숭배하는 신입니다. 하지만 우리는 후자의 의견이 더 타당하다고 생각합니다. 그가 우리에게 그것을 참고하지 않고는 거의 아무 일도 하지 않는다고 확언했기 때문입니다."[7]

시계와 회중시계는 대중이 자연의 시간에서 벗어나 (산업 활동의 동기화에서 정확한 주의를 요하는 생산 시스템을 갖춘) 공장 현장의 기계적인 시간을 향하도록 꾸준히 방향을 바꾸어 주었다. 대중은 이제 시간을 살아 움직이는 지구의 리듬에 구애받지 않는 어느 평행 우주에서 작동하는 표준적인 측정 단위로 간주하기 시작했다. 거의 고려하지도 않았고 생각조차 하지도 않았지만, 효율성은 지구의 공전에 따른 계절의 변화와 자전에 따른 시간적 리듬과 완전히 분리된 대안적 가상 세계로 우리 인류를 데려갔다.

이 이야기는 여기서 그치지 않는다. 중세에는 이 세상의 시간 자체가 별로 중요하지 않았다. 사람들은 '세상 안'에 살면서 '세상에 속하지 않은 것'으로 기간을 정의했다. 천국으로의 승천과 영생을 간절히 기다리는 기독교 신자들의 영향이었다. 그들은 지상을 일시적으로 머무는 감옥으로 여겼다.

이 시기의 그림과 태피스트리를 살펴보면, 평면으로 묘사된 창조 세계에서 인간들이 손을 뻗으며 떠 있는 가운데 시선을 하늘에 고정시킨 모습이 주류를 이루는 것을 알 수 있다. 이 그림들은 아름답기는 하지만 몽환적이고 유치하며 깊이가 부족해 보이고, 현실적으로 느껴지지도 않는다.

1415년 이탈리아의 건축가이자 예술가 필리포 브루넬레스키(Filippo Brunelleschi)가 당시 건설 중이던 피렌체 세례당을 묘사하면서 교회의 지침을 묵살하고 미술사 최초로 정문에서 세례당을 들여다보는 방식의 선형 원근법을 사용함으로써 모든 것이 바뀌었다. 선형 원근법은 모든 선이 눈높이에서 지평에 수렴되는 '소실점'을 써서 3차원의 환상을 투영했다.[8] 브루넬레스키의 천재적 발상은 인류가 시간성과 공간성을 생각하는 방식에 획기적인 인식 전환을 가져왔으며 나아가 우리가 세상을 바라보는 방식도 바꿔 놓았다. 그 뒤 미켈란젤로(Michelangelo)와 레오나르도 다빈치(Leonardo da Vinci), 라파엘로(Raphel), 도나텔로(Donatello) 등이 원근법을 활용해 걸작을 남기기 시작했다. 기계식 시계에 이어 예술에 원근법이 도입되면서 이후의 세대들이 지구의 시간과 공간, 존재를 경험하는 방식이 그야말로 완전히 바뀌었다.

이제 사람들은 창문 너머로 텅 빈 지평선을 바라보는 식으로 시선을 재배치한 그림을 보게 되었다. 그런 시선의 끝에는 포착하고 격리하고 대상화하고 변형해 땅 위에 제2의 에덴동산을 만들어 주길 기다리는 자연이 존재했다. 이제 모든 사람이 자신의 시선 속에 들어오는 모든 것을 관음하는 동시에 감독하는 존재가 되었다. 예술의 원근법은 그렇게 다음 세대들이 냉정하고 객관적인 관찰자의 관점에서 세상을 바라볼 수 있도록 준비시켰다.

원근법을 작품에 도입한 르네상스 시대의 예술가들은 당대의 건축가나 수학자들과 빈번히 교류하였는데, 그들 역시 원근법의 원칙을 활용해서 자신의 분야를 발전시키는 한편 당시의 기하학 및 과학의 통찰력을 예술가들과 공유했다. 존재를 인식하는 방식에 대한 이러한 기술적 변화는 이후 베이컨 과학을 중심 무대로 이끌며 18세기 계몽주의 시대와 19세기 및 20세기 진보의 시대를 위한 토대를 마련했다.

르네상스 이후의 세대는 주변 세계를 포획하고 활용할 수 있는 대상, 즉 변형하고 소비할 수 있는 수동적인 물질로 인식하기 시작했다. 그리고 얼마 후 실용주의가 등장해 적어도 부분적으로는 이전의 종교적 신비주의를 대체했다. 분리된 관찰자로서 세상을 본다는 것은 주변 환경으로부터 자신을 제거하고 이 행성과의 가장 사소한 상호작용에 이르기까지 설계자이자 기업가로서 참여한다는 것을 의미했다. 일상생활의 가장 평범한 측면에서도 우리 각자는 감독자가 되었고, 우리 주변의 자연 세계는 소비에 유용한 대상으로 간주되었다.

효율성과 실용주의의 요건에 시간을 맞추는 개념은 이후 얽히고설키면서 인간 사회에 깊이 뿌리내렸고, 그래서 오늘날 효율성과 실용주의가 사실상 동의어로 느껴질 정도다. 효율성은 현대적 시간 개념의 지표이며 현대 생활의 가장 중요한 덕목으로 의심의 여지가 없는 지위를 누리고 있다. 시간적 가치로서 효율성이 갖는 우위는 마치 그것이 자연 자

체의 근간을 이루는 주요한 시간적 매개체라도 되는 양 거의 도전받지
않고 유지되어 왔다.

우리는 그렇게 효율성을 인간의 발명이 아닌 자연의 힘으로 간주하게
되었다. 본질적으로 분석해 보면, 우리는 효율성을 떠올릴 때 수권과 암
석권, 대기권, 생물권 등 지구의 핵심적 권역에 대해 갈수록 더 많은 양
을, 더 빠른 속도로, 더 짧은 시간 간격으로 추출하고 격리하고 상품화하
고 소비해서 우리 종의 배타적 풍요를 증가시키는 것을 상상하게 된다.
다른 종도 그렇지 않느냐고? 전혀 그렇지 않다. 자연에서는 시간적 가치
가 효율성이 아니라 적응력에 있다. 모든 생물이, 그리고 적어도 문명의
태동 이전까지는 우리 인간 종도 자신의 생체 시계(초주일, 일간, 계절, 연간
리듬)를 지구의 시간적 방향에 맞도록 지속적으로 조정해 왔다.

따라서 효율성은 순전히 인간의 발명으로, 자연에는 존재하지 않는
시간적 가치다. 자연에서 적응력은 모든 생물의 유전적 구성에 내장되
어 있는 보편적이고 근본적인 시간적 가치다. 마찬가지로 효율성의 쌍
둥이 개념인 '생산성' 역시 자연에서는 찾아볼 수 없다. 오히려 '재생력'
이 자연계와 그 안에 존재하는 모든 생명체의 원동력이다. 자연은 상품
화하고 소비할 수 있는 수동적인 자원과 대상으로 구성된 것이 아니라,
살아 있는 지구를 구성하는 자기 조직적인 참여의 장에서 끊임없이 상
호작용하는 역동적인 과정과 패턴, 흐름의 풍부한 저장고로 이뤄져 있다.

시간과 무관한 공간적 진공 속에 수동적으로 존재하는 것이 아니라
살아 움직이고 상호작용하며 시간이 지남에 따라 끊임없이 스스로 진화
하는 자연에 대한 이런 경험은 태고부터 우리 인류가 존재를 인식하는
방식이었다. 하지만 우리를 자연의 부름에서 멀어지게 만드는 거대한
이탈이 약 6000년 전 최초의 도시 수력 문명의 등장과 함께 불길하게 시
작되었다. 그리고 이제 온난화 기후로 인해 지구의 수권이 새로운 진로

를 모색하면서 그 무용담이 뒤집히고 있다.

공정하게 말하자면, 시간과 공간의 현실 세계가 실제로 어떻게 작동하는지에 대한 인식은 낭만주의 시대에 이성 및 계몽주의 시대에 반하는 반혁명이 발발한 시기부터 시작되었다. 그러나 물리학자들이 고정된 공간을 차지하는 고체 물질로 보던 원자의 물성에 대한 이전의 가정이 '잘못되었다'는 것을 깨닫기 시작한 것은 20세기 초반에 이르러서였다. 과학자들은 원자가 물질적 의미의 '사물'이 아니라 일정한 리듬에 따라 작동하는 관계의 집합이며, 그러한 까닭에 '원자는 어떤 시간에든 고정적 특성을 전혀 갖지 않는다'는 사실을 깨닫게 되었다. 물리학자 프리초프 카프라(Fritjof Capra)의 설명을 들어 보자.

> 아원자 수준에서 고전 물리학의 고체 물질은 파동과 같은 패턴의 확률적 상호 연결성으로 해체된다. 양자론은 우주를 물리적 객체의 집합이 아닌 통일된 전체의 다양한 부분들이 만드는 복잡한 관계의 그물망으로 바라보게 한다.[9]

구조와 기능을 분리하는 오랜 관행은 새로운 물리학의 탄생과 더불어 사라졌다. 과학자들은 어떤 것의 실체와 그것의 수행을 분리할 수 없다는 사실을 깨닫기 시작했다. 모든 것이 순수한 활동이며 정적인 것은 없다. 사물은 고립되어 존재하는 것이 아니라 시간을 통해 존재한다.

2차 세계대전 이후 사이버네틱스의 아버지 노버트 위너(Norbert Wiener)와 일반체계이론(GST)의 아버지 루드비히 폰 베르탈란피(Ludwig von Bertalanffy)가 무대에 뛰어들어 각자의 이론을 실천에 옮기기 시작했다. 두 인물은 시간과 공간, 그리고 존재의 본질에 대한 인류의 오랜 가정이 잘못되었다고 믿었다. 1952년 폰 베르탈란피는 "구조란 긴 시간의 느린 과정이고, 기능이란 짧은 시간의 빠른 과정"이라고 썼다. 1954년, 위너는 이와 비슷한 접근 방식을 취해 우리 종과 지구에 서식하는 다른 모든 종의 삶을 평가했다. 그는 인간의 삶에 대해 이렇게 썼다.

우리의 개별적 정체성을 판단하는 것은 바로 항상성을 통해 유지되는 패턴이다. 우리가 먹는 음식과 숨 쉬는 공기는 우리의 살과 뼈가 되며 살과 뼈의 순간적 요소는 매일 몸 바깥으로 배출된다. '우리는 끊임없이 흐르는 강물의 소용돌이에 불과하다.' 우리는 고정된 물질이 아니라 스스로 영속하는 패턴이다.[10]

이들의 이론은 앨프리드 노스 화이트헤드(Alfred North Whitehead)의 사상에 많은 영향을 받았다. 화이트헤드는 20세기의 위대한 철학자이자 수학자 중 한 명으로 꼽히는 인물이다. 그는 버트런드 러셀(Bertrand Russell)과 함께 수학의 기초를 다룬 3권짜리 시리즈 『수학 원리(Principia Mathematica)』를 공동 집필했는데, 이 시리즈는 20세기 수학 분야에서 누구나 찾는 핵심 참고서가 되었다. 화이트헤드는 말년에는 철학과 물리학으로 주된 관심사를 전환했다. 1929년에 출간된 그의 주요 저작 『과정과 실재(Process and Reality)』는 20세기 전반에 걸쳐 과학과 철학의 주요 사상가들에게 많은 영향을 미쳤다. 화이트헤드는 시간의 흐름이 결여된 아이작 뉴턴의 물질과 운동에 대한 설명을 다음과 같이 비판했다.

그것은 물리적 힘에만 의존하고 환원할 수 없는 물질이 유동적 배열 환경에서 공간으로 퍼져 나간다는 궁극적 사실을 전제로 한다. 이런 물질은 본질적으로 감각이 없고 가치가 없으며 목적도 없다. 그것은 존재의 본질에서 유래하지 않은 외적 관계가 부여한 고정적인 순서와 방법에 따라 그저 하는 일

을 할 뿐이다.[11]

화이트헤드는 뉴턴이 존재에 대해 '다른 순간과 어떠한 연관도 없이' '지속성 없는' 순간들로 구성된다고 설명한 것을 비판하며 '순간의 속도'나 '순간의 운동량' 같은 것은 터무니없을 뿐이라고 주장했다.[12] 화이트헤드는 특정한 단일 물질이 "공간과 시간에서 단순한 위치의 속성을 갖는다"는 개념은 "자연을 여전히 의미나 가치가 없는 것"으로 남겨 둔다고 설명했다.[13]

화이트헤드를 괴롭힌 것은 자연에 대한 과학계의 지배적인 세계관이 "자연 내의 근본적인 활동들에 대해 아무런 차별도 두지 않는다"는 점이었다.[14] 옥스퍼드대학교의 역사학자이자 철학자인 로빈 콜링우드(Robin G. Collingwood)는 관계와 리듬은 "운동의 리듬이 설정될 수 있을 정도로 충분히 긴 시간" 내에서만 존재한다고 밝혔다.[15] 명백한 예를 들자면, 음악의 한 음표는 그 앞과 뒤에 다른 음표가 없으면 아무런 의미도 없다.

화이트헤드는 물리학에 대한 새로운 관점을 이렇게 요약했다.

이전의 관점은 변화를 추상화하고 자연의 완전한 실재를 특정한 지속 시간과 관계없는 어떤 순간에 존재하는 것으로 생각하며 물질이 그 순간의 공간에 어떻게 분포하는가에만 초점을 맞춰 상호관계를 특징지었다. …… 반면에 현대적 관점은 자연이 과정과 활동, 변화의 실체라는 점을 강조한다. 사실 어떤 단일 순간에는 아무것도 일어나지 않는다. 각각의 순간은 다양한 사실들을 범주화하는 방식일 뿐이다. 따라서 단순한 일차적 실체로 간주할 수 있는 순간이 존재하지 않으므로 순간에는 자연도 존재하지 않는다.[16]

자연의 모든 것이 수시로 변하고 우리가 경험하는 것은 모든 움직임에 수반되는 나비효과와 외부효과로 가득 찬 자기조직적인 행성에서 수권에 의해 촉발되고 암석권, 대기권, 생물권에 영향을 미치는, 끊임없이 진화하는 패턴과 과정, 흐름이며, 그것들이 우리가 존재라고 생각하는 것을 지속적으로 재배치한다는 과학자들의 이해가 옳다고 추정해 보자. 실로 그렇다면 우리는 자연을 주변 환경에서 분리해 마음대로 포획, 격리, 사유화, 상품화할 수 있는, 시간과 무관한 수동적 대상이자 구조물로 보는 관념 자체에 대해 다시 생각해야 타당하다. 간단히 말해서 그러한 관념은 지구가 작동하고 기능하는 방식에 전혀 부합하지 않기 때문이다.

요점은 존 로크와 이후의 애덤 스미스, 그리고 그들의 뒤를 이어 자본주의 이론과 실천의 틀을 만든 추종자들이 우리가 살고 있는 지구를 심각하게 잘못 이해했다는 것이다. 더 중요한 것은 그들의 철학적 실수로 인해 살아 숨 쉬는 지구가 약탈당하고 우리 종과 동료 생물이 지구상의 여섯 번째 멸종 위기에 처하는 결과가 초래되었다는 사실이다. 그러나 이제 물리학과 생물학의 새로운 이해의 발자취를 좇아 예술 분야까지 인류 공동체가 플래닛 아쿠아에서의 삶에 대해 다시 상상할 수 있도록 돕고 있다.

이탈리아 르네상스 시대에 그랬던 것처럼, 오늘날 우리의 예술 분야는 다시 한번 틀을 깨고 시간과 공간, 나아가 자연 세계와의 관계, 자아에 대한 개념, 과학과 기술에 대한 접근 방식, 심지어 청소년을 교육하고 지구의 권역들에서 경제생활을 추출하며 거버넌스를 구상하는 방식까지 다시 생각하도록 강요하고 있다.

시간 경과에 따른 소멸이라는 개념을 반영하는 임시 예술은 우리 종의 기원만큼이나 오래되었으며 지구에서 20만 년 이상 존재해 온 인류의 역사와 깊이 관련되어 있다. 수렵 채집 생활을 하는 사냥꾼이었던 인류의 초기 조상들은 순전한 일시성의 삶을 살았다. 앞서 언급했듯이 그들의 페르소나 자체가 물활론 성격을 띠고 있었다. 그들은 유동적으로 상호작용하는 힘과 패턴, 흐름의 극적 효과가 존재의 모든 측면에 밀접하게 영향을 미치는 세계를 경험했다. 거세게 흐르는 강과 개울, 바람에 흔들리는 어둡고 시원한 숲, 위에서 위엄 있게 내려다보는 눈 덮인 산맥, 지평선을 휩쓸고 지나가는 강력한 비바람, 심지어 동료 생명체가 지나가며 남겨 놓은 신선한 발자국까지도 (아무런 차별 없이) 그들이 거주하는 환경에 깃들어 있는 영혼으로 인식했다. 이러한 영혼과 정령들은 심지어 우리 조상들을 따라 육체성이 없는 곳인 저승으로 이동하기도 했다.

고대 조상들의 세계에서는 그들의 시각과 청각, 후각, 미각, 촉각이 매 순간마다 끊임없이 재구성되고 진화하는 풍부한 감각적 환경에서 끊임없이 영감을 받으며 그런 환경이 이끄는 대로 감각 경험의 여정을 따랐다. 수렵 사냥꾼의 세계는 일시적인 동시에 영원히 즉흥적이었다. 변하지 않는 고정된 환경으로서의 장소 및 공간 개념은 유목 생활을 하는 수렵 채집 사냥꾼들에게는 상상도 할 수 없는 일이었을 것이다. 이러한 매우 역동적이고 일시적인 우주론에 불변성이 있었다면, 그것은 계절의 변화와 동지 및 하지의 표식이었다. 루마니아 출신의 미국 종교학자이자 문학가 미르체아 엘리아데는 물활론을 신봉한 우리 선조들이 기념한, 존재의 탄생과 삶, 죽음, 재탄생의 연간 순환에 담긴 영묘한 속성을 '영원한 회귀'라고 지칭했다.

조상들은 이동 생활이 계절의 탄생과 삶, 죽음, 재탄생의 주기와 결합된 것처럼, 자신의 인생 경로도 같은 식으로 이해하게 되었다. 그들은 사람이 죽으면 영혼은 지하세계에 머물다가 결국 인간이나 다른 생물 또는 무생물의 세계에서 다른 형태의 생명으로 나아가는 길을 찾는다고 믿었다. 19세기 인류학자 에드워드 타일러 경(Sir Edward Tylor)은 이러한 사회를 물활론 문화로 분류한 최초의 학자다. 요약하자면, 우리 조상들

의 세계는 일시적인 것이었으며 수렵 채집 유목 생활 문화에서 기대할
수 있는 양상 그대로였다.

수렵 채집에서 농업과 목축으로의 전환이 약 6000년 전 도시 수력 문
명의 등장으로 이어지면서 적어도 서구 세계에서는 정주 생활이 정착했
고, 이와 더불어 '이동'보다 '장소'를 우선시하고 '생성'에 '존재'를 대립
시키는 의식의 분기점이 형성되었다. 실재에 대한 이러한 이원론적 시
각은 플라톤을 비롯한 고대 그리스 철학자들이 처음으로 고안했다.

플라톤은 어떻게 우리 종을 잘못된 길로 이끌었는가

플라톤은 철학의 근간인 연역 추론의 창시자다. 이 그리스 철학자는
존재를 두 영역으로 나누었는데, 첫 번째 영역은 우주의 비물리적 본질
인 '이데아, 즉 형상'이 속하고, 두 번째 영역은 물질, 물체, 사물이 차지
한다. 플라톤은 우리가 사는 물질적 세상인 두 번째 세계가 '비물질적,
비공간적, 탈시간적'이며 본질적으로 순수한 존재(being)인 첫 번째 이데
아의 세계를 불완전하게 모방한 것에 불과하다고 말한다.[17]

플라톤에 따르면, 우리가 일상에서 경험하고 상호작용하는 모든 사물
은 이러한 보편적인 이데아들의 불완전한 모방품이다. 예를 들어 개별
인간이나 산맥, 예술 작품 등은 모두 그들이 대표하는 관념의 불완전한
복사본이고, 사람의 사랑 경험은 사랑이라는 형상의 불완전한 표현이
며, 삼각형의 그림은 삼각형 개념의 불완전한 모방이다. 위의 각 예는 본
질적으로 시간적인 성격을 보유하지만, 플라톤은 이데아가 시간이나 공
간에 존재하지 않으며 눈에 보이지도 않는다고 주장한다.

완벽한 삼각형이나 완벽한 미의 표현, 나아가 완벽한 개를 본 사람은

아무도 없다. 하지만 그것들 각각이 머릿속의 개념으로는 상상할 수 있는 원형으로 존재한다. 인간은 이러한 형상을 직접 경험하거나 관찰할 수는 없지만 머릿속으로는 상상할 수 있으며, 이를 통해 모방할 수 있다. 완벽한 삼각형이 어떠한 것인지 '생각'할 수는 있지만 결코 '경험'할 수는 없다는 논리다. 플라톤은 진리를 아는 것은 감각적 경험이 아니라 순수한 사고와 연역적 추론으로만 경험할 수 있다고 주장했다.

플라톤은 정신과 육체의 분리를 서양 철학에 도입했다. 이는 인지적 세계와 물리적 세계의 분리로서 이후 여러 세대의 학자들, 특히 과학자들이 나름의 존재론적 탐구를 수행하는 방식의 바탕이 된다. "너무 감정적으로 굴지 말고 좀 더 이성적으로 생각하라" 또는 "경험보다 이성을 신뢰하라"는 문구는 우리 모두에게 친숙한 말이다. 철학에서 합리주의는 "진리의 기준이 감각적이지 않고 지적이며 연역적인 맥락에서" 지식을 확보하기 위해 이성을 사용하는 방법론이다.[18]

플라톤에게 현실이란 우리가 감각을 통해 경험하는 세계가 아니라, 항상 우리의 손아귀에서 벗어나 있는 매우 추상적이고 비물질적인 이데아(즉 형상)의 세계이다. 감각적 경험에 의존하지 않고 보편적 진리를 엿볼 수 있는 수학이야말로 순수한 이성을 경험할 수 있는 가장 가까운 학문일 것이다. 플라톤은 당시 가장 정교한 수학 장르였던 기하학에 매료되어 이를 순수한 지식의 창으로 여겼다. 심지어 그는 자신의 학술원 출입문 위에 '기하학에 무지한 사람은 들어올 수 없다'는 문구를 새겨 넣기도 했다.

이 거대한 철학적 영향력은 그 모든 표명을 통해, 주체성이 결여되고 시간과 무관하며 수동적인 자연을 감독하고 격리하는 냉정하고 이성적인 인류와 함께 자연 세계로부터 점점 더 멀어지는 도시 문화를 이끌며 현재에 이르렀다.

기록을 바로잡자면, 시간적 세계의 관에 마지막 못을 박은 인물은 아이작 뉴턴이었다. 뉴턴은 중력을 설명하는 수학적 공식을 발견했다. 그는 행성들이 특정한 방식으로 움직이는 이유와 사과가 나무에서 특정한 방식으로 떨어지는 이유를 하나의 법칙으로 설명할 수 있다고 가정했다. 그의 주장을 들어 보자. "자연의 현상은 모두 지금까진 알려지지 않은 어떤 원인에 의해 물체의 입자들이 서로 이끌려 일정한 모양으로 응집하거나 서로 밀어내 물러나게 하는 특정한 힘에 의존할 수 있다."[19] 뉴턴의 세 가지 법칙에 따르면, 정지한 물체는 정지 상태를 유지하지만 운동 중인 물체는 외력이 작용하지 않는 한 직선운동을 유지하고(관성의 법칙), 물체의 가속도는 가해진 힘이 작용하는 직선 방향으로 그 힘과 정비례하며(가속도의 법칙), 모든 힘에는 그에 상응하는 반대되는 힘이 따른다.(작용 반작용의 법칙) 뉴턴의 세 가지 법칙은 이렇게 우주의 모든 힘이 어떤 식으로 상호작용하고 다시 '평형'으로 안정화되는지를 설명한다.

뉴턴에게 물질과 운동의 세계는 질서 정연했고 계산이 가능했으며 자발성이나 예측 불가능성의 시간적 세계가 들어설 여지가 없었다. 질이 없는 양의 세계였다. 뉴턴의 수학적 접근 방식은 계몽주의 시대의 지적, 과학적 풍광의 형성에 지대한 영향을 미쳤고, 이렇게 정립된 수학은 이후 진보의 시대를 위한 발판을 제공했다. 가장 중요한 것은 뉴턴의 물질 운동에 관한 세 가지 법칙에는 시간의 화살표가 없다는 사실이다. 뉴턴의 우주에서는 모든 과정의 시간을 되돌릴 수 있다. 그러나 자연과 더 나아가 경제라는 현실 세계에서는 어떤 사건도 시간을 되돌릴 수 없다. 결국 경제학자들은 뉴턴의 탈시간적 도식을 경제활동을 모델링하는 도구로 채택하면서 수 세대에 걸쳐 길을 잃고 현실과 더욱 멀어졌다.

빠르게 온난화하는 기후와 재야생화되는 수문 순환은 이제 뉴노멀(new normal)이다. 추출하고 격리하고 재산화하고 상품화하고 소비할 수 있는 탈시간적 영역으로 여겨지던 수권과 암석권, 대기권, 생물권 등 지구의 거대 권역들이 갑자기 주체성을 발휘하며 살아나고 있다. 하지만 그들의 주체성은 유순해 보이는 자연과 온화한 기후가 펼쳐지던 오랫동안 인식되지 않았을 뿐, 항상 존재하던 무엇이다.

그리고 이제 우리의 예술 분야가 자연을 시간적 주체성이 없는 고정된 객체로 보며 객관적 분리를 중시하던 르네상스의 유산을 거부하며 길을 선도하고 있다. 임시 예술이 충만한 시간적 작용으로 매 순간 놀라움을 선사하며 살아 움직이는 지구로 우리를 다시 초대하고 있다. 새로운 세대의 예술가들은 예측할 수 없고 끊임없이 진화하는 행성의 환경, 즉 상호작용하는 힘과 과정, 패턴이 순간순간 나타났다가 빠르게 사라지며 언제나 살아 움직이던 지구에 새로운 역동성의 길을 열어 주는 모습을 소개함으로써 지구에 다시 생명을 불어넣고 있다.

이 새로운 세대의 임시 예술가들은 변화하는 기후에 적응하기 위해 노력하는 가운데 살아 움직이는 지구를 엿볼 수 있도록 돕는다. 오랜 세월 거의 휴면기에 가까운 시간을 보낸 임시 예술의 재도입은 존재의 일시적 본질과 우리가 머무는 모든 소중한 순간의 중요성을 이해하도록 도우며, 우리 각자의 경험이 계속되고 앞으로 다가올 모든 것에 영향을 미친다는 사실을 깨닫게 한다.

임시 예술은 약 20만 년 전 우리의 고대 조상들이 아프리카 리프트 계곡의 숲에서 탁 트인 사바나로 나온 후 방대한 바다를 건너 여러 대륙에 정착한 이래로 인류와 함께했다. 하지만 그리스도 이전 수천 년 전부터 도시 문명이 발달하고 인류가 자연 세계로부터 갈수록 분리되면서 사라지기 시작했는데, 결코 죽지는 않았다. 오늘날 인류의 절반 이상이 인공적인 도시 공간에 거주하며, 대부분 자연이랄 수 있는 것과는 거리가 먼 가상 화면에 갇혀 지낸다. 그럼에도 개발도상국이나 종교 종파, 원주민

공동체 등에는 오랜 역사의 임시 예술이 남아 있다. 고도로 도시화하며 자연과 점점 더 멀어진 산업 국가일수록 그 반대의 양상을 보인다.

지구의 관대함으로 축복하는 자연의 정령이나 여신, 신 등에게 경의를 표하는 정교한 임시 의식이 여러 나라에서 계속되고 있는데, 다양한 임시 예술 행위를 수반하는 것이 특징이다. 행사 참여자들은 종종 몸을 깃털이나 털로 장식하고 얼굴과 피부는 돌과 흙에서 채취한 다양한 색조의 천연 색소로 채색해 정교한 디자인의 일시적인 예술 작품으로 변모시킨다.

예를 들어 힌두교 의식에서는 "모든 피조물은 흙에서 형성되고 결국 흙으로 돌아간다"는 이치에 따라 마법의 속성을 지닌 것으로 여겨지는 '물타니 미티' 점토에 경의를 표한다.[20] 물타니 미티는 "생명을 지탱하는 어머니 여신의 몸"이며 "쉽게 조달해 조각할 수 있고 불이나 다른 신성한 요소로 정화하면 신과의 다르샨(교류)을 촉진하는 데 적합한 그릇이 되는" 물질이라고 한다.

인도 동부에서는 매년 재현하는 고대 의식에서는 도공들이 짚과 막대기로 만든 정교한 구조물들에 점토를 바르면 참여자들이 행렬을 지어 그것들을 지역의 강으로 운반해 강물에 흘려보낸다. 그렇게 점토가 강물에 녹아내리면 신이 하늘로 돌아가고 땅의 요소로 만들어진 임시 구조물은 흙으로 돌아가며 제 역할을 다한 것으로 본다. 이와 유사한 고대의 임시 의식이 세계 곳곳에서 행해지고 있다. 보디 페인팅과 흙으로 만든 조각품, 군무 의식은 모두 고대의 임시 예술 및 공연의 일부로, 매 순간 다른 외형으로 존재하며 자연의 웅덩이로 다시 녹아들어 가 다가올 모든 순간에 흔적을 남기고 사라지는 삶의 덧없는 성격을 반영한다.

전통 예술과 임시 예술의 차이점을 이해하는 것은 유익하다. 전통 예술에는 건축과 무용, 조각, 음악, 회화, 시, 문학, 연극, 서사, 영화, 사진

등이 포함된다. 무용과 연극, 시 낭송 등 일부 전통 예술은 일시적이지만, 사진으로 찍히고 영상으로 촬영되고 글로 기록되고 모종의 형태로 보관되는 순간, 일시성을 상실하고 시간과 공간에 고정된다.

반면에 임시 예술은 시간과 공간 속에서 살아 움직이며, 기억에는 남지만 보관되지는 않는다. 즉 왔다가 사라지면서 흔적을 남기고, 이후의 모든 것에 영향을 미치는 파장을 일으킨다. 아무리 중요한 기여를 했더라도 일시적인 경험이 될 뿐이다. ephemeral(임시의)이라는 단어는 단명한다는 뜻의 그리스어 ephemeros에서 파생된 말이다. 샌드아트와 얼음 조각이 대표적인 임시 예술에 해당한다. 임시 예술은 즉각적이고 소멸적이며 보존되지 않는 것을 목적으로 한다. 존재의 일시성을 찬미하는 형태의 예술인 셈이다. 그에 반해 회화, 조각, 사진 같은 전통 예술은 이미지를 공간에 잡아 가두고 이를 탈시간적 대상으로 격리해서 허식에 불과한 영속성을 부여한다.

동양의 종교 및 철학은 예술적 표현에서 존재의 덧없음을 서양에 비해 훨씬 더 중요하게 여겼다. 예를 들어, 동양의 종교의식과 철학적 관습에는 종종 아름답고 복잡한 만다라의 창작이 포함되곤 했는데, 색색의 모래로 구성된 만다라는 완성된 후 바람에 흩어지며 존재 자체가 덧없고 일시적이라는 믿음을 투영했다.

20세기 초 독일의 철학자 발터 벤야민(Walter Benjamin)은 예술 작품에서 일시성으로의 전환이 유행하는 것은 급변하는 글로벌 환경 속에서 삶의 속도가 빨라지는 데 기인한다고 추론했다. 1960년대와 1970년대에 이르러 젊은 세대가 자연환경에서 일어나는 해로운 변화를 점점 더 진지하게 인식하면서 임시 예술의 새로운 물결이 일기 시작했다. 자연이 수동적인 객체로 구성되어 비교적 예측 가능하다는, 오랫동안 당연하게 여겨지던 개념은 순전한 존재의 탈시간적 세계를 이끌었지만, 지구온난화로 인한 수문 순환의 거칠고 요란한 재야생화는 모든 순간을 독특하게 보이게 했다. 급변하는 수권은 그렇게 인류 공동체의 의식에 날카롭게 파고들며 모두가 예측할 수 없고 끊임없이 진화하는 자연을 경험하도록 강요하기 시작했다.

예술 분야에 일고 있는 현대의 임시 물결은 아프리카계 미국인 문화에 뿌리를 두고 있다. 1920년대의 재즈 시대는 대중문화에 즉흥성을 끌어들이며 음악에 접근하는 방식 자체를 바꾸었다. (사전 계획이나 준비 없이 구성되는) 픽업 그룹들은 음악적 로드맵 없이 자발적으로 모여 순간순간 즉흥적으로 음악을 연주하고 구성함으로써 각각의 음악적 만남을 반복할 수 없는 독특한 일시적 경험으로 변화시켰다. 즉흥 코미디는 1960년대 시카고에서 세컨드시티(Second City) 공연단이 대중화하기 시작했으며, 거기에 속한 코미디언 중 다수가 훗날 지금도 인기 있는 TV 쇼인 「새터데이나이트라이브(Saturday Night Live)」의 탄생에 선구자 역할을 했다. 즉흥 코미디언은 일반적으로 느슨한 스토리라인으로 출발해 의식의 흐름에 따라 풀어 나가는데, 이는 당시 여성 의식 향상 세션에서 유행하던 의식 증진 치료의 전형적인 방식이다. 이 코미디언들은 종종 삶의 아이러니나 실수, 사고, 역설적 상황을 드러냄으로써 자기 삶에서 유사한 일을 경험한 청중으로부터 공감과 웃음을 끌어내곤 했다.

비슷한 시기에 줄리언 벡(Julian Beck)과 주디스 멜리나(Judith Malina)는 생활연극이라는 개념을 뉴욕 무대에 도입했고, 얼마 지나지 않아 세계 무대에 선보였다. 각 공연은 특정 주제나 스토리를 중심으로 진행했는데, 때때로 관객을 무대로 초대해 일종의 재즈 연극 형식으로 배우들과 함께 즉흥 연기를 펼치게 했다.

즉흥 댄스 또한 1960년대에 인기 있는 장르로 자리 잡았다. 발레 및 여타 형태의 무용에서 볼 수 있는 엄격한 형식을 버리고 공연자가 순간의 감정과 환경의 맥락에 따라 즉흥적으로 움직이는 댄스로서 일종의 치료적 운동이자 임시 예술 형식이 되었다. 마사 그레이엄(Martha Graham)과 도리스 험프리(Doris Humphrey), 폴 테일러(Paul Taylor), 머스 커닝햄(Merce Cunningham) 등이 이 새롭고 생기 넘치는 재즈 댄스를 개척했다. 1970년대 이본 레이너(Yvonne Rainer)의 그랜드유니온댄스그룹은 사전 리허설 없이 공연함으로써 즉흥 댄스를 한 단계 더 발전시켰다.

1960년대 후반 환경 위기의 대두와 더불어 레이첼 카슨(Rachel Carson)의 『침묵의 봄(Silent Spring)』 출간으로 현대적 환경 운동이 본격화되고 1970년 제1회 지구의 날(Earth Day) 행사가 개최되면서 일단의 예술가들이 미술관과 화랑을 완전히 떠나 '대지 예술(land art)'이라는 새로운 장르의 임시 예술을 실천하기 시작했다. 19세기의 위대한 인상파 화가 클로드 모네(Claude Monet)는 "내 정원이 가장 아름다운 걸작"이라며 즐거워한 바 있다. 당연히 모든 정원은 계절에 따라 시시각각 변하는 일시적 예술 작품이며, 정원을 관리하는 사람은 자연의 생명 세계를 함께 창조하는 청지기로서 참여의 기쁨을 누릴 수 있다.

대지 예술은 새로운 현상이 아니다. 인류가 지구에 살아온 기간만큼이나 오래된 행위이지만, 지구상에 여섯 번째 생명체 멸종 위기가 다가오면서 새로운 의미를 갖게 된 것이다. 오늘날의 대지 예술은 끊임없이 자기 조직적으로 진화하며 인간을 포함한 수백만 종의 생명체를 새로운 지평을 가로지르는 여정으로 인도하는 지구의 존재에 대한 경외감과 경이를 찬양하는 현상이다.

새로운 세대의 대지 예술가들은 살아 있는 지구의 일시성에 경의를 표한다. 일시적인 대지 예술의 중요성과 그것이 시간과 공간에 대한 우리의 개념을 변화시키는 방식을 이해하려면 존재에 대한 경외심과 관련해 매우 다른 감정적 반응을 일으키는, 조각에 대한 두 가지 이질적인 접근 방식을 살펴볼 필요가 있다. 먼저 세계에서 가장 잘 알려진 조각품이라 할 수 있는, 미국 사우스다코타주 소재 러시모어산 정상 부분의 바위를 깎아 만든 작품을 보자. 바로 미국에서 가장 사랑받는 대통령 네 명, 즉 조지 워싱턴(George Washington)과 토머스 제퍼슨(Thomas Jefferson), 에이브러햄 링컨(Abraham Lincoln), 시어도어 루스벨트(Theodore Roosevelt)의 두상이 새겨진 그 조각상이다. 조각된 각각의 머리는 높이가 18미터나 되며 풍경 위로 우뚝 솟아 있어 수 킬로미터 떨어진 곳에서도 보인다. 이 조각상은 미국의 '탄생과 성장, 발전, 보존'을 상징하며 매년 전 세계에서 200만 명 이상의 방문객을 끌어모으고 있다.[21]

1927년에 만들기 시작해 1941년에 완성된 이 작품을 조각하는 과정에서 논란이 없지는 않았다. 해당 지역의 원주민인 수(Sioux)족은 이 조각상이 동서남북과 위(하늘), 아래(땅)의 여섯 방향으로 의인화된 조상신을 상징하는 신성한 수의 땅 위에 새겨졌다고 주장하며 그것을 '위선의 신전'이라고 칭했다.[22]

러시모어산의 화강암 봉우리에 조각된 미국의 '네 할아버지'는 '자연에 대한 인간의 지배'라는 보다 심오하지만 언급되지는 않은 의미를 담고 있다. 부지중에 느껴지기는 하지만 근본적인 주제는 인간의 시간 정복과 공간의 격리다. 의심할 여지 없이 관람객 대부분은 이집트의 고대 피라미드처럼 거대한 화강암 조각 두상이 인간의 불멸성과 시간성의 정복을 찬미하며, 즉 지상의 생성에 대한 영원한 존재의 승리를 기리며 영원히 그곳에 있으리라 생각한다.

대지 예술가는 이와 매우 다르게 자연의 시간성과 상호작용을 추구하는 접근 방식을 취한다. 이들의 세계는 연속적인 생성으로 이루어진다. 이들은 수권과 암석권, 대기권, 생물권 등 지구의 4대 권역을 지구라는 시간적 가마솥 안에서 서로 얽혀 새로운 패턴으로 계속 진화하고 퍼져 나가며 외부성의 강도와 상관없이 다른 모든 것에 영향을 미치는 살아 움직이는 생명체로 인식한다.

영국 출신의 조각가 앤디 골즈워디(Andy Goldsworthy)가 이 부류에 속한다. 일시적 대지 예술이라는 새로운 영역의 개척자 중 한 명인 그는 눈이나 얼음, 낙엽, 꽃, 솔방울, 돌멩이 등을 재료로 삼는다. 그런 소재로 자연환경 속에 매혹적이면서도 일시적인 방식으로 빛 및 음영과 어우러지는 아름다운 예술 작품을 만들어 바람이나 물, 열기 또는 느린 침식으로 분해 과정을 거쳐 지구의 대기권이나 토양권으로 사라지게 한다. 그의 조각품은 대개 숲속이나 범람원 또는 습지 가장자리에 숨어 발견되기를 기다린다. 그는 돌멩이로 중력을 거스르는 것처럼 보이는 정교한 탑을 세우는, 이른바 '현대적 돌 쌓기'의 아버지로 잘 알려져 있다. 지나가던 사람들은 불현듯 그런 설치물을 발견하고 호기심은 물론 경외감과 경이로움까지 느끼게 된다. 이러한 우연한 만남은 종종 사람들의 기억에 흔적을 남기고, 그들이 다른 사람들과 공유하는 이야기 속에서 되살아나기도 한다.

가장 흥미로운 사실은 일시적 대지 예술 설치물은 상품화되지 않는다는 점이다. 잠시 동안 경험하고 감상하는 것이 목적이지 판매나 교환의 대상으로 삼는 게 아니기 때문이다. 설치물은 시간이 지남에 따라 분해되지만, 그 임시 조형물을 구성하는 분자의 원자는 결국 다른 곳으로 이동해 다른 시간적 형태 속에 거주하게 되므로…… 결코 죽지 않는 셈이다.

플라톤은 생생한 경험을 순수한 사유의 불완전한 모방으로 폄하함으로써, 주체성을 지니고 새로움과 출현으로 충만한 지구에 존재하는 생명체의 육체성을 사실상 길가에 던져 버렸다. 삶의 경험과 시간의 흐름에 방해받지 않는 순수한 사유와 완벽함으로 구성되는 플라톤의 분리된 이성적 세계는 천국이라는 개념과 밀접한 관련이 있다. 결국 '영원'은 육체적 감각이 없고 변화 없이 완벽한 상태로 존재하는 영혼이 거주하는, 시간을 초월한 영역이 아닌가.

적어도 플라톤은 분리된 이성을 영원함의 본질과 동일시하며 일시적인 존재의 육체성을 세계관이라는 보다 큰 그림에서 별 의미가 없는 것으로 평가 절하하는 데 주저하지 않았다. 그는 심지어 '아름다움에 대한 관념'만이 영원하다고 주장하면서 육체적 아름다움을 일시성을 이유로 폄하하기도 했다. 물론 삶의 덧없음을 중시하는 사상이 완전히 사라진 것은 아니었지만, 그리스도가 십자가에 못 박히고 승천한 후 거의 17세기 동안 기독교 신자들은 고역과 혼란으로 점철된 타락한 육체적 세계에서 유거되어 영생의 하늘 영역에 받아들여지기를 기도하며 굳건히 기다렸음을 기억해야 한다.

18세기 말, 낭만주의의 열렬한 지지자들이 "아름다움은 두 번 반복되지 않는다"는 문구를 자주 언급하며 플라톤의 철학 개념이 지속적으로 인용되고 추종받는 것에 염증을 드러내기 시작했다. 1960년대 후반에는 물리학과 화학, 생물학, 생태과학의 새로운 발견에 결부된 보다 정교한 신물활론이 등장하면서 전세가 역전되어 일시성이 재림을 경험하기에 이르렀다. 발터 벤야민은 다가올 시대정신을 깨닫고 현대에서 영원성을 부여할 수 있는 것은 자연의 일시적 본질이라고 주장했다.[23]

임시 예술의 부활에 왜 이렇게 설명을 많이 할애하는가? 그것이 기후가 급변하는 행성에서 예측할 수 없는 수권의 파도를 헤치며 미지의 신세계로 나아가야 하는 우리 인류가 앞으로의 삶을 적절히 준비하도록 돕기 때문이다. 대부분 예측 가능한 온화한 기후가 지속된 지난 1만 년 동안의 정적인 삶은 이제 지나가고 있다. 그것은 인류가 지구에 존재한 기간 전체의 맥락에서 보면 짧은 막간에 불과하다. 수권의 재야생화로 촉발된 지속적이고 끔찍한 변화의 세계에서 신유목민으로서 살아가고 번성하는 법을 배우려면 장소에 대한 애착과 시간을 경험하는 방식을 다시 설정해야 한다. 이는 자연이 (결국 파급되고 돌아와 우리를 괴롭히는) 부정적인 외부효과 없이 수용되고 소비될 수 있는, 주체성 없는 수동적인 객체로 구성되어 있다는 궤변적인 개념을 포기하는 것을 의미한다. 이런 사고방식은 기껏해야 순진할 따름이고 최악의 경우 견뎌 내고 번영할 수 있는 우리 능력을 위태롭게 한다.

새롭고 더 성숙한 신물활론이 우리 종에게 미래로 나아갈 수 있는 구조선을 띄우고 있다. 그 미래는 장소에 대한 애착과 정주 생활이 지배적이던 온화하고 예측 가능한 기후의 짧은 기간 동안 인류가 예상하던 그림과는 전혀 다르다. 우리는 짧은 정주 생활이 수반되는 유목 생활을 준비해야 한다. 한 가지 희망이 있다면, 생물학자들과 인류학자 들은 우리 인류가 고대 유목민 조상들이 오랜 세월 그랬던 것처럼 생물학적으로 특정한 환경에 적응해 살아가는 능력을 타고난다고 말한다. 우리의 생물학적 구조는 새로운 방식으로 재야생화되는 고도로 역동적인 지구에서 우리가 굴하지 않고 나아갈 수 있도록 도와줄 강점이다. 존재의 일시성에 대한 인식의 전환은 더 일시적이고 유목적인 삶을 준비하기 위한 첫 번째 단계다.

9

장소 애착에 대한 재고:
우리는 어디에서 왔고 어디로 가고 있는가

●

생물인류학자들은 호모 사피엔스가 언제 출현했는지 아직 정확히 알지 못한다. 오랫동안 우리가 약 20만 년 전 아프리카의 리프트 계곡에서 출현했다는 것이 일반적인 통념이었다. 비교적 최근에는 새로운 화석 발견과 정교한 유전자 프로파일링을 통해 우리의 고대 조상이 30만 년 전에 출현한 것으로 볼 수 있다는 주장이 제기되고 있다. 어쨌든 인류가 처음부터 유목 생활을 했고, 계절과 기후에 따라 짧은 기간 머물기도 했지만 결코 정주 생활이라고 할 수 없을 수준이었으며, 인류의 정주 생활은 약 1만 1700년 전 마지막 빙하기가 끝나고 대부분 예측 가능하며 온화한 날씨와 기후가 찾아오면서 시작되었다는 점에는 모두가 동의한다. 그때부터 여러 적절한 지역에서 소규모의 우리 조상들이 계절과 식생의 주기, 동물의 이동을 따라 돌아다니는 대신 정착해서 야생 식물을 재배하고 야생동물을 방목해 목축하는 법을 배웠다. 그렇게 인류는 자연에 적응하는 대신 자연을 우리 종에 적응시키는 큰 전환점에 도달했다.

당연히 최초의 농경 정착지는 풍부한 수생 생물을 포획할 수 있고 인간이 소비하고 원시 관개에 사용할 물을 안정적으로 확보할 수 있는 바다나 호수, 강, 습지 등과 인접한 곳에 조성되었다. 그러나 정주 생활이 이동 생활을 대체하고 추월하기 시작했다고 믿은 것은 실수였다. 그런 상황은 결코 일어나지 않았다. 한 걸음 뒤로 물러서서 호모 사피엔스가 지금까지 지구에 남긴 긴 발자취를 살펴보자. 처음에는 마을에서, 나중에는 도시에서, 그리고 지금은 거대 도시에서 인구 대부분이 정주 생활을 유지해 왔지만, 거대 문명이 흥하고 쇠함에 따라 상당수의 인구가 움직인 것 또한 분명하다.

정주형 인프라는 대부분 토양의 황폐화나 숲의 소모, 수자원의 고갈 등으로 인한 엔트로피의 증가로 고장이나 소멸을 겪었다. 하지만 인류의 역사적 여정을 보면 기후의 급격한 변화로 피해를 입기도 했다. 약탈 부족이나 식민지 세력의 침입도 우리 종이 흩어지고 이동하는 결과를 낳곤 했다. 그리고 수권과 암석권, 대기권, 생물권 등 지구 권역에 생기는 변화는 종종 인류를 짧은 정주 기간과 긴 유목 기간 사이를 오가게 하는 결정적인 요인이 되었다.

1776년 인류의 인구가 7억 8000만 명이 채 되지 않았다는 점을 고려해 보라. 오늘날 지구의 기후 역학을 극적으로 변화시키고 있는 화석연료 기반 물-에너지-식량 넥서스의 산업 문명으로 인해 인구는 80억 명에 이르렀는데, 같은 이유로 인해 이미 수억 명의 사람들이 대규모 이주와 재정착의 난국에 처해 있다. 금세기 말까지 수십억 명의 인류가 더 안전한 기후 피난처를 찾아 이주할지도 모르는 상황이다. 사실 기후의 급격한 온난화가 일상생활에 영향을 미치기 전부터 인구 종 곡선은 정점을 향해 치닫고 있었다. 오스트리아 빈의 비트겐슈타인인구학및글로벌

인적자본센터는 2080년경 전 세계 인구가 약 94억 명으로 정점을 찍고 다음 세기 동안 급격히 감소하기 시작할 것으로 예상한다.[1]

정주 생활에서 유목 생활로의 전환과 기후 온난화에 따른 대규모 이주에 수반되는 어려움은 필연적으로 인구의 급격한 감소를 가져올 것이다. 그 과정이 이미 시작되었다고 봐야 옳다.[2] 24세기에 이르면 인류의 일상이 지구를 지배하는 원초적 에너지인 태양과 바람, 물이 안겨 주는 새로운 친환경 에너지 체제로 완전히 전환되면서 지구의 인구는 산업화 이전 수준으로 감소할 것이다.

신유목 시대에 들어서다

소위 '진보의 시대'가 전개되는 동안 우리가 알게 된 세상은 수명이 그리 길지 않으며 생각보다 훨씬 빠르게 종언에 다다르고 있다. 그렇다면 희망은 어디에 있을까? 아프리카 사바나에서 시작된 현대 인류는 지구를 가로지르는 긴 여정에 뛰어들었다. 우리 조상들은 8만~6만 년 전에 아시아 전역을 가로지르며 동쪽으로 이동해 인도네시아에 도착했고, 그곳에서 호주로 옮겨 갔다. 약 4만 5000년 전, 우리의 고대 형제들은 지중해를 건너 다뉴브강을 따라 유럽으로 이동해 네안데르탈인들과 함께 살았으며, 이들과 때때로 짝짓기도 하였다. 그래서 네안데르탈인의 유전자가 여전히 우리의 유전자 구성에서 발견된다.[3] 호모 사피엔스가 아시아에서 베링 해협을 통해 아메리카로 건너가 북미와 중미를 거쳐 남미로 내려간 것은 불과 1만 5000년 전이었다.

초기 인류학자들은 우리 조상들이 사냥을 위해 넓은 들판에 먹잇감이 풍부한 초원 지대로 이주한 것에 큰 의미를 부여했다. 완전히 잘못된 해석은 아니지만, 실제로 우리의 고대 조상들은 야생동물은 쉽사리 잡을 수 없고 식물은 쉽게 구할 수 있었기에 사냥보다는 채집에 더 공을 들였을 것으로 봐야 옳다. 미국 노스이스턴대학교의 역사학 및 아프리카학 교수이자 『이주의 세계사(Migration in World History)』의 저자인 패트릭 매닝(Patrick Manning)은 신석기시대 초기의 대륙을 가로지르는 대규모 인구 이동과 정착은 어디서든 물가 인근에서 이뤄졌다고 지적한다.

> 인간 공동체가 성장하고 확산됨에 따라, 그들은 물가에 머물지 아니면 넓은 초원을 가로질러 이동할지 거듭 선택에 직면하게 되었다. …… 인간 진화를 다룬 많은 연구는 오랫동안 수렵과 초원을 강조하는 경향을 보였다. …… 나는 초기 호모 사피엔스에게 강이나 호수, 바다가 지속적으로 중요했다는 점을 강조하고 싶다. 채집 생활인들은 해안가나 강변, 호숫가에서 다양하고 풍부한 동식물을 발견할 수 있었다.[4]

인류학자들을 당혹스럽게 하는 질문은 고대 조상들이 정확히 어떻게 대양을 건너 새로운 땅에 정착하고 지구의 대륙 전체로 퍼졌는가 하는 부분이다. 아시아에서 베링 해협을 통해 아메리카 대륙으로 건너가는 과정은 거리가 85킬로미터에 불과하고 일부 구간은 비교적 얕지만, 예컨대 인도네시아의 군도에서 오세아니아나 태평양제도에 이르는 광활한 대양을 가로질러야 하는 과정과 관련해서는 어떻게 대양을 항해할 수 있었는지 여전히 답이 나오지 않았다. 해당 지역 중 다수에 수천 년부터 사람들이 정착했다는 것은 주지의 사실이다.[5]

최초의 대양 항해는, 적어도 태평양 쪽에서는 중태평양과 남태평양에 걸쳐 산재한 1000개 이상의 섬으로 이루어진, 오세아니아의 부속 지역인 폴리네시아에서 시작되었다. '폴리네시아인의 길 찾기'는 실로 오랜 역사를 자랑한다.[6] 폴리네시아의 각 민족들은 최초의 해양 여행자가 되어 인근 섬들을 식민지로 삼고 복잡한 교역의 장을 열었다. 특히 흥미로운 것은 그들의 정교한 항해 기술이다. 그들은 낮에는 바다로 날아가 먹이를 잡고 밤이 되면 육지로 돌아오는 특정한 바닷새들의 이동 경로를 세심하게 살피고 머릿속에 저장해 항해에 이용했으며 별들을 길잡이 삼아 항로를 정하기도 했다. 이 현명한 항해사들은 또한 파도와 놀이 형성되는 양상을 보고 섬에서 섬으로 가는 길을 찾기도 했다. 일단의 섬들에 거주하던 항해사들은 그 섬들이 파도의 형태와 방향, 움직임에 미치는 영향을 파악하고 그에 따라 항로를 수정할 수 있었을 것이다.[7]

역사적으로 인류는 억압이나 전쟁을 피하려고, 다른 민족을 정복하려고, 원시림을 찾아 정착하려고, 종교적 관례에 따라 새로운 공동체를 건설하려고, 일자리를 얻을 새로운 지역을 찾으려고, 척박한 땅과 부족한 식량에서 벗어나려고, 종교나 민족, 인종, 정치 박해를 피하려고, 홍수나 가뭄, 지진, 화산 폭발 등의 영향권에서 벗어나려고 등 실로 다양한 목적으로 이주를 했다. 대규모 이주는 대개 극심한 빈곤이나 더 큰 기회에 대한 희망으로 촉발되었다. 1826년에서 2013년 사이에 약 7950만 명(대부분 가난하고 굶주리고 궁핍한 사람들)이 미국으로 이주해 영주권과 시민권을 획득했다.[8] 역사적인 인구 이동에는 수백만 명의 아프리카인들이 강제 이송되어 북미와 중미 대륙 전역에 노예로 팔려 간 것도 포함된다. 또한 다른 생활방식과 문화에 속하고자 하는 욕구로 대량 이주가 유발되기도 했다. 아울러 내부 이주의 역동성도 존재한다. 미국에서는 1910년에서 1970년 사이에 아프리카계 미국인 600만 명이 백인 우월주의와 짐크로법(Jim Crow Law)을 피해 남부 주에서 북부 주로 이동하는 이른바 '대이주(Great Migration)'가 있었다.

최근에는 계절노동의 기회를 잡기 위해 가난한 나라에서 부유한 이웃

나라로 이주해 일하고 모국의 가족에게 송금하는 사람들이 늘어나고 있다. 예를 들어, 필리핀의 많은 시민이 아랍에미리트로 이주해 장기간 일한 후 본국으로 돌아간다. 새로운 모험이나 세계주의적인 생활방식 또는 고독을 추구하기 위해 이동하는 사람들도 있다.

사실 명확히 구분되지 않는 경우가 대부분이지만, 정주 생활과 유목 생활을 나누는 다양한 수준의 이주는 구분할 필요가 있다. 장거리 통근이나 여름과 겨울의 휴가철에 두 지역을 오가는 여행 등은 정주와 유목의 경계를 모호하게 한다. 예를 들어 멀리 있는 친구나 친척을 장기간 방문하고 돌아오는 경우는 어디에 선을 긋고 유목과 정주를 구분할 수 있을까? 미국 인구조사국에 따르면 미국의 18세 성인은 평생 9.1회 이사할 가능성이 있으며, 종종 멀리 떨어진 지역으로 이사할 가능성이 크다.[9] 2020년 전 세계 인구의 3.6퍼센트에 해당하는 2억 8100만 명 이상이 자신의 국적이 아닌 나라에서 살았다는 점도 흥미롭다.[10] 인간의 유목 욕구에 의심이 든다면 1960년에는 이중 국적을 허용하는 나라가 3분의 1에 불과했지만 2019년에는 75퍼센트로 늘었으며 그 수가 매년 증가하고 있다는 사실도 생각해 볼 필요가 있다.[11]

호모 사피엔스는 본질적으로 유목민이며 간간이 정주 기간을 가질 뿐이다. 대개 정착을 갈망하지만, 탐험하고 싶은 욕구 역시 인간의 생리에 내재되어 있다. 숫자가 이를 증명한다. 전형적인 한 연도로서 코로나19 팬데믹이 발발하기 직전인 2017년의 통계치를 보면 해외 관광객으로 1326억 명이 집계되었다.[12] 2019년 여행 및 관광업은 전 세계 신규 일자리 4개 중 1개, 전체 고용의 10.3퍼센트를 차지했다. 도합 3억 3000만 개에 이르는 일자리였다. 그해 해당 산업은 전 세계 GDP의 약 10퍼센트에 해당하는 9조 6000억 달러를 차지했으며, 여행객의 지출은 총 수출의 6.8퍼센트에 해당하는 1조 8000억 달러에 달했다.[13]

유목은 우리의 생리에 내재되어 있으며 역사적으로 인류의 번영과 생존에 중대한 역할을 수행했다. 이를 인정하는 것이 왜 중요한가? 지구온난화로 인해 인류 역사상 가장 큰 규모의 이주가 일어나고 있고 지구상의 여섯 번째 생물 멸종이 다가오고 있기 때문이다. 앞으로 수십억 명의 인류가 기후 위험 지역에서 탈출할 가능성이 크다. 안전한 피난처와 새로이 번영할 곳을 찾는 것이 먼 미래까지 가장 중요한 관심사가 될 것이다. 지구의 수권이 야생으로 돌아가면서 우리의 뒤를 잇는 후손들은 유목의 비중이 더 큰 생활방식을 영위하며 간간이 짧은 정주 생활에 들어갈 것이다.

　변덕스럽고 예측할 수 없는 지구 기후의 변화 속에서 우리가 어떻게 살아남고 (바라건대) 새로운 방식으로 번영까지 할 수 있을지 묻는다면, 우리는 바이러스를 제외하고는 지구상에서 가장 적응력이 뛰어난 종에 속한다는 사실부터 깨달아야 한다. 스미스소니언연구소와 뉴욕대학교의 연구원들은 최근 인류라는 미미한 종이 지구에서 상대적으로 짧은 기간에 어떻게 생존하고 번영할 수 있었는지 탐구하는 특이한 연구를 수행했다.[14] 앞서 언급했듯이, 약 1만 1000년 전 마지막 빙하기가 물러가고 새로운 온대 기후가 나타났다는 것은 여러 세대에 걸쳐 전해 내려온 오래된 이야기이다. 그럼으로써 수렵 채집의 유목 생활방식이 농경과 목축의 정주 생활방식으로 바뀌었고, 이후 거대한 수력 문명과 도시 생활, 그리고 마지막으로 산업화 시대와 거의 완전한 도시화가 이뤄지면서 인류는 정주 생활에 안주하게 되었다. 하지만 스미스소니언 연구자들이 지질학적 기록을 조사한 결과, 놀랍게도 약 80만 년 전에 출현한 우리의 호미니드(hominid: 영장류 사람과의 동물로 원시 인류를 뜻한다. ―옮긴이) 조상과 훨씬 훗날의 네안데르탈인 형제, 그리고 마침내 호모 사피엔스에 이르기까지 기상 패턴과 기후가 역사상 가장 격렬히 변화하던 와

중에 생을 이어 갔다는 사실이 드러났다.

다들 알다시피 태양의 주위를 도는 지구의 자전축은 일정 부분 기울어져 있다. 미 항공우주국(NASA)은 자전축의 기울기가 커질수록 각 계절별로 극적인 기후변화가 발생하고 "기울기가 커질수록 빙하가 녹는 기간도 늘어난다"고 설명한다.[15] 스미스소니언연구소의 연구원들은 지질학적 기록으로 지난 80만 년을 살펴본 결과, 호미니드가 진화하던 특정한 시기에 자전축이 크게 기울어져 지구의 기온과 기후에 급격하고 극심한 변화가 발생했으며, 10만 년의 빙하기와 1만 년의 온난기 및 퇴빙기가 주기적으로 반복되었다는 사실을 발견했다. 이러한 기후 주기의 극적인 변화는 80만 년 동안, 심지어 호모 사피엔스가 등장하던 20만~30만 년 동안에도 계속해서 반복되었다.[16]

우리 종은 어떻게 지구 기온과 기후의 급격한 변화에서 살아남을 수 있었을까? 연구자들의 결론은 우리 인류가 지구상에서 가장 적응력이 뛰어난 종에 속한다는 것이다. 우리는 인류가 영리하고 적응력이 뛰어난 이동성 종이라는 사실을 명심해야 한다. 육지와 바다에 사는 다른 많은 종보다 신체적 조건은 떨어지지만, 뛰어난 두뇌와 언어 능력, 지식을 공유하고 자손과 미래 세대에 전수하는 능력, 다양한 모양의 물건을 쥐고 조작해서 도구를 만들 수 있는 마주 보는 엄지와 민첩한 손가락, 신경 회로에 내장되어 집단 협력을 장려하는 공감 충동 덕분에 인류는 지구 기후의 극적인 변화에서 살아남고 번성하는 법을 배울 수 있었다.

이러한 연구 결과는 필시 우리 시대의 가장 희망적인 기록일 것이다. 지구 기후의 극적인 변화에 적응하는 능력은 여전히 우리를 구할 수 있으며, 우리를 기다리는 불확실한 미래에서 완전히 새로운 방식으로 번영하도록 도울 것이다. 따라서 우리는 수권이 급격한 변화를 겪고 있는 물의 행성에서 대응 태세를 갖추고 대처하며 살아가는 방법을 배우는 가운데 우리의 학생들에게 우리 종의 특별한 적응성에 대해 가르쳐야 한다.

짧아진 정주 기간을 특징으로 하는 이동 및 유목 생활 방식으로 전환은 부분적으로 이미 시작되었고, 금세기와 그 이후의 미래까지 기하급수적으로 늘어날 가능성이 크다. 이와 더불어 '장소에 대한 애착'이라는 개념도 의미가 매우 달라진 것이다. 짧은 기간의 정주 생활은 이미 하나의 페르소나로 자리 잡았다. 임시 도시 및 거주지가 새로운 화두로 떠오르고 있으며, 공간의 임시성이 빠르게 생활 경험의 새로운 시간적 역학이 되면서 도시 계획가와 건축가, 개발자, 난민 단체 사이에서 새로운 유행어로 관심을 끌고 있다. 도시 유목주의와 유동적 건축, 임시 도시주의 등의 다양한 기치 아래 새로운 내러티브의 하위 주제들이 확산되는 상황이다.

임시 도시와 임시 수역

장소 애착에 대해 생각할 때, 적어도 서구에서는 영속성을 떠올린다. 특히 오랜 정주의 역사를 지닌 도시 공동체에서 회복력은 소속감을, 적어도 시간의 흐름과 관계없이 지속되는 탈시간적 공간에 대한 무의식적 관념을 수반한다. 서기 126년에 로마제국을 다스리는 신들을 기리기 위해 로마에 건립된 판테온 신전은 일시성이 아닌 영속성을 상징하는 대표적인 건축물이다. 지구상에서 가장 오래된 온전한 건물에 속하는 이 건축물은 609년에 가톨릭교회로 개조되었으며, 오늘날까지 이탈리아에서 가장 많은 방문객이 찾는 고대 건물로 남아 있다.

판테온은 지상의 일시성이 지닌 가변적 속성을 뛰어넘는 '영원한 존재'의 개념을 불러일으킨다. 2000년 동안 수많은 로마 시민이 이 고대 신전을 방문해 지상에 잠시 머문 이후의 불멸에 대한 기대로 위안을 얻었다. 영원성을 상기시키는 유사한 건물들이 적어도 서구 세계에서는 모든 거대한 수력 문명에 존재한다. 흥미로운 것은 종교와 철학에 대한 서양의 접근 방식과 영속성과 덧없음, 즉 철학 용어로 '존재'와 '생성'의 문제를 다루는 동양의 접근 방식이 드러내는 차이점이다.

미국의 건축가 재클린 아르마다(Jacqueline Armada)는 오랜 세월 서양의 건축과 동양의 전통에서 드러난 큰 차이점을 다음과 같이 설명한다.

> 역사를 통틀어 (서양의) 건축가들은 …… 영구성과 기념비성에 관심을 갖고 건물과 그것을 둘러싼 의식에서 의미를 창출하고 보존하려고 노력을 기울였다. …… 고대 서양의 건축은 완벽을 추구하는 기념비적인 건물을 통해 불멸과 신성에 대한 인류의 탐구를 보여 주었는데 …… 동양의 건축은 자연 세계의 무상함을 수용했다.[17]

미국의 건축사학자 클레이 랭커스터(Clay Lancaster)는 동서양의 건축 패러다임을 비교하면서 이렇게 지적한다. "가장 먼저 떠오르는 원칙은 동양의 취약성과 그와 대조적인 서양의 견고성이다. 서양의 건축물은 가느다란 목조 위주의 동양 건축물과 달리 두꺼운 석조 벽들로 구성되었다는 뜻이다."[18]

건축에 대한 서양의 접근 방식이 자연으로부터의 분리와 폐쇄를 통한 자율성에 중점을 둔다면, 일본의 전통은 자연에 대한 참여와 연결 및 융합을 강조한다. 일본 건축가들은 이를 반영하는 구조를 '엔가와(緣側, 툇마루)'라고 표현하는데, 건물과 자연 세계 사이의 경계 역할을 한다. 건물이 자연을 향해 손을 뻗고, 받아들이고, 방출하는 반투과성 막과 같다고 인식하는 셈이다. 모든 인간이 수권과 암석권, 대기권, 생물권에서 지속적으로 원소와 광물을 흡수해 세포, 조직, 기관에 분자 형태로 잠시 머물게 하다 내보내는 것처럼, 건물도 그와 같은 역할을 하는 반투막에 해당한다. 그들의 엔가와는 자연과 인간의 서식지가 서로 어우러져 매끄러운 춤을 추는 곳이다. 이는 곧 우리의 행성에서 일어나는 모든 일은 함께 불가분의 생명력을 구성하는 패턴과 패턴이 끝없이 진화하면서 발현되는 관계로 이루어진다는 인식 속에서 자연과 인간의 서식지가 서로에게 내재한 것으로 보는 것이다.

케임브리지대학교의 건축이론 교수인 케빈 누트(Kevin Nute)는 일본의 건축이 서양과 달리 건축물의 설계와 배치를 통해 생명의 적응성과 취약성까지 찬미한다고 지적한다. 구조에 대한 일본인의 생각은 서양의 방식과 완전히 다르다. 누트는 일본의 건축가에게 구조는 다음과 같은 것이라고 말한다.

> 일본에서 구조는 수평 바닥면이라는 인간적 논리와 대지의 자연적 배치 사이에서 중재자 역할을 한다. 이 두 질서는 서로 밀접하게 공존하며, 그러는 가운데 서로를 정의하도록 돕는다. 거듭 강조하지만, 건축된 형태가 해당 장소에 속한 것처럼 보이는 진정한 느낌이 생기며, 장소의 정체성이 건물에 의해 파괴되는 것이 아니라 그 존재에 의해 적극적으로 강화된다.[19]

미국의 건축가 프랭크 로이드 라이트(Frank Lloyd Wright)는 많은 찬사를 받은 걸작인 낙수장으로 장소 애착에 관해 유사한 접근 방식을 취했다.(낙수장은 폭포에 주택이 박혀 있는 구조다.) 라이트의 건축물은 인간과 자연의 통합적 조화를 반영하는 식으로 설계되고 배치되었는데, 라이트는 자신의 작업이 상당 부분 일본 건축의 고대 전통에 빚졌다는 사실을 인정했다. 일본의 건축가 안도 다다오는 낙수장을 방문한 후 이렇게 피력했다. "라이트는 건축의 가장 중요한 측면인 공간의 처리를 일본 건축에서 배웠다. 펜실베이니아의 낙수장을 방문했을 때도 같은 공간 감각을 발견했다. 하지만 내 마음을 사로잡은 것은 거기에 추가된 자연의 소리였다."[20]

건축에 대한 서양과 동양의 접근 방식이 가장 선명하게 대비되는 곳은 아마도 계절의 변화를 바라보는 방식일 것이다. 서양에서는 적어도 20세기부터 계절에 따른 날씨 변화와 무관하게 쾌적함을 최적화하기 위해 밀폐된 환경에서 실내 온도를 대략 섭씨 21도로 유지할 수 있도록 주택을 설계했다. 이에 비해 일본, 중국, 한국 등 아시아 지역의 건축물은 날씨 변화와 계절의 흐름에 시시각각 반응하는 반투막 같은 기능을 더 수행했다. 아시아의 도시계획가인 마쓰다 나오노리는 일본의 건축가들이 날씨 변화와 계절의 흐름에 따라 내부와 외부를 밀접하게 연결하는 얇은 외피로 숨 쉬는 건물을 중시한다고 말한다. 그의 설명을 들어 보자. "일본인들은 실제로 극한의 날씨에 따르는 신체적 불편함을 감수하면서도 계절에 따른 날씨와 식생의 변화를 접하길 선호한다. 이것이 서구의 관찰자들을 당혹스럽게 하는 상황에 속한다."[21]

아시아의 도시 건축 전통이 끊임없이 진화하는 자연의 과정과 패턴, 흐름과 어우러지는 건축 환경을 선호하는 것은 사실이다. 이는 다른 모든 종과 마찬가지로 인간도 자연의 친밀한 일부이므로 자연 세계와의 조화를 지속적으로 추구해야 한다는 인식의 발로다. 물론 실제로는 그것의 실천이 항상 그렇게 쉬운 것은 아니다.

사실 일본은 건축과 인프라, 도시 계획에 대한 두 가지 접근 방식 사이에서 오락가락하는 행태를 보였다. 그 둘은 회복력을 다루는 서로 다른 방식을 나타낸다. 첫 번째 접근 방식은 서구의 접근 방식을 반영하는 것으로, 기후 충격에, 특히 일본 특유의 대규모 지진과 쓰나미 등에 '저항하거나 거기서 회복하는 힘'을 강조한다. 두 번째 접근 방식은 '유연성'과 '적응성', '재생성'이라는 동양적 회복력 관점을 반영해 지구의 지속적인 변동과 의외의 전개에 대한 실용적인 순응에 중점을 둔다. 이러한 방식의 핵심은 끊임없이 진화하는 자연의 우여곡절 구조에 우리 종을 포함시키는 것이다. 나아가 예상치 못한 방식으로 끊임없이 변화하는 매우 활기찬 지구에서 생명을 보호할 수 있는 절대적으로 안전한 방법이 없다는 점을 인식하고, 생존과 번영을 위한 최선의 방법은 우리의 특별한 재능인 언어와 기술적 통찰력, 신경회로의 공감 능력, 자연과의 협력을 선호하는 생명애 의식 등을 통해 우리의 안녕을 지키는 것임을 깨닫는 것이 중요하다.

서양의 건축 전통은 시간의 폐해에서 자유로운 순수한 존재의 영원한 세계에 대한 관념을 고수하며 시간성과 분리된 공간을 강조한다. 동양의 종교는 존재의 무상함과 시간의 흐름을 받아들이고 불멸의 구성 요소에 대한 더 물활론적인 감각을 고수하며 건축 환경에 더 미묘한 방식으로 접근한다. 랭커스터는 동양 건축의 취약성에 대한 글에서 이렇게 지적한다. "불교 교리에는 물리적 현상의 덧없음에 대한 인식이 스며들어 있다. 사물은 분해되고 개체는 죽으며, 그 구성 요소는 계속 존재할지언정 사물 그 자체는 더 이상 존재하지 않는다."[22]

동양의 종교는 이렇게 다른 종류의 불멸에 대한 여지를 남긴다. 이는 우리의 물리학자와 생물학자, 화학자, 생태학자 들이 그동안 존재를 해독해 온 방식과 훨씬 더 가까운 인식이다. 건축가 귄터 니츠케(Günter Nitschke)는 일본의 이세 신궁을 예로 들었다. 이 신사는 수렵 채집을 하던 우리의 고대 조상들이 계절의 변화와 연간 주기의 오고 감을 두고 그랬던 것처럼 생명의 죽음과 재탄생을 기리는 건물이다. 20년마다 기존 신사 옆에 새로운 신사 건물이 지어지고 이전 신사가 철거된다. 20년 간격은 새로운 세대의 도래를 알리는 대략적인 타임라인을 기리는 의미다. 신전 교체는 몇 세기 전부터 끊이지 않고 진행되어 왔지만, 신전이 언제 처음 지어졌는지는 기록이 남아 있지 않다.

특정 공간에서 웅장한 자태를 뽐내며 시간의 흐름에 영향받지 않는 것처럼 보이는 판테온과 얼마나 대조적인가? 판테온의 회복력은 불멸의 느낌을 불러일으킨다. 반면 회복력에 대한 동양의 접근 방식은 변화에 더 수용적이며 불어오는 바람에 따라 휘어진다. 서양의 전통은 대부분 자연을 수동적이며 시간과 무관한 대상이나 구조, 기능으로 경험하는 반면, 동양의 전통은 유동적인 과정이나 패턴, 흐름으로 자연을 경험하는 쪽에 훨씬 더 가깝다.

임시 건축과 그 다양한 파생물은 우리 종에게 신물활론의 미래를 준비시키고 있다. 그 미래는 우리의 과학계가 현재 지구상 존재의 일시성에 대해 배우고 있는 것에서 깊이 영향을 받고 훨씬 더 정교하게 전개될 것이다. 하지만 임시 건축은 현재와 미래만큼이나 과거 또한 염두에 두는 방식이다. 새로운 임시성은 기억에 경의를 표하며 장소에 대한 애착을 일시적인 경험으로서 찬미한다. 예를 들어, 새로운 임시성에는 종종 과거의 파편이나 단편을 새로운 임시 거주지의 벽이나 천장, 바닥에 내포시켜 문화유산을 구성하는 자연의 일시성을 지속적으로 상기시키는 스폴리아(spolia) 관행이 포함된다. 스폴리아는 고대의 장식품일 수도 있고, 옛 신전에서 가져온 돌일 수도 있으며, 고대 지질시대에 살았던 화석일 수도 있다. 스폴리아는 존재를 시간적 여정으로 경험하는 방식으로서, 그 어느 순간도 진정 사라지지 않고 계속 살아 파문을 일으키며 다가올 모든 존재의 순간에 영향을 미치는 끊임없이 변화하고 진화하는 현실을 상징한다. 요점은 사소한 경험이란 존재하지 않으며, 모든 것이 존재의 예측할 수 없는 안무의 일부라는 것이다.

세계 곳곳에서 다양한 형태의 임시 도시주의가 급속히 확산하고 있다. 그중 하나인 '일시적 도시주의' 현상은 10여 년 전에 부상했다. 일시적 도시주의는 비어 있는 토지나 건물을 활용해 더 영구적인 정식 개발이 시작되기 전까지 짧은 기간에 도시 생활에 활력을 불어넣는 이니셔티브를 말한다. 이런 빈 건물과 공간은 종종 수년간 방치되는 까닭에 일종의 '무주공산'이 되어 거리 범죄와 황폐화로 주변에 해를 끼치는 경우가 많다. 특정 구역이 상당 기간 폐쇄된 채로 방치되면 동네의 가치가 떨어지고 도시 복합체 전체에 악영향을 미치는 눈엣가시가 되기도 한다.

일시적 도시의 관계자들은 소유권은 확보하지 않은 채 빈 건물과 공터를 점유하고 부지와 구조물을 변형해 기존의 도시 환경에서 기대할 수 있는 것과 유사한 시민, 문화, 경제 활동으로 북적이는 활기찬 임시 동네를 조성한다. 하지만 마스터플랜도 없고 전통적인 시장 중심의 개발을 관리 및 감독하는 데 따르는 모든 제약과 규범이나 규정, 표준 등도 적용하지 않는다. 도시 생활에 대한 이 (하향식이 아닌) 상향식 접근 방식은 더 자발적이며 일반적으로 비공식적인 감독을 통해 방대한 공유지처럼 공동 관리하는 특징이 있다. 이런 커뮤니티에서는 거리 연극이나 콘서트, 예술 축제, 임시변통식의 스포츠 경기가 열리고 종종 이동식 소매 공간과 푸드 트럭, 공원과 정원, 협동조합 주택, 임시 사무실 공간 등이 운영되는데, 이 모든 것이 유목 생활을 하거나 순회하는 인구의 요구에 맞춰져 있다.

오늘날 다시 깨어나고 있는 임시 건축물과 임시 거주지는 과거의 인류 이주와 정착에서 상당히 많은 부분을 차용하고 있다. 19세기, 특히 남북전쟁 이후 미국으로 밀려든 수천만 명의 이민자들은 북미 대륙 개척지를 가로지르며 주로 새로 건설된 철도역을 따라 정착하면서 그야말로 하룻밤 사이에 완전히 새로운 도시를 창조하곤 했다. 미국의 신문 편집 자로서 《뉴욕트리뷴(New York Tribune)》을 창간한 호러스 그릴리(Horace Greeley)는 1865년 새 이민자들에게 "젊은이여 서부로 가라!"라고 외치며 이 운동을 이끌었다. 미국 정부는 합법적인 거주를 확립하는 경우, 즉 토지를 격리하고 실제로 점유한다는 사실(다시 말해서 '장소에 대한 애착')을 증명하는 경우 토지를 무상 양도하는 홈스테드 법(Homestead Acts)을 제정해 당근을 제공했다. 이는 미국 전체 공공 토지의 10퍼센트를 주로 미시시피강 서쪽의 160만 농가에게 양도하는 법안이었다.

이 대규모 이주 과정에서 종종 개척지에 집을 짓는 데 필요한 건축 자재가 부족한 상황이 발생하곤 했다. 최초의 대형 카탈로그 회사인 시어스로벅은 건물을 세우는 데 필요한 모든 목재와 부품을 카탈로그에서 쇼핑하고 우편으로 주문해 기차로 배송받을 수 있는 거대한 키트 형태의 조립식 주택을 마련했다.(몇 가지 면에서 이 카탈로그는 오늘날 인터넷의 종이 버전과 유사하다.) 이러한 DIY 키트 주택은 단 며칠이면 조립해 세울 수 있었고 대부분 수명이 짧았지만, 개중에는 오랜 세월 추가와 변경을 거치면서 진화해 지금도 사용할 수 있는 상태인 것도 상당수 있다.

임시 도시는 피할 수 없다. 이미 우리 곁에 와 있다. 유엔난민고등판무관은 지난 14년 동안 기후 관련 기상 이변으로 연평균 2100만 명이 강제 이주했으며 2050년이면 기후 난민이 12억 명에 달할 수 있다고 말한다. 난민들은 이미 중동과 북아프리카를 비롯해 중남미 등지에서 섭씨 37도에서 50도 사이를 오가는 건조 및 반건조 지역과 메마른 땅을 피해 피난길에 오르고 있다. 이들은 소지품을 챙겨 들고 생존 가능한 환경을 찾아 수백, 수천 킬로미터를 걸어서 이동하고 있으며, 그 과정에서 임시 대피소인 난민 캠프에 도착하곤 한다. 수만 명을 수용할 수 있는 이런 캠프 중 상당수는 한번 조성되면 수년간 기후 난민을 수용하는 임시 도시가 되고 있다.

그렇다. 2050년이면 47억 명에 달하는 사람들이 '생태적 위협이 높거나 극심한' 국가에 거주하게 될 것이라는 암울한 전망은 머릿속에 떠오르는 것만도 고통스럽다. 이는 곧 전 세계 인구의 절반에 해당하는 사람이 온난화 때문에 이주 가능성에 직면하게 된다는 의미다.[23] 이들에게는 선택의 여지가 없을 것이다. 우리가 이 정도 규모의 혼란에 대비할 준비가 되어 있지 않다고 말한다면, 그것은 상황의 심각성을 과소평가하는 것이나 마찬가지다. 대규모 이주는 이미 시작되었고, 돌이킬 수 없으며, 우리 종은 전혀 준비가 되어 있지 않다. 우선, 지정학이라는 미명하에 오랜 세월 쟁취의 대상이 되던 주권적 통치와 폐쇄적인 통로를 기저로 삼는 현대 국가라는 개념 전체의 둑이 사방에서 구멍 나고 있으며, 우리 인류 공동체가 기후에 적합한 곳을 찾아 산과 계곡, 바다를 건너 이동하면서 곧 세계 곳곳에서 와해될 것이다. 이미 기후 난민 캠프는 지중해 지역뿐만 아니라 아시아 일부 지역까지 퍼져 나가고 있다.

공식적으로 이 임시 도시들은 여전히 임시 피난처로 여겨지지만, 대부분 그 이상의 의미를 지닌다. 우리는 이 사람들이 언젠가는 그 빈약한 소지품을 챙겨 알 수 없는 미래의 안식처를 찾아 떠날 것이라고 상상한다. 하지만 진실은 가족들이 대를 이어 그런 주거지에서 평생을 살아간다는 것이다. 영구적인 임시 거주지가 되는 셈이다. 수백만 명의 기후 이주민이 고국으로 돌아갈 수도, 다른 곳으로 자유롭게 이주할 수도 없는, 어중간한 무국적 상태에 놓여 있다.

당연히 어떤 정부도 이런 캠프를 감옥이라고 부르지 않는다. 하지만 난민 캠프는 상당 부분 감옥의 특징이 있다. 이들 중간 기착지는 종종 '영구적 임시 수용소'라는 경멸적인 표현으로 불린다. 문제는 이런 난민 캠프를 관리하는 국제기구와 인도주의 단체들이 거주자들의 생존과 건강을 보장하는 것에 임무를 한정할 뿐 거주자들이 시민으로서 행동하고 자신의 관심사를 관리할 수 있도록 권한을 부여하지 않고 그럼으로써 수용소 내 삶에 대한 그들의 주체성을 부정한다는 것이다. 선한 의도를 지닌 감독관들은 자기 역할을 보호자에 가까운 것으로 인식한다. 그렇긴 하지만 무국적 개인과 가족은 상황을 개선하고 장소에 대한 애착을 계발할 수 있는 능력을 인정받지 못하면서 영구적 불확실 상태라는 현실을 받아들여야만 한다.

사회 정치적 족쇄에도 불구하고 난민 캠프의 주민들은 구금 생활의 와중에서도 프로토콜을 우회하는 창의적인 방법을 찾아내고 비공식적인 '커먼즈 거버넌스'를 힘겹게 창출하고 있다. 전통적인 의미에서 무국적자이고, 그런 까닭에 대개 울타리가 쳐진 외딴 지역에 수감되지만, 난민들은 갈수록 더욱 자치적인 생활 방식을 배우면서 자유롭지는 않지만 자신의 삶과 미래에 대한 보다 많은 주체성을 창출하고 있다. 이런 난민 캠프들은 대가족들과 사회 활동을 수용하기 위해 과밀한 캠프에 다층 건물을 세우거나 사업체와 시장, 학교 진료소를 건립하고 스포츠 이벤트와 축제를 개최하는 등 'DIY' 커먼즈 거버넌스의 방식을 정립해 나가는 새로운 형태의 장기 임시 공동체이다.

일단의 연구원이 요르단에서 가장 크고 세계적으로도 큰 축에 속하는 자타리 난민 캠프의 생활방식에 관해 상세한 연구를 수행했다. 요르단 정부는 2012년 시리아 난민들에게 이 캠프를 개방하면서 약 2만 명을 수용할 수 있을 것으로 예상했다. 2015년, 이곳의 난민 인구는 12개 구역에 걸쳐 분산된 8만 3000여 명에 이르렀다.[24] 각 구역에는 사회생활에 필수적인 거리와 동네, 쉼터들이 포함되었다. 인구는 남성과 여성이 고르게 분포했으며 청년층이 전체 인구의 57퍼센트를 차지했고 그중 19퍼센트가 5세 미만이었다.[25]

이 캠프에는 32개의 학교와 58개의 커뮤니티 센터, 8개의 보건 시설, 120명의 지역사회 보건 자원봉사자, 그리고 2만 6000개의 조립식 쉘터가 있으며, 모두 도시 환경의 특징을 최소한도로 갖추고 있다. 또한 캠프에는 난민들이 운영하는 3000개의 비공식 상점과 캠프 내 비정부기구에서 일하는 1200명 이상의 노동자가 있다. 물은 트럭으로 캠프에 공급되고, 전체 시절에 전기도 들어오지만, 종종 전기가 끊기거나 하수도가 막혀 문제가 되기도 한다.[26]

이러한 시설은 도시 공동체를 유지하는 데 필수적인 공공 인프라를 구성하지만, 캠프를 관리 및 감독하는 공식 기관들에서는 우리가 흔히 활기찬 시민사회와 장소 애착에 연관시키는 공공 생활의 기초적 사안들을 공동으로 창출하는 데 필수적인 인센티브와 그에 따른 행동 강령 등을 난민들에게 제공하지 못하고 있다. 안타깝게도 거주민들은 이렇게 장소에 대한 애착의 가장 핵심적 특징인 소속감을 키울 수 있는 주체성을 노골적으로 거부당하므로 종종 크게 낙담하지 않을 수 없다. 다시 말하지만, 이는 모든 난민 캠프의 프로토콜이 '일시적' 망명을 제공하는 것이기 때문이다. 현실은 거주민들과 그들의 상속인들이 여러 세대에 걸쳐 그곳에 머무르는 경우가 많은데 말이다.

하지만 가장 흥미로운 점은 공식적인 프로토콜과 캠프 운영 절차 및 구금 방식에도 불구하고 난민들이 자발적으로 비공식적인 방법을 통해 자타리 캠프를 활기찬 공동체로 탈바꿈시켰다는 사실이다. 예를 들면, 이 캠프는 여타의 수용소와 마찬가지로 평평한 기하학적 격자 구조로 배치되어 있다. 그러나 시간이 지남에 따라 사교와 쇼핑, 친지 방문, 놀이 등을 수반한 난민들의 사회적 상호작용이 비공식적으로 그 격자 구조를 변형시켰다. 그들은 거리 이름을 바꾸고 나무를 심고 작은 정원을 가꾸고 이웃과 가십을 나누거나 산책하거나 음악을 들을 수 있는 광장을 만들었는데, 이런 식의 사소한 추가적 조치조차도 비공식적인 사회 기관을 육성하고 공간을 활기찬 시민사회의 여러 특성을 지닌 생활환경 으로 재구성하며 일종의 비공식적 커먼즈 거버넌스를 형성하는 데 기여 했다. 이런 활기찬 사회적 공간의 가치는 아무리 강조해도 지나치지 않 다. 사람들의 관계를 키우고 추억을 조성하는 데 필수적인 역할을 하는 것이 바로 그런 사회적 환경이다. 거리의 이름을 바꾸는 것과 같은 아주 사소한 일도 의미를 띠게 되고 사람들을 하나로 모으는 주체성을 창출 한다. 예를 들어, 자타리 캠프의 난민들은 사람들이 가장 활발하게 만나 고 인사하고 수다를 떠는 거리를 '샹젤리제'로 재명명하고 공공 광장으 로 탈바꿈시켰다.

위기의 본질과 앞으로의 일정을 짚어 보자. 유엔 인권이사회(HRC)의 내부 보고서에 따르면 "난민들이 수용소에서 보내는 평균 기간은 17년" 으로, 대부분 고국으로 돌아갈 수도 없고 수용국에 받아들여질 수도 없 으며 다른 곳에 재정착할 수도 없는 처지다. 어떤 의미로든 그들은 무국 적자이다. 그리고 기후 온난화로 해가 갈수록 거처 없는 구금자 수가 늘 어나면서 2050년에는 "30억 명에 달하는 사람들이 적절한 쉼터 없이 살 게 될 것"으로 추정된다. 이는 30년 동안에 200퍼센트 증가한다는 의미 다.[27] 세계 곳곳에서 수백만 명의 사람들, 즉 지역사회 전체가 대기천이 나 홍수, 가뭄, 폭염, 산불, 허리케인, 태풍으로 황폐해진 땅에서 미지의 안전한 거주지를 찾아 떠나는 상황의 그 엄청난 규모를 상상해 보기 바 란다. 지금도 이미 거주지를 빼앗긴 사람들이 짐을 챙겨 길이나 바다로 나설 수밖에 없는 상황이 전개되고 있지만, 말 그대로 아마겟돈에 직면 하지 않으려면 이전에는 상상할 수도 없었던 규모의 대비책을 마련해야 한다는 데 모두가 동의한다. 이 모든 것은 우리가 장기간의 유목 생활과 단기간의 정주 생활로 점철되는 대량 이주에 대비할 방법을 다시 생각해야 함을 의미한다.

분명하게 말하자면, 난민 캠프는 임시 도시로 재고되어야 한다. 인도주의적 관리 및 감독도 중요하지만, 이러한 잠재적 공동체는 수용소라기보다는 임시 도시, 즉 통치 커먼즈로 설립되어 그곳에서 평생을 보내거나 계속 변화하는 수권에 적응하면서 더 나은 서식지를 찾아 이주해야 하는 수천의 개인과 가족에게 실질적인 권한을 부여하는 중간 기착지로 여겨져야 한다.

기후변화에 기인한 난민 캠프는 예측할 수 없는 수문 주기를 따라 새로운 유형의 유목 생활이 부상할 것임을 확실하고도 명료하게 말해 주고 있다. 하지만 우리가 마찬가지로 확실하게 이해해야 할 점은 지구의 거의 전 지역이 인간의 기존 생활방식에 적합하지 않게 되면서 수억, 심지어 수십억 명이 길을 떠나야 하는 상황이 전개됨에 따라 우리 종을 특정한 지리적 영역에 묶는 정치적 경계와 국가에 대한 충성도, 시민권 증서 등이 점점 더 무의미해질 것이라는 사실이다. 기후 과학자들은 인류가 아열대와 중위도 지역에서 북극을 향해 북쪽으로 이동할 것이라며 여정의 방향을 제시하고 있다. 이것은 먼 미래에 펼쳐질지도 모르는 상황에 대한 추측이나 예측이 아니라 이미 현재진행형이 된 이야기다. 세기말이 되면 더 이상 우리 종을 지탱할 수 없는, 생물군과 생태계를 가로지르는 임의의 정치적 경계 안에 갇힌다는 개념은 먼 옛날의 추억처럼 느껴질 것이다.

임시 예술과 임시 도시, 임시 생태 지역에 대한 논의는 어떤 것이든 임시 수역이 지구 전역에 걸친 갖가지 작용을 결정하는 역할, 특히 인간의 서식지와 도시 생활에 미치는 영향을 고려하지 않는다면 완전해질 수 없다.

'임시 수역'이라는 단어는 다소 모호하고 수문 과학의 울타리 밖에서는 거의 언급되지도 않는다. 하지만 임시 수역은 지구상의 생명체에 활기를 불어넣는 수권의 중요한 구성 요소다. 앞서 언급했듯이 방대한 양의 물이 지구의 맨틀과 핵 부분에 갇혀 있지만, 우리가 삶을 의존하는 물은 끊임없이 지표면 위를 흐르고 있다. 지구상의 많은 강과 개울, 연못, 호수는 간헐적이고 일시적이어서 수면이 높아지거나 낮아지고 심지어는 한동안 바닥을 드러내기도 한다.(물론 적어도 최근까지만 해도 영구적으로 흐르는 강들이 있었다. 하지만 유프라테스강, 티그리스강, 나일강, 아마존강, 미시시피강, 양쯔강, 라인강, 포강, 루아르강, 다뉴브강 등 인류가 지구에 존재한 만큼이나 오랜 세월 흘러온 세계의 주요 강들이 실시간으로 마르는 까닭에 그마저도 바뀌고 있다.)

일시적인 강물이 잠시 다시 형성되면 오랫동안 잠자고 있던 식물이 화려한 색채와 영광을 뽐내며 살아나지만, 강물이 마르는 것과 더불어 금세 사라진다. 일시적인 개울이나 연못, 강, 호수는 반건조 또는 건조 지역에서 종종 발견된다. 메마른 땅에 갑작스러운 폭우가 쏟아져 일시적인 강과 호수를 만들고 주변의 모든 것을 물에 잠기게 한 다음, 며칠이나 몇 주, 또는 몇 달에 걸쳐 사라지곤 한다.

지구에서 가장 더운 곳으로 알려진 캘리포니아의 데스밸리를 살펴보자. 누구도 지구에서 가장 건조한 그 지역에서 홍수가 발생하리라고 예상하지 못했을 것이다. 하지만 기후 온난화가 심화하면서 홍수가 갈수록 빈번하게 일어나고 있다. 수문 순환이 이 지역을 폭우로 강타하고 있다는 뜻이다. 2015년에는 메마른 사막에 갑작스러운 폭풍우가 몰아쳐 며칠 만에 데스밸리 공원의 16킬로미터 계곡을 따라 구불구불한 호수가 형성되었다. 데스밸리의 메마른 토양이 너무 옹골진 탓에 빗물을 흡수할 수 없었고, 그 물이 일정 기간 이상 지표면에 머무르면서 사막에 갑자기 꽃이 분출하는 '슈퍼 블룸(super bloom)'이 일어났으며, 그렇게 죽음의 계곡은 노란색 및 흰색 앵초, 주황색 양귀비, 보라색 모래 버베나 같은 꽃이 만발하는 '생명의 계곡'으로 변모했다. 하지만 갑작스럽게 밀려드는 물처럼 생명의 개화 역시 찾아오는 것만큼 빠르게 사라지는 일시적인 현상이다.

앞으로 수십 년에 걸쳐 임시 수역은 점점 더 예외가 아닌 표준이 되고 생명 자체의 일시성을 상기시켜 줄 것이다.[28] 간헐적인 일시적 개울, 연못, 강, 호수는 생태계 역학에서 중요한 역할을 하며, 그것의 재편은 우리를 심란하게 하는 동시에 생명을 새롭게 키우는 지구 수권의 활력을 보여 주는 희망적인 신호가 되기도 하다. 데스밸리의 황량한 사막 위에 전혀 예상치 못한 웅장한 정원이 살아난 것은 우주 속 지구 생명체의 원동력인 수권의 위엄을 웅변한다.

우리가 살고 있는 세상이 완전히 뒤집어지고 있고 우리가 애착을 판단하는 많은 기준이 덧없는 것에 불과하다는 사실을 깨닫는 것은 쉽지 않은 일이다. 다 덧없다면 이제 무엇에 매달려야 한다는 말인가? 물론 정주 생활에서 유목 생활로의 대전환은 불안하고 무서운 일이지만, 우리 존재의 본질을 잘못 판단했다는 사실을 깨닫는 것은 깨우침과 재확인의 길이 될 수 있으며, 특히 우리 개인의 모든 순간이 파문을 일으켜 다가오는 모든 것에 영향을 미친다는 사실을 인식하는 것은 더욱 그렇다. 그것이 바로 존재의 본질이기 때문이다. 이 모든 것의 요점은 이제 수권이 결정권자라는 것이다. 사실 우리가 인정하든 묵살하든 수권은 지구의 역사 내내 결정권자였다. 지구상의 모든 생명체와 모든 사건 사이의 모든 순간은 실로 일시적이다. 존재는 본질적으로 덧없고 조건적이며, 지구의 수권이 영향력을 행사함에 따라 제약을 받기도 하고 권한을 부여받기도 한다.

임시 도시는 임시 수역과 많은 공통점을 나눈다. 이러한 임시 도시들이 금세기 말에는 모든 대륙에 산재할 것이다. 임시 도시주의는 이미 날

개를 달고 예측할 수 없는 지구에서의 시간과 공간에 대한, 그리고 언제 어디에 머물고 이동하는지에 대한 우리의 사고방식을 바꾸고 있다. 흥미롭게도 임시 도시를 위한 플레이북은 전통적인 종교 모임과 음악이나 예술 축제와 같은 특이한 분야에서 마련되었다. 행사에 따른 집단 순례에는 수십만, 심지어 수백만 명의 사람들이 모여 며칠에서 몇 주 동안 일시적으로 완전한 기능을 수행하는 도시를 형성한다.

임시 도시 중 가장 유명하고 가장 규모가 큰 것은 12년마다 열리는 쿰브멜라 행사 때 조성되는 도시다. 쿰브멜라는 인도 최대의 순례 축제로, 인도 도시 알라하바드 외곽의 갠지스강과 야무나강이 합류하는 지점에 임시 도시가 형성된다. 수백만 명의 사람들이 이들 신성한 강에 몸을 담그기 위해 이 성지로 순례한다. 두 강의 범람원에 위치한 이 임시 도시는 55일 동안 존재하며, 언제든지 700만 명 이상의 주민을 수용할 수 있고, 축제 기간에는 추가로 1000만에서 2000만에 달하는 임시 거주민을 맞이할 수 있다. 축제 기간의 임시 도시는 몇 주에 걸쳐 정밀하게 세워지지만 수년에 걸친 계획의 결과물로서 도로와 전기, 수도, 다리, 다양한 크기의 텐트 등이 갖춰진다. 해당 시설은 수준 높은 관리 기구에 의해 감독되는데, 이들은 수백만 명의 순례자들이 서로 조화롭게 상호작용하며 갠지스강과 야무나강의 신성한 물과 교감할 수 있는 커먼즈를 창출하기 위해 다양한 문화 활동 프로그램도 준비한다. 축제가 끝나면 몇 주에 걸쳐 인프라가 해체되고 포장된 후 인도 전역으로 보내진다. 12년 동안의 공백기 동안 재단장해서 창고에 보관한 후 다음 번 임시 도시 행사에서 활용하기 위해서다.

쿰브멜라 순례와 매년 네바다주 북서부 사막에서 8월 마지막 주 월요일에서 노동절까지 9일 동안 열리는 유명한 버닝맨 축제 등과 같은 일시적 모임에는 행사의 의도가 종교적이든 세속적이든, 또 하나의 근본적인 테마가 따른다. 바로 이런 일시적 대규모 모임이 수백만 명의 사람들에게 서로를 구분 짓는 모든 구별과 피상적 차이가 제거된 거대한 커먼즈에서 지구의 생명력과 우리를 하나로 묶는 존재의 덧없는 본질에 대해 깊이 인식하며 친교를 나누는 소중한 순간을 제공한다는 사실이다.

새로운 비즈니스 모델: 적층 제조와 공급자-사용자 네트워크

쿰브멜라 도시와 같은 임시 도시는 해체와 보관, 재사용이 가능한 기존 건축 자재에 의존하지만, 디지털에 정통한 건축가와 도시기획가 세대는 적층 제조라는 새로운 알고리즘 기술, 즉 3D 프린팅을 이용해 주택과 사무실, 기타 상업용 구조물을 기존의 건축보다 현저히 짧은 시간 내에 건설한다. 이들은 또한 인류의 유목 생활이 점점 늘어나고 정주 시간이 줄어듦에 따라 부분적으로 분해해서 다른 곳에서 재사용할 수 있도록 건축물을 설계하고 있다. 제조를 위한 적층형 3D 프린팅 프로세스는 건축가들이 절삭 제조라고 부르는 것과 그 정도와 종류가 크게 다르다. 19세기와 20세기 산업계의 지배적 방식이었던 "절삭 제조 공정은 재료의 일부를 제거해서 부품을 만드는 반면, 적층 제조는 재료를 한 층씩 추가해서 물체를 만든다."[29] 주택의 3D 프린팅은 특정 주택의 디지털 모델을 개발하는 컴퓨터 프로그램에서 출발한다. "그런 다음 3D 프린터(로봇)가 콘크리트 층을 인쇄하면 이 층들이 모델의 설계에 따라 층층이 배열된다. 집의 방과 벽, 여타 콘크리트로 구성되는 부분이 모두 완성될 때까지 이 과정이 계속된다."[30]

2021년, 저소득층을 위해 집을 지어 주는 해비타트는 3D 프린팅 기업 알퀴스트3D와 협력해 버지니아주에서 최초로 소유주가 거주하는 3D

프린팅 주택을 건축했다. 침실 3개와 욕실 2개가 있는 이 주택의 외벽은 한 층씩 28시간 만에 모두 출력되어 기존의 건축 시간보다 한 달 이상을 단축할 수 있었다. 적층 제조는 목재나 벽돌, 타일 등을 사용할 때와 달리 건축 과정에서 재료를 깎거나 자르지 않기 때문에 전체 건축비를 단위면적당 약 15퍼센트 절감할 수 있다.[31] 해비타트 주택에는 개인용 3D 프린터도 제공되므로 입주 가족은 캐비닛 손잡이나 전기 콘센트 등 교체가 필요한 수많은 부품이나 각종 구성품을 필요에 따라 출력할 수 있다.[32] 또한 이들 주택은 건축 과정에서 폐기물이 적게 발생했다는 어스크래프트(EarthCraft) 인증을 받을 뿐 아니라 집을 데우거나 냉방하는 데 에너지를 덜 사용하고 보다 효율적으로 물을 절약함으로써 유틸리티 비용도 줄이며 기후 관련 재해에도 보다 탄력적이다.[33]

개발사인 알퀴스트3D는 버지니아에 17만 5000달러에서 35만 달러 사이의 저렴한 3D 프린팅 주택 200채를 추가로 건설할 것이라고 발표했다.[34] 알퀴스트3D의 CEO 재커리 만하이머(Zachary Mannheimer)는 에너지 효율적이고 빠르게 조립할 수 있는 저렴한 3D 프린팅 주택이 주택 건설의 표준이 될 것이며 특히 "팬데믹과 기후 위기, 경제 문제로 인해 이주 패턴이 변화하고 있기에" 더욱 그렇다고 말한다.[35]

3D 프린팅 건물은 건축 환경 배치 부문에 일고 있는 급진적인 변화의 시작에 불과하다. 예를 들어 제너럴일렉트릭은 풍력 터빈의 기초를 3D 프린팅하기 위해 사상 최대 규모의 적층 제조 시설을 건설했다.[36] 네덜란드에서는 3D 프린팅으로 다리를 건설했고, 버스 정류장이나 쉼터, 공중화장실, 로켓 엔진 부품, 연료 탱크 등을 3D 프린팅으로 출력하는 나라도 있다.[37] 스페인 기업 이베르돌라는 하이페리온로보틱스와 협력해 신재생 녹색 전기를 전송할 전력망의 기초를 3D 프린팅으로 건설하고 있다. 3D 프린팅으로 제작되는 기초 블록은 기존의 절삭 제조 방식보다

콘크리트를 75퍼센트나 덜 사용한다.[38]

세계 5위 소재 기업인 멕시코의 시멕스와 스위스의 화학 대기업 시카, 세계 최대 건축 자재 다국적 기업 생고뱅 같은 글로벌 대기업도 3D 프린팅 건축 시장에 뛰어들고 있다. 중동 지역에서도 아랍에미리트가 2030 비전을 발표하고 사우디아라비아가 네옴(NEOM) 프로젝트를 발표하는 등 3D 프린팅 적층 건축에 대한 관심이 높아지고 있다. 두바이는 2030년까지 건물의 25퍼센트를 3D 프린팅으로 건설할 계획이며, 사우디아라비아는 사우디아라비아 공공투자기금과 국제 투자자들이 공동으로 3D 프린팅 건물 계획 및 건설에 5000억 달러를 투입할 것이라고 발표했다.[39]

3D 프린팅은 모든 종류의 구조물에 대해 시멘트를 훨씬 적게 사용하지만, 시멘트 산업은 여전히 전 세계 이산화탄소 배출량의 8퍼센트를 차지한다.[40] 스테판 만수르(Stephan Mansour)와 같은 3D 프린팅 분야의 전문가들은 이렇게 밝힌다. "메타카올린, 아도비 점토, 석회석, 재활용 건설 폐기물, 광미사, 셰일 등 보다 친환경적인 대체 기반재가 등장하고 있으며, 마찬가지로 대마와 대마 철근, 그래핀, 내장 섬유, 유리 골재 등과 같은 새로운 보강재도 연구되고 있다." 이러한 재료들이 머지않은 미래에 실용 단계에 이르러 시멘트를 대체할 가능성이 크다. 심지어 흙도 잠재적인 재료로 실험되고 있다.[41]

2021년, 이탈리아 건축가 마리오 쿠치넬라(Mario Cucinella)는 현지에서 구할 수 있는 점토만을 재료로 써서 3D 프린팅을 통한 최초의 점토 주택을 완성했다. 이 친환경적인 구조물은 200시간 만에 완성되었으며, 건축 과정에서 폐기물이나 잔재물이 거의 발생하지 않았다. 쿠치넬라는 기후에 탄력적인 고대 건축물에서 발견되는, 시대를 초월한 디자인 원칙을 최첨단 디지털 프린팅과 결합해 건축에 이용한다. 현지에서 조달한 점토를 사용하는 것 외에도 두 개의 원형 채광창을 낸 벌집 형태로 건물 외피를 구성하는 것은 건축 비용을 크게 줄이는 동시에 거의 무공해 구조의 저탄소 주택을 만든다.

쿠치넬라에 따르면 거실과 주방, 침실 등에 들어가는 가구는 "부분적으로 재활용 및 재사용할 수 있도록" 설계되며, "열용량과 단열, 환기의 균형을 맞추기 위해" 지역의 기후 조건에 유기적으로 맞춰 설계의 모든 특색이 정해진다. 이 획기적인 기후 탄력적 건축의 중요성과 관련해 쿠치넬라는 "지속 가능한 주택의 필요성과 특히 대규모 이주나 자연재해로 인해 발생하는 긴급한 위기 상황에서 직면하게 될 주택 비상사태라는 거대한 글로벌 문제"가 관련 사업의 동기로 작용했다고 말한다."[42]

3D 프린팅 건물용 소프트웨어는 기존의 '판매자-구매자 시장'이 아닌 '공급자-사용자 네트워크'를 통해 사용 허가를 주고받을 수 있다. 공급자가 소프트웨어 명령어를 업로드해서 전 세계 어디든 거의 제로에 가까운 한계비용으로 즉시 전송하면 현장의 개발자(사용자)가 적시에 필요한 건물을 인쇄하고 다운로드한 건물마다 공급자에게 정해진 비용을 지불하는 방식이다. 이는 떠오르는 임시 사회가 어떻게 경제를 세계화에서 세방화로 이끄는 새로운 거래 패러다임을 가능하게 하는지를 보여주는 사례로, 해상 또는 항공 운송과 물류에 따르는 높은 비용을 피할 수 있기 때문에 산업 전반에 걸쳐 풍부한 경제 교류에 참여하는 첨단기술 중소기업에 유리하게 작용할 수 있다.

3D 프린팅 업계는 기후로 황폐해지는 세계에서 회복력 있는 건물은 물론이고 팝업 임시 도시를 구성하는 여타 모든 구조물을 건설하는 데 필요한 친환경 재료의 공급원을 찾는 한편, 기후 탄력적인 팝업 도시를 실행 가능한 임시 서식지로 만드는 두 번째 측면에도 관심을 기울이고 있다. 다름 아니라 건물의 많은 구성 요소를 가능한 한 손쉽게 해체, 개

조, 재활용, 운송, 재사용할 수 있도록 만드는 것이다. 그러면 새로운 장소와 부지에서 상업용 및 주거용 3D 프린팅 건물을 빠르게 뽑아낼 수 있고, 그래야 새로운 도시들이 끊임없이 진화하는 이동성 세계에서 더 많은 유목 인구를 수용할 수 있다.

세계 최대 규모의 가정용, 사무용, 산업용 가구 소매업체인 이케아는 9500개가 넘는 자사의 제품 라인에 임시성을 도입하며 해당 추세를 선도하고 있다. 손쉽게 분해하고 재단장하고 수리하고 재활용하고 다른 사용자에게 재판매할 수 있는 제품을 만들어 폐기물을 최소화하는 완전한 순환 경제를 창출하는 것이 이케아의 목표다. 경제에 대한 이러한 새로운 접근 방식을 통해 이케아는 전통적인 판매자-구매자 시장에서 공급자-사용자 네트워크로 부분적인 전환까지 시도하고 있다. 이 글로벌 기업은 이렇게 경제가 작동하는 방식 자체를 바꾸고 있다. 공급자-사용자 네트워크에서는 시장이 상품과 서비스를 교환하는 공유 공동체에 부분적으로 자리를 내준다.[43] 이케아의 접근 방식은 집이나 사무실 또는 공장 내부의 어떤 것이든 임시적이고 이동 가능한 것으로 만들어 급격한 기후 온난화로 인한 지구 수문 순환의 변화에 적응하기 위해 새로운 지역으로 지속적으로 이동하는 유목 인구가 쉽게 분해하고 수리 또는 개조해서 새로운 장소에서 재사용할 수 있도록 돕는다.

존재의 일시성은 이론이 아니라 138억 년 전의 빅뱅 이후 우주가 작동해 온 방식이다. 열역학 제1법칙과 제2법칙은 지구라는 우리의 작은 오아시스를 포함해 우주의 모든 곳에서 우리 존재를 지배한다. 플라톤과 그의 철학적 사상을 추종한 이마누엘 칸트와 유럽 계몽주의 철학자 및 과학자 등 후세의 모든 이들은 존재의 일시성이 신기루이거나 기껏해야 (이성이 육체성을 능가하고 수학과 순수한 형상에 지배되는 불멸의 힘으로 작용하는) 다른 세계에 속한 높은 상태의 순수한 존재를 형편없이 모방한 것에 불과하다고 설파했다. 이것이 지금까지 많은 서양 철학자들이 존재의 본질을 정의한 방식이다.

하지만 지구에 살아온 오랜 시간 동안 우리가 쌓은 상식은 이 철학적 기이함이 이상하고 심지어 섬뜩하다고까지 말한다. 어떤 의미에서, 특히 서양 철학과 종교 전통에는 지구상 생명체의 시작과 경과, 소멸 그리고 재생에 대한 전망을 두려워하는 허구의 현실, 즉 삶의 경험의 물리성과 일시성을 폄하하는 유토피아적인 다른 세계의 존재를 에워싸는 강력한 기류가 유지되고 있다. 그러나 그들이 생성보다 존재를 선호하는 갈수록 난해한 설명을 아무리 쏟아내도 우리의 일상 경험은 모든 삶이 일시적이라고 가르친다.

새로운 세대의 물리학자, 화학자, 생물학자, 생태학자, 예술가, 사회학자, 심리학자, 인류학자 들은 이를 실용적인 차원으로 가져와 존재의 일시적 본질을 재발견하는 한편, 수력 문명의 붕괴와 임시 사회의 부상에 맞춰 태동한 더욱 정교한 신물활론의 관점에서 고대 조상들이 세상을 어떻게 인식했는지 다시 살펴보기 시작했다. 지구에서는 우주에서와 마찬가지로 모든 것이 일시적이며, 각각의 경험은 지울 수 없는 흔적을 남기고 나름의 영향력을 지닌 채 존속해서 뒤따르는 모든 현상에 영향을 미친다. 우리는 이를 일시적 불멸성으로 간주할 수 있을 뿐이다.

이제 지구상의 여섯 번째 생물 멸종 위기를 초래한 상황이 수권과 암석권, 대기권, 생물권 등 지구의 주요 권역들을 일시적 과열 상태로 몰아넣으며 생명체가 기존과 다른 방식으로 번성하도록 재촉하고 있다. 우리 인류는 다른 동료 생물들과 마찬가지로 지구상의 존재를 살아 움직이게 하는 4대 권역과 정확히 발을 맞춰 새로운 일시적 여정에 눈을 뜨고 있다. 우리는 우리의 생물학적 뿌리, 즉 유목민의 유산으로 돌아가고 있으며, 우리 존재가 다른 모든 생명체와 마찬가지로 지구의 물에 의해 잉태되고 유지된다는 사실을 점점 더 폭넓게 이해하고 있다. 이 재각성은 새로운 의식과 통찰, 과학에 기초한 신물활론 형태를 띠며 예술에서, 그리고 임시 건축과 도시계획에서 이미 발현되고 있다.

우리 인류가 지구 수권과 얽힌 관계를 새롭게 인식하면서 이 재탄생의 실현 가능성이 커지고 있다. 임시 도시는 새로운 유목 생활의 핵심이 될 것이다. 이 거대한 일시적 재설정은 이미 우리 종을 새로운 거버넌스와 경제생활의 틀 속으로 이끌고 있다. 결국 우리는 지구의 다른 강력한 주체적 기관들을 '글로벌 커먼즈'로 대함으로써 지구를 단순히 관리하고 추출하는 것이 아니라 보살피는 방법에 대해 더 깨우칠 것이다. 이러한 재설정을 위해서는 지역 생태계에 대한 거버넌스의 행사에서 우리의 신경회로에 내재된 공감 능력과 생명애 의식을 적극적으로 발동해야 한다. 지구의 생물군계 및 생태계와 새로운 관계를 구축하는 것은 지구상의 다른 주체들과 더불어 지구에 거주하는 방식의 모든 측면을 재고하는 것에서 출발한다.

10
실내로 들어온 첨단 농업

●

    해방된 수권의 영향 가운데 우리 종의 식량 수급보다 더 중대한 부분은 없을 것이다. 유엔 재단은 2050년까지 전 세계 식량 생산량이 30퍼센트까지 감소해 대규모 기아와 기근, 사망이 발생하고 역사적인 인구 이동이 촉발될 수 있다고 경고한다.[1]

    미국과 중국, 인도, 호주, 스페인 등 세계 식량의 대부분을 생산하는 나라 중 일부는 가용 수자원의 감소로 식량 생산량이 거의 한계에 가까워지고 있거나 이미 도달한 상태다. 한 예로, 한때 세계에서 네 번째로 큰 담수호였던 중앙아시아의 아랄해는 상당한 양의 물이 관개와 발전 용도로 전용되면서 30년 만에 미시간호만큼의 물을 잃었다. 물이 줄어들면서 오염된 땅이 남았고, 달리 갈 곳이 없어 지역에 남은 주민들은 심각한 식량 부족과 유아 사망률 증가, 기대수명 감소 등의 문제를 겪게 되었다.[2]

안타깝게도 미국은 아랄해에서 벌어진 비극을 도외시했고, 결국 유사한 전철을 밟으며 더 큰 재앙을 맞이했다. 거의 한 세기 동안 미국 서부의 많은 지역에 물을 공급한 콜로라도강은 이미 4분의 3이 빈 상태가 되었고, 미드호는 일부가 말라서 수십 년 전의 시체나 추락한 자동차 같은 으스스한 유해를 드러내고 있다. 앞서 언급했듯이 콜로라도강은 미드호로 흘러 들어가고 거기서 후버댐으로 이어진다.[3] 후버댐은 현재 노후화 단계로 치닫고 있다. 콜로라도강과 미드호는 이렇게 죽음의 늪으로 빠져들며 인구 4000만 명이 넘는 미국 서부의 생존을 위협하고 있다.

미국의 비영리 인터넷 언론 프로퍼블리카(ProPublica)의 환경 전문 기자 아브람 러스트가튼(Abrahm Lustgarten)은 이 상황에서 연방정부가 내놓은 대책에 관해 다음과 같이 설명한다.

연방정부의 제안은 2023년에 각 주가 200만에서 400만 에이커피트의 물을 줄이는 데 동의하자는 것이다. 여기서 에이커피트는 콜로라도강을 측정하는 데 사용되는 물의 양이다. 규모를 가늠할 수 있는 기준을 제시하자면, 현재 콜로라도강은 약 900만~1000만 에이커피트의 물이 흐르고 있으며, 최상의 시절에는 약 1200만~1300만 에이커피트의 물이 흐르기도 했다. 따라서 연방정부 제안의 요점은 콜로라도강과 관련해 현재 사용량의 40~50퍼센트의 물을 줄이자는 것이다.[4]

연방정부는 의무 부과 절차를 개시했는데,[5] 이는 캘리포니아 및 미국 서부 전역에 걸쳐 농업 생산량이 극적으로 줄어들고 산업용수와 생활용수가 심각하게 감소해 미국 역사상 최대 규모의 대량 이주가 강제된다는 의미다.

이런 끔찍한 징후에도 불구하고, 전국의 은퇴자들과 심지어 젊은 세대들까지 사막 지역 곳곳에 새로 개발된 '데저트쇼어'나 '더레이크'와 같은 콘도 커뮤니티에 밀려들면서 서부의 인구는 계속 증가하고 있다.《뉴욕타임스》의 칼럼니스트 티모시 이건(Timothy Egan)은 "만약 미드호를 세계 최대의 심장 모니터라고 한다면 …… 극심한 고통을 겪고 있음을 보여 주는 셈"이라고 말한다.[6] 기후변화로 인해 건조한 서부 전역의 기온이 기록적으로 상승하면서 피할 수 없는 징벌적 재앙이 코앞에 닥치고 있지만, 새로운 골프장이 계속 들어서는 것을 보면 아직도 많은 사람이 그 심각성을 제대로 이해하지 못하고 있음이 명백하다.

하지만 서부의 일부 주민과 기업들은 이미 지구상 최대 담수체인 오대호의 담수를 파이프라인으로 운송해서 서부의 주들을 살릴 수 있는 대륙 파이프라인을 구축할 것을 촉구하고 있다. 이런 상황조차 기후변화와 지구온난화, 물의 반란에 대한 각성을 불러일으키기에 충분하지 않다면, 너무 늦지 않게 수문 순환의 주도에 따라 북미 대륙의 서쪽에서 위쪽과 동쪽으로 대이동을 시작하도록 대중의 의식을 깨우는 데 이보다 더한 어떤 충격이 필요할지 알기 어렵다. 여기서 우리가 새겨야 할 교훈은 인류가 지구의 수권을 통제할 수 있다고 믿게 될 정도로 기술과 역량이 발전하긴 했지만 사실 인류는 오도된 믿음을 토대로 성취할 수 없는 시도에 매달렸다는 것이다.

물이 얼마나 무분별하게 사용되고 있는지 인식하려면 다음을 생각해 보라. 미국 전역에는 거의 4만 500제곱킬로미터에 달하는 잔디밭이 있는데, 여기에 매주 1조 220억 리터의 물이 뿌려진다. 이는 지구상의 78억 인구 모두가 매주 네 차례씩 샤워할 수 있는 양이다.[7] 거듭 말하지만 지구의 표토가 유실되고 경작지가 줄어들고 물 부족이 발생하고 있으며 수문 순환이 지구의 물 분포를 근본적으로 바꾸고 있다. 인류는 물을 확보하고 사용하는 방식을 실로 다시 생각해야 한다.

수직 농업

지구의 수권이 대지를 야생으로 되돌리며 토양과 숲을 되살리고 생명을 번성하게 하는 경로를 가도록 수권 해방에 적응한다는 것은 곧 기존의 야외 농업에 쓰이던 물의 일부만 사용해 실내에서 더 많은 양의 식량을 재배해야 한다는 것을 의미한다. 최근까지만 해도 실내 농업 아이디어는 터무니없는 것으로 여겨졌지만, 이제는 그렇지 않다.

식물의 실내 재배 분야에서 이뤄진 지난 10년간의 놀라운 기술 혁신은 식량 확보에 대한 생각을 재정의하는 새로운 시대로 이끌고 있다. 이를 이름하여 수직 농업 또는 실내 농업이라고 한다. 실내 농업에서는 대형 선반 유닛을 갖춘, 거대한 창고와 같은 시설에서 식물을 수직으로 층층이 쌓아 재배한다. 이런 수직 농업에 대해 가장 먼저 알아야 할 사항은 토양이 아닌 물에 섞인 화학물질을 사용해서 성장을 촉진한다는 것이다. 두 번째는 식물이 햇빛에 노출되지 않는다는 것이다. LED 조명이 태양을 대신해 광합성 과정을 돕고 로봇 공학과 디지털 감시, 알고리즘 관리 방식이 식물의 영양에 필요한 요건을 결정해 적절한 성장과 성숙을 보장한다. 최적의 성장 환경을 조성하기 위해 온도와 습도, 이산화탄소, 빛을 제어하도록 시스템이 설계된다. 실내에서 작물을 재배하기 때문에 살충제를 사용할 필요도 없다. 더욱이 큰 보상도 따른다. 기존의 야외 농경에 들어가는 물의 최대 2퍼센트만 사용하며 영양분이 풍부한 물을 내부 관개 시스템에서 계속 재활용하기 때문에 성장 과정 전반에 걸쳐 물 사용량이 줄어든다.[8]

수직 농업은 밭에서 수평으로 줄지어 식물을 재배하는 대신 시설에서 위쪽으로 배열하는 방식이므로 공간을 훨씬 적게 차지하고, 결과적으로 단위면적당 생산성이 훨씬 더 높다. 또한 수직 농장은 창고와 같은 구조를 갖추는 까닭에 인구 밀집 지역 근처에 위치할 수 있어 운송비용을 절감할 수 있을 뿐 아니라 며칠이나 몇 주, 몇 달이 아닌 단 몇 시간 만에 슈퍼마켓과 레스토랑에 농산물을 배송할 수 있어 시간과 연료까지 절약할 수 있다. 그리고 수직 농장은 계절에 한두 차례 수확하는 기존의 야외 농장과 달리 연간 최대 15회까지 수확할 수 있다.[9] 수직 농업의 또 다른 가치는 현장 관리와 검사가 필요 없다는 점에 있다. 정교한 알고리즘으로 추적 관찰하는 원격 감시 체계를 통해 지속적으로 식물을 감독하며 실시간으로 변화에 대응해 식물의 성장에 영향을 미칠 수 있다. 이런 시설이 실내 농업의 미래가 될 가능성이 크다.

실내 수직 농업은 또한 식물성 육류를 포함하는 쪽으로도 빠르게 확장되고 있다. 식물성 육류는 비교적 오래전인 19세기에 처음으로 시장에 소개되었다. 오늘날의 대표적 대체육, 즉 소고기나 닭고기, 돼지고기 맛을 내는 식물성 육류는 1970년대에 도입되었으며 그 이후로 계속 인기를 얻고 있다. 이제 채식 버거는 흔한 메뉴가 되었으며, 타이슨과 네슬레 등 세계 유수의 식품 대기업에서 출시하고 있다.

소고기, 돼지고기, 닭고기 같은 동물성 식품을 섭취할 때 발생하는 막대한 탄소 발자국과 물 발자국은 물론이고 육식으로 인한 동물 학대와 공중보건상의 끔찍한 해악에 대해 우려하는 젊은 세대는 점점 더 비건 식단으로 전환하고 있는데, 특히 부유한 국가와 글로벌 대도시에서 그러한 추세가 강화되고 있다. 하지만 식단에 대한 이 새로운 접근 방식은 보기보다 미묘한 사안을 내포하며 식물성 버거나 핫도그, 치킨 필레 등에 들어가는 재료에 대한 정교한 지식을 갖출 것을 요구한다. 밀과 쌀 등 전통적 곡물로 만드는 식물성 육류는 오히려 더 많은 탄소 발자국을 남긴다. 그에 비해 병아리콩과 검정강낭콩, 핀토콩, 껍질콩 같은 콩과 식물은 단백질 함량은 비슷하면서 탄소 및 가상수 발자국은 덜 남기며 건강에 더 이롭고 기후 친화적이다. 그러나 여기에서조차도 소비자들은 옥수수 당분이나 트랜스지방 함유 카놀라유 등 식물성 대체육에 종종 첨가되는 다른 모든 성분에 유의해야 한다. 실내 수직 농업이 시장 점유율을 높여 감에 따라 식물성 육류 역시 갈수록 전 세계 젊은 세대를 사로잡을 것으로 예상된다.

전통적 식량에 대한 최첨단 실내 실험실 재배는 향후 수십 년에 걸쳐 기하급수적으로 규모가 커지며 전 세계적으로 확산될 성장 시장이다. 하지만 지구 수권의 재야생화에 따라 향후 수천 년에 걸쳐 인류의 식습관을 바꿀 수 있는 더욱 극적인 식량 수급의 변화가 진행되고 있다. 2021년 7월, 경제에 활력을 불어넣을 새로운 아이디어를 찾아 육성하는 최고의 글로벌 플랫폼이자 싱크탱크 겸 인큐베이터인 세계경제포럼(World Economic Forum)은 잉섹트의 사장 겸 CEO인 앙투안 위베르(Antoine Hubert)의 기고문을 게재하기로 결정했다. 위베르의 회사는 2050년이면 "지구 표면에서 경작 가능한 토지가 4퍼센트밖에 남지 않는 상황에서" 97억 명까지 늘어날 인류의 필요를 충족하기 위해 식생활의 혁신적인 변화를 촉진하고 있다.[10]

위베르가 제안하는 새로운 메뉴는 곤충을 (우연히 삼키는 것이 아니라) 인간 식단의 중심으로 삼는 것으로, 그리 새로운 아이디어는 아니다. 식충성(entomophagy)이란 인간이 곤충을 음식으로 소비하는 행태를 일컫는 말이다. 오늘날 아시아와 라틴아메리카, 아프리카를 중심으로 약 20억 명의 사람들이 이미 곤충을 식단에 포함시키고 있다. 곤충 식용은 인류가 지구상에 존재하기 시작한 초창기까지 거슬러 올라가는 관습이다.

그렇지만 지금까지 곤충은 중심 역할이 아니라 기껏해야 보완적 수준에서 인류의 식단에 기여하는 데 그쳤다. 다른 식량 공급원이 더 풍부하게 이용할 수 있으며 요구를 충족하기에 충분한 양을 수확하고 저장하고 보존하기 쉬웠기 때문이다. 그러나 지금은 두 가지 이유로 그 모든 상황이 바뀌고 있다. 인구를 먹여 살릴 경작지가 부족해지고 있다는 것이 첫 번째 이유이고, 식생활의 중심이던 육상 및 수생 동물의 상당수가 이미 멸종 위기에 처했다는 것이 두 번째 이유다.

곤충 양식 분야는 상당히 오랜 기간 식량 생산의 변방에서 대체로 주목받지 못한 채 나름의 고투를 펼쳐 왔다. 현재 매년 1조 마리 이상의 곤충이 식용과 동물 사료용으로 농장에서 사육되고 있다. 문제는 이 과정이 대부분 수작업으로 이루어져서 느리며, 비용과 규모 면에서 인간 식단의 중심을 차지할 정도로 확장하기 어렵다는 것이었다. 이제 그러한 상황이 빠르게 변화하고 있다. 농업계에서 사물인터넷을 활용한 정밀 농경을 도입하고 최근에는 실내 수직 첨단기술로 농작물을 재배하기 시작한 것과 마찬가지로, 곤충 양식 분야에도 인공지능과 사물인터넷이 도입되면서 "폐쇄형 통제 환경에서 곤충 양식의 산업화"가 가능해졌다.[11]

앙투안 위베르의 회사 잉섹트는 이미 연간 10만 톤의 곤충 제품을 생산할 수 있는 완전 자동화된 인공지능 기반 공정에 관해 300개 이상의 특허를 보유하고 있다. 그는 이 공정이 작동하는 방식을 다음과 같이 설명한다.

매일 10억 개 이상의 데이터포인트(시각적 자료, 질량, 온도, 발육 정도 및 그 속도, 날씨, 구성 성분 등)를 수집해 독점적인 예측 모델에 입력함으로써 곤충의 번식 및 양식 조건을 최적화한다. AI 덕분에 적시에 촬영한 이미지 한 컷만으로도 밀웜 곤충의 사육 관리를 위한 품질관리 정보의 최대 80퍼센트를 도출할 수 있다. (예를 들면) 밀웜 중 하나인 갈색거저리(Tenebrio molitor)는 전적으로 프로그래밍된 로봇에 의해 관리된다. 수직 농장에서 다양한 통을 가져와 한쪽에서는 먹이를 주고 다른 쪽에서는 알과 유충을 수집하는 데 쓰며 다 자란 곤충이 든 통을 가공 단계로 옮기는 등 힘을 써야 하는 작업은 모두 기계가 맡는다.

북미곤충농업연합은 곤충을 인간 식생활의 중심적 부분으로 포함하는 이점을 열심히 강조한다. 이들은 2000종 이상의 곤충이 식품으로 소비된 적이 있거나 소비되고 있으며, 현재 전 세계 식품 메뉴에 속한 매우 제한된 식단 옵션에 비해 훨씬 다양한 새로운 식량 자원을 제공한다고 지적한다. 귀뚜라미와 딱정벌레, 나방, 벌, 개미, 말벌, 메뚜기, 잠자리, 밀웜 등이 대표적인 곤충 식품 공급원이다. 식용 곤충의 영양학적 가치를 조사한 결과, 메뚜기나 귀뚜라미, 밀웜, 버팔로웜이 소고기 등심보다 철분과 구리, 마그네슘, 망간, 아연을 더 많이 함유하고 자연적으로 글루텐이 없으며 팔레오 식단과 호환 가능한 것으로 밝혀졌다. 단백질의 경우 귀뚜라미만 봐도 "소, 닭, 돼지보다 더 많은 단백질을 함유하고 있다." 연구 결과에 따르면, "닭고기 1그램의 식용 단백질은 밀웜에 비해 2~3배의 땅과 50퍼센트 더 많은 물을 필요로 하고", "소고기의 식용 단백질 1그램에는 밀웜에 비해 8~14배의 땅과 약 5배의 물이 소요된다."[12]

곤충은 또한 대부분의 가축보다 온실가스를 현저히 적게 배출한다. 핵심만 말해서, 연구 결과에 따르면 "식용 및 소화 가능한 각 동물의 단백질을 고려할 때 귀뚜라미는 사료를 고기로 전환하는 데 닭보다 2배, 돼지보다 최소 4배, 소보다 12배 효율적이다." 이러한 통계로도 충분히 수긍되지 않는다면, 벌레는 냉혈 생물이기에 사료를 체온으로 전환하는 데 에너지를 허비하지 않는다는 사실까지 고려하기 바란다.[13]

중남미와 호주, 아프리카, 아시아 등지에서는 곤충이 예전부터 식생활의 주요 재료였지만, 유럽과 미국, 캐나다 등지에서는 이러한 음식을 대중에게 소개하는 일이 드물었다. 하지만 이제 세계 유수의 유명 셰프

들이 메뉴에 식용 곤충을 도입하며 그 기반을 다지고 있다. 세계적으로 유명한 덴마크 셰프 르네 레드제피(René Redzepi)가 런던의 팝업 레스토랑에서 개미가 점점이 박힌 크렘 프레쉬와 같은 요리를 선도적으로 선보였고, 일본에 가서는 작은 검은 곤충이 기어다니는 프랑스식 초밥 요리를, 멕시코에서는 구운 에스폴론 콩과 크리미한 에스코몰(개미 알)을 넣은 토스타다를 메뉴에 올렸다.[14] 서양의 중산층에게는 생소하겠지만, 아시아 요리에서는 오랜 세월 식용 곤충이 주재료로 사용되었다. 캄보디아에서는 개미로 속을 채운 스프링롤이나 구워 절인 전갈과 카피르 라임을 곁들인 그린 파파야 샐러드가 인기 있고, 곤충 튀김이 흔한 간식으로 통한다.[15]

첨단기술을 활용해 곤충을 대규모로 사육하는 실내 양식은 향후 수십 년 동안 급성장할 것이며, 다음 세대들이 어릴 때부터 새로운 요리에 익숙해짐에 따라 소고기와 닭고기, 돼지고기 같은 육류 기반 식품을 일부 대체하면서 지구온난화 기후와 일시적인 유목 생활에 적합하도록 우리 종의 식단을 수정할 것이다. 곤충은 어디에나 존재하고 어디서나 발견되므로 이 식량 공급원을 팝업 수직 실내 실험실에서 사육하는 것이야말로 이동하는 인류에게 적절한 선택지다. 이 극적인 식단 변화가 다소 비위 상하게 느껴진다면, 생장어나 오징어, 성게, 가리비 등을 얹은 스시가 그다지 오래전이라 할 수 없는 1966년에 로스앤젤레스의 한 스시 바를 통해 미국에 처음 소개되었다는 사실을 잊지 말아야 한다.[16] 오늘날 미국에서 스시는 266억 달러 규모의 시장을 형성하며 특히 수백만 명의 젊은이들에게 인기가 높다.

첨단 실내 수직 농장에는 다른 두 가지 장점도 따른다. 심각한 기후 재난으로 인해 전력선이 끊기고 지역이나 대륙, 심지어 바다를 가로질러 멀리 떨어진 물류와 공급망이 차단되는 경우에도 현장 또는 인근에 태양광 및 풍력 전기 생산 및 공급 시설(유틸리티 규모와 마이크로그리드)을 갖추고 인구 밀집 지역 근처에 자리 잡은 수직 농장은 실내 식물 차질 없이 계속 재배할 수 있다. 또한 기후 재난이 악화되어 대규모 인구 이동이 발생하는 경우에도 팝업 실내 수직 농장 시설은 즉시 해체해서 이주 경로를 따라 재조립할 수 있으므로 장기간 비상식량의 공급처가 될 수 있다.

수직 농업 분야의 어느 누구도 실내 농업이 야외 농업을 완전히 대체할 것으로 믿지는 않지만, 기후 재해에 갈수록 취약해지는 지구에서 백업 회복력을 제공하는 수직 농업의 보조 역할이 점점 커질 것임을 의심하는 사람은 없다.

11

주권국가의 쇠퇴와 생태 지역 거버넌스의 태동

●

지구 기후의 온난화는 앞으로 정치적 경계와 국가 주권, 시민권에 대해 다시 생각하도록 강제할 것이다. 사실 우리는 좀 더 일찍, 적어도 온난화 현상이 대두해서 홍수와 가뭄, 폭염, 산불, 허리케인, 태풍의 급증으로 전체 생태계를 불안정하게 만들고 인프라를 파괴하며 인간과 동료 생물들의 목숨까지 앗아 가기 시작한 1980년대 후반 이래로 이런 변화를 예견했어야 했다.

대규모 이주와 기후 여권 발급

현재 세계 도처에서 경보가 울리고 있다. 휴가나 출장으로 해외여행을 계획할 때를 제외하고는 거의 관심을 기울이지 않는 여권에 대해 재고해야 한다는 경각심이 갑작스레 거의 모든 지역에서 일고 있는 현상도 경보 중 하나다. 이제 여권은 세계의 어느 지역에 거주하느냐에 따라 긍정적으로든 부정적으로든 중요한 생명줄로 부상하고 있다. 전에는 해외의 가족이나 친구를 방문하고 자연이 주는 풍요로움을 만끽하는 것을 포함해 다양한 문화와 경험에 몰입할 수 있도록 돕는 일종의 즐거운 사치품으로 여겨지던 여권이 오늘날에는 갈수록 안전한 피난처와 위협적인 환경을 가르는 징표가 되고 있다.

북쪽 기후대로 향하는 대규모 이주는 앞으로 수십 년 안에 아열대와 중위도 지역 일부 국가의 정부를 무너뜨릴 것이다.[1] 그 어떤 방법과 조치로도 대규모 이주와 그로 인한 대혼란을 막을 수는 없을 것이다. 이는 이미 되돌릴 수 없는 현상으로 굳어진 상태다. 물론 그렇다고 해서 인류의 물결이 바람에 흩어지듯 대부분 북쪽으로 향하면서 거버넌스가 하룻밤 사이에 사라지고 무정부 상태가 펼쳐질 것이라는 의미는 아니다. 하지만 벌써 거대한 정치적 격변의 명백한 징후가 곳곳에서 목도되고 있다. 한때 국민국가 주권의 이데올로기적 각인이자 인류 상당수가 자신의 존재를 정의하는 주요한 방식이던 여권의 발급에 극적인 변화가 나타나는 것만 봐도 알 수 있다.

현재의 현상에 대한 일종의 예고편이라 할 수 있는 상황이 한 세기 전 1차 세계대전의 종전 직후 펼쳐진 바 있다. 그것을 살펴보면 지구온난화의 여파로 국가 간의 정치적 경계가 무너지고 기후 난민들이 북쪽으로 이동함에 따라 향후 수십 년 동안 전개될 상황을 일정 부분 예상할 수 있다. 1918년 1차 세계대전이 끝나면서 체결된 평화 휴전 협정은 유라시아 대륙에 큰 혼란을 안겨 주었다. 새로 결성된 소련은 전쟁 중 조국을 떠나 해외에 거주하던 러시아인 80만 명의 시민권을 박탈했다. 로마노프 왕조의 붕괴와 러시아 공산당의 권력 장악은 독일과 오스트리아-헝가리,

오스만 제국에서도 유사한 붕괴를 유발하는 도미노 효과를 일으켜 정치적 공백을 야기했다. 갑자기 수백만 명의 사람들이 정치적 정체성을 박탈당했다. 그 공백은 서둘러 새로운 국민국가의 탄생과 그에 수반한 국경 설정으로 채워졌다. 이 때문에 소수 민족들이 자신을 별로 환영하지 않는 통치 체제에 속하게 되면서 더 큰 위기가 촉발되었다. 무국적자 신세로 고립된 수백만의 가족은 이전의 국가 정체성을 상실하고 더 이상 정치적 정체성도 갖지 못해 머물 수도, 떠날 수도 없는 궁지에 몰렸다. 법적인 측면에서, 그렇게 그들은 보이지 않는 타자가 되었다.

그 무렵 노르웨이의 유명한 극지 탐험가 프리드쇼프 난센(Fridtjof Nansen)이 유엔의 전신격인 국제연맹(League of Nations)의 난민고등판무관실 새 수장이 되어 유럽 전역의 무국적 난민을 지원하는 임무를 맡게 되었다. 난센은 제네바의 국제연맹에서 회의를 소집해 이른바 '난센 증명서'라는 여권의 발급에 대한 회원국들의 동의를 얻어 냈다. 난센은 그것을 처음에는 러시아 난민에게, 이후에는 유럽 전역 무국적자의 상당수를 차지하던 아르메니아 난민에게 발급했다. 난센 여권은 12개월 동안 유효하며 갱신할 수도 있었고, 난민들은 그것을 들고 국가 간 경계를 넘어 국제연맹 회원국 중 한 곳에서 자신을 환영하는 새로운 고향을 찾을 수 있었다.

1942년까지 45만 명 이상의 난민이 52개국에서 인정하는 난센 여권을 사용했다. 난센 여권의 주요 특성은 1951년 난민협약에 포함되면서 그 개념이 국제 난민법에 통합되었고, 그럼으로써 여권 소지자는 해당 증명을 인정하는 모든 국가에 입국할 수 있는 법적 권리를 갖게 되었다. 난센 여권은 주로 러시아와 아르메니아 난민에게 큰 도움이 되었지만, 발칸반도와 다른 지역의 난민에게는 그런 법적 자격이 주어지지 않았다. 그럼에도 난센 여권은 무국적자들이 새로운 조국을 찾고 받아들여질 권리를 합법화함으로써 국제법에 한 획을 그었다.[2] 난센 여권은 개인이 한 국가에만 속한다는 관념과 여권 자체에 대해 재고하는 계기를 마련했다.

(휴가나 출장으로 해외여행을 허가받아 이동하거나 단순히 원래 시민권을 포기하고 다른 나라로 이주할 수 있긴 하지만) 모든 사람이 평생 주권국가의 보호 아래 단일의 고정된 지리적 공간에 소속되는 것이 당연시되는 세상은 점차 과거의 얘기가 될 것이고, 그에 따라 인류는 가시밭길을 걷게 될 것이다. 지구온난화로 지구의 전역이 사람이 살기에 적합하지 않게 됨에 따라 정주 생활은 점점 더 어려워지고 유목 생활은 점점 더 보편화될 것이다.

영국의 환경 저널리스트이자 『인류세, 엑소더스(Nomad Century)』의 저자 가이아 빈스(Gaia Vince)는 우리가 맞이할 이주 여정에 대해 냉철하면서도 희망적인 시각을 제시한다. 그녀는 이렇게 썼다.

> 하지만 그에 못지않게 어려운 부분은 우리가 특정한 땅에 속해 있고 그 땅이 우리의 것이라는 생각을 극복하는 일이다. 우리는 새로운 극지방 도시들에 형성될, 문화와 국적이 다양하게 뒤섞인 사회들에서 살아가는 데 적응해야 할 것이다. 그리고 언제든 필요한 경우 다시 이동할 준비를 갖추어야 할 것이다. 기온이 1도 상승할 때마다 약 10억 명의 사람들이 수천 년 동안 인류가 살아온 지대의 밖으로 밀려날 것이다. 시간이 얼마 남지 않았다. 압도적이고 치명적인 격변이 닥치기 전에 서둘러 관리에 들어가야 한다.[3]

여권은 일견 시민들을 가두기 위해 고안된 낡은 지정학적 프레임에 묶여 비교적 경직된 상태로 유지되었다고 생각할 수 있지만, 실제로는 그렇지 않다. 적어도 2차 세계대전의 종전과 함께 교역의 세계화가 도래한 이후, 초국적 기업과 활발한 이동성을 갖춘 글로벌 노동력이 밀접하게 상호 연결된 경제활동이 펼쳐지는 가운데 여권은 훨씬 더 민첩해지고 제약을 줄여 가면서 기업과 노동인구가 글로벌 경기장에서 활동하도록 도왔다. 경제와 상거래의 세계화는 UN, 세계은행, IMF, OECD 등과 같은 새로운 글로벌 관리 기관과 더불어 경제생활을 변화시키며 그것이 전 지구적인 현상으로 자리 잡게 했다. 또한 항공의 세계화는 여행과 관광 산업의 지평을 넓히며 지구를 수억 명의 사람들이 이용하는 거대한 놀이터로 만들었다.

여권은 경제의 동향과 흐름에 따라 변화했다. 매년 세계 각국의 여권에 대해 가장 민첩한 국가부터 가장 민첩하지 않은 국가까지 순위를 매기는데, 비자를 요구하지 않는 목적지 국가의 수를 기준으로 삼는다. 비자를 발급받는 데 몇 주 또는 몇 달이 걸릴 수 있기에 비자를 요구하지 않는 국가의 수가 많을수록 여권이 민첩하다는 뜻이다. 1위는 일본이다. 일본 여권 소지자는 목적지 국가의 승인 없이 193개국을 방문할 수 있다.[4] 아프가니스탄은 현재 최하위로, 무비자로 갈 수 있는 나라가 27개국에 불과하다.

더욱 주목할 만한 점은 개인이 동시에 두 개 국가 이상의 시민이 될 수 있도록 이중 국적(또는 복수 국적)을 허용하는 국가가 계속 증가하고 있다는 사실이다. 이중 국적은 개인이 두 국가에서 투표와 취업, 주택 구입 등에 대한 권리는 물론이고 의료 및 공교육 등의 모든 표준적인 공공서비스를 받을 수 있는 권리까지 포함하는 완전한 시민권을 보유하는 것을 의미한다. 물론 이중 국적에는 세금 납부, 징병제가 있는 경우 군 복무 등의 의무도 따른다.

이중 국적은 또한 각 민족 집단이 인터넷과 줌(Zoom), 저렴한 국제선 항공편을 통해 점점 더 연결성을 강화하는 오늘날, 확대된 디아스포라(diaspora: 본래의 터전을 떠나 타지에서 자신들의 관습과 규범을 지키며 살아가는 민족 집단 또는 그 거주지 — 옮긴이)를 더욱 수월하게 형성하게 한다. 삶의 일부를 가상과 실제 양 면으로 두 곳 이상에서 영위하는 것은 세계화와 상업 및 무역, 저렴한 여행 등으로 촉발된 새로운 반(半)유목주의 현상이다.

여행 비자의 완화와 이중 국적의 부여는 시민권 확대의 토대를 제공한다. 기후변화로 인한 전례 없는 대규모 이주가 가속화하면서 기후 이주민들이 지정된 통로를 따라 국경을 넘어 중간 기착지에서 잠시 거주하며 휴식을 취한 후 기후 친화적인 지역으로 (때로 수천 킬로미터에 달하는) 장거리를 이동할 수 있도록 글로벌 기후 여권을 발급하자는 논의가 빠르게 진행되고 있다.[5] 더 큰 규모의 예를 보자면, 27개 국가의 4억 4700만 인구로 구성된 EU에서는 모든 주민이 자신의 거주지가 EU인 동시에 각 소속 국가 또는 지역이라고 간주한다. 모든 EU 시민이 EU 여권을 소지할 수 있기 때문이다.

유엔은 1945년의 창립 이래로 난민 문제를 핵심 주제로 삼아 방대한 연구를 수행하고 보고서를 발표하는 동시에 난민의 권리 보호에 관한 법적 구속력이 있는 협약을 제정해 왔다. 하지만 이 국제기구는 최근까지도 기후 난민, 즉 주권국가의 정치적 국경을 무너뜨리며 온화한 기후와 우호적인 통치 관할권을 찾아 필사적으로 도피할 것으로 보이는 수억, 수십억 명의 인류를 돕는 문제와 관련해서는 지나치게 조심하며 주저하는 태도를 보여 왔다.

2021년, 독일 연방정부의 과학 자문기구인 독일지구변화자문위원회는 1차 세계대전 이후 무국적 난민에게 안전한 통과를 보장하고 호스트 국가의 환영을 받게 했던 예전의 난센 여권을 언급하며 기후 난민을 법적으로 보호하고 조력을 제공하는 사안을 포함한 난민 위기 증가에 대한 보고서를 발표하면서 (다소 피상적으로 접근하긴 했지만) 직접적으로 문제를 이슈화했다.

위원회는 세계 각국이 기후 여권의 발급으로 기후 난민의 권리를 인정할 것을 촉구하는 대담한 제안을 내놓았다. 이 위원회의 권고안은 실행되는 경우 광범위한 지정학적 결과를 초래하는 게임체인저가 될 수 있으며, 특히 국민국가들이 폐쇄적인 국경으로 누리는 통제권 및 영향력을 약화시킬 수 있다. 권고안은 다음과 같다.

그러므로 WBGU(독일지구변화자문위원회)는 인도적 기후 정책의 핵심 수단으로 이주민을 위한 기후 여권을 제안한다. 난센 여권에 기초한 이 문서는 지구온난화로 인해 실존적 위협을 받는 사람들에게 대체로 안전한 국가에 들어갈 수 있는 선택권과 그곳의 시민이 누리는 것에 상응하는 권리를 제공할 것이다. 첫 번째 단계에서는 기후 여권이 기후변화로 인해 거주할 수 없게 될 가능성이 큰 소규모 섬나라의 주민들에게 조기에 자발적이고 인도적인 이주 경로를 열어 줄 것이다. 중기적으로는 각국의 유랑자들을 포함해 여타의 나라에서 심각한 위협을 받는 사람들에게도 여권을 제공할 수 있어야 한다. 과거와 현재의 온실가스 배출량이 상당해서 기후변화에 상당한 책임이 있는 나라들이 호스트 국가로서 관련 서비스를 제공해야 한다.[6]

놀랍게도 기존의 유엔 협약과 의정서는 이미 수백만 명의 기후 이주민이 기후 친화적인 지역을 찾아 고향을 떠나는 상황에도 기후 난민을 인정하지 않고 있다. 유엔 협약은 종교 종파나 소수 민족, 정당에 대한 정부의 박해와 같은 인권 침해 사안에 대해서만 보호를 제공할 뿐, 지구온난화를 피해 고향을 떠나는 난민에 대한 보호는 제공하지 않는다.

1951년 난민협약이라고도 불리는 제네바 협약은 난민을 정의하고 고국 이외의 국가에 망명을 허가할 목적으로 개인의 권리를 설정한 유엔의 다자간 조약이다. 이 협약의 제1조에는 난민을 다음과 같이 정의한다.

인종이나 종교, 국적, 특정 사회집단의 구성원, 정치적 견해를 이유로 박해를 받을 수 있다는, 충분히 근거가 있는 공포로 인해 …… 국적국 밖에 있고 그러한 공포로 인해 그 국가의 보호를 받을 수 없거나 그 국가의 보호를 받을 의사가 없는 사람, 또는 국적을 갖지 않고 그러한 사건의 결과로 이전에 거주했던 국가를 나와 있는 사람으로서 그 국가로 돌아갈 수 없거나 그러한 공포로 인해 돌아갈 의사가 없는 사람이다.[7]

안타깝게도 기후 여권 발급을 제안한 독일지구변화자문위원회의 권고안은 현재까지 유엔의 외면과 무시로 밀려나 있다. 유엔은 그것이 오히려 수억 명의 기후 난민이 더 온화한 기후 환경을 좇아 대륙과 바다를 떠도는 대규모 탈출 사태를 조장하지 않을까 우려한다. 유엔은 기후변화로 황폐해진 나라들에 기후 영향에 대한 내부 회복력을 강화하도록 돕는 차관 형태의 지원을 제공해야 한다고 주장하며 커지는 위기를 회피하고 있다. 물론 이 또한 필요한 조치이긴 하지만, 이미 세계 곳곳이 살기 힘든 환경이 되어 가고 수백만 명의 기후 난민이 더 온화한 기후를 찾아 길을 나선 현실을 오도하는 것이나 다름없다.

독일지구변화자문위원회의 기후 여권 권고안은 사실상 유엔에 상정되기도 전에 거부된 셈이지만, 유엔은 대신 '안전하고 질서 있고 정규적인 이주를 위한 글로벌 협정' 안건을 검토 대상으로 테이블에 올렸다. 이 협정 안건은 기후변화를 이주의 원인으로 지목하고 회원국들의 협력을 촉구했지만, 이 가벼운 시도마저도 기후 여권이 패키지에 포함될 경우 세계 곳곳에서 기후 난민이 대량으로 발생할 것을 우려한 주권국가들의 반대에 부딪혀 무산되었다. 심지어 독일 정부마저 자국의 지구변화자문위원회가 내놓은 권고안에 반대하며 유엔 회원국들 앞에서 그 글로벌 협정이 법적 구속력이 있는 것이 아니라 단지 열망적인 수준의 합의안,

즉 완곡한 표현으로 '연성법'이 되어야 한다고 주장했다.[8]

현장의 상황은 이와 상당히 다르다. 기후 관련 탈출은 이미 시작되었고 그 대열에 오르는 사람들은 날이 갈수록 급속히 증가하고 있다. 대표적인 사례 두 가지만 살펴봐도 이 비극의 규모를 실감할 수 있다. 메마른 중동에서 쏟아져 나오는 수백만 명의 기후 난민들이 유럽 해안에 다다르길 바라며 목숨을 걸고 허접한 배에 올라타고 있으며, 중남미에서는 그들과 같은 처지의 사람들이 미국 국경을 몰래 넘기 위해 아이들을 둘러업고 위험한 지형을 헤쳐 가며 수백 킬로미터에 달하는 피난길에 오르고 있다.

새로운 기후 연구의 결과는 결코 고무적이지 않다. 2070년이면 "현재 지구 육지의 1퍼센트도 되지 않는, 사하라 사막과 같은 극도로 더운 지역이 육지 전체의 5분의 1에 달할 것으로 예상되며, 잠재적으로 지구 전체 인구 세 명 중 한 명꼴로 인류가 수천 년 동안 번성해 온 기후 적소 밖에서 살아가게 될 것이다."[9] 2020년에 나온 한 연구의 결과는 "이 기후 적소의 지리적 위치가 향후 반세기에 걸쳐 지난 6000년 동안 그랬던 것보다 더 많이 이동할 것"이라고 경고한다. 역사상 최대 규모의 기후 난민을 예고하는 셈이다.[10] 《사이언스》에 게재된 또 다른 연구에 따르면, 2100년에는 인도와 중국의 인구 밀집 지역을 포함한 세계 일부 지역의 기온이 너무 높아져 한낮에 몇 시간만 밖에 있어도 "가장 적자에 속하는 인간조차 사망에 이를 수 있다."[11]

아열대 지방과 중위도의 많은 지역에서 '대이동'이 이미 시작되었다. 불과 30년 전만 해도 미미한 수준이던 기후 난민이 이제는 쓰나미처럼 몰려들고 있다. 수백만 명, 그리고 수십 년 안에 수억 명의 기후 난민이 안전한 기후 피난처를 찾아 전 세계를 샅샅이 뒤지고 다닐 것이다. 선택지는 제한되어 있다. 미리 계획을 세울 것인가? 아니면 대혼란을 감수할 것인가? 전자를 선택하는 경우, 유엔 회원국들은 상황을 직시하고 결단을 내려 질서 있고 안전한 통과를 보장하기 위한 규정과 강령, 표준, 프로토콜을 갖추고 공식 기후 여권을 발급해야 할 것이다. 그렇지 않으면 아열대 지방과 중위도의 많은 국가가 쇠퇴하거나 사라질 것이다. 이미 태평양의 섬나라들에서 이러한 현상이 나타나고 있으며 곧 다른 곳에서도 목도될 것이다. 아무리 머리를 쥐어짜며 고민해도 이 상황을 막을 수는 없다. 향후 150년 사이에 지속되는 국가와 쪼그라들어 쇠퇴하거나 심지어 사라지는 국가가 구분될 것이다. 이는 증조부모의 탄생에서 증손의 죽음까지에 해당하는 짧은 기간이다.

오늘날의 기후 이주민들은 어디로 이동해야 하는지 어떻게 알 수 있을까? 우리의 기후 예측은 이미 길을 가리키고 있는데, 그 길은 중위도와 아열대 지방에서 캐나다와 북극, 북유럽 국가, 러시아, 시베리아 등 사람들이 거주하지 않는 극북의 광활한 땅으로 이어진다. 대부분 영구 동토층으로 덮여 있는 이 원시 지역의 상당 부분은 현재 녹고 있으며 북반구 육지의 25퍼센트를 차지하므로 많은 수의 우리 종을 수용할 수 있다.[12] 세계의 다른 곳과 마찬가지로 이 북부 지역 역시 빠르게 온난화되고 있지만, 기후 과학자들은 금세기 중반까지 우리가 지구의 기온을 섭씨 2도가 아닌 섭씨 1.5도 상승에 가깝게 안정시키고 향후 수 세기에 걸쳐 지구 육지와 해양의 3분의 1에서 2분의 1 정도가 재야생화되도록 할 수 있다면 우리 종과 많은 동료 생물이 새로운 방식으로 생존하고 번성할 수 있다고 말한다. 그러나 그런 미래를 누릴 기회는 매 10년이 지날 때마다 좁아지고 있다.

기후 여권 준비는 필수적이다. 그렇게 해야 기후변화로 인해 중간 수준 이상의 위험에 처한 나라들이 인구 규모를 줄이고 생태 발자국을 경감하고 생태 공간을 재야생화하고 생태계를 재건하는 방향으로 나아갈 수 있다. 기후 여권은 상당수의 인구를 사람이 덜 거주하는 북쪽 생태계로 이동시켜 우리 종의 생태 발자국을 분산시키며 지구에 가해지는 부하를 경감함으로써 험난한 인류의 미래에 대한 실용적인 접근 방식을 제공할 수 있다.

기후 이주민들이 직면할 문제는 인류의 상당수가 살기에 적합한 서식지를 제공할 수 있는 보다 좋은 환경의 호스트 국가로 안전하게 이동할 수 있는 최적의 환경 경로를 어떻게 찾아내느냐 하는 것이다. 과학자들은 이미 기후 난민들이 그들의 개체 수를 유지할 수 있는 새로운 생태 지역으로 이동하고 경유하는 과정에서 견실한 생태계 서비스의 혜택에서 멀어지지 않기 위해 취해야 할 경로를 매핑하고 있다. 그리고 그 여정의 길잡이는 포유류, 조류, 파충류, 양서류, 어류 등 우리의 동료 생물들인 것으로 밝혀지고 있다. 우리와 마찬가지로 동료 생물들도 지역 생태계를 파괴하며 재야생화되는 수권으로 인해 빠르게 기후 이주 상황에 내몰리고 있다. 그들 역시 생존을 위해 생물학적으로 익숙해진 환경과 유사한, 보다 우호적인 환경을 찾아 이동하고 있다.

과학자들은 현재 야생 생물을 추적해 그들이 생존하고 번성할 수 있는 새로운 목적지로 이동하는 생태 경로를 매핑하고 있다. 2018년《글로벌 생물학 변화(Global Change Biology)》에 실린 한 연구는 고성능 컴퓨팅을 활용해 해당 분야 최초로 "현재 기후 유형과 (매우 다른 기후는 피하며) 미래의 유사 기후 사이의 경로를 매핑하고 (특정 지점의 중요도를 가늠하는) 중심성 지표를 사용해 각 위치의 기여도를 평가함으로써 북미 전역의 기후 연결성을 식별했다."[13]

현재 사람들의 관심은 가장 위험에 처한 생태계를 구하고 복원하는 부분에 쏠리고 있지만, 실상은 재야생화 수권이 이미 생물 종들의 익숙한 기후를 대부분 북쪽으로 이동시키고 있고, 그로 인해 그들이 떠나는 기후와 유사한 새로운 호스트 지역을 찾는 것이 그들의 최우선 과업이 되고 있다는 것이다. 이를 강조하는 것은 극적으로 온난화되고 있는 기후 지역에 대해 모든 희망을 버리고 포기하자는 의미가 아니다. 다만, 현재 위험에 처한 생태계가 재야생화되고 존속되며 번성할 방법을 결정하는 데 있어 지구의 수권이 훨씬 더 강력한 역할을 한다는 의미일 뿐이다. 연구자들이 강조하는 요점은 "많은 개체군의 존속 가능성은 그들의 기후 요건에 적합한 새로운 서식지를 확산시키고 식민지화하는 능력에 달려 있다"는 것이다.[14]

이 연구와 앞으로 이어질 여타의 연구들은 야생동물들이 이동하는 가장 유망한 통로를 파악할 것이고, 그에 따라 정부 기관과 과학자들은 도로나 방벽, 인공 저수지, 기타 인공 인프라 등 그들의 이동을 방해하는 장애물을 정확히 찾아내 제거함으로써 안전하게 통행하도록 도울 수 있을 것이다. 이 야생동물 이동 통로 매핑에는 예컨대 해당 경로를 따라 그늘이나 덮개, 냉각 효과를 제공하기 위해 필요한 곳에 숲을 조성하는 등 동물의 이동 속도를 높이는 데 도움이 되는 적절한 생태계 서비스를 지원하는 것도 포함된다. 또한 이러한 야생동물 통로에 생태계 서비스를 강화할 수 있는 다른 특색, 즉 통행의 안전성을 높일 수 있는 특색을 도입하는 방안도 논의되고 있다. 특정 수변 지역에 비버들을 풀어 놓는 것이 한 예인데, 그들이 범람원을 연결하고 물이 더 천천히 흐르도록 작은 둑을 만들 수 있고, 그렇게 하면 가뭄의 영향을 최소화함으로써 해당 경로를 따라 새로운 서식지로 이동하는 많은 종의 안녕에 도움이 될 것이기 때문이다.[15]

2023년 3월 21일, 미국 대통령 직속 환경품질위원회는 "인간의 개발이 서식지를 훼손하고 제거하고 세분화할 뿐 아니라 기후변화가 환경 조건을 바꾸는 상황에서 생태적 연결성과 야생동물 통로의 중요성을 인식할 것"을 촉구하는 내용의 지침서를 모든 연방 부처 및 기관의 장에게 발송했다. 백악관의 지침서는 다음과 같이 연결성을 강조한다.

연결성은 육지나 강, 호수, 바다의 경관이 생물종의 자유로운 이동을 보장하고 생태적 프로세스가 방해받지 않고 기능할 수 있도록 허용하는 정도를 의미한다. 이동 통로는 연결성을 제공하는 육지나 강, 호수, 바다 경관의 뚜렷한 구성 요소이다. 통로는 특히 계절 또는 환경의 변화에 따라 서식지 블록 간에 생물종의 이동을 촉진하기 때문에 당국의 정책 결정과 중요한 관련성을 지닌다.[16]

연결성은 야생동물이 필요한 자원에 접근하도록 도우며 생태적 프로세스를 촉진한다. 나아가 "연결성은 야생동물이 지리적 범위 내의 기후변화를 포함해 서식지의 질과 분포의 변화에 적응하고 분산할 수 있게 함으로써 기후 적응력과 회복력을 증진한다."[17] 대통령실의 지침서는 모든 연방 기관에 "여기에 명시된 목표들에 다가가기 위해 이미 취했거나 앞으로 취할 조치를 파악할 것"을 요구하고 있다.[18] 야생동물 이동 통로를 매핑하는 새로운 과학적 연구와 미국 대통령실의 세세한 지침서와 관련해 특히 중요한 점은 미국은 물론이고 세계의 여러 나라들이 우리 자신을 포함한 생물종의 대량 이동을 매핑하는 새롭고 과학적으로 광범위하고 포괄적인 지형학적 접근 방식을 갖게 된다는 것이다.

새로운 유목 생활은 우리 종이 지구에 살아온 95퍼센트의 시간 동안 그랬던 것처럼 동료 생물의 이동 통로를 따라 형성될 것이지만, 한 가지 주의할 점이 있다. 우리의 경로는 새로운 미기후(microclimate) 지역으로 이동하는 다른 종들의 중간 기착과 안전한 여행을 방해하지 않기 위해 일정한 거리를 둔 채 평행하게 설정되어야 한다. 함께하되 거리를 두는 것이 새로운 경험 법칙이다. 여정의 속도를 높이기 위해 우리는 정교한 과학적 매핑과 사물인터넷 인프라를 활용해 이동 경로를 계획하는 동시에 다른 종들의 통로에서 일정 거리 떨어진 곳을 선별해 팝업 임시 도시도 세울 수 있을 것이다.

이동 경로를 가로지르는 이 공동의 여정과 적어도 일정 기간 더 적합한 생태계에 정착하는 행동 방식은 이전과 다른 정치적 역학 관계를 낳는다. 그러나 우리가 아직 받아들이지 못하는 부분은 그런 대규모 이탈과 지속적인 재정착이 남기는 상황이다. 한때 국민국가의 주권적 통치 하에 있던 지역 전체가 사람이 살기 힘들어지면서 규모가 축소되고 공동화할 것이며, 심지어 사라질 수도 있다. 그런 지역들에서는 더 이상 국가의 통치라는 것도 존재하지 않을 것이다. 특히 지구의 아열대와 중위도를 따라 우리가 문명이라고 알고 있는 많은 지역이 버려지고 새로운 주권자, 즉 수권에 의해 새로운 방식으로 재야생화될 것이다. 이것이 충격적으로 느껴진다면, 지난 6000년 동안 수많은 문명이 엔트로피적 붕괴와 기후의 극적인 변화에 희생되어 사라졌다는 사실을 상기하라. 그때마다 인류는 다른 곳으로 흩어지거나 이주했고, 때로는 일정 시간이 지난 후 다시 돌아와 재정착하고 재건하기도 했다.

하지만 이번에는 그 속도와 규모 면에서 과거와 사뭇 다르다. 온난화가스의 배출로 인한 지구온난화는 규모가 제한적이든 아니든 적어도 우리를 부분적으로 멸종 위기에 처하게 하고 있으며, 이와 더불어 앞으로 수천 년 동안 지속될 새로운 기후 체제가 형성될 가능성이 농후하다. 이미 지중해 지역과 중앙아메리카에서는 온난화 기후로 인해 사람이 살수 없게 되면서 국민국가들 곳곳에서 공동화 현상이 발생하고 있다. 갖가지 기후 지표에 따르면, 22세기 말에 이르면 현재 주권적 통치를 받는 많은 지역이 쇠퇴하거나 심지어 완전히 사라질 것이다. 이는 이미 수백

개의 태평양 섬 국가들에서 잠재적 현실로 대두하고 있는 현상이다.

앞으로 대규모 이주와 재정착은 점점 더 지역 생태계와 밀접하게 연계될 것이며, 생태 지역 거버넌스에 의해 부분적으로 감독되고 공유지의 형태로 관리될 것이다. 이러한 변혁은 이미 시작된 상태다. 앞서 언급한 바와 같이 EU에서는 스페인 카탈루냐 자치구와 프랑스 옥시타니아 자치구, 스페인 발레아레스제도를 하나로 묶어 피레네-지중해 유로리전을 설립하며 최초의 생태 지역 거버넌스를 구축했다.

1991년, 태평양에 면한 미국 북서부 5개 주와 인접한 캐나다 5개 주 및 준주는 생태계를 공유지로 공동 관리하기 위해 태평양북서부경제권(Pacific Northwest Economic Region)을 설립했다. 또한 1983년에서 2015년까지 오대호 생태계를 공유하는 미국 8개 주와 캐나다 2개 주는 해당 생태 지역을 공유지로 관리하기 위해 오대호와 세인트로렌스 주지사 및 총리 회의를 편성해 운영했다. 이 두 생태 지역 거버넌스는 그들의 생태 지역을 관리하고 새로운 비즈니스 기회와 고용, 개발 등이 생태계를 증진하는 방향으로 이뤄지도록 공식적인 협력을 입법화한 사례다. 이 둘은 변칙이 아니라 선구적 사례다. 앞으로 수십 년에 걸쳐 국민국가 정부는 점점 더 개방되고 유연해져 공동의 생태 지역에 대한 관리 책임을 공유할 것이다. 국민국가의 생존 가능성 자체가 여기에 달려 있다.

기후 회복력에 밀려나는 군사적 방어

다시 물-에너지 넥서스로 돌아가 보자. 진보의 시대와 산업혁명 전체, 자본주의의 부상, 국민국가 거버넌스, 무역 세계화 등에서 생명혈로 작용했지만 그에 비해 널리 알려지지는 않은 개념이다. 화력발전소는 석탄이나 석유, 천연가스를 사용해 대량의 물을 끓이고 거기서 나온 증기로 터빈을 돌려 전기를 생산한다는, 앞서 언급한 사실을 상기하기 바란다. 어떤 나라에서든 화력발전이 전체 물 취수량의 상당 부분을 차지할 수밖에 없다는 점도 잊지 말라.

물-에너지 넥서스의 안정성을 확보하는 데는 막대한 군사력이 요구된다. 석탄 매장지나 유전, 가스전을 보호 및 방어하고 댐과 저수지를 감독하고 운하와 해로 등을 안전하게 관리하고 전체 시스템이 '돌아가게 하는' 파이프라인을 보호해야 하기 때문이다. 아울러 별로 언급되지 않는 부분이 있는데, 이러한 대규모 인프라를 구축하는 과정에서 발생하는 엄청난 인명 피해가 그것이다. 지중해와 인도양을 연결하는 수에즈 운하를 굴착하고 건설하는 데 소요된 11년 동안 약 12만 명의 노동자가 이질이나 천연두, 간염, 결핵으로 목숨을 잃었고, 대서양과 태평양 사이에 물길을 열기 위해 파나마운하를 굴착하는 동안 3만 명이 황열병과 말라리아로 사망했다.[19]

유럽 역사가들은 2차 세계대전이 적어도 부분적으로는 루르 계곡의 풍부한 석탄 매장지를 둘러싼 독일과 프랑스의 오랜 경쟁 관계로 인해 촉발되었다는 사실을 상기시킨다. 유사한 사례로 1941년 7월 미국은 일본에 대한 모든 석유 수출을 금지했고, 얼마 지나지 않아 영국과 네덜란드령 동인도제도도 같은 조치를 취해 석유에 대한 일본의 접근을 차단했다. 일본이 중국과 동남아시아, 태평양에 걸쳐 군사적 팽창주의를 확대하지 못하도록, 그리고 국내 경제도 제대로 유지하지 못하도록 만들기 위해서였다.[20] 그러한 석유 금수조치 4개월 후 일본은 진주만 폭격을 감행함으로써 2차 세계대전의 전선을 확장했다. 당시 전 세계 인구의 약 3퍼센트에 해당하는 7000만~8500만 명이 2차 세계대전으로 사망했다.[21] 지난 2세기 동안 산업화 시대를 확보하고 진보의 시대를 발전시키겠다는 약속을 지키기 위해 물-에너지 인프라를 구축하고 화석연료 자산을 방어하는 과정에서 수백만 명의 인류가 죽어 나갔다고 해도 과언이 아닐 것이다.

이제 수력 인프라와 화석연료 인프라의 결합은 사회를 두 길의 분기점으로 이끌고 있다. 화석연료 연소로 인한 지구온난화는 지구의 수문순환을 가속화되는 피드백 루프에 몰아넣어 지구 전체에 물이 분배되는 방식을 바꾸고 있으며, 인류 문명의 형성 및 관리 방식에 적대적인 방식으로 생태계와 인간 인프라에 영향을 미치고 있다. 동시에 앞서 언급했듯이 2019년 유틸리티 규모의 태양광 및 풍력 발전의 균등화 비용은 우라늄, 석탄, 석유, 천연가스 등 다른 모든 기존 연료의 비용보다 낮아졌으며, 계속 하락하면서 화석연료 시대를 빠르게 넘어설 기회를 열고 있다. 시장을 보면 상황을 알 수 있다.

하지만 미국과 EU, 러시아, 중국 등 세계의 군사 강대국들과 세계 각국의 군대는 화석연료 기반의 산업 문명이 세계무대에서 되돌릴 수 없는 퇴조를 보이고 있음에도 여전히 전통적인 물-에너지 넥서스의 인프라에 대한 보호 및 방어를 안보의 기반으로 삼고 있다. 그런데 다른 쪽의 현실은 어떠한가. 지난 몇 년 사이에 화석연료 물-에너지 넥서스의 수명이 다했다는 인식이 자리 잡기 시작했고, 진보의 시대에서 회복력 시대로, 고도로 중앙집권적이고 수직적으로 통합된 물-에너지 인프라에서 핵, 석탄, 석유, 천연가스보다 저렴하고 안전한 태양광 및 풍력 에너지와 지방 및 지역별 집수지로 구성된 고도로 분산된 물-에너지 플랫폼으로 우리를 데려가는 새로운 내러티브가 전면에 등장하고 있다. 또한 일부 지역에서만 대규모로 발견되고 발견과 추출, 정제, 운송, 소비, 폐기에 많은 비용이 드는 화석연료나 우라늄과 달리 태양과 바람은 어디에나 존재하며 이제 산업화 시대의 모든 기존 연료보다 저렴하다.

이미 언급한 바와 같이, 수백만 명의 주택 소유자와 수십만 개의 기업, 지역의 주민 단체, 도시 및 농촌 공동체가 일터와 생활 터전에서 태양광과 풍력으로 전기를 생산하고 있다. 이들이 사용하고 남는 잉여 전력은 점점 더 디지털화되는 전력 인터넷을 통해 지역과 시간대, 대륙을 넘어, 그리고 향후 10년 이내에 바다를 가로질러 수십억 명의 인류가 재생 에너지를 공유할 수 있도록 그리드로 다시 전송되고 있다. 진보의 시대에서 회복력 시대로의 전환은 수문 순환을 포착하고 통제하며 화석연료를 추출하고 보호하는 것에서 벗어나 태양광 및 풍력 전기를 적절히 사용하고 공유하는 것과 더불어 재야생화되는 수권에 적응하는 방향으로, 안보의 본질에 대한 전반적인 재검토를 수반한다.

이런 현실 점검은 이제 우리의 코앞에 다가와 전 세계 군대에서 점점 더 긴급한 과제로 떠오르고 있다. 2018년 10월 10일, 플로리다 팬핸들에 있는 틴들 공군 기지는 카테고리 5 허리케인 마이클의 시속 240킬로미터 강풍에 건물의 95퍼센트가 심각하게 파손되거나 파괴되는 엄청난 피해를 입었다. 틴들 기지는 미 공군 F-22 랩터 스텔스 전투기의 본거지여서 전투기들도 심각한 피해를 당했다. 당시 이 단일 공군 기지에서 발생한 인명 피해와 재정적 손실은 미국이 중동에서 이란의 미사일 공격으로 입은 모든 손실을 초과했다.[22]

2019년 미 국방부 보고서는 현재 79개의 국내 미군 기지가 가뭄이나 물 부족, 산불, 홍수, 허리케인에 취약하며, 세계 곳곳의 해안선에 자리 잡은 1700개 이상의 미국 군사 시설이 해수면 상승에 잠재적으로 취약한 상태라고 결론지었다.[23] 아이러니한 점은 미 국방부가 단일 기관으로는 지구상에서 지구온난화 가스를 가장 많이 배출하는 주체라는 사실이다.[24] 2001년부터 2017년까지 미군은 약 7억 6600만 미터톤의 이산화탄소를 배출한 것으로 추산된다. 이는 다수의 소규모 국가들이 각기 내보내는 것보다 더 많은 양이다.[25] 이러한 상황은 미 국방부와 여타 강대국들의 군사 시설이 빠르게 저물고 있는 화석연료 기반 문명을 방어하고 있는데 그 문명의 좌초 자산(탐사권과 석유 굴착 장치, 파이프라인, 정유소, 저장 시설, 건물 재고, 전력선, 통신 그리드, 물류 인프라, 댐, 인공 저수지 등)이 수십 조 달러에 달할 것으로 추정된다는 사실로 인해 더욱 심각해지고 있다.[26]

2021년 6월, 국제기후안보군사협의회(International Military Council on Climate and Security)는 미래 사회의 리스크를 다루는 세계 유수의 기관들을 대상으로 설문조사를 실시했고, 그 결과 안보 문제가 영토 방어에서 (기후 관련 혼란 및 재난에 따른) 인구 구조 및 공동체 복구, 시민 질서 회복, 인프라 재건으로 전환되기 시작했다는 데 거의 만장일치로 동의하는 것으로 나타났다. 보고서는 이렇게 결론지었다. "응답자들은 대다수의 (기후) 리스크가 안보에 재앙적인 수준의 위험을 초래할 것으로, 그리고 10년에서 20년 후 거의 모든 유형의 기후 관련 안보 현상에 매우 높은 수준의 리스크가 따를 것으로 예상하고 있다."[27]

2021년 가을, 미 국방부는 두 건의 중요한 보고서를 발표하면서 자체의 임무 우선순위에 관한 사고방식의 전환 가능성을 시사했다. 그중 한 보고서에는 국방부에서 수행한 안보 리스크 분석의 결과가 담겼는데, 매우 위협적이었다. 보고서가 내린 결론은 다음과 같다.

기후 재해의 빈도와 강도가 증가함에 따라 지역과 자원에 대한 경쟁이 확대되고 군사 작전의 수요와 기능에도 영향이 미치며 인도주의적 위기의 수와 심각성이 증가해서 때로는 국가의 안정성과 안보까지 위협할 수 있다. 최악의 시나리오에서는 기후변화 관련 영향이 대량 이주 사건이나 정치적 위기, 시민 불안, 지역 세력 균형의 변동 또는 심지어 국가의 실패를 초래하는 경제적 및 사회적 조건을 심화할 수 있다. 이는 미국의 국익에 직간접적으로 영향을 미칠 수 있으며, 미국의 동맹국 또는 협력국이 미국의 지원을 요청하는 상황을 불러올 수도 있다.[28]

두 번째 보고서에서 미 국방부는 많은 사람이 고대하던 기후 적응 계획을 발표하면서 마침내 "인도적 지원과 재난 구호에 더욱 잘 대비하고 기후로 인한 잠재적 분쟁에 직면할 협력국들을 준비시키는 군사 교류 프로그램을 조정하거나 강화하기 위해 기후의 영향을 받는 문제를 조기에 식별하는 데" 방점을 찍음으로써 임무의 부분적인 변경을 구체화했다. 하지만 안타깝게도 미 국방부는 해당 계획이 "미래 환경에서 더 잘 생존하고 작전할 수 있는, 적과 경쟁자들에 대한 우위를 제공할 것"이라고 적시함으로써 생물권 관점보다는 주로 지정학 관점으로 임무의 부분적 변화를 합리화하는 태도를 보였다.[29]

현재 미 국방부는 물론이고 모든 국가의 군대가 기후변화로 인한 지구 수문 순환의 변혁이라는 도전에 사실상 아무런 준비가 되어 있지 않으며, 사태별 상황에 기초해 구조와 복구, 재건에 참여하면서 거의 전적으로 지정학적 측면에서만 국가 안보를 생각하고 있다. 그 결과 각국 군대들은 기후 리스크를 기껏해야 자체 시설과 작전을 마비시킬 수 있는 기후 재해에 대한 회복력 구축이라는 좁은 범위에서만 생각하고 있을 뿐, 임무 자체의 변화, 즉 지정학적 안보 개념에서 벗어나 인구 및 공동체를 빠르게 진화하는 지구의 수문 순환에 대비하고 적응하고 생존하도록 지원하는 생물권 회복력으로 전환해야 한다는 큰 그림을 포착하지 못하고 있다.

하지만 필요는 발명의 어머니다. 기후변화와 수문 순환의 전환이 생태계와 사회에 가하는 대학살을 해결할 책임은 기본적으로 미군을 비롯해 각국 군대의 어깨에 지워질 수밖에 없다. 미국에서는 연방군과 주방

위군이 비상사태의 최초 대응자로서 국내 전선에 투입되어 산불 진화나 홍수 또는 허리케인 발생 지역의 주민 구조, 물과 식량, 의약품, 임시 숙소의 제공, 인프라 재건 같은 임무를 수행하는 경우가 갈수록 늘고 있다. 2017년 한 해만 해도 역사상 가장 치명적인 허리케인 시즌이 펼쳐진 탓에 군의 대규모 구조 및 복구가 요구되었고, 결과적으로 "43개 주의 5만 명 이상의 주방위군이 동원되었다."[30]

미 국방부 산하의 오랜 기관들은 2019년에 창설된 미군의 최신 부대인 우주군에서 힌트를 얻을 수 있다. 우주군의 주 임무는 미국과 동맹국의 이익을 보호하고 연합군에 우주 작전 수행 역량을 제공하기 위해 우주 군대를 조직하고 훈련시키고 장비를 갖추는 것이다. 하지만 우주군은 임무의 일환으로 기후 재난의 발생을 예측하고 데이터를 다른 국가와 공유해서 단순히 구조와 복구에서 그치는 게 아니라 기후 회복력까지 갖추도록 돕기 위해 잠재적 기후 위험 지역을 추적 관찰하는 데 적어도 부분적으로나마 집중하고 있다.[31]

4.

숭고한 수권과
지구 생명체의
새로운 존재론

12

수권에 귀를 기울이는 두 가지 방법

•

　1757년 에드먼드 버크가 발표한 『숭고와 아름다움의 관념의 기원에 대한 철학적 탐구』는 유럽의 계몽주의와 이후의 낭만주의 시대, 그리고 현대에 이르는 진보의 시대에 내재된 문화적 내러티브에 존재론적 영향을 미쳤다. 오늘날 기후변화의 유령이 우리의 매 순간을 실시간으로 위협하는 가운데 숭고함 개념이 학계에서 다시 부상하고 있는데, 이번에는 멸종 위기가 눈앞에 다가온 까닭에 그에 걸린 위험성이 훨씬 더 커진 셈이다. 지구와 지구상의 모든 생명체에 닥친 재앙의 핵심에는 예상치 못한 방식으로 분출하는 수문 순환이 자리하고 있다.

　버크는 우뚝 솟은 거대한 산맥이나 깎아지른 깊은 협곡과 같은 소극적 형태든, 강력한 폭포나 갑작스러운 눈사태, 무서운 허리케인, 집중 홍수, 가뭄과 폭염으로 인한 산불, 소용돌이치는 토네이도, 화산 폭발, 강력한 지진, 예기치 못한 쓰나미와 같은 보다 적극적 형태든 압도적인 자연 현상의 존재에 갑자기 직면했을 때 우리 인간이 느끼는 취약성에 대해 설명한다. 그런 상황에 대한 근거리 경험은 공포를 유발할 수 있지만, 안전한 거리에서의 경험은 지구 작용의 힘과 위엄에 대한 순수한 경외감을 불러일으킬 수 있다. 이 경외감은 종종 경이감을 촉발하고 인간의 상상력을 자극한다. 바로 이 지점에서 인간의 상상력은 매우 다른 두 가지 길을 따라갈 수 있다.

첫 번째 길은 철학자 이마누엘 칸트가 개요를 그렸다. 칸트는 그런 숭고한 경험이 무력감뿐만 아니라 자연의 힘에 대한 경외감과 경이, 상상력을 유발하지만, 물리적 세상의 폭풍으로부터 자유롭고 심지어 자연의 힘보다 강력한 비물질적 힘인 이성적 정신이 타고난 논리적 분석으로 개입해 숭고한 경험을 측정하고 포착하며 지구상 인간의 존재감을 높이는 실용적 목적에 맞게 길들인다고 주장했다.

칸트의 숙적 아르투어 쇼펜하우어와 다른 사람들은 숭고한 경험에 대해 이와는 다른, 정반대의 반응을 제안했다. 쇼펜하우어는 자연의 힘에 대해 경험하는 숭고한 순간이 움찔하고 심지어 움츠러드는 즉각적인 반응을 불러일으키며 관찰자를 순간적으로 무감각하게 만든다는 버크의 의견에 동의했다. 그러나 그는 사람이 다시 정신을 차리고 자연에 대한 경외감과 경이를 느끼게 되면 숭고함에 대해 전혀 다른 반응을 보일 수 있다고 상상했다. 이는 우리 종과 지상 거주지와의 관계에서 다른 길의 여정으로 이끄는 반응이다.

쇼펜하우어는 숭고한 경험이 촉발한 경외감과 경이, 상상력이 자연의 장엄함을 느끼게 하며 감정적이고 자비로운 포옹으로 이어질 가능성이 크다고 믿었다. 즉 우리와 우리의 진화적 친척을 생명을 긍정하는 행성의 동료 여행자로 바라보며 자연 세계에 대해 초월적인 유대감을 느끼는 순간으로 이어진다는 것이다. 숭고함에 의해 솟구치는 감정에 관해 골똘히 생각하면서 쇼펜하우어는 두 가지 마음을 떠올렸다. 먼저 압도적인 자연의 힘에 직면했을 때, 개인은 스스로 지극히 작고 보잘것없으며 아무것도 아닌 존재로 느낄 수 있다. 그는 이렇게 썼다. "강력한 자연 앞에서 그는 자신을 무력하고, 의존적이고, 우연에 맡겨지고, 엄청난 힘의 가벼운 작용만으로도 소멸될 수 있는 미약한 의지의 현상으로, 즉 한 개체에 불과한 것으로 느낀다." 그리고 이렇게 느낄 수도 있다. "그는 또한 자신을 다른 모든 객체의 조건으로서 이 온 세상을 지탱하는 영원하고 고요한 인식의 주체라고 느낀다. …… 이것이 바로 숭고함에 대한 완전한 경험이다."[1] 쇼펜하우어에게 숭고함의 느낌은 생명을 움직이는 더 큰 힘에 대한 친밀한 소속감을 불러일으키고, 우리 각자가 활기찬 지구와 하나라는 생각으로 위안을 얻는 것이다.

약 2세기 전 칸트와 쇼펜하우어가 숭고함의 본질과 인간의 반응을 놓고 벌인 위대한 논쟁은 우리 앞에 다가온 지구 생명체의 대량 멸종 위기에 대한 서로 다른 두 가지 접근 방식을 놓고 인류 공동체가 씨름하고 있는 오늘날, 어느 때보다 시의적절하다. 온난화 가스로 인한 지구온난화의 영향으로 수권이 요동치며 지구의 수문 순환이 급변하고 있다. 우리 종의 미래는 우리가 생명체를 움직이는 수권과 어떠한 관계를 맺느냐에 달려 있다.

칸트라면 이성적 충동을 발휘해 수권을 우리 종의 변덕에 적응시키라고 권하겠지만, 쇼펜하우어는 생명을 긍정하는 존재의 본질에 공감하고 급변하는 수문 순환에 적응할 방법을 찾아야 한다고 주장할 것이다. 인류는 푸른 지구 위 삶의 미래에 대한 두 가지 접근 방식 중 하나를 택해야 한다. 어떤 내러티브를 추구할지 결정하는 일은 우리의 운명뿐만 아니라 지구상의 모든 생명체의 미래에도 지대한 영향을 미칠 것이다.

물의 정복 또는 파도타기

수권에 귀를 기울이고 물의 행성에서 산다는 것에 편안함을 느끼는 것은, 특히 공간을 장소로 인식하고 장소를 우리의 두 발로 단단히 디딜 수 있는 땅으로 인식해 온 서구 세계에서는 쉬운 전환이 아닐 것이다. 우리는 물에 뜰 수 있고 심지어 드넓은 바다를 항해할 수 있는 포유류지만, 스스로를 그저 육지에 속한 것으로 여긴다. 우리의 사촌인 고래는 더 다재다능한 것으로 입증되었다. 사슴과 같은 작은 육상 포유류에서 출발한 고래는 진화 기록의 먼 과거에 어떤 이유에서인지 육지를 떠나 바다에서 다시 서식하기로 했다.[2] 그보다 다재다능하지 못한 우리 종은 계속 육지에 머물렀고, 적어도 서양에서는 바다를 '거대한 타자'로 생각하게 되었다.

더 깊은 문화적 차원에서 서양인의 사고방식은 바다를 이질적인 힘이나 어두운 공허, 혼돈의 무대 등으로 생각하도록 길들었다. 바다에 대한 원초적인 두려움은 대부분 무의식 속에 묻혀 있어서 바다에 좌초되어 깊은 물에 둘러싸이거나 격렬한 허리케인 또는 쓰나미에 휩쓸려 갑자기 무력하게 표류하며 허공에 삼켜져 영원히 사라질 것 같은 공포에 사로잡히는 경우를 제외하면 거의 드러나지 않는다. 흥미롭게도 수력 문명과 이에 수반해 거대 기축 종교들이 부상하면서 동서양 문명은 물과 서로 다른 관계를 맺기 시작했다.

서양과 동양 지역 모두 지구의 수권을 통제하고 인류의 욕구와 변덕에 맞게 조정하려는 열정을 공유했지만, 서양의 기축 종교인 유대교와 이후의 기독교, 이슬람교는 물을 인식하는 방식에서 동양의 기축 종교들과 궤를 달리했으며, 이는 서양과 동양의 매우 다른 정신적 진화를 정의하는 존재론적 분립으로 이어졌다. 앞서 언급했듯이 창세기의 첫 페이지에 나오는 아브라함 계통의 창조 이야기는 창조에 앞서 존재한 물에서 시작된다. 여호와는 낮과 밤을 구분하는 빛이 있기를 원하셨고, 물 위에 땅을 창조하신 다음 에덴동산을 지으신 후 땅의 흙으로 아담을 빚어내셨다. 아브라함 계통의 기축 종교는 물보다 땅을 우선시하며 물을 심연으로 간주했고, 다음 세상에서 하늘로 올라가는 것을 목표로 삼았다. 성 요한 묵시록의 21장 첫 구절에서 예언자는 종말 이후 도래하는 새로운 에덴동산을 묘사한다. "또 내가 새 하늘과 새 땅을 보니 처음 하늘과 처음 땅이 없어졌고, 바다도 다시 있지 않더라."[3] 바다의 정복은 어둠에 대한 빛의 최종 승리이자 혼돈을 이기는 질서의 보장, 그리고 영원한 생명의 승리를 의미했다.

하늘과 땅, 그리고 어두운 심연 사이의 장대한 투쟁이라는 아브라함 계통의 비전에 너무 많은 책임을 돌리지 않으려면, 비슷한 창조 이야기가 고대 메소포타미아 최초의 수력 문명까지 거슬러 올라간다는 점을 지적하는 것으로 충분하다. 미르체아 엘리아데는 어떤 문화권에서든 수력 문명의 부상에서 물을 길들이는 것이 혼돈과 질서, 공허와 구조 사이의 거대한 투쟁으로 생각되었다고 지적한다. 하지만 유독 아브라함 계통의 전통만 육지 대 바다 사이의 투쟁을 세계관의 중심으로 삼는 특이점을 보였다. UC산타크루즈의 역사학자 크리스토퍼 코너리(Christopher Connery)는 바로 이런 측면에서 동서양의 수력 문명이 다른 길을 걸었다고 말한다. 그는 이렇게 썼다.

중국에서는 바다가 비유적으로든 우주 발생론적으로든 서양에서와 같은 지위를 가진 경우가 거의 없었다. 해양을 지배하던 시기든 해양 활동에서 후퇴하던 15세기든 해양에 대한 중국 제국의 담론에는 서양에서 흔히 볼 수 있던, 원초적 힘으로 바다를 인격화하거나 추상화하는 개념이 전혀 포함되지 않았다. …… 제국주의 역사의 어느 시점에서도 중국의 통치 주체가 수자원 관리를 그 존재의 이유로 내세운 적이 없었다. 예컨대 홍수 통제는 정부의 의무 중 하나였지만, 가장 중요한 역할은 아니었다. 제국 시대의 중국에는 해양 항해 문학의 전통이 없었고, 바다에 관한 의미 있는 시문학 활동도 없었으며, 가장 발달하고 가장 오래된 산수화 전통을 자랑함에도 바다 풍경화에 대한 전통은 없었다. 요컨대, 전근대 세계의 해양 강국 중 하나였던 중국에는 해양 형상화의 뚜렷한 전통이 없었다.[4]

　　도교, 불교, 힌두교, 신도, 유교 등 동양의 종교와 철학은 자연과 매우 다른 관계를 맺었다. 이들은 인간이 자연계 전체를 지배할 수 있는 특권이 있다는 개념을 거부했다. 신념 대 관행의 측면에서 보면, 중국과 인도, 한국, 일본 등 역시 분명히 수자원에 멍에를 씌워 우리 종의 행위에 적응하도록 강요하는, 서양과 매우 유사한 접근 방식을 취하긴 했지만, 그럼에도 그들은 긍정과 부정이 뒤섞인 감정으로 그렇게 했다. 다시 말해서 동양 문화권에서도 실제로는 종종 신념에 반하는 방향으로 움직이긴 했지만 결코 바다를 정복해야 할 거대한 허공으로 여기지는 않았다. 동양의 종교 및 철학 전통에 깊이 뿌리박힌, 자연과 조화를 이룬다는 개념은 대양을 지배하고 정복하려는 서양의 신학적 열정을 누그러뜨리는 역할을 할 수 있다. 중국과 인도, 한국, 일본 등 동양의 많은 국가가 수권과의 조화로운 화해를 추구하면서 진보의 시대에서 회복력 시대로, 지정학에서 생물권 정치로 전환하는 데 우위를 점할 수 있는 까닭이 여기에 있다.

　　2012년 중국공산당 제18차 전국대표대회에서는 모든 경제 및 사회 발전을 자연의 요구에 엄격히 일치시키기로 한다는 내용의, 국가 발전 우선순위의 변화를 공식화하는 이례적인 당헌 개정이 이루어졌다. 이는 국가 단위로서는 세계 최초의 선언으로 인류 역사에서 새로운 위대한 시대를 여는 셈이었다. 2017년 제19차 전국대표대회에서 대표들은 '생태 문명'을 선도하겠다는 자국의 약속을 수정하고 강화했다.

2019년 시진핑 중국 국가주석은 「중국의 생태 문명 개발의 새 단계 추진안(Pushing China's Development of an Ecological Civilization to a New Stage)」이라는 획기적인 문서를 발표했는데, 여기에는 중국이 지구의 풍요를 상품화하고 사유화하고 소비하는 우리의 편협하고 제한된 접근 방식에 자연이 적응하도록 강요하는 대신 자연과 조화를 이루며 자연에 적응하려는 노력에서, 즉 자연과의 역사적인 재결합 및 재인식에서 세계를 선도할 것을 촉구하는 포괄적인 비전이 담겨 있었다. 시진핑 주석의 이 철학적 에세이는 지배와 통제권을 주장하는 서구의 전통적인 접근 방식과 근본적으로 다른 문화적 차이를 드러낸다. 그는 이렇게 썼다.

개발 과정 전체에 걸쳐 우리는 환경 보존과 보호를 우선시하며 자연의 복원을 최우선 과제로 삼아야 한다. …… 하지만 생태 문명을 건설하려는 노력에서 우리는 심각한 도전과 엄청난 압력, 현저한 모순에 직면하게 된다는 것을 냉정하게 인식해야 한다. 상황은 여전히 매우 심각하다. …… 우리가 넘어야 할 힘든 장애물, 직시해야 할 어려운 문제, 해결해야 할 오랜 문제들이 여전히 많다. …… 환경 보호는 전 세계의 모두가 함께 다루어야 할 도전이자 의무이다.[5]

2022년 중국은 「2035년 기후 적응력 및 회복력 갖춘 사회 계획(A Climate Adaptive and Resilient Society by 2035)」을 발표했다. 생태환경부가 주도하고 다른 16개 국가 부처가 참여하는 이 이니셔티브는 중국의 경제 및 사회 개발 우선순위에 대한 체계적인 전환을 제시하면서 '지구온난화 가스 배출 완화'에 쏟는 기존의 노력과 함께 '기후변화에 대한 적응'을 강화함으로써 두 가지 내러티브의 결합이 생태 문명 구축에 원동력을 제공한다는 점을 제대로 인식하고 있다.[6]

광범위하고 신중하게 설계된 이 회복력 시대 계획은 또한 8개의 생태 지역을 규정하며 새로운 수준의 거버넌스를 도입하는 등 완전히 새로운 경제적, 사회적, 정치적 관행의 장을 제시하는데, 그럼으로써 중국을 미국과 캐나다처럼 생물 지역을 관리하는 국가의 대열에 합류시킨다. 뿐만 아니라 중국은 복합 적응형 사회·생태 시스템(CASES) 모델링이라는 새로운 과학적 탐구 방식을 도입한 소수의 국가에 속한다. CASES 모델링은 문화와 자연의 구분이 사라지고 인류가 스스로 조직화하고 끊임없이 진화하는 지구를 구성하는 수많은 종과 작용 주체 중 하나일 뿐으로 생각하는 것이 핵심인 생태 문명에 맞춰 고안된 접근 방식이다.

자연을 사회에 적응시키는 것이 아니라 사회가 자연에 적응할 것을 요구하는 생태 문명을 중국이 공식적으로 수용한 것은 인간과 자연의 관계를 재설정하는 두 번째 대전환의 전조라 할 수 있으며, 바라건대 앞으로 수십 년 동안 세계 전역의 국가와 지역, 지방이 자체의 헌법과 법률, 배치 계획에 공식적으로 채택할 비전이 될 것이다.

자연에 순응하고 물이 자유롭게 흐르도록 놔둔다는 개념은 처음에 너무 매력적으로 느껴지기 때문에 많은 사람이 그러한 전망의 전체적 함의에 대해 생각해 보지도 않고 "안 될 게 뭐야?"라고 반응할 것이다. 이 개념에 담긴 낭만은 실로 매혹적이다. 그러나 그 물은 옛 범람원으로 되돌아갈 길을 찾을 것이고, 오랜 세월 숨겨졌던 개울과 강은 한때 그들의 영역이던 도시 및 교외 지역사회에서 새롭게 솟아날 것이다. 더 이상 우리가 선택할 수 있는 사안이 아니다. 이제 수권이 지구의 미래 진화에 관한 조건을 결정하고 있다. 강도를 더해 가는 눈과 홍수, 가뭄, 폭염, 폭풍우, 허리케인 등이 이미 우리의 순응을 강요하는 것이다. 수억, 수십억 명의 인류가 살기에 적합한 서식지를 찾고 환경에 적응할 수 있는 안전한 지역으로 이주해야 할 수밖에 없을 것이다.

지구의 4대 권역을 격리할 수 있다는 우리의 능력에 관한 선입견을 진정 없애고 싶다면, 야생으로 돌아가는 수권으로 인해 암석권 전역에서 거세게 일고 있는 산불을 생각해 보라.《워싱턴포스트》의 칼럼니스트 데이비드 본 드렐리(David von Drehle)는 2022년 초가을 「치명적인 산불을 막는 법? 산불 진화를 멈추는 것(How to Prevent Deadly Wildfires? Stop Fighting Wildfires)」이라는 도발적인 칼럼을 썼다. 산불 진화를 중단해야 한다는 화두는 당연히 독자들을 깜짝 놀라게 했다. 본 드렐리는 25년 전 노먼 매클린(Norman MacLean)이 『청년과 불(Young Men and Fire)』에서 다룬 다음 사건을 인용했다. 1949년 8월 5일, 미국 산림청의 정예 공수 소방대원 열다섯 명이 울창한 소나무 숲과 물결치는 풀밭이 우거져 있는 몬태나의 외딴 협곡으로 뛰어들었다. 몇 시간 후 갑작스럽게 바람의 방향이 바뀌면서 진화대원들을 휩쓸었고, 그중 열두 명이 화염에 휩싸여 목숨을 잃었다.[7]

이 비극이 남긴 냉정한 교훈은 더 큰 문제를 제기한다. 적어도 인구 밀집 지역에 위협이 되지 않는다면 산불 일부는 제 갈 길을 가도록 놔두는 편이 합당하지 않을까? 또한 지역사회 전체가 울창한 숲 지역이나 인근에 자리 잡고 있다면, 이길 수 없는 싸움에서 이기려 애쓰기보다는 미리 계획을 세워 지역사회 전체를 안전한 곳으로 이주시킴으로써 피할 수 없는 상황과 타협하는 것이 더 낫지 않을까?

본 드렐리는 우리 대부분이 인간 행위의 한계에 대해 진실을 말하려 하지 않는다고 지적하면서 다음과 같이 말한다.

한 세기가 넘는 세월 동안 우리는 이로운 불이란 오직 꺼진 불이라는 생각을 추구해왔고, 그 과정에서 우리의 광야는 인화성 연료로 가득 차게 되었다. 불은 태울 것이 많을수록 더 커지고 더 빨리 번진다. …… 불은 (종종) 과도한 성장과 죽은 연료를 제거함으로써 광야를 새롭게 하는 자연의 방식이다.

자연이 화재를 통제하도록 내버려 두거나 혹은 적어도 소방관들이 '통제된 방화'라고 부르는 것을 기꺼이 수용하면, 사회는 손실의 범위를 제한하는 동시에 자연이 스스로 정화할 수 있도록 도울 수 있다. 우리는 "산불의 필수적인 작용을 인위적으로 방해하는 것은 더 많은 연료를 공급함으로써 미래의 화재를 악화시키는 것일 뿐"이라는 사실을 편하게 받아들여야 한다."[8]

이론적으로는 우리 대부분이 이를 당연하다고 생각할 수 있지만, 일상생활에서 우리는 자연을 통제하고 우리의 편의와 생활방식에 적용하도록 강요하는 데에(예를 들면, 범람원을 포장하고 그 위에 살거나 고대의 숲속에 새로운 공동체를 건설하거나 미적 욕구를 충족시키기 위해 건조한 사막에 도심을 건설하는 등등에) 너무 익숙해진 나머지 우리 주변의 수권과 암석권, 대기권, 생물권이 펼치는 생태계 역학에는 거의 관심을 기울이지 않는다.

자연을 우리 종의 요구에 맞춰 조정하는 사치는 이제 영원히 끝났다. 기후변화와 재야생화되는 수권이 이제 모든 카드를 쥐고 있다. 의문은 오직 이것이다. 우리가 과연 오랜 잠에서 깨어나 지구 생명체의 생태 역학을 빠르게 변화시키고 있는 수권 및 그 자매 권역의 재야생화에 우리 종을 적응시키는 방법을 배움으로써 새롭게 시작할 수 있을까?

댐을 해체하고 하천과 강이 자연스러운 흐름을 따르도록 놔두고 바다가 연안 지역을 잠식하도록 내버려 두며 더 환경친화적인 새로운 지형으로 이주하는 일은 이미 일어나기 시작했으며 앞으로 수십, 수백 년에 걸쳐 기하급수적으로 증가할 것이다. 상황이 손 쓸 수 없이 악화하기 전에 새로운 반유목적이고 일시적인 삶의 방식에 대비하는 것은 불가피하다. 우리 인류는 앞으로 다가올 일을 예측할 수 있는 인지 능력과 한 종으로서 함께 뭉쳐 협력할 수 있는 신경 회로의 공감적 사회성을 타고났으며 나아가 우리의 확장된 진화 가족인 동료 생물의 이익을 위해 행동할 수 있는 생명애적 감수성도 갖추었다. 이 모든 것을 기반으로 얼마든지 재설정과 도약의 여정을 개시할 수 있다. 우리가 지닌 모든 정교한 정신적 통찰력을 동원해 자연의 부름에 적응하는 방법을 다시 배우는 것은 낡은 진보의 시대를 뒤로 하고 새롭게 부상하는 회복력 시대에 동참하는 것이다.

시간적, 공간적 지향의 재설정

고대 그리스의 철학자 헤라클레이토스는 "같은 강에 두 번 발을 들여놓는 사람은 없다"고 했다. 대지의 편향은 생성보다 존재를 선호하지만 아쿠아 지향은 그 반대를 선호하는바, 이는 시간과 공간, 존재의 의미를 구분하는 매우 다른 두 가지 방식이다.

모든 철학적 논쟁의 핵심에 자리하며 우리가 현실을 생각하는 방식을 형성하는 시간과 공간에 대한 개념은 부분적으로 우리가 대지 중심적 사고방식을 수용하느냐 아니면 아쿠아 중심적 사고방식을 수용하느냐에 따라 그 내용이 달라진다. 산업화 시대 전체는 물론이고 그 이전부터 대세를 이뤘던 대지 중심적 접근 방식은 시간과 무관한 공간에서 쉽사리 상품화하고 재산화하고 착취하고 소비할 수 있는 뚜렷한 객체 및 구조 형태의 수동적인 자원이 지구에 포함된 것으로 간주했다. 아쿠아 중심의 접근 방식에서는 물을 과정이자 패턴이자 흐름으로 본다. 물은 특정한 순간에 존재하는 것이 아니며 쉽사리 진정시키고 억제하고 확보할 수도 없다. 물이 지구상에서 가장 강력한 주체라는 사실에 이론의 여지가 없음에도, 수력 문명의 오랜 세월 동안 우리 인류는 이 푸른 행성의 모든 물을 다루고 길들일 수 있다는 집단적 착각에 빠져 살았다. 그런 순진함이 결국 물의 인클로저에 불가피하게 따라붙는 엔트로피 청구서로 수력 제국 전체의 필연적 붕괴를 불러온 것이다.

인류가 시간과 공간, 물과 맺은 관계에서 산업화 시대와 상업 및 무역의 세계화를 불러온 결정적인 순간이 있다면, 역사상 거의 같은 시기에 등장한 두 가지 발명품을 꼽을 수 있다. 15세기 후반 스페인과 포르투갈이 세계의 바다를 분할하는 조약을 체결해서 각각 전 세계 바다의 약 절반에 대한 영유권을 주장한 내용을 기억할 것이다. 그들의 조약은 대담했지만, 육지와 달리 바다는 유동적이고 끊임없이 흐르며 팽창과 수축을 반복하고 흐름을 자주 바꾸는 데다가 해류를 찾는 것도 복잡하고 통제가 어려워 격리하고 정복하고 사유화하는 것이 거의 불가능했다. 새로운 땅을 찾아 바다를 떠돈 초기의 해양 항해자들은 전설이나 소문, 이전 탐험대의 신뢰할 수 없는 주관적인 기록에 의존하는 것 외에는 방향을 잡을 수 있는 방도가 거의 없었다. 그 모든 상황이 역사의 흐름을 바꾸고 이 행성을 구성하는 바다의 방대한 영역을 재산화하도록 도운 두 가지 기술 발전으로 바뀌었다.

첫 번째 발명은 1440년대에 출현한 구텐베르크 인쇄기로, 이는 인류의 의사소통 방식을 근본적으로 바꾸었으며, 항해와 관련해서는 해양 탐험가들의 공간 구성 방식을 변화시켰다. 인쇄술 덕분에 이제 탐험가들은 해안선 경계에 관한 새로운 발견을 비교하고 종합하고 표준화함으로써 주관적인 편견과 부정확한 설명을 제거하고 훨씬 더 정확한 항해 지도를 만들 수 있었다.

지도의 표준화는 해양 여행과 신대륙 탐험을 크게 개선했지만, 공해상에서 경도를 계산할 수 없다는 문제는 여전히 남은 상태였다. 경도 문제의 핵심은 시간 차이를 정확히 계산하는 것이었다. 1492년 대서양을 횡단하던 콜럼버스 역시 북극성을 관측해 위도는 측정할 수 있었지만, 경도를 측정하는 문제는 여전히 풀지 못했다. 경도를 측정하지 못하면 해상 여행과 탐험 및 인클로저를 위한 새로운 세계의 개척은 요원한 일이 되며 인쇄 지도의 가치도 제한적일 수밖에 없었다.

경도를 측정할 수 없다는 것은 곧 배들이 가장 짧은 항로나 바람과 해류가 가장 좋은 항로를 파악할 수 없다는 의미였고, 이 때문에 항해가 며칠, 심지어 몇 주씩 지연되곤 했다. 시간 지연은 종종 식량 부족을 일으켜 선원들을 위험에 빠뜨렸다. 또한 위치 계산 오류로 인해 해상에서 치명적인 난파 사고가 발생하기도 했다. 문제에 대한 해결책을 찾기 위해 영국 정부는 1714년 경도위원회를 설립하고 경도의 파악 방법을 제시하는 사람에게 상금을 수여한다고 발표했다. 해결책은 특정한 위치를 기준으로 정확한 시간을 유지할 수 있는 기계식 시계를 배에 싣고 다니는 것이었다. 문제는 출렁이고 기울어지는 배에서 정확한 시간을 유지할 수 있는 시계가 당시에는 없다는 것이었다. 마침내 존 해리슨이라는 사람이 수차례의 시행착오 끝에 선상에서도 정확하게 작동하는 휴대용 정밀 태엽 시계인 크로노미터를 제작하는 데 성공했고, 1773년 이 업적을 인정받아 거액의 포상금을 받았다.

표준화된 인쇄 지도와 경도를 계산하는 해상 크로노미터의 결합은 해양 탐험과 신대륙의 식민지 개척, 세계 무역, 해양 및 육지에 대한 체계적 인클로저의 문을 열었다. 오늘날 새로운 기술 혁명이 다시 한번 시간을 측정하고 공간을 탐색하는 방식을 바꾸고 있는데, 이는 대양을 횡단하고 대륙을 점령하고 바다를 재산화하려던 초기 탐험가들의 동기 및 추진력과는 상반되는 양상을 띤다. 이 새로운 기술은 중력 회복 및 기후실험(Gravity Recovery and Climate Experiment, GRACE)이라고 불린다. NASA와 제트추진연구소, 독일항공우주센터는 2002년 지구 중력장의 이상 징후를 측정하기 위해 두 개의 위성을 발사했다. GRACE의 목적은 중력의 이상 현상을 기록해 지구의 질량이 지구 표면을 따라 어떻게 분포하는지, 그리고 시간이 지남에 따라 어떻게 변화하는지를 정확히 파악하는 것이다. 여기서 도출되는 월별 중력 이상 지도는 이전의 그 어떤 지도보다 1000배 더 정확해서 수문학자와 해양학자, 빙하학자, 기후 과학자들이 기후변화가 수권과 암석권, 대기권, 생물권에 미치는 영향을 실시간으로 연구할 수 있도록 돕는다. GRACE에서 수집하는 데이터포인트는 빙상의 두께 변화와 대수층의 물 흐름, 가뭄 상태의 변화, 심지어 지구의 핵에 포함된 마그마의 흐름까지 지속적으로 추적한다. 그렇게 제작되는 상세 지도에는 해저의 압력과 심해 해류의 변화까지 포함된다.

GRACE 매핑은 해수면 상승뿐만 아니라 그 원인이 빙하가 녹아서인지, 온난화로 인한 바닷물의 열팽창 때문인지, 심지어 바다의 염분 변화에 기인하는지 등에 대한 데이터를 실시간으로 제공한다. GRACE의 해역 분류는 매우 정밀해서 그린란드와 남극 같은 곳에서 매년 얼마나 많은 얼음이 소실되는지 또는 인도에서 실시간으로 얼마나 많은 물이 고갈되는지 등을 정확히 감지할 수 있다. GRACE 지도는 심지어 누적 데이터까지 제공한다. UC어바인의 연구진은 GRACE 추적 정보와 데이터를 활용해 지구에서 가장 큰 대수층 37곳의 2003년부터 2013년까지의 데이터에 대한 조사 결과를 발표했는데, 21곳이 "지속 가능성의 한계점을 넘어서 고갈되고 있는" 것으로 드러났다.[9] GRACE에서 수집하는 데이터는 기후변화가 수문 순환에 미치는 영향과 지구의 구석구석에서 일어나는 일에 대한 귀중한 통찰력을 제공함으로써 수문 순환의 급변을 예측하고 대비하고 적응할 수 있도록 돕는 유익한 정보이다.

서스캐처원대학교의 글로벌물안보연구소가 GRACE 데이터로 10년 간 종합적인 연구를 수행한 결과 중요한 사실이 밝혀졌다. 전반적으로 살펴보면, 이 데이터는 미국을 포함한 고위도와 저위도 지역 모두 점점 더 습해지고 있으며 역사적으로 반건조하거나 건조하던 중위도는 점점 더 건조해지고 있다는 점을 지적하며 1990년 이후 유엔 IPCC가 발표한 수많은 과학 보고서에 담긴 집합적 데이터가 사실임을 보여 준다. 그러나 이런 변화가 21세기 말에 뚜렷해질 것으로 예상했던 IPCC의 연구와는 달리, GRACE 데이터는 지금 당장 변화가 발생하고 있음을 드러낸다. 더욱 심각한 것은 이 데이터가 2025년이면 전 세계 인구의 50퍼센트 이상이 물 부족 지역에 거주하게 될 것임을 보여 준다는 사실이다.

다른 연구들에 따르면, 북극과 남극 지역에서 기온이 더 빠르게 상승하는 까닭에 1만 1000년 전 마지막 빙하기가 남긴 빙하가 전례 없는 속도로 녹고 있다.[10] 지구 수문 순환의 시간적, 공간적 변화와 그 영향을 실시간으로 그리고 기간별로 매핑하는 것은 과학자와 정부, 산업계, 시민 사회 등이 기후 재난을 예측하고 대비하고 적응할 수 있도록 돕는다. 현지와 이동 통로 전반에 걸쳐 재정착 및 여타의 이니셔티브를 포함해 단기 및 장기 기후 회복력 계획을 구현하면, 우리 인류는 준비 상태를 최신으로 유지하고 지역사회를 보호하며 (바라건대) 회복력 시대에서 번영의 길을 찾을 수 있을 것이다.

GRACE 데이터와 분석정보, 알고리즘은 시간과 공간에 대한 인류의 경험을 기술적으로 재설정하는 것을 의미한다. 온난화 기후가 지구 수권의 지형학에 전례 없는 변화를 일으키고 있는 상황에 대한 월별 매핑은 지구상의 역사에 대해 우리가 생각하는 방식과 역사적 사건, 특히 우리의 행성 자체는 물론이고 그에 대한 우리의 적응까지 재구성하는 중

대한 기후변화 사건을 저장하는 방식의 지향점을 바꾸고 있다.

　수렵 채집 생활을 하던 우리의 선조들에게 중요했던 기념일은 연중 낮이 가장 짧거나 가장 긴 날을 나타내는 동지와 하지였다. 동지는 묵은 해가 가고 새해가 시작되는 날이자 생명의 주기적 재탄생을 상징하는 날이다. 잉글랜드의 스톤헨지와 아일랜드의 뉴그레인지, 스코틀랜드의 매스하우 같은 신석기시대 유적은 연중 해가 가장 짧은 날의 태양을 포착하기 위한 구조물로 여겨졌다. 태양이 계속 새해 주기의 생명 재탄생으로 세상을 밝히도록 기원하기 위해 세운 것이라는 뜻이다.[11] 슬라브족과 게르만족, 켈트족 등 신석기시대 민족들은 모두 "남은 농사철 동안 태양의 힘을 북돋우고 건강한 수확을 기원하기 위해" 모닥불을 피우고 노래하며 춤추는 의식으로 하지를 축하했다.[12]

　기독교 시대 이전 수 세기에 걸친 거대 수력 제국의 출현은 '문명'의 시작을 알리는 동시에 계절의 변화를 기념하는 의식에서 계절별 사건을 상형문자와 이후 설형문자로 달력에 표시하는 것으로 부분적인 전환이 이뤄졌음을 의미하기도 했다. 티그리스강과 유프라테스강 유역에 자리 잡았던 중동 최초의 수력 문명인 수메르는 최초의 도시 정착지와 문자를 보유했을 뿐만 아니라 궁전 사제 형태로 최초의 원시 과학자들을 양성하기도 했다. 이 과학자들은 수력 문명의 운용에 매우 중요한 봄철 홍수의 시기를 보다 잘 예측하기 위해 밤하늘의 연중 별자리 변화를 연구하는 임무를 수행했다. 이러한 최초의 도시 문화에서 수력 인프라의 관리에 관련된 여러 단계를 체계화하기 위해 연중 물 순환의 변화를 정확하게 예측하는 것은 사회의 생존을 좌우할 정도로 중요했다.

　모든 문화권에서 시간의 달력 구조화, 더 나아가 공간의 달력 구조화에 드러나는 공통점은 모두 태양 주위를 도는 지구의 연별 주기 중심의 태양력이나 달의 월별 주기 중심의 태음력 또는 이 둘을 결합한 태음태양력으로 구분된다는 점이다. 하지만 예외 없이, 이러한 태양력과 태음력은 또한 통치 문화의 종교적, 정치적, 경제적 내러티브를 구성하는 틀이 되었다.

예를 들어, 상형문자 달력은 종종 하늘 신의 위업과 관련된 역사적 사건을 포함했다. 세계 곳곳의 수력 문명이 모두 유사한 달력을 운용하며 비슷한 방식으로 작동하였다. 거대한 기축 종교와 달력 문화에 대한 애착의 결합은 기록된 역사 전반에 걸쳐 경제활동과 사회생활, 통치 방식을 조직하는 중심적 권위로 역할 했다. 각각의 기축 종교는 회개와 감사, 신심 강화 의식, 예배 등을 위한 특별한 성일을 지정해서 인구가 밀집된 수력 사회 유기체의 구성원들이 주변 세상에 대한 공통된 이해, 그리고 시간과 공간 속에서 자신들에게 기대되는 바에 대한 공통된 이해를 따르며 준수할 수 있게 했다. 그런 면에서 달력은 종종 통치 체제의 정치적 목적을 위해 역사적 순간과 날짜를 재배열하는 데 이용된 것으로 악명이 높다.

기독교 달력이 등장하기 전 로마제국에서는 12월 25일부터 1월 6일 사이에 동지 의식을 거행했다. 로마 가톨릭교회는 같은 시기에 성탄절과 주현절을 겹쳐 놓는 방식으로 이 이교도 의식을 몰아내기로 했다.[13] 마찬가지로 교회의 고위 성직자들은 기독교력에서 가장 거룩한 날인 부활절이 유대교의 가장 성스러운 기념일인 유월절(이집트 탈출을 기념하는 유대인의 축제로 유대 종교력으로는 1월, 태양력으로는 3~4월의 만월 기간에 기린다. ─ 옮긴이)과 겹친다는 사실을 못마땅하게 여겼다. 이 두 종교 행사가 밀접하게 붙어 있는 것이 기독교를 별도의 종교로 확립하려는 노력을 저해할까 우려한 교회 지도자들은 325년 니케아에서 열린 세계 공의회에서 부활절을 "춘분 또는 그 이후의 만월 다음 일요일"에 지켜야 한다는 결의안을 통과시켰다. 이 개혁으로 두 성일은 결코 겹치는 일이 없도록 보장되었다. 로마 황제 콘스탄티누스는 달력 체계 개혁이 통과된 후 기독교 공동체에 다음과 같은 내용의 서한을 보냈다. "이 가장 성스러운 축제일을 기념할 때 유대인들의 관습을 따라야 한다는 것이 합당하지 않은 일로 보였으므로 …… 우리가 그들의 관습을 버린다면 이 규례의 정당한 준수를 미래 시대까지 연장할 힘이 우리에게 생기는 것이니 …… 그러면 우리는 혐오스러운 유대 군중과 아무 공통점이 없게 되므로……."[14]

문명의 역사 전반에 걸쳐 달력은 종종 당연한 것으로 여겨졌지만, 그럼에도 달력은 사회를 구성하는 중심 역할을 했다. 달력이 사회를 지배하는 새로운 생각과 규범, 행동, 관행에 맞도록 집단 기억을 재구성하는 새로운 방식을 확립하기 때문이다. 럿거스대학교의 사회학 교수 에비에이터 제루바블(Eviatar Zerubavel)은 이렇게 말한다. "달력은 집단 내 정서를 공고히 하고, 그럼으로써 따라서 집단과의 기계적 연대를 위한 강력한 기반을 형성한다. 그와 동시에 달력은 또한 집단 구성원과 외부인을 구별하고 분리하는 집단 간 경계의 설정에 기여한다."[15]

새로운 달력 개혁은 드물지 않게 역효과를 낳기도 한다. 예를 들면, 프랑스 혁명의 설계자들은 서구 문명에서 교회와 국가 통치의 부정적 유산인 종교적 미신, 잔인성, 무지, 억압 등을 제거하려 노력했다. 그들은 이성이 가장 중요한 덕목으로 군림하며 유토피아적 미래 비전을 여는 새로운 미래상을 꿈꿨다. 이를 위해 1793년 11월 24일에 열린 혁명 프랑스 국민회의는 프랑스 계몽주의의 과학적 원리를 반영한 급진적인 새 달력 체계를 도입했다.

그들의 새 달력은 프랑스 국민에 대한 교회의 영향력을 제거하기 위해 시간에서 기독교 색채를 지우는 데 주력했다. 모든 역사 시대를 '기원전(BC)'과 '주님의 해(AD)'로 구분하고 그리스도가 태어난 해를 원년으로 삼던 기독교식 연대를 바꾸는 것으로 시작한 것이다. 새로운 프랑스 달력은 합리적이고 과학적이며 새로운 시대정신에 부합하는 달력을 갖고자 하던 혁명 주체의 열망에 따라 기독교식 구분을 없애고 프랑스 공화국이 탄생한 1792년을 원년으로 삼았다.

공화국 정부는 프랑스 국민들을 초기 진보의 시대에 걸맞은 더 합리적이고 과학적인 삶의 방식으로 이끌고자 1년을 12개월로 나누고 각 달은 똑같이 30일로 구성하며 십진법을 도입했다. 그에 따라 각 달은 다시 10일 주기로 3등분되고, 하루는 다시 10시간으로, 1시간은 다시 100분으로, 1분은 다시 100초로 나뉘었다. 모두 새로 고안된 미터법 측정 체계에 맞춘 것이었다.[16] 프랑스 공화국은 아울러 1799년 상업과 무역을 좀 더 과학적이고 실용적으로 관리하기 위해 미터법을 공식적으로 도입했다.

이것만으로도 프랑스 국민들의 분노를 사기에 충분했지만, 달력 개혁가들은 일요일 52일과 휴일 90일, 공휴일 38일 등으로 구성되었던 기독교 달력의 쉬는 날을 모두 제거해 휴식이 거의 없는 고된 일정을 국민들에게 안겼다. 대신 새 달력에는 인류의 날, 자유와 평등의 날, 프랑스 국민의 날, 인류 은인의 날, 애국심의 날, 정의의 날, 공화국의 날, 부부 충실의 날, 효도의 날, 우정의 날 등의 이름으로 몇 차례의 휴식일이 포함되었다. 결국 쉬는 날을 36일로 줄인 새 달력은 프랑스 국민들의 분노를 사지 않을 수 없었다. 새 달력은 고작 13년 동안만 통용되었다. 1806년 나폴레옹은 프랑스 국민을 달래고 교황의 환심을 사기 위해 그레고리력을 부활시켰다.[17]

달력의 영향력은 사람들의 무의식 깊숙이 침투해서, 알게 모르게 사회의 조직 방식과 행동 방식 등을 형성하는 중첩적 도구 역할을 한다. 정치학자 톰 다비(Tom Darby)는 프랑스 공화국 달력에 대해 이렇게 말한다. "이전의 모든 연계와 충성, 습관에 대한 대중의 의식을 없애고 그 자리에

혁명 이념을 강조하는 새로운 의식을 채워놓기 위해 고안된 교묘한 수단으로 기여했다. 이는 먼저 '집단적 망각'의 상태를 확립하고 둘째로 새로운 대중 기억의 창설을 개시하는 이중 효과를 노린 것이었다."[18] 사실 달력은 역사 전반에 걸쳐 그렇게 이용되었다고 말할 수도 있다.

프랑스 공화국의 달력 실험은 빠르게 폐기되었지만, 뒤따른 19세기의 수십 년 동안 산업혁명과 자본주의 시장, 국민국가 거버넌스의 부상과 더불어 새로운 기념일이 등장하기 시작했다. 달력의 새로운 기념일은 점점 더 유명한 전투나 정치적 순교자, 기술적 발견, 그리고 가장 중요한 것으로 상업적 공휴일의 확립을 기리는 쪽으로 흘렀다. 달력에 남은 몇 안 되는 종교 공휴일은 대중이 새로운 상업 시대에 적응하면서도 종교적 과거를 간직할 수 있도록 도왔다. 달력에는 자연계와 환경 지표에 대한 언급이 거의 포함되지 않았는데, 이는 우리가 시간과 공간을 통해 자신을 인식하고 지구상 존재의 의미를 생각하는 방식에서 자연과 환경보다 이념적 및 상업적 연관성을 우선시한다는 것을 분명히 보여주는 것이었다.

하지만 적어도 지구상의 역사가 '삶'의 경험에 관한 것이라면, 어째서 우리는 오직 이 행성에만 존재할지도 모르는 특별한 선물인 생명을 활성화하는 수권에 대해 이다지도 아는 게 별로 없을까? 그리고 우리 과학자들의 말이 맞고 수권 및 그에 수반되는 암석권, 대기권, 생물권이 모든 생명체가 발원하는 주요 기관이라면, 왜 우리는 그것들의 시간적, 공간적 역사를 상상하려고 할 때 공백을 그리게 될까? 중요한 역사적 기준점과 재배열 사건 그리고 심지어 우리 종의 손에 의해 격리되고 포획된 것까지 포함해 수권과 그 동반 권역들의 역사를 우리의 달력 기록에 도입하는 것은 행성 아쿠아에서 우리의 여정을 재고하는 데 있어 환영할 만한 첫걸음이 될 것이다.

여러 학문 분야의 과학자들이 수권의 역사와 인류학에 대한 심층적인 조사에 참여하기 시작한 것은 불과 수십 년 전부터다. 지구온난화의 영향으로 지구 수권의 극적인 재야생화가 표면화되면서부터라는 얘기다. (기후에 대한 현대적 기록도 1880년에야 시작되었다.) 연구자들이 발견하고 있는 것은 우리가 살고 있는 물의 행성을 이해하는 데 있어 흥미로운 첫걸음인 셈이다. 새로운 수권 데이터는 완전히 새롭게 달력에 표시할 사건을 설정하는 데 매우 유용할 것이며, 우리가 플래닛 아쿠아에서 살고 번성하는 방법을 다시 배우려면 그 새로운 표지들에 적응하고 그에 맞춰 행동 방식을 조정해야 할 것이다.

예를 들자면, 과학자들은 최근 물 분자가 시간과 공간 속에서 실제로 누리는 생애 주기를 발견했지만, 이를 알고 있는 사람은 소수의 과학자, 기술자, 환경운동가, 그리고 몇몇 지식인들뿐이다. 우선, 물 한 방울에는 15해(垓, 10의 21제곱) 개 이상의 분자가 존재한다. 또한 한 방울에 50해 개의 원자가 포함된다.[19] 극소수의 예외를 제외하면 지구상 대부분의 물은 지구 연대기의 초기부터 존재해 왔다. 물 분자 하나도 인상적이지만, 그 여정이 암석권의 생애 주기와 대기 중 산소 변화를 활성화하고 생물권의 생존력을 보호하는 역할을 하기에 더욱 그렇다.

과학자들은 물 분자가 특정 시스템 내에 머무는 기간을 설명할 때 체류 시간과 이동 시간이라는 두 가지 용어를 사용한다. 물 분자는 대기 중에서 약 9일 동안 머무르고 지상으로 내려오면 한두 달 동안 머문다. 일부 물 분자는 얕은 지하수로 흘러 들어가 200~300년 이상 체류하게 된다. 깊은 지하수의 분자는 최대 1만 년 동안 머물 수 있다. 대기에서 눈이 되어 지상으로 내려오는 물 분자는 봄에 눈이 녹을 때까지 2~6개월 동안 머물 수 있는 반면, 대기에서 지상으로 내려와 빙하에 갇히는 물 분자는 20~100년 동안 그 자리에 머물 수 있다. 물 분자가 대기에서 바다로 떨어지면 3000년 이상 그곳에 남아 있을 수 있다. 그리고 대기권에서 남극의 빙상 위로 내려온 물 분자는 90만 년 이상 거기에 체류할 수 있다.[20]

이러한 여정에서 물 분자는 바다나 호수, 강, 식물 잎 등에서 증산작용을 통해 증발하고 대기권으로 올라가 구름의 형태로 축적된다. 그런 다음 다시 전 세계의 지표면이나 강, 호수, 바다로 떨어져 그곳에 체류한 후 수문 순환의 반복에 따라 이동하며 토양이나 식물, 숲 등에 생기를 불어넣고 지구상의 모든 종에 영양분을 공급하면서 다양한 형태의 생명체가 존재할 수 있게 한다.

우리는 지금부터라도 플래닛 아쿠아의 작용을 우리의 교육제도와 문화적 전통, 거버넌스 방식, 경제에 대한 접근 방식, 자아의식 그리고 삶 자체를 경험하는 방식에 깊이 각인하는 노력을 기울여야 한다. 우리를 정의하는 행성 아쿠아에 속해 있으면서도, 모든 생명체를 살아 움직이게 하는 그 힘에 대해 거의 알지 못하는 상태이기 때문이다. 시간과 공간, 주체성에 대한 우리의 개념을 다시 생각해 보는 출발점으로 물 테마를 달력 생활에 접목하는 것보다 더 좋은 방법은 없을 것이다. 이는 물이 신에게 바치는 신성한 제물이라는 단순한 개념이나, 자본주의 체제에 의해 이용되는 수동적 상업 자원이라는 현대적 개념을 넘어서는 것을 의미한다.

과학계에 '수문년(Water Year)'이 공식적으로 존재한다는 사실, 즉 단순한 홍보용이 아니라 수문 순환의 연간 궤적을 추적하는 체계적인 개념 도구로 존재한다는 사실은 물을 연구하고 관리하는 일에 깊이 관여하지 않는 대부분을 놀라게 할 것이다. 수문년은 하천이나 토양, 지하 등의 물이나 수분 저장량이 연중 최소가 되는 시기를 시작점으로 삼는 연도 단위로, 미국 지질조사국은 공식 보고서에서 자국의 수문년을 10월 1일부터 이듬해 9월 30일까지의 12개월로 정의한다. 미 지질조사국의 수문년

이 일반적인 기준으로 통하지만, 정확한 일자는 각 생태 지역에 따라 달라질 수 있다. 예를 들어 플로리다의 수문년은 5월 1일에 시작해 이듬해 4월 30일까지 이어진다. 미국 대부분의 지역에서 10월 1일은 일반적으로 연중 수위가 가장 낮아지는 시기로 눈이 녹고 봄비가 내려 수위가 상승하는 이듬해 봄까지 갈수기가 이어지는 것이다. "4월 소나기가 5월 꽃을 불러온다"는 속담은 미국의 학생이라면 누구나 잘 알고 있을 것이다.

GRACE 분석정보와 알고리즘을 통해 얻는 수문 데이터와 수문년 데이터를 결합하면 지구상의 각 지역에 미치는 수문 순환의 영향에 대해 실시간으로 평가할 수 있다. 이 데이터는 WMO나 미국 지질조사국과 같은 기관 그리고 여타 국가의 유사 기관의 데이터와 함께 세계 및 지역별 수문 달력에 통합해야 하며, 누구든 최신의 정보를 온라인으로 쉽게 파악할 수 있게 해야 한다. 그렇게 해야 대중이 10일 이상의 일기 예보뿐 아니라 자신이 속한 지역의 수문 순환 및 생태계에 실시간으로 그리고 일정 기간 발생하는 일과 세계 곳곳에서 전개되는 상황에 대한 최신 정보를 얻어서 활용할 수 있다.

비교적 오래전인 1993년, 유엔은 3월 22일을 '세계 물의 날'로 지정해 수문 순환에 대한 언급을 세계 달력에 삽입함으로써 모든 국가가 플래닛 아쿠아의 수권을 돌봐야 한다는 인류의 의무를 축하하고 기념하며 재확인하도록 촉구하는 데 앞장섰다. 이후 전국 지하수 주간, 전국 강의 달, 세계 해양의 날, 호수 감사의 달, 깨끗한 물 주간 등과 같은 여타의 수문학적 기념일들이 지역 및 글로벌 달력에서 빠르게 자리를 잡고 있다.

13

메타버스에 삼켜질 것인가, 아쿠아버스에서 부양할 것인가

●

자연으로 돌아가는 길을 찾는 것은 쉽지 않은 여정일 것이다. 2022년 기준 미국인들은 평균적으로 하루의 92퍼센트를 실내에서 보내며, 7시간 이상 스크린을 바라보며 산다. 미국인이 예외라고 생각하는가? 전 세계의 사람들도 스마트폰이나 태블릿, 데스크톱 컴퓨터, TV 등 스크린을 보는 데 평균적으로 하루 6시간 57분을 소비한다. 일부 국가에서는 이보다 더 많은 시간을 스크린에 매달려 산다. 남아프리카공화국 국민은 하루에 10시간 46분을 스크린에 소비하며 1위를 차지했다. 최근 미국의 연구조사원들은 코로나19 팬데믹 기간에 12~13세 청소년의 "학업과 무관한 스크린 사용 시간이 7.7시간으로, 기존보다 두 배나 늘어났다"는 사실을 발견했다.[1]

이제 페이스북이 메타로 브랜드를 바꾸고 첨단기술업계에서 전 인류가 사회생활과 상거래, 심지어 새로운 형태의 거버넌스에까지 가상으로 참여할 수 있는 가상 세계를 창출하기 위해 서두르는 상황에서, 의도적이든 아니든 우리 종은 자연 세계와의 친밀한 재결합이라는 전망과는 거리가 먼 가상의 테크노 환경 속에서 몸을 웅크리고 있는 것 같다. 이는 지구 인류의 역사에서 전례가 없는 현상이다. 우리와 밀접하게 연관된 자연 세계가 낯선 타자가 되고 있거나 역으로 우리 종이 지구에서 분리 독립해 우리 아바타의 또 다른 자아와 상호작용하는 다중의 가상 세계로 휩쓸리며 심지어 가상 감각을 시각과 청각뿐 아니라 촉각과 후각으로까지 확장하는 낯선 타자가 되고 있다.

외부로 나갈 때는 또 어떠한가? 갈수록 많은 사람이 데이터, 일화, 메시지를 물리적 환경에 덮어씌울 수 있는 증강 현실 장치를 장착하고 외부 세계 전체를 무의식적으로 자신의 실용적 욕구에 맞춰 조정하는 가운데 자연환경을 관점에 따라 강화되거나 흩어지는 배경으로 취급하면서 외부 세계를 가상 이미지와 스트리밍 데이터로 채워진 무대로 만들고 있다.

미래로 향하는 두 가지 길: 생태적 비전 또는 디스토피아적 악몽

메타버스는 컴퓨터로 생성한 우주에 불과하지만, 궁극의 유토피아적 꿈, 즉 존재의 피와 살 너머에 존재하는 것으로 기술 전문가들이 구상한 불멸의 공간이자 최종 단계는 특이점이 될 수밖에 없는 대체 세계로 선전되고 있으며, 설계자들은 이를 '가상현실'이라고 칭한다. 구글의 엔지니어링 이사를 역임한 레이 커즈와일(Ray Kurzweil)은 인간이 "생물학적 신체와 두뇌의 한계를 초월할 것이며, 미래의 기계는 설령 생물학적 존재가 아닐지라도 인간이 될 것"이라고 주장한다.[2] 그런 일이 얼마나 빨리 이뤄질 것 같은가? 커즈와일은 말한다. "나는 특이점에 도달하는 시점을 2045년으로 설정했다."[3]

왜 갑자기 가상 세계로 도피해 특이점을 상상하는 열풍이 부는 것일까? 지구상 여섯 번째 생명체 멸종 위기에 처한 상황을 인식하고 필사적으로 구원을 찾는 것일 수도 있지만, 그보다는 기술에 의존하는 행태로 볼 수 있다. 이번에 우리 종을 겁먹게 한 것은 바로 지구의 물이 야생으로 돌아가고 있다는 사실이다. 수권의 엄청난 힘은 숭고함이 자아내는 공포를 상기시킨다. 모두가 혹독한 겨울눈과 엄청난 봄철 홍수, 극심한 여름 가뭄, 폭염, 산불, 파괴적인 가을 허리케인 등을 목도하고 있다. 지구의 생태계가 붕괴하고 있으며 우리의 건축 환경도 무너지고 있고 갈수록 많은 사람이 죽어 나가고 있다. 이런 상황은 더 악화할 것이라 한다. 잠시가 아니라 어쩌면 앞으로 수천 년에 걸쳐서 말이다.

만약 숭고함이 지구의 주요 작용이 발산하는 압도적인 힘을 가까이서 목격하면서 느끼는 공포라면, 분노를 폭발하며 다른 거대 권역을 자신의 의지에 굴복시키는 것은 수권이다. 그러나 우리가 받아들이기 어려워하는 부분은 3억 5000만 년 전 석탄기 시대의 매장지를 파헤쳐 오래전에 석탄이나 석유, 천연가스로 변한 동식물의 사체를 발굴해 산업화 시대를 구동하는 연료로 사용함으로써 도화선에 불을 댕긴 것이 우리 인류라는 사실이다. 그 발굴이 이제 우리를 기후의 급속한 온난화와 수권의 재야생화에 따른 멸종 사건으로 이끌고 있다. 그렇다면 우리는 이 물의 행성에서 재야생화되는 수권에 어떻게 대응해야 할 것인가?

이마누엘 칸트가 오늘날 살아 있다면, 그는 의심할 여지 없이 재야생화를 혐오스러운 것으로 여기고 메타버스를 숭고함에 대한 '초연한 이성'의 궁극적인 승리로 칭송했을 것이다. 메타버스를 감정과 일시적 육체의 결합으로 점철된 물리적 세계로부터 독립된 우월한 힘으로 봤을 것이기 때문이다. 그의 추종자인 메타버스의 기술 마법사들은 우리 모두를 지상 존재의 덧없는 본질에 얽매이지 않는 가상 유토피아에 몰입하도록 초대한다. 그들은 특이점을 우리의 비참한 물리적 제약을 넘어서는 최종의 변혁으로 간주하며, 인류에게 필멸의 고뇌를 던져 버릴 것을 권유한다. 반면에 아르투어 쇼펜하우어는 만약 이 늦은 시간에 인간 가족을 다시 방문한다면 이 순간을 다른 종류의 승리, 즉 우리의 그 육체성이 일시적으로 살면서도 영원히 내재됨을 인식함으로써 숭고함을 받아들이는 순간으로 간주할 것이다. 우리는 모두 우주의 일부이니까 말이다.

우리의 모든 호흡은 아무리 그 기여도가 작을지라도 우주의 다른 모든 조건을 영원히 변화시킨다. 수학자이자 기상학자인 에드워드 노턴 로렌즈는 아무리 미세한 파동이라도, 예컨대 나비가 몇 주 전에 날개를 퍼덕인 것과 같은 아주 미미한 변동이라도 토네이도의 정확한 형성 시간과 이후의 경로에 영향을 미친다는 사실을 최초로 인식한 과학자 중 한 명이었다.

로렌즈의 나비효과에 대한 설명이 대중의 상상력을 사로잡은 것은 1972년이었지만, 사실 그것은 이미 여러 학자와 수학자 들이 훨씬 이전부터 고민하고 논의하던 주제였다. 요한 고틀리프 피히테(Johann Gottlieb Fichte)는 1800년에 발표한 글 「인간의 소명(The Vocation of Man)」에서 "측량할 수 없는 전체의 모든 부분에 걸쳐 무언가를 변화시키지 않고서는 모래 한 알조차 그 자리에서 제거할 수 없다"고 언급했다. 1950년 정보이론과 컴퓨터 연산 그리고 궁극적으로 가상현실의 구현으로 이어진 작업의 운용 지침을 확립하는 선구적인 연구를 수행한 인공지능의 아버지 앨런 튜링(Alan Turing)은 "특정 순간에 전자 하나가 10억분의 1센티미터만큼 이동하는 것이 1년 후 눈사태로 어떤 사람이 죽거나 살아남는 것과

같은 차이를 만들 수 있다"는 점에 주목했다.[4]

우리가 살면서 경험하는 모든 순간(어떻게 살고 무엇을 어떻게 행하며 어떻게 생각을 공유하는지 등)은 다른 모든 생명체의 행동과 마찬가지로 스스로 조직화하며 끊임없이 진화하는 지구의 다른 모든 현상에 파문을 일으키고 영향을 미친다. 우리 개인의 삶의 총체는 그렇게 지구의 생애에 스며들어 '불멸화'한다. 이것이 바로 살아 움직이는 행성에 계속 살아남아 우리 뒤에 오는 모든 생명체에 영향을 미치는, 다른 형태의 영원한 존재다.

좀 더 친밀한 차원에서 보자면, 우리의 유전적 존재와 개인적 삶의 경험은 시간 및 공간적으로 멀리 떨어져 있든 특정한 가계도로 보다 직접적으로 연결되어 있든 모든 조상들이 남긴 삶의 흔적에 의해 사전 조건화된다. 더욱 개인적인 예를 들자면, 각각의 인간 신체에는 최소 4×10^{27}개의 수소 원자와 2×10^{27}개의 산소 원자가 존재하는데, 이러한 원자 중 일부는 역사 전반에 걸쳐 앞선 시점에 존재한 다른 사람이나 다른 생물의 몸을 거쳤을 것이 확실하다. 마찬가지로, 우리 몸속에 있는 수소와 산소 원자 중 일부는 우리 뒤에 올 다른 사람이나 동료 생명체에 옮겨 갈 가능성이 농후하다.[5]

과학적 관점에서 볼 때 우리의 몸은 비교적 폐쇄된 자율적 기관이 아니라 개방된 소산적 시스템이다. 인간의 몸은 반투과성 막으로 싸여 있어 생물권에서 오는 산소나 수소, 질소, 탄소, 칼슘, 인, 칼륨, 황, 나트륨, 염소 등의 화학원소와 미네랄에 대해 선택적으로 내부에 받아들이고 또 내보낼 수 있다.[6] 우리 몸은 그렇게 지구의 원소와 미네랄을 수용하는 수많은 매개체 중 하나다.

아브라함 계통의 종교와 서양의 고전 철학은 불멸에 대해 이와 매우 다르게, 즉 펼쳐지는 삶의 물질성과 동떨어진 탈시간적 영역에 존재하는 비물질적 현상으로 인식했다. 근대에 이르러서도 이마누엘 칸트는 플라톤과 여타 그리스 철학자들이 제시한 대본에 따라 순수한 사고와 이성은 감정과 정서, 감성, 일상생활의 경험에 방해받지 않는다고 주장했다.

오늘날, (삶의 경험의 생생한 물질성에서 갈수록 멀어지는 가상 영역인) 메타버스의 설계자들은 자연계로 특징지을 수 있는 어떤 것과도 무관한 비물질적 존재에 대한 믿음과 결합된 오랜 종교적, 철학적 전통을 되살려 재현하고 있을 뿐이다. 이것의 궁극적인 목적은 실제 시간과 물리적 공간에서 삶을 영위하는 현상을 우회해서 죽음을 회피하려는 데 있다. 그것을 통해 살아 있음에 수반되는 연약함과 나약함, 기쁨과 고통, 경외와 경이로움, 공감과 연민, 상상과 초월, 수많은 우연성 등을 경험하지 않으려 하는 것이다.

앨프리드 노스 화이트헤드는 과거의 철학자 및 수학자들과 결별하고 존재는 하늘 위 천국이나 마음속의 격리된 이성적 구석이 아니라 살아가는 경험의 과정에서 찾아야 하는 것이라고 주장했다. 천국이나 순수 이성은 모두 삶의 경험을 신뢰하지 않으며 순전히 탈시간적 영역에만 존재한다. 생각해 보라. 영원한 생명인 천국에 시간의 흐름이 존재할 이유가 있겠는가? 뉴턴의 만유인력 세 가지 법칙에는 시간의 화살표가 포함되지 않음을 기억하라. 특이점의 추종자 모두가 꿈꾸는 신과 같아지는 것과 불멸은 시간과 공간을 완전히 초월하는 것과 같다. 신을 공간적/시간적 존재로 생각하는 것은 터무니없는 일이 될 터이다.

특이점과 트랜스휴머니즘(transhumanism: 과학기술로 인간의 능력을 무한히 향상할 수 있다는 신념 또는 운동―옮긴이)에 대한 모든 논의에서 간과되는 것이 있으니, 바로 공감 충동은 어떻게 할 것인가 하는 점이다. 시간과 공간 그리고 살아가는 경험의 현상에 대한 초월이 어떻게 우리 종의 신경 회로에 내재된 공감 충동과 조화를 이룰 수 있겠는가? 신경과학자들은 공감 충동이 인간을 가장 적응력이 뛰어난 종으로 만드는 결정적인 속성 중 하나라고 믿기 시작하지 않았는가. 육체성을 초월한다는 것, 즉 시간과 공간에서 살아가는 경험을 초월한다는 것은 공감에서 벗어난다는 것을 의미한다. 신경생물학자들은 공감 능력의 복잡한 생리를 이해하고 그것이 우리 종의 사회성과 끊임없이 진화하며 자아를 실현하는 지구에 적응하는 우리의 특별한 능력에서 결정적인 역할을 한다는 사실을 인정하기 시작한 상태다.

1837년 덴마크 왕립학회는 이마누엘 칸트의 생애를 기리며 다음과 같은 의문을 주제로 최상의 논문을 제출하는 인물에게 상을 수여하겠다고 발표했다.

> 도덕의 근원과 토대는 의식(또는 양심)에 직접적으로 자리한 도덕성에 대한 생각과 거기서 비롯되는 다른 근본적인 도덕 개념의 분석에서 찾아야 하는가, 아니면 다른 지식의 영역에서 찾아야 하는가?[7]

쇼펜하우어는 1839년에 논문을 제출했다. 그의 논문이 유일한 응모작이었지만 그는 수상하지 못했다. 덴마크 왕립학회는 그가 문제를 이해하지 못했다고 밝혔다. 하지만 그것은 핑계였다. 그에게 상을 주지 않은 진짜 이유는 나중에 그들의 설명에 명확히 드러났다. 쇼펜하우어는 당시의 모든 통념에 반해서 순수 이성이 아닌 연민이 도덕의 기초이며 감정과 감성이 연민 본능을 활성화한다는 대담한 주장을 펼쳤다. 완전한 이단이 아닐 수 없었다. 심사위원들은 쇼펜하우어가 "근래의 여러 저명한 철학자"를 모욕적으로 다룬 방식에 불쾌감을 표하면서 마지막까지 따끔한 질책을 가했다.[8] 구체적인 이름을 언급하진 않았지만, 그들이 염두에 둔 인물은 이마누엘 칸트였다. 쇼펜하우어는 칸트의 순수 이성에 기초한 규범적 윤리를 지적 환상으로, 현실 세계에서 도덕적 행동이 전개되는 방식과 너무 괴리된 것으로 폄하했다. 흄과 마찬가지로 쇼펜하우어도 이성은 열정의 노예라고 믿었다.

쇼펜하우어는 도덕 법칙이 선험적으로 존재하며 "'단순히 순수 이성의 개념에 의존하므로' 모든 내적, 외적 경험과 무관하게 인식할 수 있다"는 칸트의 생각에 아무런 경험적 근거가 없다고 판단했다.[9] 그는 도덕성이 의식의 근본적 측면일 수 있으며 "인간 본성에 고유한" 자연적 감정과 연결될 수 있다는 아이디어 자체를 칸트가 거부했다고 지적했다.(그런 자연적 감정이 도덕성에 경험적 기반을 제공하는데 말이다.) 칸트는 그 점에 대해 매우 명확한 입장을 취했다. 『도덕 형이상학의 기초(The Foundation of the Metaphysics of Morals)』에서 그는 도덕 법칙에 대해 다음과 같이 썼다.

도덕률은 인간의 본성(주관적)이나 세상의 상황(객관적)에서 찾아서는 안 된다. …… 여기서는 인간에 관한 지식, 즉 인류학에서 차용할 수 있는 것이 아무것도 없다. …… 진정으로 우리는 인간 본성의 특정한 구성에서 도덕률의 실재성을 도출하려고 생각해서는 안 된다.[10]

쇼펜하우어는 인간의 경험 외부에 선험적으로 존재하는 칸트의 윤리는 "전적으로 추상적이고 완전히 실체가 없으며 그냥 공중에 떠돌아다니는 것과 같다"고 주장했다.[11]

실로 도덕성이 인간 본성의 고유한 특징이 아니고 선험적으로 존재하며 인간 본성과 무관하다면, 사람을 도덕적으로 행동하도록 만드는 것은 무엇이란 말인가? 칸트는 사람이 도덕적으로 책임감 있게 행동하는 것은 "자발적 성향이 아니라 의무감에서 …… 도덕률을 준수하는 것이 인간에게 필요하다고 느끼기" 때문이라고 설명했다. 칸트는 감정을 도 덕성의 근거로 삼는 어떤 개념이든 전면적으로 배척했다.

연민과 다정한 동정심은 올바른 사고를 하는 사람들에게는 심지어 성가 신 것이 될 수 있다. 왜냐하면 그러한 감정이 그들의 신중하게 고려된 격률을 혼란에 빠뜨리고 거기서 벗어나 입법적 이성에만 종속되려는 욕구를 불러일 으키기 때문이다.[12]

그렇다면 인간 동물 자체에 도덕성의 기초가 될 수 있는 다른 근원이 존재하는가라는 질문이 제기된다.

쇼펜하우어는 도덕적 행동 방식에 대한 자세한 설명으로 반박하면서 그것이 인간 본성의 근원에 내재되어 있고 완전히 실현되기 위해서는 사회에서 이를 끌어내 양육해야 한다고 주장했다. 또한 '동정'이 인간 본 성의 근본적인 현상이라며 다음과 같이 설명했다.

(어떤 사람에 대해 동정심을 느낄 때) 나는 그와 함께 직접 고통스러워하고, 평 소 내가 고통스러울 때 그러는 것처럼 그의 비애를 느끼고, 마찬가지로 나 자 신의 경우에 대해 그러는 것과 같은 방식으로 직접 그의 안녕을 원한다. 매 순간 우리는 우리가 아니라 그가 고통받는 사람이라는 것 그리고 우리가 고 통을 느끼며 슬퍼하는 것은 우리의 인격이 아니라 정확히 그의 인격 안에서 라는 것을 명확히 인식한다. 우리는 그와 함께 고통스러워하지만, 그의 입장 에서 그러는 것이다. 그의 고통을 그의 고통으로 느끼며 그것이 우리의 고통 이라고 상상하지 않는다.[13]

쇼펜하우어는 이 한 차례의 설명으로 공감(감정이입)의 과정을 간결하게 정의한 역사상 최초의 인물이 되었다. 빠진 것은 '공감'이라는 단어 자체뿐이다. 하지만 그는 더 나아가 공감의 확장에 관련된 정신적 곡예뿐 아니라 그로부터 자연스럽게 흘러나오는 도덕적 틀과 행동에 대해서도 설명했다. 쇼펜하우어는 이렇게 말했다. 동정 성향이 누군가의 당면한 곤경에 집중되면 "모든 이면의 고려와 무관하게, 주로 그의 고통에 즉각적으로 관여해서 그것을 방지하거나 제거하게 되길 바란다. 모든 만족과 모든 안녕 및 행복이 거기에 좌우되기 때문이다."[14]

더 깊은 차원에서 공감적 포용, 즉 타인의 고통이나 기쁨을 마치 자신의 골수 깊숙이 겪는 것처럼 느끼는 경험은 시간과 공간을 초월해 완전히 다른 영역에 존재하는 특별한 순간이다. 이러한 막간의 순간 동안 우리는 물질성을 벗어던지고 존재에 대한 경외감을 느낀다. 깊은 공감의 순간은 '타자'를 없앤다. 우리는 잠시나마 하나가 되어 그 연약하고 취약한 순간에도 살아가고 번성하고 번영하고 존재하기 위한 서로의 탐구를 북돋기 위해 손을 내민다고 느낀다. 이 순간에는 주체와 객체가 존재하지 않고 서로를 하나로 경험하고 나아가 존재 전체와 하나가 되는, 서로 연결된 삶의 얽히고설킨 관계만 존재할 뿐이다. 이러한 공감적 포용의 초월적 순간이 우리 삶에서 가장 생생한 경험이라는 것은 의심할 여지가 없다. 노년에 자신의 삶을 되돌아볼 때, 우리는 그러한 막간을 가장 소중하고 지속적이며 강렬하게 느낀 경험으로 회상할 가능성이 크다. 이것이 바로 쇼펜하우어의 숭고함이다.

그렇다면 천국, 유토피아, 특이점과 같은, 우리가 창조한 다른 세계는 어떠한가? 이러한 상상 속 존재에는 공감 충동이 들어설 여지가 없다. 취약성, 고통, 기쁨의 분출이 없는 가상의 영역에 공감이 필요할 이유가 어디 있겠는가. 이들 가상의 세계는 존재의 연약함과 유한성이 제거되어 있으며, 슬픔이나 환희의 순간, 위로의 표출, 연민의 행위 등 살아 있음에 수반되는 모든 조건 역시 마찬가지다. 천국이나 유토피아, 특이점에서는 무의미한 경험이기 때문이다. 결국 시간에 구애받지 않고 결함 없는 완벽한 세계에서 경외감와 경이감, 상상력의 절정, 초월감 같은 것이 존재할 이유 또한 무엇이겠는가.

인공지능의 경우, 가장 강력한 옹호자들조차도 0과 1, 유비쿼터스 픽셀, 끝없이 이어지는 데이터 연산과 알고리즘 주체성, 로봇 피드백의 세계에서 공감이 어떻게 조화를 이룰 수 있는지 설명하지 못하고 있다. 이러한 대체 세계는 그저 경외심을 무디게 하고, 경이감을 억누르고, 상상력을 옥죄고, 초월성을 제거하고, 숭고함을 짓밟고, 존재의 장엄한 숨결을 앗아 갈 뿐이다.

그렇다면 숭고함에 대한 칸트의 설명은 얼마나 부적절한가? 숭고함의 그림자 속에서 존재에 대한 공포와 경외심에 사로잡혔을 때 살아가는 경험의 현상학에서 벗어난 분리된 이성을 불러내 행성의 힘을 인간의 주체성에 맞춰 정복하고 길들이고 굴복시켜야 한다는 생각은 지극히 순진해 보인다.

이것으로 충분치 않다면, '공짜 점심은 없다'는 격언을 떠올리길 바란다. 인공지능에는 자체의 엔트로피 비용이 수반되며, 그것은 엄청난 규모가 될 가능성이 크다. 비트코인을 채굴할 때 발생하는 대량의 탄소 발자국처럼, 최근 인공지능도 전 세계의 수자원 고갈에 큰 영향을 미칠 수 있는 고유의 물 발자국을 동반한다는 사실이 밝혀졌다. 인공지능이 우리 종을 특이점으로 이끌 것이라는 생각은 이미 기후 과학자들이 물 발자국에 대해 경고를 제기하면서 일정 부분 완화되고 있다. 물 발자국으로 인해 우리를 유토피아로 데려가려는 인공지능 컴퓨팅의 속도와 정도에 제동이 걸릴 가능성이 있다는 뜻이다.

UC리버사이드의 과학자들이 2023년에 실시한 연구는 입이 떡 벌어질 정도로 놀라운 사실을 밝힌다. 거대한 데이터 센터의 인공지능 서버가 자체의 컴퓨터에 전력을 공급하기 위해 막대한 양의 에너지를 사용하는 '에너지 먹는 하마'이고, 해당 산업이 이제 막 부상하는 단계인데 벌써 전 세계 전력 사용량의 2퍼센트 이상을 차지한다는 사실은 이미 널리 널리 알려져 있다. 하지만 그동안 거의 무시된 부분이 있으니, 바로 그에 수반되는 물 발자국이다. 이제 우리는 더 이상 그것을 무시할 수 없다. 예를 들어, 구글의 데이터 센터는 2022년에 "250억 리터의 물을 취수해 현장 냉각에 거의 200억 리터에 달하는 1등급 물을 소비했는데, 그 대부분이 식수였다." 같은 해 마이크로소프트의 총 물 사용량(취수량과 소비량 모두)은 2021년에 비해 34퍼센트 증가했다.[15]

해당 연구는 2027년이면 전 세계 인공지능에 쓰이는 물의 총 취수량이 42억~66억 세제곱미터에 달할 것으로 예상하는데, 이는 해마다 가뭄이 심해지는 영국(세계 6위의 경제 대국)의 총 용수 취수량의 절반에 해당하는 수치다. 이 수치에는 컴퓨터 칩을 제조하기 위해 취수하는 물의 양은 포함되지도 않았다.[16]

칩 하나를 제조하는 데 거의 30리터의 물이 들어간다. 여기에 다음과 같은 딜레마가 따른다. 2021년 전 세계적으로 1조 1500억 개의 칩이 출하되었는데, 우리는 이제 막 인공지능 혁명의 초기 이륙 단계에 접어들었을 뿐이다. 아무도 거론하고 싶지 않은 질문을 던지지 않을 수 없는 상황이다. 우리는 메타버스를 성장시키기 위해 빠르게 감소하고 있는 담수 풀을 과연 얼마나 더 포기해야 하는가? 우리 종과 동료 생물이 사용해야 하는, 이미 매우 부족한 담수를 얼마나 더 희생시켜야 하는가? 듣고 있는 사람 있는가?[17]

이러한 예상치를 개인적인 수준으로 내려서 살펴보자면, 해당 연구에서는 챗GPT-3가 채팅 대화로 10~50건의 응답을 할 때마다 500밀리

리터의 물을 소비한다는 사실을 발견했다. 수억 명, 나아가 인류의 상당 부분이 오늘날 인터넷에서 그러는 것처럼 24시간 내내 좋아하는 챗봇에 접속한다고 상상해 보라. 특히 1인당 사용 가능한 물의 양이 불과 50년 전의 절반에 불과한 세상에서 말이다.[18]

그렇다고 인공지능이 실패작이 될 것이라는 의미는 아니다. 다만 앞으로 그것은 통신 인터넷과 재생 에너지 인터넷, 이동성 및 물류 인터넷, 수자원 인터넷 그리고 (점점 더 예측할 수 없는 지구의 수권과 암석권, 대기권, 생물권의 변화에 인류가 잘 적응할 수 있도록 돕는) 사물인터넷 센서 네트워크를 모니터링하고 관리하는 회복력 시대 인프라의 구축과 운용에 더 흔하게 선별적으로 사용될 가능성이 크다.

유토피아적 행복의 최신 화신인 메타버스에 대해서는…… 참으로 안타까울 따름이다. 인류를 자연 세계에서 빼내 현실을 복제한 가상 세계로 데려간다는 것 자체가 이해할 수 없는 일이다. 결국, 생명의 본질적 리듬에서 벗어나려는 시도는 실패로 돌아갈 수밖에 없다. 우리의 물리적 존재는 수권, 암석권, 대기권, 생물권 등 지구의 다른 모든 체계 및 그 요소와 긴밀하게 얽혀 있다. 앞서 언급했듯이 우리의 모든 세포와 조직, 기관 내부의 무수한 생체 시계는 지구의 일주기, 조석, 계절, 연주기 리듬에 시간적으로 맞물린다. 또한 우리를 에워싼 전자기장이 주기적으로 우리 몸의 세포와 장기, 조직을 통해 흐르며 DNA가 정렬되고 발현되는 과정과 패턴을 확립하는 데 도움을 준다.

물론 가상 세계를 완전히 포기하자고 제안하는 것은 아니다. 가상 세계를 세상의 전부로 만들지 말자는 것일 뿐이다. 가상 세계는 놀이터와 실험장으로, 때로는 재야생화되는 지구에 닥칠 폭풍우나 가뭄, 폭염, 산불, 허리케인을 견뎌낼 수 있는 안전한 항구로서 필요성이 생길 것이다. 그러나 만약 메타버스가 우리의 대리 세계가 된다면, 우리는 스스로 만든 감옥에 갇혀 격변하는 지구에서 번성은커녕 생존할 수단도 없이 외톨이가 되어 결국 추방당할 것이다.

확실히 기후는 계속 더워지고 지구의 작용들은 수문 순환을 따라 완전히 새로운 방식으로 계속 변화하며 우리를 새로운 시대로 이끌 것이다. 하지만 자연을 버리고 숨는 것은 우리 자신을 버리는 것과 같다. 우리는 이 행성의 일원이며 지구상 생명체를 살아 움직이게 하는 수권과 암석권, 대기권, 생물권, 생물군계 및 생태계 그리고 시간적, 공간적 리듬의 연장선상에 속한다.

비교적 최근인 수십 년 전부터 생물학자들과 의학계는 인간의 모든 신체 기능에 영향을 미치는 자연환경에 대한 물리적 노출의 부족이 신체적, 정신적 건강에 어떠한 손상을 끼치는지에 뒤늦게나마 조금씩 관심을 기울이기 시작했다. 그럼에도 많은 연구조사와 거기서 도출된 시사점들은 완전히는 아니더라도 대부분 무시되고 있다. 도시라는 울타리에 갇혀 사는 우리는 우리의 기분이나 행동 방식 또는 신체 기능이 환경과의 생리학적 관계에 무의식적으로 얼마나 영향을 받는지, 특히 정신적, 신체적 안녕이 어떠한 영향을 받는지 인식하지 못하는 경우가 많다. 예를 들면, 숲속을 걷는 것과 도심 속을 걷는 것은 어떻게 다를까? 숲을 걸으면 스트레스 측정치인 타액의 코르티솔 수치가 평균적으로 숲을 보는 순간에 13.4퍼센트, 산책 후에 15.8퍼센트 낮아지고, 맥박 수는 숲을 보는 순간에 6퍼센트, 산책 후에 3.9퍼센트 감소하며, 수축기 혈압 역시 내려간다. 편안한 느낌을 주는 부교감 신경 활동은 숲속을 걷고 나면 걷기 전보다 102퍼센트 증가하지만, 스트레스감은 19.4퍼센트 감소한다. 단지 숲속을 걷는 것만으로 우리의 몸에서 이런 모든 변화가 발생한다는 얘기다.[19]

자연에 대한 노출과 행복감의 정도라는 보다 광범위한 문제와 관련해

《환경과 자원 연례 리뷰(Annual Review of Environment and Resources)》에 발표된 대규모 연구에 따르면, 전반적으로 자연에 더 많이 몰입할수록 스트레스가 감소되고 신체 및 정신 건강이 개선되고 집중 시간이 연장되고 학습 능력이 향상되고 상상력이 증대되고 유대감이 높아지는 등의 효과가 발생하는 것으로 나타났다.[20] 하버드대학교의 저명한 생물학자 에드워드 윌슨(Edward O. Wilson)은 우리 종이 진화적 확대가족인 다른 종에 대해 갖는 고유한 생물학적 친밀감을 설명하기 위해 생명애라는 말을 최초로 대중화한 인물로, 그러한 유대감이 우리의 신경회로에 내재된, 살아 있는 모든 것에 대한 공감이라는 생물학적 유전 특성은 물론이고 부모 자식 간의 애착 행동 방식에도 연관된다고 설명했다.[21]

안타깝게도 오늘날, 특히 다른 생물이나 자연환경과 교류가 차단된 도시 및 교외 지역사회의 어린이들은 종종 부모로부터 다른 생물을 경계하고 심지어 두려워하며 거리를 유지하도록 가르침을 받으며 어릴 때부터 자연이 낯선 타자라는 인식을 키운다. 『숲속의 마지막 아이(Last Child in the Woods)』의 저자 리처드 루브(Richard Louv)는 한 어린 소년과 나눈 대화를 소개한 적이 있는데, 그가 아이에게 야외보다 실내에서 노는 것을 선호하는 이유를 물었더니 "전기 콘센트가 실내에 다 있기 때문"이라는 답이 돌아왔다고 한다.[22]

그렇다면 가상 세계는 생명을 긍정하는 지구에서 어떤 역할을 해야 마땅한가? 명확히 정리해 보자. 가상 세계는 우리가 재야생화되는 수문 순환에 적응하는 방법을 보다 잘 이해하는 데 도움이 될 수 있다. 하지만 중요한 것은 우리 종에 적응하도록 지구에 계속 강요할 것인지 아니면 우리가 (동료 생물들 사이에서 계속 존재할 자격이 주어지는) 일정한 수준의 공감 능력과 마음 챙김, 비판적 사고를 갖추고 자연의 요구에 적응하는 방법을 다시 배울 것인지 구분하는 것이다.

이 주의사항을 염두에 두면, 가상 세계에는 크게 주목받진 못하겠지만 궁극적으로 우리 종의 미래를 보장하는 데 중요한 역할을 할 수 있는 또 다른 측면이 남는다. 우리가 실시간 데이터를 수집하고 분석과 GPS, 사물인터넷 감시를 통해 지구의 수권, 암석권, 대기권, 생물권의 재야생화를 모니터링하고 모델링하고 그에 적응하며 지구에 서식하는 무수한 생물에 미치는 영향을 평가하기 위해 일부는 가상으로 구성되는 스마트 디지털 인프라를 도입해야 할 것이기 때문이다. 이러한 스마트 디지털 기술과 그에 수반되는 인프라는 새로운 과학 탐구 방식을 채택하는 데 중요한 도구가 될 것이다. 자연을 포획해 우리 종에 적응시키도록 설계된 귀납적, 연역적, 분리적 추론이라는 기존의 낡은 과학적 방법을 대체할 그 새로운 방식은 우리 종을 자연의 요구에 적응시키기 위해 설계된 새로운 복합 적응형 사회·생태 시스템(CASES) 모델링과 결합된 유추적 추론을 기반으로 삼을 것이다. 이렇게 한다면 우리는 야생으로 돌아가는 지구에서 살아남아 새로운 방식으로 적응할 기회를 잡을 수 있을 것이다.

지구 기후의 격변 속에서 우리의 안녕을 지키는 것이 목적이라면, 적어도 부분적으로는 가상 세계에서 일상생활을 영위해야 하는, 장기간의 시기가 존재할 것임을 인식해야 한다. 이는 기정사실이다. 그러나 자연환경과 교류하는 생명애적 감각과 강인한 결단력을 갖추고 외부에서 뉴노멀에 용감히 맞서야 한다는 것도 사실이다.

그렇다면 이제 우리는 어디로 가야 하는가? 지구를 길들이기 위해 칸트가 주창한 분리된 이성의 복잡다단한 상황에 빠져들 것인가, 아니면 쇼펜하우어와 괴테 등이 받아들인 길, 즉 살아있는 모든 것에 공감하고 연민을 느끼는 생명애적 애착을 통해 생명을 보충할 수 있는 길을 선택할 것인가? 우리 종의 많은 특성 중 하나는 유전적으로 유목 생활방식을 선호하며 지구상에 존재한 95퍼센트의 시간 동안 극한의 기후 체제를 견디면서 그렇게 살아왔다는 점이다. 가상 세계에서 부분적으로 살아가는 법을 배우면서 행성의 권역들과 생물군계 및 생태계, 특히 수권에 다시 내포되는 것은 우리 종이 어떤 조건 아래에서 생존하고 나아가 번성할지 결정할 것이다. 우리는 플래닛 아쿠아에 살고 있고, 그것이 단순한 현실이다. 수문 순환은 지구의 다른 모든 작용을 조절하는 원동력이다. 모든 생명체가 생겨나고 모든 생명체가 의존하는 물은 지구상의 존재가 부인하거나 바꿀 수 없는 실체이다. 그리고 이러한 인식이 우리가 먼 미래까지 번영할 수 있도록 돕는 구원의 은총이다.

플래닛 아쿠아: 우리 삶의 터전에 대한 리브랜딩

행성의 이름을 아쿠아로 바꾸는 것은 단순한 수사가 아니라 이 행성의 지향점에 대한 우리 종의 인식 변화를 의미한다. 이 행성의 생명체를 살아 움직이게 하는 힘이 물이라는 사실을 이해하게 되면 그것의 법적 지위에 대한 의문이 제기된다. 물을 '상업적 자원'이 아닌 지구상의 '생명의 원천'으로 생각하기 시작하면, 그 법적 지위를 완전히 재고해야 마땅하다. 이미 그런 일이 벌어지기 시작했다. 전 세계적으로 강, 호수, 바다, 심지어 바다까지 법적 인격체로서 인간의 간섭을 받지 않고 생존할 권리를 법으로 인정해야 한다는 풀뿌리 운동이 일어나고 있다.

이런 얘기가 다소 과하게 들린다면, 19세기 미국에서 수정헌법 14조에 따라 기업에 인격체라는 준(準)법적 지위가 부여되었다는 사실을 기억해야 한다. 미국만이 아니다. 영국과 캐나다를 비롯한 많은 나라들이 법인에 개인과 동일한 많은 권리를 부여했다.

에콰도르는 2008년 자연의 권리를 헌법에 포함한 최초의 국가가 되었다. 이후 멕시코와 콜롬비아, 볼리비아도 비슷한 법적 변화를 도입했다. 방글라데시와 호주, 뉴질랜드는 강의 법적 권리를 더욱 강화했다. 2017년 뉴질랜드는 황가누이강에 독립된 개체로서의 권리를 부여하며 '발원지에서 바다까지 분리될 수 없는 전체'로서 존재할 권리를 보장했다. 이는 강이 자연스러운 흐름을 따르지 못하도록 점유하고 경로를 바꾸고 차단하던 방식에서 벗어나는 비범한 출발에 해당했다. 더불어 그들은 강을 대리해 자유롭게 흐를 수 있는 권리를 법원에서 행사할 수 있는 수호자를 임명하기도 했다.[23]

인도에서는 2017년 주 고등법원이 갠지스강과 야무나강에 법인격을 부여하려고 시도했다. 그러나 대법원에서 곧 강을 법적 실체로 볼 수 없다는 판결을 내렸다. 2021년 캐나다 퀘벡의 지방 당국은 매그파이강에 "흐를 권리와 오염으로부터 안전할 권리, 법정에서 소송할 권리"를 포함해 법인격을 부여했다. 호주는 물의 지위에 관한 문제를 진일보시켜 야라강을 '살아 있는 통합체'로 인정했는데, 물이 지구상의 모든 생물을 생성하고 유지하는 원초적 생명력이라는 과학계의 공감대를 반영하고 상황을 고려한 타당한 조치라 할 수 있다.[24]

물의 법적 권리에 대한 확대는 자연의 모든 것에 대한 강탈과 상품화, 소비를 모든 권리 중 가장 기본적인 것으로 간주하는 현대 문명과 자본주의 체제의 근간을 뒤흔드는 것이며, 지구와 자연계에 서식하는 모든 생명체에 대한 지배권을 아담과 그의 후손에게 물려준 아브라함의 신으로부터 오랜 세월 동안 전해 내려온 유산을 청산하는 것이다.

물을 모든 생명의 원천으로 인정하고, 그에 따라 법적 인정을 받을 자격이 있음을 모든 통치 관할권 및 문화의 헌법, 법률, 법규, 규정, 일상 활동에 내포시키는 것은 문명이 시작된 이래로 우리 종과 이 행성의 관계에 발생한 가장 중대한 변화를 의미한다. 마지막 빙하기가 끝나고 온대 기후 체제가 시작된 이후, 우리는 6000년 전 위대한 도시 수력 문명의 부상에서 화석연료 기반 산업화 시대를 거쳐 진보의 시대의 물-에너지-식량 넥서스로 절정에 이르기까지 거의 전적으로 인간의 필요에 물을 적응시키기 위한 다양한 방법을 찾아냈다. 그런 물이 이제 지구의 기후변화에 따라 독자적 행보로 문명의 근간을 파괴하며, 우리 종이 플래닛 아쿠아에 적응하는 방법을 다시 배움으로써 진로를 바꾸고 거대한 전환을 이루도록 강요하고 있다. 향후 사회를 다시 만든다는 것은 우리의 친밀한 유대를 생명의 물에 다시 봉헌한다는 것을 의미한다. 물이 우리의 행성과 (어쩌면) 우주 전체에서 모든 생명의 생성자이기 때문이다.

하지만 시간이 촉박하다. 우리의 행성은 생명 유지 장치에 의존하고 있으며, 우리가 살아남을지 아니면 소멸해 화석 기록으로 남을지는 우리가 생명의 물을 어떻게 인식하고 동일시하느냐에 달려 있다. 좋든 싫든, 지구의 수권은 새로운 정상 상태를 찾고 있으며, 그 와중에 모든 종은 소용돌이에 휩싸이지 않을 수 없다. 다가오는 시대에 우리가 생존할 가능성을 높일 수 있는 단 하나의 변화가 있다면, 그것은 바로 우리의 터전을 플래닛 아쿠아로 재명명하고 새로운 주기를 찾는 수권의 탐색을 지원하려는 집단적 의지를 모으는 것이다. 우리 각자와 동료 생물이 물의 일부라는 사실을 끊임없이 인식하는 것이야말로 앞으로의 긴 여정에서 우리 자신을 안정시키는 데 도움이 될 것이다. 우리가 플래닛 아쿠아에서 살고 번성하고 있다는 사실을 인식하면, 모든 영역에서 우리 종의 중심적 내러티브가 바뀌고 이 행성에서의 새로운 삶에 적응할 준비가 갖춰질 것이다. 우리 모두 모든 통치 관할권의 헌법, 규약, 조례에 플래닛 아쿠아라는 우리 영역의 두 번째 공식 명칭을 내포시키도록 당국에 압력을 가해야 한다. 우리의 교육제도 또한 살아 움직이는 행성의 숭고한 수권을 구성하는 모든 측면을 깊이 이해하고 인정하는 관점을 바탕으로, 플래닛 아쿠아에서 살아간다는 개념을 교육학과 교육과정 전반에 통합해 학생들을 가르쳐야 할 것이다.

우리는 현재 우리 종과 지구상 생명 자체의 지속성을 놓고 벌어지는 게임의 종반전에 돌입하고 있다. 우리는 기적을 바라며 최악의 경우 잠들어 있거나 기껏해야 깊은 안개 속을 헤매고 있다. 기후 과학자들의 수많은 연구와 보고서에 전혀 언급되지 않은 기후의 극적이고 기적적인 반전이 일어나길 바라는 것이다. 이러한 허황된 희망은 무대책으로 치닫는 지름길일 뿐이다. 아울러 우리 앞에 놓인 행성 차원의 엄청난 위기를 해결하기에는 너무 미약하다는 것이 증명된 온순하고 급조된 기후 이니셔티브 뒤에 더 이상 숨어 있어서도 안 된다.

현재는 물론이고 먼 미래에 이르기까지 기후변화가 게임의 규칙을 지배할 것이다. 앞으로 모든 순간이 우리 인류와 동료 생물들이 지속적으로 적응해야 하는 온갖 종류의 숭고함을 상기시킬 것이다. 그리고 우리 앞에 놓이는 분기점마다 우리의 선택을 좌우하는 것은 수권이 될 것이다. 우리가 숭고함을 받아들이고 경외감과 경이, 상상력, 공감적 애착을 가지고 수권에 재적응하느냐 아니면 두려움과 주저 속에서 웅크리고 있느냐에 따라 우리의 운명은 물론이고 진화의 가족을 구성하는 동료 생물들의 운명도 결정될 것이다. 겁먹고 움츠리며 변화에 저항할 것인가? 아니면 플래닛 아쿠아가 어디로 흘러가든 그 파도에 올라탈 것인가?

감사의 말

●

먼저 예리한 편집으로 내용의 품격을 높인 클라우디아 살바도르
(Claudia Salvador)와 대니얼 크리스텐슨(Daniel Christensen)에게 감사드린다.
그들의 지적 통찰력과 언어 능력 그리고 임무에 대한 헌신은 실로 가치
를 따질 수 없을 정도로 귀중했다. 또한 우리의 연구 책임자인 마이클 리
치아디(Michael Ricciardi)에게도 감사를 표한다. 그는 이 책을 위해 우리가
수집한 방대한 데이터를 적절히 분류하고 조정해서 임무를 올바른 방향
으로 이끌었다. 아울러 팀원 모두의 멋진 헌신에 감사드린다.

폴리티프레스출판사의 존 톰슨(John Thompson)과 엘리즈 헤슬링거
(Elise Heslinga)에게 특별한 고마움을 전한다. 그들은 한 치의 망설임도 없
이 이 책의 출판에 동의하고 출간 작업을 서둘러 진행해 주었다. 그들의
열정과 날카로운 편집 제안 그리고 프로젝트에 대한 깊은 헌신은 우리
에게 계속 즐거운 기운을 불어넣었다.

주

●

서론

1   "Biologists Think 50% of Species Will Be Facing Extinction by the End
     of the Century," *Guardian*, February 25, 2017. https://www.theguardian.
     com/environment/2017/feb/25/half-all-species-extinct-end-centu-
     ry-vatican-conference.

2   Kevin E. Trenberth, "Changes in Precipitation with Climate Change,"
     Climate Research 47 (1), March 31, 2011: 123–38. https://doi.org/10.3354/
     cr00953.

3   "Ecological Threat Register 2020: Understanding Ecological Threats, Re-
     silience and Peace," Sydney: The Institute for Economics & Peace, Septem-
     ber 2020: 38. https://reliefweb.int/report/world/ecological-threat-regis-
     ter-2020-understanding-ecological-threats-resilience-and-peace.

4   Ibid., 2.

5   Ibid., 4.

6   Ibid., 2.

7   Ibid., 3–52.

8   "State of the Climate: Monthly Drought Report for May 2022," National Centers for Environmental Information, June 2022. https://www.ncei. noaa.gov/access/monitoring/monthly-report/drought/202205.

9   "International Drought Resilience Alliance: UNCCD." IDRA. https:// idralliance.global/. Sengupta, Somini. "Drought Touches a Quarter of Humanity, U.N. Says, Disrupting Lives Globally." *The New York Times*, January 11, 2024. https://www.nytimes.com/2024/01/11/climate/global-drought-food-hunger.html.

10   Jeff Masters, "Death Valley, California, Breaks the All-Time World Heat Record for the Second Year in a Row," Yale Climate Connections, July 12, 2021. https://yaleclimateconnections.org/2021/07/death-valley-california-breaks-the-all-time-world-heat-record-for-the-second-year-in-a-row.

11   "Eight Climate Change Records the World Smashed in 2021," World Economic Forum, May 18, 2022. https://www.weforum.org/agenda/2022/05/8-climate-change-records-world-2021/.

12   Margaret Osborne, "Earth Faces Hottest Day Ever Recorded–Three Days in a Row," Smithsonian.com, July 6, 2023. https://www.smithsonianmag.com/smart-news/earth-faces-hottest-day-ever-recorded-three-days-in-a-row-180982493/.

13   "National Fire News," National Interagency Fire Center, September 2023. https://www.nifc.gov/fire-information/nfn.

14   Rebecca Falconer, "Canada's Historic Wildfire Season Abates after 45.7 Million Acres Razed." *Axios*, October 20, 2023. https://www.axios.com/2023/10/20/canada-record-2023-wildfire-season-end.

15   "Wildfire Graphs," CIFFC Canadian Interagency Forest Fire Center. https://ciffc.net/statistics; "Giant Carbon Shield," Boreal Conservation. https://www.borealconservation.org/giant-carbon-shield.

16   "Ecological Threat Register 2020," op. cit. p. 13.

17   "Ecological Threat Report 2021: Understanding Ecological Threats, Resilience, and Peace," Sydney: The Institute for Economics & Peace, October 2021: 4. https://www.economicsandpeace.org/wp-content/uploads/2021/10/ETR-2021-web.pdf.

18   Aylin Woodward and Marianne Guenot,"The Earth Has Tilted on its Axis Differently over the Last Few Decades Due to Melting Ice Caps." *Business Insider*, March 21, 2023. https://www.businessinsider.com/earth-axis-shifted-melting-ice-climate-change-2021-4.

19   Laura Poppick, "The Ocean Is Running out of Breath, Scientists Warn,"-*Scientific American*, March 20, 2019. https://www.scientificamerican.com/article/the-ocean-is-running-out-of-breath-scientists-war/.

20   "New Study: U.S. Hydropower Threatened by Increasing Droughts Due to Climate Change," WWF, February 24, 2022. https://www.world-wildlife.org/press-releases/new-study-us-hydropower-threatened-by-increasing-droughts-due-to-climate-change#:~:text=The%20study%20finds%20that%20by,from%201%20in%2025%20today.

21   "Learn about Our Great Lakes," SOM– Stateof Michigan. https://www.michigan.gov/egle/public/learn/great-lakes#:~:text=The%20combined%20lakes%20contain%20the,economy%2C%20society%2C%20and%20environment.

22   Antonio Zapata-Sierra, Mila Cascajares, Alfredo Alcayde, and Francisco Manzano-Agugliaro,"Worldwide Research Trends on Desalination,"*Desalination*. 2021. https://doi.org/10.1016/j.desal.2021.115305.

23   Stephanie Rost, "Navigating the Ancient Tigris– Insights into Water Management in an Early State," *Journal of Anthropological Archaeology*, 54, 2019: 31–47, SSN 0278–4165; also "Water Management in Mesopotamia from the Sixth till the First Millennium BCE," WIREs Water e1230, 2017. doi:10.10 02/wat2.1230; S. Mantellini, V. Picotti, A. Al-Hussainy, N. Marchett, F. Zaina, "Development of Water Management Strategies in Southern Mesopotamia during the Fourth and Third Millennium BCE,"

Geoarchaeology, 2024: 1–32. https://doi.org/10.1002/gea.21992.

24   Karl W. Butzer, "Early Hydraulic Civilization in Egypt: A Study in Cultural
      Ecology." University of Chicago, 1976. https://isac.uchicago.edu/sites/
      default/files/uploads/shared/docs/early_hydraulic.pdf.

25   Pushpendra Kumar Singh, Pankaj Dey, Sharad Kumar Jain, and Pradeep P.
      Mujumdar, "Hydrology and Water Resources Management in Ancient In-
      dia," *Hydrology and Earth System Sciences* 24, 2020: 4691–4707. https://doi.
      org/10.5194/hess-24-4691-2020.

26   Bin Liu et al., "Earliest Hydraulic Enterprise in China, 5100 Years Ago,"
      Proceedings of the National Academy of Sciences of the United States of America,
      114 (52), 2017: 13637–13642. https://doi.org/10.1073/pnas.171051 6114.

27   Andrew Wilson, "Water, Power and Culture in the Roman and Byzan-
      tine Worlds: An Introduction," *Water History* 4 (1), March 28, 2012: 1–9.
      https://doi.org/10.1007/s12685-012-0050-2; Christer Bruun, "Roman
      Emperors and Legislation on Public Water Use in the Roman Empire:
      Clarifications and Problems," *Water History* 4 (1), March 28, 2012: 11–33.
      https://doi.org/10.10 07/s12685-012- 0051- 1; Edmund Thomas, "Wa-
      ter and the Display of Power in Augustan Rome: The So-Called 'Villa
      Claudia' at Anguillara Sabazia," *Water History* 4 (1), March 28, 2012: 57–78.
      https://doi.org/10.1007/s12685-012-0055-x.

28   Alessandro F. Rotta Loria, "The Silent Impact of Underground Climate
      Change on Civil Infrastructure," *Communications Engineering* 2 (44), 2023.
      https://doi.org/10.1038/s44172-023- 00092-1.

29   Adam Zewe, "From Seawater to Drinking Water, with the Push of a But-
      ton," *MIT News*, Massachusetts Institute of Technology. https://news.mit.
      edu/2022/portable-desalination-drinking-water-0428.

1   Harvey, Warren Zev. "Creation from Primordial Matter: Did Rashi Read Plato's Timaeus?" Thetorah.com, 2019. https://www.thetorah.com/article/creation-from-primordial-matter-did-rashi-read-platos-timaeus.

2   Ibid.

3   Damien Carrington, "Climate Crisis Has Shifted the Earth's Axis, Study Shows," *Guardian*, Guardian News and Media, April 23, 2021. https://www.theguardian.com/environment/2021/apr/23/climate-crisis-has-shifted-the-earths-axis-study-shows.

4   Aylin Woodward, "The Earth Has Tilted on its Axis Differently over the Last Few Decades Due to Melting Ice Caps." March 23, 2023. https://africa.businessinsider.com/science/the-earth-has-tilted-on-its-axis-differently-over-thelast-few-decades-due-to-melting/jntq86j.

5   Stephanie Pappas, "Climate Change Has Been Altering Earth's Axis for at Least 30 Years," *LiveScience*. Future U.S. Inc, April 28, 2021. https://www.livescience.com/climate-change- shifts-poles.html.

6   Hoai-TranBui, "Water Discovered Deep beneath Earth's Surface,"*USA Today*, June 12, 2014. https://www.usatoday.com/story/news/nation/2014/06/12/water-earth-reservoir-science-geology-magma-mantle/10368943/.

7   Juan Siliezar, "Harvard Scientists Determine Early Earth May Have Been a Water World." Harvard Gazette, November 9, 2023. https://news.harvard.edu/gazette/story/2021/04/harvard-scientists-determine-early-earth-may-have-been-a-water-world/.

8   Water Science School, "The Water in You: Water and the Human Body," U.S. Geological Survey, May 22, 2019, https://www.usgs.gov/special-topic/water-science-school/science/water-you-water-and-human-body?qt-science_center_objects=0#qt-science_center_objects.

9   H. H. Mitchell, T. S. Hamilton, F. R. Steggerda, and H. W. Bean, "The

Chemical Composition of the Adult Human Body and Its Bearing on the Biochemistry of Growth," *Journal of Biological Chemistry* 158 (3), May 1, 1945: 625–637. https://www.jbc.org/article/S0021-9258(19)51339-4/pdf.

10 "What Does Blood Do?" Institute for Quality and Efficiency in Health Care, InformedHealth.org, U.S. National Library of Medicine, August 29, 2019. https://www.ncbi.nlm.nih.gov/books/NBK279392/.

11 Ibid., "The Water in You," *Water Science School*. See note 8.

12 "Biologists Think 50% of Species Will Be Facing Extinction by the End of the Century," *Guardian*, February 25, 2017. https://www.theguardian.com/environment/2017/feb/25/half-all-species-extinct-end-century-vatican-conference.

13 Vivek V. Venkataraman, Thomas S. Kraft, Nathaniel J. Dominy, Kirk M. Endicott, "Hunter Gatherer Residential Mobility and the Marginal Value of Rainforest Patches," *Proceedings of the National Academy of Sciences* 114 (12), March 6, 2017: 3097. https://www.pnas.org/doi/10.1073/pnas.1617542114.

14 Kat So and Sally Hardin, "Extreme Weather Cost U.S. Taxpayers $99 Billion Last Year, and It Is Getting Worse," Center for American Progress, September 1, 2021. https://www.americanprogress.org/article/extreme-weather-cost-u-s-taxpayers-$99-billion-last-year-getting-worse/;National Oceanic and AtmosphericAdministration, "Billion-Dollar Weather and Climate Disasters: Events." https://www.ncdc.noaa.gov/billions/events/US/2020.

15 Adam B. Smith, "2021 U.S. Billion-Dollar Weather and Climate Disasters in Historical Context." January 23, 2022 https://www.climate.gov/news-features/blogs/beyond-data/2021-us-billion-dollar-weather-and-climate-disasters-historical.

16 Sarah Kaplan and Andrew Ba Tran, "Over 40% of Americans Live in Counties Hit by Climate Disasters in 2021," *Washington Post*, Jan-

uary 5, 2022. https://www.washingtonpost.com/climate-environ-ment/2022/01/05/climate-disasters-2021-fires/;Alicia Adamczyk, "Here's What's in the Democrats' $1.75 Trillion Build Back Better Plan," CNBC, October 28, 2021. https://www.cnbc.com/2021/10/28/whats-in-the-democrats-1point85-trillion-dollar-build-back-better-plan.html.

17   "Dams Sector," Cybersecurity and Infrastructure Security Agency. https://www.cisa.gov/topics/critical-infrastructure-security-and-resil-ience/critical-infrastructure-sectors/ dams-sector; "Dams," ASCE's 2021 Infrastructure Report Card, July 12, 2022. https://infrastructurereport-card.org/cat-item/dams-infrastructure/;"Levees." ASCE's 2021 Infra-structure Report Card, July 12, 2022. https://infrastructurereportcard. org/cat-item/levees-infrastructure/.

18   Jeffrey J. Opperman, Rafael R. Camargo, Ariane Laporte-Bisquit, Chris-tiane Zarfl, and Alexis J. Morgan, "Using the WWF Water Risk Filter to Screen Existing and Projected Hydropower Projects for Climate and Biodiversity Risks," *Water* 14 (5), 2022: 721. https://doi.org/10.3390/w14050721.

19   Mateo Jasmine Munoz, "Lawrence Joseph Henderson: Bridging Labora-tory and Social Life." DASH Home, 2014. https://dash.harvard.edu/han-dle/1/12274511.

20   "Gaia hypothesis." *Encyclopedia Britannica*, April 20, 2023. https://www.britannica.com/science/Gaia-hypothesis.

21   Madeleine Nash, "Our Cousin the Fishapod," *TIME Magazine*, April 10, 2006. http://content.time.com/time/magazine/arti-cle/0,9171,1181611,00.html.

22   Ibid.

23   Xupeng Bi, Kun Wang, Liandong Yang, Hailin Pan, Haifeng Jiang, Qiwei Wei, Miaoquan Fang et al., "Tracing the Genetic Footprints of Vertebrate Landing in Non-Teleost Ray-Finned Fishes," *Cell* 184 (5), February 4, 2021: 1377–91. https://doi.org/10.1016/j.cell.2021.01.046.

24 Ibid.

25 X. Y. Sha, Z. F. Xiong, H. S. Liu, X. D. Di, and T. H. Ma, "Maternal–etal Fluid Balance and Aquaporins: From Molecule to Physiology." *Acta Pharmacologica Sinica* 32(6), 2011: 716–720. https://doi.org/10.1038/aps.2011.59.

26 From the Epic of Gilgamesh. https://www.cs.utexas.edu/~vl/notes/gilgamesh.html.

27 Mircea Eliade, *Patterns in Comparative Religion*. Lincoln: University of Nebraska Press, 1996, pp. 188–189.

28 Ivan Illich, *H2O and the Waters of Forgetfulness*. New York: Marion Boyars, 1986, pp. 24–25.

29 United Nations, "Fact Sheet," The Ocean Conference, June 5–, 2017, https://sustainabledevelopment.un.org/content/documents/Ocean_Factsheet_People.pdf.

30 M. Kummu, H. de Moel, P. J. Ward, and O. Varis, "How Close Do We Live to Water? A Global Analysis of Population Distance to Freshwater Bodies," *PLOS ONE* 6(6), 2011: e20578. https://doi.org/10.1371/journal.pone.0020578.

31 Sebastian Volker and Thomas Kistemann. "The Impact of Blue Space on Human Health and Well-Being–Salutogenetic Health Effects of Inland Surface Waters: A Review," *International Journal of Hygiene and Environmental Health* 214 (6), 2011: 449–460. https://doi.org/10.1016/j.ijheh.2011.05.001.

32 U. Nanda, S. L. Eisen, and V. Baladandayuthapani, "Undertaking an Art Survey to Compare Patient Versus Student Art Preferences," *Environment and Behavior*, 40(2), 2008: 269–301. https://doi.org/10.1177/0013916507311552.

33 Jenna Karjeski, "This is Water," *The New Yorker*, September 19, 2008, https://www.newyorker.com/books/page-turner/this-is-water.

34 Shmuel Burmil, Terry C. Daniel, and John D. Hetherington, "Human Values and Perceptions of Water in Arid Landscapes," *Landscape and*

Urban Planning 44 (2–3), 1999: 99–109, ISSN 0169 2046, https://doi.org/10.1016/S0169-2046(99)00007-9.

35 Ibid., 100.

36 Eugene C. Robertson, " The Interior of the Earth," *Geological Survey Circular*, 1966. https://pubs.usgs.gov/gip/interior/.

37 Megan Fellman, "New Evidence for Oceans of Water Deep in the Earth." *Northwestern Now*, 2014. https://news.northwestern.edu/stories/2014/06/new-evidence-for-oceans-of-water-deep-in-the-earth/.

38 Steve Nadis, "The Search for Earth's Underground Oceans," *Discover Magazine*, June 13, 2020. https://www.discovermagazine.com/planet-earth/the-search-for-earths-underground-oceans.

39 Megan Fellman, "New Evidence for Oceans of Water Deep in the Earth." See note 37.

40 Steve Nadis, "The Search for Earth's Underground Oceans." See note 38.

41 Ibid.

42 Ibid.

2장 · 물을 가두기 시작한 인류: 수력 문명의 여명기

1 D. Koutsoyiannis and A. Angelakis, "Agricultural Hydraulic Works in Ancient Greece," *Encyclopedia of Water Science*, 2004. https://doi.org/10.1081/E-EWS 120020412; Damian Evans, "Hydraulic Engineering at Angkor," *Encyclopaedia of the History of Science, Technology, and Medicine in Non-Western Cultures*, 2016, pp. 2215–2219. https://doi.org/10.1007/978-94-007-7747-7_9842; Yolanda Lopez-Maldonado, "Little Has Been Done to Recognise Ancient Mayan Practices in Groundwater Management," UNESCO .org, May 3, 2023. https://www.unesco.org/en/articles/little-has-been-done-recognise-ancient-mayan-practices-groundwater-management; UN-Water Summit on Groundwater, Paris; L. F.

Mazadiego, O. Puche, and A. M. Hervas, "Water and Inca Cosmogony: Myths, Geology and Engineering in the Peruvian Andes," *Geological Society, London, Special Publications* 310(1), January 2009: 17–24. https://doi.org/10.1144/sp310.3.2 Sinclair Hood, *The Minoans: Crete in the Bronze Age*. London, 1971; Mark Cartwright, "Food and Agriculture in Ancient Greece," *World History Encyclopedia*, February 4, 2024. https://www.worldhistory.org/article/113/food-agriculture-in-ancient-greece/; "Ancient Egyptian Agriculture," Food and Agriculture Organization of the United Nations. https://www.fao.org/country-showcase/item-detail/en/c/1287824/#:~:text=The%20Egyptians%20grew%20a%20variety,wheat%2C%20grown%20to%20make%20bread; "Maize: The Epicenter of Maya Culture," Trama Textiles, Women's Weaving Cooperative, February 1, 2019. https://tramatextiles.org/blogs/trama-blog/maize-the-epicenter-of-maya-culture; UNESCO World Heritage. "Angkor," UNESCO World Heritage Centre. https://whc.unesco.org/en/list/668/.

3   Robert K. Logan, *The Alphabet Effect: The Impact of the Phonetic Alphabet on the Development of Western Civilization*, New York: William Morrow, 1986, pp. 60–61.

4   David Diringer, *The Alphabet: A Key to the History of Mankind*, 2nd edn., New York: Philosophical Library, 1953; Ignace Gelb, *A Study of Writing*, revd. edn., Chicago: University of Chicago Press, 1963.

5   Logan, *The Alphabet Effect*, pp. 67–69.

6   L. A. White, *The Evolution of Culture: The Development of Civilization to the Fall of Rome*, Walnut Creek, CA: Left Coast Press, 2007, p. 356.

7   Logan, The Alphabet Effect, p. 70.

8   Ibid., 32.

9   Ibid., 78.

10   Jean-Claude Debeir, Jean-Paul Deleage, and Daniel Hemery, *In the Servitude of Power: Energy and Civilization Through the Ages*. John Barzman, trans. London: Zed Books, 1991. p. 21.

11   Lewis Mumford, *The Transformations of Man*, Gloucester, MA: Peter Smith, 1978. p. 40.

12   Karl A. Wittfogel, *Oriental Despotism: A Comparative Study of Total Power*, New York: Vintage Books, 1981, pp. 254–255.

13   Ibid., p. 37.

14   Hannah Ritchie and Max Roser, "Urbanization." Our World in Data. Global Change Data Lab, June 13, 2018. https://ourworldindata.org/urbanization.

15   Rep. *World Population Prospects: The 2014 Revision*, 2015. https://population.un.org/wup/publications/files/wup2014-report.pdf.

16   Joram Mayshar, Omer Moav, and Luigi Pascali. "The Origin of the State: Land Productivity or Appropriability?" *Journal of Political Economy* 130 (4), April 1, 2022. https://doi.org/10.1086/718372.

17   Ibid., 2.

18   Ibid., 27.

19   Ibid., 37.

20   S. Sunitha, A. U. Akash, M. N. Sheela, and J. Suresh Kumar. "The Water Footprint of Root and Tuber Crops." *Environment, Development and Sustainability*, January 26, 2023. https://doi.org/10.1007/s10668-023-02955-1.

21   Cynthia Bannon, *Gardens and Neighbors: Private Water Rights in Roman Italy*. University of Michigan Press, 2009, pp. 65–73; Andrew Wilson, "Water, Power and Culture in the Roman and Byzantine Worlds: An Introduction." *Water History* 4 (1), March 28, 2012: 1–9. https://doi.org/10.1007/s12685-012-0050-2.; Christer Bruun, "Roman Emperors and Legislation on Public Water Use in the Roman Empire: Clarifications and Problems." *Water History* 4 (1), March 28, 2012: 11–33. https://doi.org/10.1007/s12685-012-0051-1.;Edmund Thomas, "Water and the Display of Power in Augustan Rome: The So-Called 'Villa Claudia' at Anguillara Sabazia." *Water History* 4, (1), March 28, 2012: 57–78. https://doi.org/10.1007/s12685-012- 0055-x.

22   David Graeber and David Wengrow, *The Dawn of Everything: A New History of Humanity*, New York: Picador/Farrar, Straus and Giroux, 2023.

23   Karl A. Wittfogel, *Oriental Despotism: A Comparative Study of Total Power*, New York: Vintage Books, 1981.

24   Robert L. Carneiro, *A Theory of the Origin of the State*, Institute for Human Studies, 1977.

25   Margaret T. Hodgen, "Domesday Water Mills," *Antiquity* 13 (51), September 1939: 266.

26   Jean-Claude Debeir, Jean-Paul Deléage, and Daniel Hémery, *In the Servitude of Power: Energy and Civilization through the Ages*, London: Zed Books, 1991, p. 75.

27   Ibid., p. 76.

28   Ibid., p. 90.

29   Lynn White, *Medieval Technology and Social Change*, London: Oxford University Press, 1962, pp. 128–129.

30   Piotr Steinkeller, "Labor in the Early States: An Early Mesopotamian Perspective," Institute for the Study of Long-term Economic Trends and the International Scholars Conference on Ancient Near Eastern Economies, 2005. https://www.academia.edu/35603966/Labor_in_the_Early_States_An_Early_Mesopotamian_Perspective.

31   Ibid., 1.

32   Ibid., 2.; "Early History to 17th Century: History of Accounting, A Resource Guide," https://guides.loc.gov/history-of-accounting/practice/early-history.

33   Ibid., 13.

34   F. Krausmann et al., "Global Human Appropriation of Net Primary Production Doubled in the 20th Century," *PNAS* 110 (25), June 2013: 10324–10329. https://doi.org/10.1073/pnas.1211349110; "What Is Net Primary Productivity for Earth?" Earth How, September 24, 2023; https://earthhow.com/net-primary-productivity/.

35   Lena Hommes, Jaime Hoogesteger, and Rutgerd Boelens, "(Re)Making Hydrosocial Territories: Materializing and Contesting Imaginaries and Subjectivities through Hydraulic Infrastructure," *Political Geography*, ScienceDirect, July 1, 2022, https://www.sciencedirect.com/science/article/pii/S0962629822001123.

36   Ibid., 4.

37   Ibid.

38   Ibid., 5.

39   Ibid., 6.

40   Alice Tianbo Zhang, Johannes Urpelainen, and Wolfram Schlenker. "Power of the River: Introducing the Global Dam Tracker (GDAT)," Center on Global Energy Policy at Columbia University, SIPA, November 2018. https://www.energypolicy.columbia.edu/sites/default/files/pictures/GlobalDams_CGEP_2018.pdf.

41   Ibid., 2.

42   Robyn White, "Lake Mead: Where Does It Get Its Water and Is It Filling up?" *Newsweek*, February 24, 2023. https://www.newsweek.com/lake-mead-water-filling-colorado-explained-reservoir-1783553.

43   William E. Smithe, *The Conquest of Arid America*, Washington, D.C.: Library of Congress, 1900.

44   A. R. Turton, R. Meissner, P. M. Mampane, and O. Seremo, "A Hydropolitical History of South Africa's International River Basins," Report to the Water Research Commission. Pretoria: African Water Issues Research Unit (AWIRU), University of Pretoria, 2004.

45   "In Memoriam A. H. H. OBIIT MDCCCXXXIII," Representative Poetry Online, University of Toronto Libraries, 1908. https://rpo.library.utoronto.ca/content/memoriam-h-h-obiit-mdcccxxxiii-all-133-poems.

46   Christopher Bertram, "Jean-Jacques Rousseau," *Stanford Encyclopedia of Philosophy*, May 26, 2017. https://plato.stanford.edu/entries/rousseau/.

47   Nicolas de Condorcet, "The Progress of the Human Mind." https://wwn-

orton.com/college/history/ralph/workbook/ralprs24d.htm.

48 Brett Bowden, "Civilization and Its Consequences," *Oxford Academic*, February 11, 2016. https://doi.org/10.1093/oxfordhb/9780199935307.013
.30.

49 Ibid., 5; John Stuart Mill, "Essays on Politics and Society," ed. J. M. Robson. The Online Library of Liberty, 1977. https://competitionandappropriation.econ.ucla.edu/wp-content/uploads/sites/95/2016/06/EssaysPolSoc1OnLiberty.pdf.

50 Ibid., 7; Francois Guizot, *The History of Civilization in Europe*, ed. William Hazlitt, Penguin, 1997.

51 "Franklin Delano Roosevelt, Boulder Dam Dedication Speech, September 30, 1935," *Energy History*, Yale University, September 30, 1935. https://energyhistory.yale.edu/library-item/franklin-delano-roosevelt-boulder-dam-dedication-speech-sept-30-1935.

52 "Annual Freshwater Withdrawals, Agriculture (% of Total Freshwater Withdrawal)," World Bank Open Data. https://data.worldbank.org/indicator/er.h2o.fwag.zs; Dave Berndtson, "As Global Groundwater Disappears, Rice, Wheat and Other International Crops May Start to Vanish," *PBS*, April 17,2017. https://www.pbs.org/newshour/science/global-groundwater-disappears-rice-wheat-international-crops-may-start-vanish.

53 Ibid.

54 Charles Killinger, *The History of Italy, Westport*, CT: Greenwood Press, 2002, p. 1; Massimo D'Azeglio, Miei Ricordi (1891), p. 5.

55 Johann Wolfgang von Goethe, *Werke, Briefe und Gesprache. Gedenkausgabe*, 24 vols. *Naturwissenschaftliche Schriften*, vols. 16–17, ed. Ernst Beutler, Zurich: Artemis, 1948–1953, pp. 921–923.

56 Ibid.

57 Goethe, *Werke, Briefe und Gesprache. Dichtung und Wahrheit*, vol. 10, p. 425.

58 Ibid.

1　Carol P. Christ, "Women Invented Agriculture, Pottery, and Weaving and Created Neolithic Religion," May 18, 2020. https://feminismandreligion. com/2020/05/11/women-invented-agriculture-pottery-and-weaving-by-carol-pchrist/.

2　W. J. MacLennan and W. I. Sellers, "Ageing Through the Ages," *Proceedings of the Royal College of Physicians*, Edinburgh 1999, 29: 71.

3　Veronica Strang, "Lording It over the Goddess: Water, Gender, and Human– Environmental Relations," *Journal of Feminist Studies in Religion* 30 (1), 2014: 85–109.

4　bid.

5　Mina Nakatani, "The Myth of Typhon Explained," Grunge, November 9, 2021, https://www.grunge.com/655559/the-myth-of-typhon-explained/.

6　W. Young, and L. DeCosta, "Water Imagery in Dreams and Fantasies," *Dynamic Psychotherapy* 5 (1), Spring/Summer, 1987: 67–76.

7　Veronica Strang, *The Meaning of Water*, Routledge, 2014, p. 86.

8　Veronica Strang, 2005. "Taking the Waters: Cosmology, Gender and Material Culture in the Appropriation of Water Resource," in *Water, Gender and Development*, eds. A. Coles and T. Wallace, Oxford, New York: Berg, 2005, p. 24.

9　Ibid., 31–32.

10　Charles Sprawson, *Haunts of the Black Masseur: The Swimmer as Hero*, London: Vintage Classic, 2018.

11　Ibid., 9.

12　Ibid.

13　Ibid., 15.

14　Ibid.

15　"The Gods and Goddesses of Ancient Rome," *National Geographic*, October 19, 2023. https://education.nationalgeographic.org/resource/gods-and-goddessesancient-rome/.

16 Emily Holt, *Water and Power in Past Societies*, Institute for European and Mediterranean Archaeology Distinguished Monograph Series, pp. 118–119. SUNY Press, 2018.

17 Ibid.

18 "The Roman Empire: Why Men Just Can't Stop Thinking About It," *Guardian*, September 19, 2023. https://www.theguardian.com/lifeand-style/2023/sep/19/the-roman-empire-why-men-just-cant-stop-think-ing-about-it.

19 Charles Sprawson, *In Haunts of the Black Masseur: The Swimmer as Hero*. See note 10.

20 Ibid.

21 Claire Colebrook, "Blake and Feminism: Romanticism and the Question of the Other," *Blake/An Illustrated Quarterly*, 2000. https://bq.blakearchive.org/34.1.colebrook.

22 Ibid.

23 Donald Worster, *Nature's Economy*, Cambridge University Press, 1977, p. 30.

24 Claire Colebrook, "Blake and Feminism."

25 Samuel Baker, *Written on the Water: British Romanticism and the Maritime Empire of Culture*. Charlottesville, University of Virginia Press, 2010, p. 14.

26 Ibid.

27 Beatrice Laurent, *Water and Women in the Victorian Imagination*, Oxford: Peter Lang, 2021, pp. 72–73.

28 Ibid.

29 Elaine Showalter, *The Female Malady: Women, Madness, and English Culture*, 1830–1980, London: Virago Press, 1985.

30 "2.1 Billion People Lack Safe Drinking Water at Home, More than Twice as Many Lack Safe Sanitation." World Health Organization, July 12, 2017.

https://www.who.int/news/item/12-07-2017-2-1-billion-people-lack-safe-drinking-water-at-home-more-than-twice-as-many-lack-safe-sanitation.

31 Bethany Caruso, "Women Still Carry Most of the World's Water," *The Conversation* U.S., Inc., July 16, 2017. https://theconversation.com/women-still-carry-most-of-the-worlds-water-81054.

32 Jody Ellis, "When Women Got the Right to Vote in 50 Countries," *Stacker*, September 15, 2022. https://stacker.com/world/when-women-got-right-vote-50-countries.

33 Margreet Zwarteveen, "Men, Masculinities and Water Powers in Irrigation," *Water Alternatives* 1 (1), 2008: 114. https://www.water-alternatives.org/index.php/allabs/19-a-1-1-7/file.

34 Judy Wajcman, "Feminism Confronts Technology," Wiley.com, September 2, 1991. https://www.wiley.com/en-us/Feminism+Confronts+Technology-p-9780745607788.

35 Margreet Zwarteveen, "Men, Masculinities and Water Powers in Irrigation."

36 Kuntala Lahiri-Dutt, *Fluid Bonds: Views on Gender and Water*, Stree Books, 2006, p. 44.

37 Ibid., 30.

4장 · 패러다임의 전환, 자본주의에서 수생태주의로

1 Martin, A. Delgado, "Water for Thermal Power Plants: Understanding a Piece of the Water–Energy Nexus," *Global Water Forum*, June 22, 2015. https://globalwaterforum.org/2015/06/22/water-for-thermal-power-plants-understanding-a-piece-of-the-water-energy-nexus/;A. Delgado, "Water Footprint of Electric Power Generation: Modeling its Use and Analyzing Options for a Water-Scarce Future," Massachusetts Institute of

Technology, Cambridge, MA, 2012.

2   "Summary of Estimated Water Use in the United States in 2015," Fact Sheet 2018–3035, U.S. Department of the Interior, June 2018. https://pubs.usgs.gov/fs/2018/3035/fs20183035.pdf.

3   James Kanter, "Climate Change Puts Nuclear Energy into Hot Water," *New York Times*, May 20, 2007. https://www.nytimes.com/2007/05/20/health/20iht-nuke.1.5788480.html; "Cooling Power Plants: Power Plant Water Use for Cooling," World Nuclear Association, September 2020. https://world-nuclear.org/information-library/current-and-future-generation/cooling-power-plants.aspx; "Nuclear Power Plants Generated 68% of France's Electricity in 2021," Homepage–U.S. Energy Information Administration (EIA). https://www.eia.gov/todayinenergy/detail.php?id=55259.

4   Forrest Crellin, "High River Temperatures to Limit French Nuclear Power Production" Reuters, July 12, 2023. https://www.reuters.com/business/energy/high-river-temperatures-limit-french-nuclear-power-production-2023-07-12/.

5   "Water in Agriculture," The World Bank, October 5, 2022. https://www.worldbank.org/en/topic/water-in-agriculture."Water Scarcity," World Wildlife Fund (WWF). https://www.worldwildlife.org/threats/water-scarcity; "Farms Waste Much of World's Water," *Wired*, Conde Nast, March 19, 2006. https://www.wired.com/2006/03/farms-waste-much-of-worlds-water/.

6   Martin C. Heller and Gregory A. Keoleian. *Life Cycle-Based Sustainability Indicators for Assessment of the U.S. Food System*. Ann Arbor, MI: Center for Sustainable Systems, University of Michigan, 2000, p. 42.

7   Alena Lohrmann, Javier Farfan, Upeksha Caldera, Christoph Lohrmann, and Christian Breyer, "Global Scenarios for Significant Water Use Reduction in Thermal Power Plants Based on Cooling Water Demand Estimation Using Satellite Imagery." LUT University, 2019. DOI:10.1038/

s41560-019-0501-4

8   "All Renewable Power Could Mean 95 Percent Cut in Water Consumption," Water Footprint Calculator, September 9, 2022. https://www.watercalculator.org/news/news-briefs/renewable-power-95-percent-water-cut/.

9   John Locke, *Two Treatises of Government*, Everyman, 1993, London, England: Phoenix.

10 Ibid.

11 "Photosynthesis," *National Geographic*, January 22, 2024 https://education.nationalgeographic .org/resource/photosynthesis/.

12 "Soil Composition," University of Hawai'i at Manoa, 2023. https://www.ctahr.hawaii.edu/mauisoil/a_comp.aspx. Smithsonian National Museum of Natural History, *Dig It! The Secrets of Soil*. https://forces.si.edu/soils/04_00_13.html.

13 J. Gordon Betts et al., *Anatomy and Physiology*, Houston: Rice University, 2013, p. 43; Curt Stager, *Your Atomic Self*, p. 197.

14 "How Much Oxygen Comes from the Ocean?" NOAA's National Ocean Service. https://oceanservice.noaa.gov/facts/ocean-oxygen.html#:~:text=Scientists%20estimate%20that%20roughly%20half,smallest%20photosynthetic%20organism%20on%20Earth.

15 Graham P. Harris, *Phytoplankton Ecology: Structure, Function and Fluctuation*, London: Chapman & Hall, 1986; Yadigar Sekerci and Sergei Petrovskii, "Global Warming Can Lead to Depletion of Oxygen by Disrupting Phytoplankton Photosynthesis: A Mathematical Modelling Approach," *Geosciences* 8 (6), June 3, 2018. doi:10.3390/geosciences8060201.

16 Tony Allan. "The Virtual Water Concept." We World Energy, Water Stories, March 2020. https://www.eni.com/static/en-IT/world-energy-magazine/waterstories/We_WorldEnergy_46_eng.pdf.

17 Andrew Farmer, Samuela Bassi, and Malcolm Fergusson, "Water Scarcity and Droughts," European Parliament, February 2008: 35.

18 "Water Use: Virtual Water," Water Education Foundation. https://www. watereducation.org/post/water-use-virtual-water;"Virtual Water," Econation, December 21, 2020. https://econation.one/virtual-water/;Thomas M. Kostigen, *The Green Blue Book: The Simple Water-Savings Guide to Everything in Your Life*, New York: Rodale Books, 2010.

19 Nicholas Kristof, "When One Almond Gulps 3.2 Gallons of Water," *New York Times*, May 13, 2023. https://www.nytimes.com/2023/05/13/opinion/water-shortage-west.html; Julian Fulton, Michael Norton, and Fraser Shilling, "Water-indexed Benefits and Impacts of California Almonds," *Ecological Indicators* 96 (1) 2019: 711–717. https://www.sciencedirect.com/science/article/pii/S1470160X17308592

20 Arjen Hoekstra and Ashok Chapagain. "Water Footprints of Nations: Water Use by People as a Function of Their Consumption Pattern," Integrated Assessment of Water Resources and Global Change, April 2007: 35–48. https://doi.org/10.1007/978-1-4020-5591-1_3.

21 Tony Allan, "The Virtual Water Concept". See note 16.

22 W. Z. Yang, L. Xu, Y. L. Zhao, L. Y. Chen, and T. A. McAllister. "Impact of Hard vs. Soft Wheat and Monensin Level on Rumen Acidosis in Feedlot Heifers." *Journal of Animal Science* 92 (11), November 2014: 5088-5098. doi:10.2527/jas.2014-8092.

23 Anjuli Jain Figueroa, "How Much Water Did You Eat Today?" MIT J-WAFS, August 7, 2018. https://jwafs.mit.edu/news/2018/j-wafs-newsletter-highlighthow-much-water-did-you-eat-today.

24 Tony Allan, "The Virtual Water Concept". See note 16.

25 Ibid.

26 Mahima Shanker, "Virtual Water Trade." MAPL_1, May 25, 2022. https://www.maithriaqua.com/post/virtual-water-trade.

27 Erick Burgueno Salas, "Water Company Market Value Worldwide 2022," *Statista*, May 17, 2023. https://www.statista.com/statistics/1182423/leading-water-utilities-companies-by-market-value-worldwide/#:~:-

text=The%20water%20company%20with%20the,than%2029.4%20billion%20U.S.%20dollars.

28 Scott Lincicome, "Examining America's Farm Subsidy Problem," Cato Institute, December 18, 2020. https://www.cato.org/commentary/examining –americas-farm-subsidy-problem.

29 Tony Allan, "The Virtual Water Concept". See note 16.

30 "America Is Using Up Its Groundwater," *New York Times*. https://www.nytimes.com/interactive/2023/08/28/climate/groundwater-drying-climate-change.html?action=click&module=Well&pgtype=Homepage&section=Climate%20and%20Environment.

31 Ibid.

32 Ibid.

33 Michele Thieme, "We Have Undervalued Freshwater; We Have Also Undervalued How Much It Matters," Deputy Director, WWF, October 16, 2023. https:// www .world wildlife.org/blogs/sustainability-works/posts/we-have-undervalued-fresh water-we-have-also-undervalued-how-much-it-matters#:~:text=When%20considering 20the %20 total%20footprint,%2C%20 Japan%2C%20Germany%20and%20India.

34 Drew Swainston, "12 Drought-Tolerant Vegetables That Will Grow Well in Dry Conditions," June 1, 2023. https://www.homesandgardens.com/gardens/best-drought-tolerant-vegetables.

35 Tyler Ziton, "30 Best Drought-Tolerant Fruit and Nut Trees (Ranked)," Couch to Homestead, October 28, 2021. https://couchtohomestead.com/drought-tolerant-fruit-and-nut-trees/.

36 George Steinmetz, "A Five-Step Plan to Feed the World," Feeding 9 Billion–*National Geographic*. https://www.nationalgeographic.com/foodfeatures/feeding-9-billion/.

37 Will Henley, "Will We Ever See Water Footprint Labels on Consumer Products?" *Guardian*, August 23, 2013. https://www.theguardian.com/sustainable-business/water-footprint-labels-consumer-products#:~:tex-

t=Like%20Adeel%2C%20Davidoff%20believes%20water,go%20to%20 measure%20water%20inputs.

38 Cynthia Larson, "Evidence of Shared Aspects of Complexity Science and Quantum Phenomena," *Cosmos and History: Journal of Natural and Social Philosophy* 12 (2), 2016.

39 David Wallace Wells, "Can We Put A Price on Climate Damages?" *New York Times*, September 20, 2023.

40 Abrahm Lustgarten and Meridith Kohut, "Climate Change Will Force a New American Migration," *ProPublica*, September 15, 2020. https://www. propublica.org/article/climate-change-will-force-a-new-american-migration.

41 Laura Lightbody, and Brian Watts. "Repeatedly Flooded Properties Will Continue to Cost Taxpayers Billions of Dollars," The Pew Charitable Trusts, October 1, 2020. https://www.pewtrusts.org/en/research-and-analysis/articles/2020/10/01/repeatedly-flooded-properties-will-continue-to-cost-taxpayers-billions-of-dollars.

42 Abrahm Lustgarten and Meridith Kohut. "Climate Change Will Force a New American Migration." See note 40.

43 Christopher Flavelleer, Rick Rojas, Jim Tankersley, and Jack Healy, "Mississippi Crisis Highlights Climate Threat to Drinking Water Nationwide," *New York Times*, September 1, 2022. https://www.nytimes.com/2022/09/01/us/mississippi-water-climate-change.html?smid=nyt-core-ios-share&referringSource=articleShare.

44 Ibid.

45 Ibid.

46 Ibid.

47 Ibid.

48 Aubri Juhasz, "Philadelphia Schools Close Due to High Temperatures and No AirConditioning,"NPR, August 31, 2022. https://www.npr.org/2022/08/31/1120355494/philadelphia-schools-close-due-to-high-

temperatues-and-no-air-conditioning.

49 Ibid.

50 Ibid.

51 Ibid.

5장 · 죽다 살아난 지중해 지역

1   Patrick J. Kiger, "How Mesopotamia Became the Cradle of Civilization," *History*, November 10, 2020. https://www.history.com/news/how-mesopotamia-became-the-cradle-of-civilization.

2   Ibid.

3   N. S. Gill, "The Tigris River: Cradle of the Mesopotamian Civilization," *ThoughtCo.*, May 30, 2019. https://www.thoughtco.com/the-tigris-river-119231.

4   Thorkild Jacobsen and Robert M. Adams, "Salt and Silt in Ancient Mesopotamian Agriculture: Progressive Changes in Soil Salinity and Sedimentation Contributed to the Breakup of Past Civilizations," *Science* 128(3334), November 21, 1958: 1251–1252.

5   Ibid.

6   Ibid.

7   Ibid.

8   Ibid.

9   Fred Pearce, *Keepers of the Spring: Reclaiming Our Water in an Age of Globalization*. Washington, DC: Island Press, 2004.

10 Eli Kotzer, "Artificial Kidneys for the Soil– Solving the Problem of Salinization of the Soil and Underground Water," *Desalination* 185 (2005): 71–77.

11 Shepard Krech, John Robert McNeill, and Carolyn Merchant, *Encyclopedia of World Environmental History*, New York: Routledge, 2004. pp. 1089–1090.

12 Jeremy Rifkin, *The Empathic Civilization: The Race to Global Consciousness in*

a *World in Crisis*, New York: TarcherPerigee, 2009, p. 2.

13 IPCC, Rep. Climate Change 2021: The Physical Science Basis. Working Group I Contribution to the IPCC Sixth Assessment Report, Cambridge University Press, 2021. https://www.ipcc.ch/report /ar6/wg1/downloads/report/IPCC AR6_WGI_SPM_final.pdf

14 "2022 State of Climate Services Energy," WMO, 2022. https://library.wmo.int/viewer/58116?medianame=1301_WMO_Climate_services_Energy_en_#page2&viewer=picture&o=bookmarks&n=0&q=.

15 Ibid.

16 Josh Klemm and Isabella Winkler. "Which of the World's Hundreds of Thousands of Aging Dams Will Be the Next to Burst?" *New York Times*, September 17, 2023. https://www.nytimes.com/2023/09/17/opinion/libya-floods-dams.html.

17 WMO, "2022 State of Climate Services", 4. See note 14.

18 "The Mediterranean Eco-Region." NTPC DOCUMENT (NWFP FAO). https://www.fao.org/3/x5593e/x5593e02.htm#:~:text=This%20eco%2Dregion%20covers%20the,terrestrial%2C%20freshwater%20and%20marine%20ecosystems.

19 E. W. Ali, J. Cramer, E. Carnicer, N. Georgopoulou, G. Hilmi, Le Cozannet, and P. Lionello: Cross-Chapter Paper 4: Mediterranean Region. In: Climate Change 2022: Impacts, Adaptation and Vulnerability. Contribution of Working Group II to the Sixth Assessment Report of the Intergovernmental Panel on Climate Change, H.-O. Portner, D.C. Roberts, M. Tignor, E.S. Poloczanska, K. Mintenbeck, A. Alegria, M. Craig, S. Langsdorf, S. Loschke, V. Moller, A. Okem, and B. Rama (eds.), Cambridge University Press, Cambridge, U.K. and New York, U.S.A., pp. 2233–2272. doi:10.1017/9781009325844.021. https://www.ipcc.ch/report/ar6/wg2/chapter/ccp4/.

20 "Climate Change in the Mediterranean," Climate change in the Mediterranean UNEPMAP. https://www.unep.org/unepmap/resources/fact-

sheets/climate-change#:~:text=The%20Mediterranean%20region%20 is%20warming%2020%25%20faster%20than%20the%20global%20aver- age.

21 Alexandre Tuel, Suchul Kang, and Elfatih A. Eltahir, "Understanding Cli- mate Change over the Southwestern Mediterranean Using High-Reso- lution Simulations," *Climate Dynamics* 56 (3–4), November 2, 2020. 985– 1001. https://doi.org/10.1007/s00382-020-05516-8.

22 "Climate Change in the Mediterranean." UNEPMAP. https://www. unep.org/unepmap/resources/factsheets/climate-change#:~:tex- t=The%20Mediterranean%20region%20is%20warming%2020%25%20 faster%20than%20the%20global%20ave age.

23 "Why the Mediterranean Is a Climate Change Hotspot." MIT Cli- mate Portal. MIT News, June 17, 2020. https://climate.mit.edu/posts/ why-mediterranean-climate-change-hotspot#:~:text=However%2C%20 %E2%80%9CThere%20is%20one%20major,of%20any%20landmass%20 on%20Earth.

24 Samya Kullab, "Politics, Climate Conspire as Tigris and Euphrates Dwin- dle," *AP NEWS*, Associated Press, November 18, 2022. https://apnews. com/article/iran-middle-east-business-world-news-syria-3b8569a74d- 798b9923e2a8b812fa1fca.

25 Hamza Ozguler and Dursun Yildiz, "Consequences of the Droughts in theEuphrates–Tigris Basis," *Water Management and Diplomacy* 1, 2020. https://dergipark.org.tr/tr/download/article-file/1151377

26 Tomer Barak and Hay Eytan Cohen Yanarocak, "Confronting Climate Change, Turkey Needs 'Green' Leadership Now More than Ever," Middle East Institute, January 25, 2022. https://www.mei.edu/publications/con- fronting-climate-change-turkey-needs-green-leadership-now-more-ever.

27 M. Türkeş, "İlim Verileri Kullanılarak Türkiye'nin Çölleşme Hari- tası Dokümanı Hazırlanması Raporu," Orman ve Su, "İşeri Bakanlığı Çölleşme Erozyonla Mücadele Genel Müdürlüğü Yayını," Ankara, Tur-

key, 2013, p. 57. https://www.researchgate.net/publication/293334692_
Iklim_Verileri_Kullanilarak_Turkiye'nin_Collesme_Haritasi_Dokumani_
Hazirlanmasi_Ra poru.

28   Caterina Scaramelli, "The Lost Wetlands of Turkey," *MERIP*, October 20,
2020. https://merip.org/2020/10/the-lost-wetlands-of-turkey/.

29   Abbie Cheeseman, "Iraq's Mighty Rivers Tigris and Euphrates 'Will Soon
Run Dry," *The Times*, December 3, 2021. https://www.thetimes.co.uk/
article/iraqs-mighty-rivers-tigris-and-euphrates-will-soon-run-dry-
q5h72g5sk.

30   Ibid.

31   Samya Kullab, "Politics, Climate Conspire as Tigris and Euphrates Dwin-
dle," Associated Press, November 18, 2022. https://apnews.com/article/
iran-middle-east-business-world-news-syria-3b8569a74d798b9923e-
2a8b812fa1fca.

32   Ibid.

33   "Migration, Environment, and Climate Change in Iraq," United Na-
tions. https://iraq.un.org/en/194355-migration-environment-and-cli-
mate-change-iraq.

34   "A 3,400-Year-Old City Emerges from the Tigris River," University of
Tubingen, February 2, 2023. https://uni-tuebingen.de/en/university/
news-and-publications/press-releases/press-releases/article/a-3400-year-
old-city-emerges-from-the-tigris-river/.

35   Paul Hockenos, "As the Climate Bakes, Turkey Faces a Future without
Water," Yale E360, September 30, 2021. https://e360.yale.edu/features/as-
the-climate-bakes-turkey-faces-a-future-without-water.

36   Ibid.

37   Ibid.

38   Ibid.

39   Ercan Ayboga, "Policy and Impacts of Dams in the Euphrates and Tigris
Basins," Paper for the Mesopotamia Water Forum 2019, Sulaymaniyah,

Kurdistan Region of Iraq, 2. https://www.savethetigris.org/wp-content/uploads/2019/01/Paper-Challenge-B-Dams-FINAL-to-be-published.pdf; Ercan Ayboga and I. Akgun, "Iran's Dam Policy and the Case of Lake Urmia,' 2012. www.ekopotamya.net/index.php/2012/07/irans-dam-policy-and-the-case-of-the-lake-urmia/; K. Madani, "Water Management in Iran: What Is Causing the Looming Crisis?" *Journal of Environmental Studies and Sciences*, 4 (4), 2014: 315–328.

40   "10 Years on, Turkey Continues Its Support for an Ever-Growing Number of Syrian Refugees," World Bank, June 22, 2021. https://www.worldbank.org/en/news/feature/2021/06/22/10-years-on-turkey-continues-its-support-for-an-ever-growing-number-of-syrian-refugees;"-Climate Change, War, Displacement, and Health: The Impact on Syrian Refugee Camps–Syrian Arab Republic," *ReliefWeb*, September 20, 2022. https://reliefweb.int/report/syrian-arab-republic/climate-change-war-displacement-and-health-impact-syrian-refugee-camps.

41   "Istanbul Population 2023." https://worldpopulationreview.com/world-cities/istanbul-population.

42   Akgun İlhan, "Istanbul's Water Crisis," *Green European Journal*, November 8, 2021. https://www.greeneuropeanjournal.eu/istanbuls-water-crisis/.

43   Katy Dartford, "Turkey Faces Its Most Severe Drought in a Decade," euronews, January 14, 2021, https://www.euronews.com/my-europe/2021/01/14/pray-for-rain-ceremonies-are-useless-turkey-faces-its-most-severe-drought-in-adecade.

44   Akgun İlhan, "Istanbul's Water Crisis." See note 42.

45   Dave Chambers, "Icebergs to Save Cape Town from Drought Would Be Drop in the Ocean," News24, January 11, 2023. https://www.news24.com/news24/bi-archive/icebergs-to-save-cape-town-from-drought-would-be-drop-in-the-ocean-2023-1#; Alan Condron, "Towing Icebergs to Arid Regions to Reduce Water Scarcity," *Scientific Reports* 13 (1), January 7, 2023. https://doi.org/10.1038/s41598-022-26952-y.

46 William Hale, "Turkey's Energy Dilemmas: Changes and Challenges," *Middle Eastern Studies* 58 (3), 2022: 453. DOI:10.1080/00263206.2022.20 48478.

47 Rep. *Turkey 2021: Energy Policy Review.* International Energy Agency, March 2021. https://iea.blob.core.windows.net/assets/cc499a7b-b72a-466c-88de-d792a9daff44/Turkey_2021_Energy_Policy_Review.pdf.

48 William Hale, "Turkey's Energy Dilemmas." See note 46.

49 "Renewable Power's Growth is being Turbocharged as Countries Seek to Strengthen Energy Security," International Energy Agency, 6 December 2022. https://www.iea.org/news/renewable-power-s-growth-is-being-turbocharged-as-countries-seek-to-strengthen-energy-security

50 Gareth Chetwynd, "Spain Eyes Massive Solar and Wind Boosts under New Energy Plan," *Recharge*, June 29, 2023. https://www.rechargenews.com/energy-transition/spain-eyes-massive-solar-and-wind-boosts-under-new-energy-plan/2-1-1477558.

51 Ibid.

52 Shaheena Uddin, news reporter. "For Five Hours Last Week Greece Ran Entirely on Electricity from Solar, Wind and Water," *Sky News*, October 14, 2022, https://news.sky.com/story/for-five-hours-last-week-greece-ran-entirely-on-electricity-from-solar-wind-and-water-12720353#:~:-text=Greece%20ran%20entirely%20on%20renewable,country's%20independent%20power%20transmission%20operator.

53 Monica Tyler Davies, "A New Fossil Free Milestone: $11 Trillion Has Been Committed to Divest from Fossil Fuels," 350 Action, September 11, 2019. https://350.org/11-trillion-divested/.

54 International Energy Agency, October 27, 2022. https://www.iea.org/news/world-energy-outlook-2022-shows-the-global-energy-crisis-can-be-a-historic-turning-point-towards-a-cleaner-and-more-secure-future.

55 William Hale, "Turkey's Energy Dilemmas." See note 46.

56 Ibid.

57 Elena Ambrosetti, "Demographic Challenges in the Mediterranean, Panorama." https://www.iemed.org/wp-content/uploads/2021/01/Demographic-Challenges-in-the-Mediterranean.pdf.

58 Turkey: Energy Policy Review. International Energy Agency, p. 78. https://iea.blob.core.windows.net/assets/cc499a7b-b72a-466c-88de-d792a9daff44/Turkey_2021_Energy_Policy_Review.pdf.

59 "Turkey Green Energy and Clean Technologies," International Trade Administration, April 22, 2022. https://www.trade.gov/market-intelligence/turkey-green-energy-and-clean-technologies.

60 "Turkey's Installed Solar Power Capacity to Exceed 30 GW by 2030," *Daily Sabah*, 20 June 2022, https://www.dailysabah.com/business/energy/turkeys-installed-solar-power-capacity-to-exceed-30-gw-by-2030.

61 Burhan Yuksekkas, "Turkish Companies Go Solar at Record Pace to Cut Energy Costs," Bloomberg, December 1, 2022. https://www.bloomberg.com/news/articles/2022-12-01/turkey-solar-panel-demand-booms-as-companies-avoid-rising-power-costs.

62 Ibid.

63 "Turkey's Installed Solar Power Capacity." See note 60.

64 A. J. Dellinger, "Gigawatt: The Solar Energy Term You Should Know About," CNET, November 16, 2021. https://www.cnet.com/home/energy-and-utilities/gigawatt-the-solar-energy-term-you-should-know-about/.

65 Joyce Lee and Feng Zhao, "Global Wind Report 2022," Global Wind Energy Council, April 4, 2022, p. 138. https://gwec.net/wp-content/uploads/2022/04/Annual-Wind-Report-2022_screen_final_April.pdf.

66 "Turkey Reaches 10 GW Wind Energy Milestone," Wind Europe, September 9, 2021. https://windeurope.org/newsroom/news/turkey-reaches-10-gw-wind-energy-milestone/.

67 Alfredo Parres, "Grid Integration Key to Turkey's Wind Power Success," ABBConversations, March 30, 2015. https://www.abb-conversations.

com/2015/03/grid-integration-key-to-turkeys-wind-power-success/.

68   "Turkey Holds 75 Gigawatts of Offshore Wind Energy Potential," *Daily Sabah*, April 19, 2021. https://www.dailysabah.com/business/energy/tur-key-holds-75-gigawatts-of-offshore-wind-energy-potential; and see note 60; Eylem Yilmaz Ulu and Omer Altan Dombayci, "Wind Energy in Tur-key: Potential and Development," *Eurasia Proceedings of Science, Technology, Engineering, and Mathematics* 4, 2018: 132–136. http://www.epstem.net/tr/download/article-file/595454.

69   "Turkey Reaches 10 GW Wind Energy Milestone," Wind Europe, Sep-tember 9, 2021. https://windeurope.org/newsroom/news/turkey-reach-es-10-gw-wind-energy-milestone/.

70   Takvor Soukissian, Flora E. Karathanasi, and Dimitrios K. Zaragkas, "Ex-ploiting Offshore Wind and Solar Resources in the Mediterranean Using ERA5 Reanalysis Data, 2021." https://arxiv.org/pdf/2104.00571.pdf.

71   "The Hydrogen Colour Spectrum," National Grid Group. https://www.nationalgrid.com/stories/energy-explained/hydrogen-colour-spec-trum#:~:text=Grey%20hydrogen,gases%20made%20in%20the%20pro-cess; Catherine Clifford, "Hydrogen Power is Gaining Momentum, but Critics Say it's neither Efficient nor Green Enough," CNBC, January 6, 2022. https://www.cnbc.com/2022/01/06/what-is-green-hydrogen-vs-blue-hydrogen-and-why-it-matters.html.

72   Turner Jackson, "3 Questions: Blue Hydrogen and the World's Energy Systems," *MIT News*, Massachusetts Institute of Technology, MIT En-ergy Initiative, October 17, 2022. https://news.mit.edu/2022/3-ques-tions-emre-gencer-blue-hydrogen-1017#:~:text=hydrogen%20production%20processes.-,Natural%20gas%2Dbased%20hydrogen%20production%20with%20carbon%20capture%20and%20storage,a%20low%2Dcarbon%20energy%20carrier.; Marsh, Jane, "Hydrogen for Clean Energy could Be Produced from Seawater," *Sustainability Times*, October 19, 2022, https://www.sustainability-times.com/low-car-

bon-energy/hydrogen-for-clean-energy-could-be-produced-from-sea-water/; Shawn Johnson, "Water-Splitting Device Solves Puzzle of Producing Hydrogen Directly from Seawater," *BusinessNews*, December 6, 2022. https://biz.crast.net/water-splitting-device-solves-puzzle-of-producing-hydrogen-directly-from-seawater/; Yun Kuang et al. "Solar-Driven, Highly Sustained Splitting of Seawater into Hydrogen and Oxygen Fuels," *Proceedings of the National Academy of Science* 116 (14), April 2, 2019, https://www.pnas.org/doi/10.10 73/pnas.1900556116#bibliography.

73   Darius Snieckus, "World's Largest Floating Wind-Fueled H2 Hub in Frame for Italian Deepwater 'by 2027,'" *Recharge*, September 26, 2022. https://www.rechargenews.com/energy-transition/worlds-largest-floating-wind-fuelled-h2-hub-in-frame-for-italian-deepwater-by-2027/2-1-1320795.

74   "The Precautionary Principle," *Eur-Lex*, November 30, 2016. https://eur-lex.europa.eu/EN/legal-content/summary/the-precautionary-principle.html.

75   Ibid.

76   Martina Bocci and Francesca Coccon, "Using Ecological Sensitivity to Guide Marine Renewable Energy Potentials in the Mediterranean Region," Interreg Mediterranean Fact Sheet, 2020, p. 1. https://planbleu.org/wp-content/uploads/2021/03/MBPC_Technical_Factsheet_on_BAT___BEP_for_Marine_Renewable_Energy_FINAL.pdf.

77   Ibid., 12.

78   Ibid., 14.

79   "Renewable Energy–Powering a Safer Future," United Nations. https://www.un.org/en/climatechange/raising-ambition/renewable-energy.

80   Antonio Zapata-Sierra et al., "Worldwide Research Trends on Desalination," *Desalination* 519, 2022. https://www.sciencedirect.com/science/article/pii/S0011916421003763.

81   Ibid., 1.

82 John Tonner, "Barriers to Thermal Desalination in the United States,"Desalination and Water Purification Research and Development Program Report No. 144, U.S. Department of the Interior Bureau of Reclamation, March 2008. https://www.usbr.gov/research/dwpr/reportpdfs/report144.pdf.

83 Hesham R. Lofty et al., "Renewable Energy Powered Membrane Desalination– Review of Recent Development," *Environmental Science and Pollution Research* 29, 2022. https://link.springer.com/article/10.1007/s11356-022-20480-y.

84 Abdul Latif Jameel, "Fresh Water; Fresh Ideas. Can Renewable Energy be the Future of Desalination?," November 16, 2020, https://alj.com/en/perspective/fresh-water-fresh-ideas-can-renewable-energy-be-the-future-of-desalination/;Laura F. Zarza, "Spanish Desalination Know-How, a Worldwide Benchmark," *Smart Water Magazine*, February 28, 2022. https://smartwatermagazine.com/news/smart-water-magazine/spanish-desalination-know-how-a-worldwide-benchmark.

85 Hesham R. Lofty et al., "Renewable Energy Powered Membrane Desalination." See note 83.

86 Molly Walton, "Desalinated Water Affects the Energy Equation in the Middle East," International Energy Agency, 21 January 2019, https://www.iea.org/commentaries/desalinated-water-affects-the-energy-equation-in-the-middle-east.

87 "Water Desalination Using Renewable Energy," IEA-ETSAP and IRENA Technology Brief, 12 March 2012, Pg 1, https://www.irena.org/-/media/Files/IRENA/Agency/Publication/2012/IRENA-ET-SAP-Tech-Brief-I12-Water-Desalination.pdf.

88 "Global Clean Water Desalination Alliance (GCWDA)." Global Clean Water Desalination Alliance (GCWDA) – Climate Initiatives Platform. https://clima teinitiativesplatform.org/index.php/Global_Clean_Water_Desalination_Alliance_(GCWDA).

89 Abdul Latif Jameel, "Fresh Water; Fresh Ideas." See note 84; "The Role of Desalination in an Increasingly Water-Scarce World," World Bank Group, 2019, p. 57, https://documents1.worldbank.org/curated/en/476041552622967264/pdf/135312-WP-PUBLIC-14-3-2019-12-3-35-W.pdf.

90 Abdul Latif Jameel, "Fresh Water; Fresh Ideas." See note 84.

91 Aidan Lewis, "Egypt to Build 21 Desalination Plants in Phase 1 of Scheme–Sovereign Fund," Reuters, 1 December 2022, https://www.reuters.com/markets/commodities/egypt-build-21-desalination-plants-phase-1-scheme-sovereign-fund-2022-12-01/.

92 "ACCIONA Starts Construction of Jubail 3B Desalination Plant in Saudi Arabia," ACCIONA press release, June 9, 2022. https://www.acciona.com/updates/articles/acciona-starts-construction-jubail-3b-desalination-plant-saudi-arabia/?_adin=02021864894.

93 Susan Kraemer, "Australia Gets Ten Times Bigger Solar Farm Following Carbon Tax," CleanTechnica, September 2, 2011. https://cleantechnica.com/2011/09/01/australia-gets-ten-times-bigger-solar-farm-following-carbon-tax/.

94 Simon Atkinson, "Precisely Controlling the Density of Water Filtration Membranes Increases Their Efficiency, Shows Research." Membrane Technology 8, December 11, 2021: 5–6. https://doi.org/10.1016/s0958-2118(21)00124-5.

95 David L. Chandler, "Turning Desalination Waste into a Useful Resource," MIT, May 15, 2019. https://energy.mit.edu/news/turning-desalination-waste-into-a-useful-resource/.

96 Daniel Hickman and Raffaele Molinari, "Can Brine from Seawater Desalination Plants Be a Source of Critical Metals?" ChemistryViews, September 25, 2023. https://www.chemistryviews.org/details/ezine/11347408/can_brine_from_seawater_desalination_plants_be_a_source_of_critical_metals.

97 Robert Strohmeyer, "The 7 Worst Tech Predictions of All Time," *PCWorld*, December 31, 2008. https://www.pcworld.com/article/532605/worst_tech_predictions.html.

98 Peter J. Denning and Ted G. Lewis, "Exponential Laws of Computing Growth," *Communications of the ACM* 60 (1), January 2017. https://cacm.acm.org/magazines/2017/1/211094-exponential-laws-of-computing-growth/abstract.

99 Petroc Taylor, "Smartphone Subscriptions Worldwide 2016–021, with forecasts from 2022 to 2027," *Statista*, July 19, 2023. https://www.statista.com/statistics/330695/number-of-smartphone-users-worldwide/.

100 Wafa Suwaileh, Daniel Johnson, and Nidal Hilal, "Membrane Desalination and Water Re-Use for Agriculture: State of the Art and Future Outlook," *Desalination* 491, October 1, 2020. https://www.sciencedirect.com/science/article/abs/pii/S0011916420310213.

6장 · 입지, 입지, 입지: 유라시아 판게아

1 "China–U– International Trade in Goods Statistics," Statistics Explained, February 2022. https://ec.europa.eu/eurostat/statistics-explained/index.php?title=China-EU_-international_trade_in_goods_statistics#:~:text=China%20largest%20partner%20for%20EU%20imports%20of%20goods%20in%202022,-The%20position%20of&text=It%20was%20the%20largest%20partner,and%20Norway%20(5.4%20%25).

2 James McBride et al., "China's Massive Belt and Road Initiative, Council on Foreign Relations, 2023. https://www.cfr.org/backgrounder/chinas-massive-belt-and-road-initiative.

3 "About the Belt and Road Initiative (BRI)," Green Finance & Development Center. https://greenfdc.org/belt-and-road-initiative-about/.

4 Suprabha Baniya, Nadia Rocha, and Michele Ruta, "Trade Effects of

the New Silk Road: A Gravity Analysis," World Bank Policy Research Working Paper 8694, January 2019; Michele Ruta et al., "How much will the Belt and Road Initiative Reduce Trade Costs?" World Bank, October 16, 2018. https://blogs.worldbank.org/trade/how-much-will-belt-and-road-initiative-reduce-trade-costs. "Belt and Road Initiative to boost world GDP by over $7 trillionper annum by 2040," Centre for Economics and Business Research, May 27, 2019, https://cebr.com/reports/belt-and-road-initiative-to-boost-world-gdp-by-over-7-trillion-per-annum-by-2040/.

5   Ibid.

6   Nicolas J. Firzli, "Pension Investment in Infrastructure Debt: A New Source of Capital for Project Finance," World Bank, May 24, 2016. https://blogs.worldbank.org/ppps/pension-investment-infrastructure-debt-new-source-capital-project-finance.

7   Charlie Campbell, "China Says It's Building the New Silk Road. Here Are Five Things to Know Ahead of a Key Summit," *Time*, May 12, 2017. https://time.com/4776845/china-xi-jinping-belt-road-initiative-obor/;James Griffiths, "Just what is this One Belt, One Road thing anyway?" CNN, May 11, 2017. https://www.cnn.com/2017/05/11/asia/china-one-belt-one-road-explainer/index.html.

8   Felix K. Chang, "The Middle Corridor through Central Asia: Trade and Influence Ambitions," Foreign Policy Research Institute, February 21, 2023. https://www.fpri.org/article/2023/02/the-middle-corridor-through-central-asia-trade-and-influence-ambitions/.

9   Laura, Basagni, "The Mediterranean Sea and its Port System: Risk and Opportunities in a Globally Connected World," p. 13, German Marshall Fund. https://www.gmfus.org/sites/default/files/Chapter%20Laura%20Basagni__JPS_Infrastructures%20an%20power%20in%20the%20MENA-12-33.pdf.

10   Ibid., 13.

11 Ibid.

12 Michele Barbero, "Europe Is Trying (and Failing) to Beat China at the Development Game," *Foreign Policy*, Graham Digital Holding Company, January 10, 2023. https://foreignpolicy.com/2023/01/10/europe-china-eu-global-gateway-bri-economic-development/;"Demographic Change + ExportControls + Global Gateway." Merics, February 2, 2023. https://merics.org/en/merics-briefs/demographic-change-export-controls-global-gateway.

13 "Bioregion," European Environment Agency. https://www.eea.europa.eu/help/glossary/chm-biodiversity/bioregion.

14 "EuroRegion." euroregion.edu, 2021. https://euroregio.eu/en/euroregion.

15 Programmes of the Catalan Presidency of a Euroregion Pyrenees– 2023–2025

16 "The Future Looks Bright for Solar Energy in Jordan: A 2023 Outlook," *SolarQuarter*, February 25, 2023. https://solarquarter.com/2023/02/25/the-future-looks-bright-for-solar-energy-in-jordan-a-2023-outlook/#:~:text=According%20to%20a%20report%20by,reliance%20on%20imported%20fossil%20fuels.

17 "Green Blue Deal," *EcoPeace Middle East*, March 31, 2022. https://ecopea ceme.org/gbd/.

7장 · 물의 해방

1 Elizabeth Pennisi, "Just 19% of Earth's Land Is Still 'Wild,' Analysis Suggests," *Science*, April 19, 2021. https://www.science.org/content/article/just-19-earth-s-land-still-wild-analysis-suggests.

2 Michelle Nijhuis, "World's Largest Dam Removal Unleashes U.S. River After Century of Electric Production," *National Geographic*, May 4,

2021. https://www.nationalgeographic.com/science/article/140826-el-wha-river-dam-removal-salmon-science-olympic.

3   Sarah Laskow, "Finding Brooklyn's Ghost Streams, with Old Maps and New Technology," *Atlas Obscura*, January 8, 2016. https://www.atlasobscura.com/articles/finding-brooklyns-ghost-streams-with-old-maps-and-new-technology.

4   Adam Shell, "No U.S. Stock, Bond Trading Monday, Tuesday," *USA Today*, October 29, 2012. https://www.usatoday.com/story/money/markets/2012/10/28/nyse-sandy/1664249/; "Impact of Hurricane Sandy." https://www.nyc.gov/html/sirr/downloads/pdf/final_report/Ch_1_SandyImpacts_FINAL_singles.pdf

5   Fran Southgate, "Rewilding Water," *Rewilding Britain*. https://www.rewildingbritain.org.uk/why-rewild/what-is-rewilding/examples/rewilding-water.

6   Ibid.

7   Ibid.

8   Ibid.

9   Joshua Larsen and Annegret Larsen, "Rewilding: Beavers Are Back– Here's What This Might Mean for the U.K." *Positive News*, September 24, 2021. https://www.positive.news/environment/rewilding-beavers-are-back-heres-what-this-might-mean/. 10 Marvin S. Soroos, "The International Commons: A Historical Perspective," *Environmental Review* 12 (1), Spring 1988: 1–22, https://www.jstor.org/st able/3984374.

11   Sir Walter Raleigh, "A Discourse of the Invention of Ships, Anchors, Compass, & etc.," in *Oxford Essential Quotations*, ed. Susan Racliffe, 2017. https://www.oxfordreference.com/view/10.1093/acref/9780191843730.001.0001/qo roed500008718.

12   William E. Livezey, *Mahan on Sea Power*, Norman: University of Oklahoma Press, 1981, pp. 281–282, https://www.baltdefcol.org/files/files/BSDR/BSDR_11_2.pdf.

13 Clive Schofield and Victor Prescott, *The Maritime Political Boundaries of the World*, Leiden: Martinus Nijhoff, 2004, p. 36; Food and Agriculture Organization of the United Nations, "The State of World Fisheries and Aquaculture 2020. Sustainability in Action," 2020, 94; "United Nations Convention on the Law of the Sea (UNCLOS)." Environmental Science: In Context. *Encyclopedia.com*. January 8, 2024. https://www.encyclopedia.com/environment/energy-government-and-defense-magazines/united-nations-convention-law-sea-unclos.;"Opposition to New Offshore Drilling in the Pacific Ocean," *Oceana USA*, August 29, 2022. https://usa.oceana.org/pacific-drilling/.

14 "Overfishing in the Georges Bank: AMNH." American Museum of Natural History, 2013. https://www.amnh.org/explore/videos/biodiversity/georges-bank -fish-restoration.

15 Ibid.

16 Alison Chase, "Marine Protected Areas Are Key to Our Future," *Natural Resources Defense Council*, June 14, 2021. https://www.nrdc.org/bio/alison-chase/marine-protected-areas-are-key-our-future#:~:text=Fully%20and%20highly%20protected%20marine,and%20the%20jobs%20they%20generate.

17 Matt Rand, "Study Shows Benefits Extend beyond Sea Life to Communities on Land," The Pew Charitable Trusts, July 7, 2020. https://www.pewtrusts.org/en/research-and-analysis/articles/2020/07/07/marine-reserves-can-help-oceans-and-people-withstand-climate-change.

18 David Stanway, "Nations Secure U.N. Global High Seas Biodiversity Pact," Reuters, March 6, 2023. https://www.reuters.com/business/environment/nations-secure-un-global-high-seas-biodiversity-pact-2023-03-05/.

19 Kevin McAdam, "The Human Right to Water–Market Allocations and Subsistence in a World of Scarcity," *The Interdisciplinary Journal of Study Abroad*, 2003: 59–85. https://doi.org/https://files.eric.ed.gov/fulltext/

EJ8914 74.pdf.

20 Erick Burgueno Salas, "Water Company Market Value Worldwide 2022," Statista, May 17, 2023. https://www.statista.com/statistics/1182423/leading-water-utilities-companies-by-market-value-worldwide/#:~:text=The%20water%20company%20with%20the,electricity%20and%20natural%2gas%20services.

21 "Water Privatization: Facts and Figures," Food & Water Watch, March 29, 2023. https://www.foodandwaterwatch.org/2015/08/02/water-privatization-facts-and-figures/.

22 Bobby Magill, "Climate Change Could Increase Global Fresh Water," MIT, Climate Central, October 2, 2014. https://www.climatecentral.org/news/climate-change-could-increase-global-fresh-water-supply-mit-18124;"2014 Energy and Climate Outlook," MIT Joint Program on the Science and Policy of Global Change," 2014. https://globalchange.mit.edu/sites/default/files/newsletters/files/2014%20Energy%20%26%20Climate%20Outlook.pdf.

23 "2014 Energy and Climate Outlook". See Ibid.

24 Bobby Magill, "Climate Change Could Increase Global Fresh Water." See note 22.

25 Ibid.

26 Erica Gies, "Slow Water: Can We Tame Urban Floods by Going with the Flow?" *Guardian*. Guardian News and Media, June 7, 2022. https://www.theguardian.com/environment/2022/jun/07/slow-water-urban-floods-drought-china-sponge-cities.

27 Ibid.

28 "Stormwater Tip: How are Bioswales and Rain Gardens Different?". Pittsburgh Water & Sewer Authority. June 2021 https://www.pgh2o.com/news-events/news/newsletter/2021-06-29-stormwater-tip-how-are-bioswales-and-rain-gardens-different.

29 "Using Green Roofs to Reduce Heat Islands," Environmental Protection

Agency (EPA). https://www.epa.gov/heatislands/using-green-roofs-re-duce-heat-islands#1.

30   Stefano Salata and Bertan Arslan, "Designing with Ecosystem Modelling: The Sponge District Application in Izmir, Turkey," *Sustainability* 14 2022: 3420. https:// doi.org/10.3390/su14063420

31   Jared Green, "Kongjian Yu Defends His Sponge City Campaign," *The Dirt*, August 4, 2021. https://dirt.asla.org/2021/08/04/kongjian-yu-defends-his-sponge-city-campaign/.

32   Brad Lancaster, "Roman- and Byzantine-Era Cisterns of the Past Reviving Life in the Present," in *Rainwater Harvesting for Drylands and Beyond*, 2011. https://www.harvestingrainwater.com/2011/07/roman-and-byzantine-era-cisterns-of-the-past-reviving-life-in-the-present/.

33   "Rainwater Conservation for Community Climate Change Resiliency," March 5, 2020. https://www.peacecorps.gov/mexico/stories/rainwater-conservation-community-climate-change-resiliency/.

34   "One Million Cisterns for the Sahel Initiative," 2018. https://www.fao.org/3/ca0882en/CA0882EN.pdf.

35   Ibid., 1.

36   "President of Niger: 'Development Is the Only Way to Stop Migration,'" FAO, June 19, 2018. https://www.fao.org/news/story/en/item/1141812/icode/.

37   Alexander Otte. "Chapter 3: Social Dimensions." Leaving No One Behind, The United Nations World Water Development Report, UNESCO, 2019. https://unesdoc.unesco.org/ark:/48223/pf0000367652.

38   Rainwater Collection Legal States 2024, 2024. https://worldpopulationreview.com/state-rankings/rainwater-collection-legal-states.

39   Harriet Festing et al., "The Case for Fixing the Leaks: Protecting People and Saving Water while Supporting Economic Growth in the Great Lakes Region," Center for Neighborhood Technology, 2013. https://cnt.org/sites/default/files/publications/CNT_CaseforFixingtheLeaks.pdf.

40   Bob Berkebile et al., "Flow–The Making of the Omega Center for Sustainable Living," BNIM, 2010. https://www.bnim.com/sites/default/files/library/flow_0.pdf.; "The Eco Machine." Omega Institute for Holistic Studies, 2023. https://www.eomega.org/center-sustainable-living/eco-machine.

41   Ibid.

42   Jim Robbins, "Beyond the Yuck Factor: Cities Turn to Extreme Water Recycling," Yale Environment 360, June 6, 2023. https://e360.yale.edu/features/on-site-distributed-premise-graywater-blackwater-recycling.

43   Ibid.

44   E. Pinkham and M. Woodson, "Salesforce announces Work.com for schools and $20 million to help schools reopen safely and Support Student Learning Anywhere." Salesforce. August 11, 2020. https://www.salesforce.com/news/press-releases/2020/08/11/salesforce-announces-work-com-for-schools-and-20-million-to-help-schools-reopen-safely-and-support-student-learning-anywhere/.

45   Patrick Sisson. "Facing Severe Droughts, Developers Seek to Reuse the Water They Have," *The New York Times*, August 3, 2021. https://www.nytimes.com/2021/08/03/business/drought-water-reuse-development.html.

46   Jim Robbins, "Beyond the Yuck Factor: Cities Turn to Extreme Water Recycling," Yale Environment 360, June 6, 2023. https://e360.yale.edu/features/on-site-distributed-premise-graywater-blackwater-recycling.

47   Ibid.

48   Ibid.

49   Ibid.

1   Abrahm Lustgarten and Meridith Kohut, "Climate Change Will Force a New American Migration," *ProPublica*, September 15, 2020. https://www.propublica.org/article/climate-change-will-force-a-new-american-migration.

2   Lee R. Kump, "The Last Great Global Warming," *Scientific American*, July 1, 2011. https://www.scientificamerican.com/article/the-last-great-global-warming/.

3   Abbey of Regina Laudis: St. Benedict's rule. https://abbeyofreginalaudis.org/community-rule-english.html.

4   Sebastian de Grazia, *Of Time, Work, and Leisure*, New York: Century Foundation, 1962, p. 41.

5   Ibid.

6   Reinhard Bendix and Max Weber, *An Intellectual Portrait*, Garden City: Anchor-Doubleday, 1962, p. 318.

7   Jonathan Swift, 1667–1745, *Gulliver's Travels*, New York, Avenel Books, 1985.

8   "Linear Perspective," *Encyclopedia Britannica*. https://www.britannica.com/art/linear-perspective.

9   Fritjof Capra, *The Tao of Physics: An Exploration of the Parallels Between Modern Physics and Eastern Mysticism*, Berkeley: Shambhala Publications, 1975, p. 138.

10   Norbert Wiener, *The Human Use of Human Beings: Cybernetics and Society*, New York: Da Capo Press, 1988, p. 96.

11   Alfred North Whitehead, *Science and the Modern World*, Cambridge University Press, 1926, p. 22.

12   Alfred North Whitehead, *Science and the Modern World*: Lowell Lectures 1925, Cambridge University Press, 1929, p. 61; Alfred North Whitehead, *Nature and Life*, Chicago University Press, 1934, and reprinted Cam-

bridge University Press, 2011.

13   Alfred North Whitehead. See two works, note 12.

14   Whitehead, *Nature and Life*, p. 65.

15   Robin G. Collingwood, *The Idea of Nature*, Oxford University Press, 1945, p. 146.

16   Whitehead, *Nature and Life*, pp. 45–48.

17   Allan Silverman, "Plato's Middle Period Metaphysics and Epistemology," *Stanford Encyclopedia of Philosophy*, ed. Edward N. Zalta, Fall 2014 edn. https://plato.stanford.edu/archives/fall2014/entries/plato-metaphysics 18 Vernon J. Bourke, "Rationalism." In *Dictionary of Philosophy*, ed. Dagobert D. Runes, 263. Totowa, NJ: Littlefield, Adams, and Company, 1962.

19   Isaac Newton, 1642–1727, *Newton's Principia: The Mathematical Principles of Natural Philosophy*, New York: Daniel Adee, 1846.

20   "Ephemeral Art" *UNESCO Courier*, 1996, p. 11. https://unesdoc.unesco. org/ark:/48223/pf0000104975.

21   "Annual Park Ranking Report for Recreation Visits in 2022," National Parks Service. https://irma.nps.gov/Stats/SSRSReports/National%20 Reports/Annual%20Park%20Ranking%20Report%20(1979%20-%20 Last%20Calendar%20Year.

22   Mary Caperton Morton, "Mount Rushmore's Six Grandfathers and Four Presidents," *Eos*, October 14, 2021. https://eos.org/features/mount-rushmores-six-grandfathers-and-four-presidents;Mario Gonzalez and Elizabeth Cook-Lynn, *The Politics of Hallowed Ground: Wounded Knee and the Struggle for Indian Sovereignty*, Urbana: University of Illinois Press, 1999.

23   Peter Osborne and Matthew Charles, "Walter Benjamin," *Stanford Encyclopedia of Philosophy*, October 14, 2020. https://plato.stanford.edu/entries/ benjamin/.

1   K. C. Samir, and Wolfgang Lutz. "The Human Core of the Shared So-
    cioeconomic Pathways: Population Scenarios by Age, Sex and Level of
    Education for All Countries to 2100," *Global Environmental Change*, July 4,
    2014. https://www.sciencedirect.com/science/article/pii/S095937801
    4001095.

2   Dean Spears, "All of the Predictions Agree on One Thing: Humanity
    Peaks Soon," *New York Times*, September 18, 2023. https://www.ny-
    times.com/interactive/2023/09/18/opinion/human-population-glob-
    al-growth.html.

3   "The Great Human Migration," Smithsonian.com, July 1, 2008. https://
    www.smithsonianmag.com/history/the-great-human-migration-13561/.

4   Patrick Manning and Tiffany Trimmer, *Migration in World History*, New
    York: Routledge, 2020.

5   Ibid., 33.

6   K. R. Howe, *Vaka Moana: Voyages of the Ancestors: The Discovery and Settle-
    ment of the Pacific*, Honolulu: University of Hawai'i Press, 2014.

7   Kim Tingley, "The Secrets of the Wave Pilots," *New York Times*, March
    17, 2016, https://www.nytimes.com/2016/03/20/magazine/the-se-
    crets-of-the-wave-pilots.html#:~:text=When%20they%20hit%2C%20
    part%20of,-sight%20%E2%80%94%20these%20and%20other%20pat-
    terns.

8   "U.S. Immigration Flows, 1820-2013." Carolina Demography, July
    30,2019. https://carolinademography.cpc.unc.edu/2015/04/27/u-s-im-
    migrationflows-1820-2013/.

9   Bureau, U.S. Census. "Calculating Migration Expectancy Using ACS
    Data," Census.gov, December 3, 2021. https://www.census.gov/topics/
    population/migration/guidance/calculating-migration-expectancy.html.

10 Anusha Natarajan, "Key Facts about Recent Trends in Global Migration,"

Pew Research Center, December 16, 2022. https://www.pewresearch. org/short-reads/2022/12/16/key-facts-about-recent-trends-in-global-migration/.

11   "The Rise of Dual Citizenship: Who Are These Multi-Local Global Citizens?" Global Citizen Forum, January 31, 2022. https://www.globalcitizen forum.org/story/the-rise-of-dual-citizenship-why-multi-local-global-citizens-are-becoming-the-new-normal/#:~:text=Essentially%2C%20 anyone%20who%20holds%20two,by%20governments%20around%20 the%20world.

12   "UNWTO Tourism Highlights," e-unwto.org, 2018. https://www.e-unwto.org/doi/pdf/10.18111/9789284419876.

13   "Travel & Tourism Economic Impact," World Travel & Tourism Council(WTTC). https://wttc.org/research/economic-impact.

14   Susan C. Anton, Richard Potts, and Leslie C. Aiello, "Evolution of Early Homo: An Integrated Biological Perspective," Science 345 (6192), July 4, 2014. https://doi.org/10.1126/science.1236828.

15   Alan Buis, "Milankovitch (Orbital) Cycles and Their Role in Earth's Climate–Climate Change: Vital Signs of the Planet," NASA, February 7, 2022. https://climate.nasa.gov/news/2948/milankovitch-orbital-cycles-and-their-role-in-earths-climate/.

16   Susan C. Anton, Richard Potts, and Leslie C. Aiello. "Evolution of Early Homo: An Integrated Biological Perspective." See note 14.

17   Jacqueline Armada, "Sustainable Ephemeral: Temporary Spaces with Lasting Impact," SURFACE at Syracuse University, May 1, 2012. https://surface.syr.edu/honors_capstone/111/.

18   Clay Lancaster, "Metaphysical Beliefs and Architectural Principles," JSTOR, May 1956. https://www.jstor.org/stable/427046.

19   Kevin Nute, Place, Time and Being in Japanese Architecture, Psychology Press, 2004. https://philpapers.org/rec/NUTPTA.

20   Tadao Ando, "Laureate Biography," Laureates, The Pritzker Architecture

Prize, 1995. https://www.pritzkerprize.com/sites/default/files/file_
fields/field_files_inline/1995_bio.pdf.

21   Matsuda Naonori, " Japan's Traditional Houses: The Significance of Spatial
Conceptions." Story. In Asia's Old Dwellings: Tradition, Resilience, and
Change, 309. Oxford University Press, 2003. https://library.villanova.edu/
Find /Record/637894/TOC.

22   Clay Lancaster, "Metaphysical Beliefs and Architectural Principles,"
JSTOR, May 1956. https://www.jstor.org/stable/427046.

23   "Ecological Threat Register 2021: Understanding Ecological Threats,
Resilience, and Peace," Sydney: The Institute for Economics & Peace,
October 2021. https://www.economicsandpeace.org/wp-content/up-
loads/2021/10/ETR-2021-web.pdf.

24   "Life in Za'atari, the Largest Syrian Refugee Camp in the World," *Oxfam
International*, May 25, 2022. https://www.oxfam.org/en/life-zaatari-larg-
est-syrian-refugee-camp-world.

25   "Za'atari Refugee Camp– Factsheet,November 2016– Jordan,"Relief-
Web,November 16, 2016. https://reliefweb.int/report/jordan/zaatari-ref-
ugee-camp-factsheet-november-2016.

26   Ibid.; Lilly Carlisle, "Jordan's Za'atari Refugee Camp: 10 Facts at 10 Years."
UNHCR US, July 2022. https://www.unhcr.org/us/news/stories/
jordans-zaatari-refugee-camp-10-facts-10-years;Mario Echeverria, and
Moh'd Al-Taher. Jordan: Zaatari Refugee Camp, September 2022. https://
www.unhcr.org/jo/wp-content/uploads/sites/60/2022/12/9-Zaatari-
Fact-Sheet-September-2022.pdf.

27   "Solving the Housing Challenge of 1.6 Billion People through Shelter-
tech," Plug and Play Tech Center. https://www.plugandplaytechcenter.
com/press/solving-housing-challenges-through-sheltertech/#:~:text=-
December%2C%2020%2C%202022%20%2D%20If,than%20walls%20
and%20a%20roof.

28   Kendall Jeffreys, "Ephemeral Waters." Rachel Carson Council. https://ra-

chelcarsoncouncil.org/ephemeral-waters/.

29   FormsLab, "Additive vs. Subtractive Manufacturing." https://formlabs. com/blog/additive-manufacturing-vs-subtractive-manufacturing/.

30   Rupendra Brahambhatt, "Virginia Is About to 3D-Print an Entire Neighborhood of Homes – and It's Cheaper Than You Think," ZME Science, June 17, 2022. https://www.zmescience.com/ecology/world-problems/3d-printing-houses-17062022/.

31   Tara Massouleh McCay, "Virginia Family Buys First Habitat for Humanity 3D-Printed Home," *Southern Living*, December 29, 2021. https://www. southernliving.com/travel/virginia/virginia-family-buys-first-habitat-for-humanity-3d-printed-home

32   Jessica Cherner, "Habitat for Humanity Debuts First Completed Home Constructed via 3D Printer," *Architectural Digest*, January 3, 2022. https:// www.architecturaldigest.com/story/habitat-for-humanity-3d-printer-home.

33   Ibid.

34   "Virginia Launches World's Biggest 3D-Printed Housing Project," *Freethink*, June 11, 2022. https://www.freethink.com/hard-tech/3d-printing-houses#:~:text=Over%20the%20next%205%20years,solve%20America%27s%20affordable%20housing%20crisis.

35   Ibid.

36   "GE Renewable Energy Inaugurates 3D Printing Facility That Will Research More Efficient Ways to Produce Towers for Wind Turbines," *GE News*, April 21, 2022. https://www.ge.com/news/press-releases/ge-renewable-energy-inaugurates-3d-printing-facility-research-more-efficient-ways-produce-towers-for-wind-turbines.

37   James Parkes, "Long-Awaited 3D-Printed Stainless Steel Bridge Opens in Amsterdam," *Dezeen*, July 19, 2021. https://www.dezeen. com/2021/07/19/mx3d-3d-printed-bridge-stainless-steel-amsterdam/.

38   Madeleine Prior, "3D Printed Energy Infrastructure with Lower Mate-

rial Consumption." 3Dnatives, *3Dnatives*, January 31, 2022. https://ww-w.3dnatives.com/en/3d-printed-energy-infrastructure-with-lower-mate-rial-consumption-010220224/.

39   Michael Molitch-Hou, "Has House 3D Printing Finally Made It?" *Forbes Magazine*, June 10, 2022. https://www.forbes.com/sites/michaelmo-litch-hou/2022/06/09/has-house-3d-printing-finally-made-it/?sh=12d-91748f86a.

40   Ankita Gangotra, Emanuela Del Gado, and Joanna I. Lewis, "3D Print-ing Has Untapped Potential for Climate Mitigation in the Cement Sector," *Communications Engineering* 2 (6), February 3, 2023. https://doi.org/10.1038/s44172-023-00054-7.

41   Michael Molitch-Hou, "Has House 3D Printing Finally Made It?" See note 39.

42   Paula Pintos, "Tecla Technology and Clay 3D Printed House / Mario Cucinella Architects," *ArchDaily*, April 27, 2021. https://www.archdaily.com/960714/tecla-technology-and-clay-3d-printed-house-mario-cuci-nella-architects.

43   Adele Peters, "IKEA's 8 principles for circular design show how to build a business based on reuse," *Fast Company*. September 10, 2021. https://www.fastcompany.com/90674372/ikeas-8-principles-for-circular-design-show-howto-build-a-business-based-on-reuse.

10장 · 실내로 들어온 첨단 농업

1   Ryan Hobert and Christine Negra, "Climate Change and the Future of Food," United Nations Foundation, September 1, 2020. https://unfoun-dation.org/blog/post/climate-change-and-the-future-of-food/#:~:tex-t=By%20som%20estimates%2C%20in%20the,the%20brunt%20of%20these%20impacts.

2   "Water Scarcity: Overview," WWF. https://www.worldwildlife.org/threats/water-scarcity.

3   "Hoover Dam," Water Education Foundation. https://www.watereducation.org/aquapedia/hoover-dam; https://www.newsweek.com/lake-mead-water-filling-colorado-explained-reservoir-1783553

4   Dave Davies, "The Colorado River Water Shortage Is Forcing Tough Choices in 7 States," NPR, September 29, 2022. https://www.npr.org/2022/09/29/1125905928/the-colorado-river-water-shortage-is-forcing-notes tough-choices-in-7-states; Abrahm Lustgarten and Meridith Kohut, "Climate Change Will Force a New American Migration," *ProPublica*, September 15, 2020. https://www.propublica.org/article/climate-change-will-force-a-new-american-migration.

5   Ken Ritter, "Feds Announce Start of Public Process to Reshape Key Rules on Colorado River Water Use by 2027," *AP News*, June 15, 2023. https://apnews.com/article/colorado-river-water-management-guidelines-drought-d7f09d3e471239d9cafcb4e2dcc53820.

6   Timothy Egan, "The Hoover Dam Made Life in the West Possible. Or So We Thought," *New York Times*, May 14, 2021. https://www.nytimes.com/2021/05/14/opinion/water-hoover-dam-climate-change.html.

7   "Water Facts– Worldwide Water Supply," Bureau of Reclamation, November 4, 2020. https://www.usbr.gov/mp/arwec/water-facts-ww-watersup.html.

8   David Kirkpatrick, "What Are Vertical Farms, and Can They Really Feed the World?," World Economic Forum, November 30, 2015. https://www.we forum.org/agenda/2015/11/what-are-vertical-farms-and-can-they-really-feed-the-world/.

9   Victoria Masterson, "Vertical Farming– Is This the Future of Agriculture?" Climate Champions, May 24, 2022. https://climatechampions.unfccc.int/vertical-farming-is-this-the-future-of-agriculture/#:~:text=Vertical%20farms%20also%20tend%20to,harvesting%20is%20twice%20a%20

year;Team, The Choice. "We Met the Founder of Europe's Largest Vertical Farm," The Choice by ESCP, June 24, 2021. https://thechoice.escp.eu/their-choice/we-met-the-founder-of-europes-largest-vertical-farm/.

10 Antoine Hubert, "Why We Need to Give Insects the Role They Deserve in Our Food Systems," World Economic Forum, July 21, 2021. https://www.weforum.org/agenda/2021/07/why-we-need-to-give-insects-the-role-they-deserve-in-our-food-systems/.

11 Ibid.

12 Arnold van Huis and Dennis G. A. B. Oonincx. "The Environmental Sustainability of Insects as Food and Feed: A Review– Agronomy for Sustainable Development," SpringerLink, September 15, 2017. https://link.springer.com/article/10.1007/s13593-017-0452-8;Jason Plautz, "Eat A Cricket, Save the World," *The Atlantic*, April 27, 2014. https://www.theatlantic.com/politics/archive/2014/04/eat-a-cricket-save-the-world/452844/.

13 Hannah Fuller, "Entomophagy: A New Meaning to 'Tasty Grub,'" Grounded Grub, October 6, 2022. https://groundedgrub.com/articles/entomophagy-anew-meaning-to-tasty-grub#:~:text=Insects%20are%20also%20cold%2Dblooded,can%20require%20less%20than%202g.

14 "7 Upscale Bug Dishes from around the World," *Food & Wine*, April 21, 2023. https://www.foodandwine.com/travel/gourmet-bug-dishes-around-world.

15 Ibid.

16 Tori Avey, "Discover the History of Sushi," PBS, September 5, 2012. https://www.pbs.org/food/the-history-kitchen/history-of-sushi/#:~:text=Kawafuku%20was%20the%20first%20to,Hollywood%20and%20catered%20to%20celebrities.

1   Daniel F. Balting, Amir AghaKouchak, Gerrit Lohmann, and Monica Ion-ita. "Northern Hemisphere Drought Risk in a Warming Climate." Nature News, December 2, 2021. https://www.nature.com/articles/s41612-021-00218-2.

2   Peter Gatrell, "The Nansen Passport: The Innovative Response to the Refugee Crisis That Followed the Russian Revolution," Manchester 1824, February 14, 2019. https://www.manchester.ac.uk/discover/news/the-nansen-passport-the-innovative-response-to-the-refugee-cri-sis-that-followed-the-russian-revolution/.

3   Gaia Vince, "The Century of Climate Migration: Why We Need to Plan for the Great Upheaval," *Guardian*, August 18, 2022. https://www.theguardian.com/news/2022/aug/18/century-climate-crisis-migration-why-we-need-plan-great-upheaval.

4   Avery Koop, "Ranked: The World's Most and Least Powerful Passports in 2023," *Visual Capitalist*, May 17, 2023. https://www.visualcapitalist.com/most-and-least-powerful-passports-2023/.

5   "The Rise of Dual Citizenship: Who Are These Multi-Local Global Citi-zens," *Global Citizen Forum*, January 31, 2022. https://www.globalcitizen-forum.org/story/the-rise-of-dual-citizenship-why-multi-local-global-citizens-are-becoming-the-new-normal/.

6   Robert Los, "Climate Passport: A Legal Instrument to Protect Climate Migrants– a New Spirit for a Historical Concept", Earth Refuge– The Planet's First Legal Think Tank Dedicated to Climate Migrants, December 31, 2020. https://earthrefuge.org/climate-passport-a-legal-instrument-to-protect-climate-migrants-a-new-spirit-for-a-historical-concept/;Ulrike Grote, Dirk Messner, Sabine Schlacke, and Martina Fromhold-Eisebith, "Just & In-Time Climate Policy: Four Initiatives for a Fair Transforma-tion," German Advisory Council, August 2018.

7   "The 1951 Refugee Convention," UNHCR, 2024. https://www.unhcr. org/about-unhcr/who-we-are/1951-refugee-convention.

8   Robert Los, "Climate Passport". See note 6.

9   Abrahm Lustgarten, "The Great Climate Migration Has Begun," *New York Times*, July 23, 2020. https://www.nytimes.com/interactive/2020/07/23/ magazine/climate-migration.html.

10   Xu Chi, Timothy A. Kohler, Timothy M. Lenton, Jens-Christian Svenning, and Marten Scheffer. "Future of the Human Climate Niche," mahb.stanford.edu, October 27, 2019. https://mahb.stanford.edu/wp-content/uploads/2023/12/xu-et-al-2020-future-of-the-human-climate-niche.pdf.

11   Im Eun-Soon, "Deadly Heat Waves Projected in the Densely Populated Agricultural Regions of South Asia," *Science*, August 2, 2017. https://www. science.org/doi/10.1126/sciadv.1603322.

12   Wilfried Ten Brinke, "Permafrost Russia." Climate Change Post. www.climatechangepost.com/russia/permafrost/.

13   Carlos Carroll, "Climatic, Topographic, and Anthropogenic Factors Determine Connectivity," National Library of Medicine, August 1, 2018. https://online library.wiley.com/doi/10.1111/gcb.14373.

14   Ibid., 1.

15   Anna Wearn, "Preparing for the Future: How Wildlife Corridors Help Increase Climate Resilience," Center for Large Landscape Conservation, January 28, 2021. https://largelandscapes.org/news/how-wildlife-corridors-help-increase-climate-resilience/.

16   Brenda Mallory, "Guidance for Federal Departments and Agencies on Ecological Connectivity and Wildlife Corridors," March 21, 2023. https:// www.whitehouse.gov/wp-content/uploads/2023/03/230318-Corridors-connectivity-guidance-memo-final-draft-formatted.pdf.

17   Ibid., 1.

18   Ibid., 2.

19   "World's Deadliest Construction Projects: Why Safety Is Important,"

360training, January 3, 2023. https://www.360training.com/blog/worlds-deadliest-construction-projects.

20 Charles Maechling, "Pearl Harbor 1941: The First Energy War," *Foreign Service Journal*, August 1979, pp. 11–13.

21 "International Programs– Historical Estimates of World Population," U.S. Census Bureau. https://web.archive.org/web/20130306081718/https://www.census.gov/population/international/data/worldpop/table_history.php.

22 Sebastien Roblin, "The U.S. Military Is Terrified of Climate Change. It's Done More Damage than Iranian Missiles," NBCNews.com. NBCUniversal News Group, September 20, 2020. https://www.nbcnews.com/think/opinion/u-smilitary-terrified-climate-change-it-s-done-more-ncna1240484.

23 Andrew Eversden, "'Climate Change Is Going to Cost Us': How the U.S. Military Is Preparing for Harsher Environments," *Defense News*, August 18, 2022. https://www.defensenews.com/smr/energy-and-environment/2021/08/09/climate-change-is-going-to-cost-us-how-the-us-military-is-preparing-for-harsher-environments/.

24 Sebastien Roblin, "The U.S. Military Is Terrified of Climate Change." See note 22.

25 Ibid.

26 Jason Channell et al., "Energy Darwinism II: Why a Low Carbon Future Doesn't Have to Cost the Earth," report, Citi, 2015, p. 8.

27 Patrick Tucker, "Climate Change Is Already Disrupting the Military. It Will Get Worse, Officials Say," Defense One, August 10, 2021. https://www.defenseone.com/technology/2021/08/climate-change-already-disrupting-military-it-will-get-worse-officials-say/184416/.

28 "U.S. Department of Defense– Climate Risk Analysis," Department of Defense. Department of Defense, October 2021. https://media.defense.gov/2021/Oct/21/2002877353/-1/-1/0/DOD-CLI-

MATE-RISK-ANALYSIS-FINAL.PDF.

29   Department of Defense Climate Adaptation Plan, United States Department of Defense, September 2021, p. 7, https://www.sustainability.gov/pdfs/dod-2021-cap.pdf.

30   "Response to 2017 Hurricanes Harvey, Irma, and Maria: Lessons Learned for Judge Advocates 8," Center for Law & Military Operations, 2018. https://www.loc.gov/rr/frd/Military_Law/pdf/Domestic-Disaster-Response_%202017.pdf.

31   Jay Heisler, "World Security Chiefs Debate Military Response to Climate Change," Voice of America (VOA News), November 24, 2021. https://www.voanews.com/a/world-security-chiefs-debate-military-response-to-climate-change-/6326707.html.

12장 · 수권에 귀를 기울이는 두 가지 방법

1   Arthur Schopenhauer, *The World as Will and Representation*, vol. 1, Dover Publications, 1966, pp. 225–226.

2   Ian Sample, "From Bambi to Moby-Dick: How a Small Deer Evolved into the Whale," *Guardian*, December 20, 2007. https://www.theguardian.com/science/2007/dec/20/sciencenews.evolution#:~:text=The%20first%20whales%2C%20Pakicetidae%2C%20emerged,big%20feet%20and%20strong%20tails.

3   Christopher Connery, "There was No More Sea: The Supersession of the Ocean, from the Bible to Cyberspace," *Journal of Historical Geography* 32, 2006: 494–511.10.1016/j.jhg.2005.10.005.

4   Ibid., 494.

5   Xi Jinping, "Pushing China's Development of an Ecological Civilization to a New Stage," 中国好故事. https://www.chinastory.cn/PCywdbk/english/v1/detail/20190925/10127000000427415693719336494888302_1.

html.

6   "China Aims to Build Climate-Resilient Society by 2035," The State Council of the People's Republic of China, June 14, 2022. https://english. www.gov.cn/statecouncil/ministries/202206/14/content_WS62a8342c-c6d02e533532c23a.html.

7   Norman MacLean, *Young Men and Fire*, University of Chicago Press, 2017; David Von Drehle, "Opinion | How to Prevent Deadly Wildfires? Stop Fighting Fires," *Washington Post*, September 22, 2022. https://www. washingtonpost.com/opinions/2022/09/22/wildfire-death-preven-tion-mann-gulch-forest-management/.

8   David von Drehle, "Opinion | How to Prevent Deadly Wildfires? Stop Fighting Fires." *Washington Post*, September 22, 2022. https://www. washingtonpost.com/opinions/2022/09/22/wildfire-death-preven-tion-mann-gulch-forest-management/.

9   "Study: Third of Big Groundwater Basins in Distress," NASA, Jet Pro-pulsion Laboratory – California Institute of Technology, June 16, 2015. https://www.jpl.nasa.gov/news/study-third-of-big-groundwater-basins-in-distress.

10   Jay Famiglietti, "A Map of the Future of Water," The Pew Charitable Trusts, March 3, 2019. https://www.pewtrusts.org/en/trend/archive/ spring-2019/a--map-of-the-future-of-water.

11   "History of Summer Solstice Traditions," National Trust. https://www. nationaltrust.org.uk/discover/history/history-of-summer-solstice-tradi-tions.

12   "Winter Solstice– History," September 21, 2017. https://www.history. com/topics/natural-disasters-and-environment/winter-solstice.

13   Lawrence Wright, *Clockwork Man*, New York: Horizon Press, 1969, p. 47.

14   Eviatar Zerubavel, "Easter and Passover: On Calendars and Group Identi-ty,"*American Sociological Review* 47, April 1982: 287–288.

15   Eviatar Zerubavel, "Easter and Passover: On Calendars and Group Iden-

tity," *American Sociological Review* 47 (2), April 1982: 288. https://doi.org/10.2307/2094969.

16   Andrew Tarantola, "That Time France Tried to Make Decimal Time a Thing," *Engadget*, January 17, 2022. https://www.engadget.com/that-time-france-tried-to-make-decimal-time-a-thing-143600302.html.

17   Sebastian de Grazia, *Of Time, Work, and Leisure*, New York: Twentieth-Century Fund, 1962, p. 119.

18   Tom Darby, *The Feast: Meditations on Politics and Time*, University of Toronto Press, 1982.

19   Anne Marie Helmenstine, "How Many Molecules Are in a Drop of Water?" *ThoughtCo.*, August 27, 2019. https://www.thoughtco.com/atoms-in-a-drop-of-water-609425.

20   Okoyomon, Adesuwa, "How Long Does the Water Cycle Really Take?" *Science World*, April 15, 2020. https://www.scienceworld.ca/stories/how-long-does-water-cycle-really-take/.

13장 · 메타버스에 삼켜질 것인가, 아쿠아버스에서 부양할 것인가

1   Josh Howarth, "Alarming Average Screen Time Statistics (2023)," Exploding Topics, January 13, 2023. https://explodingtopics.com/blog/screen-time-stats.

2   Ray Kurzweil, *The Singularity Is Near: When Humans Transcend Biology*, New York: Viking, 2005, p. 30.

3   Ibid., 136.

4   A. M. Turing, "Computing Machinery and Intelligence," *Mind* LIX, issue 236, October 1950: 433–460. https://doi.org/10.1093/mind/LIX.236.433

5   Ethan Siegel, "How Many Atoms Do We Have in Common with One Another?" Forbes, April 30, 2020. https://www.forbes.com/sites/

startswitha bang/2020/04/30/how-many-atoms-do-we-have-in-com-mon-with-one-another/?sh=75adfe6a1b38.

6   J. Gordon Betts et al., *Anatomy and Physiology*, Houston: Rice University, 2013, p. 43; Curt Stager, *Your Atomic Self*, p. 197.

7   David E. Cartwright, *Introduction to Arthur Schopenhauer: On the Basis of Morality*, Providence, RI: Berghahn Books, 1995, p. ix.

8   Ibid.

9   Schopenhauer, *On the Basis of Morality*, p. 61. The quotation within Schopenhauer's quotation is by Immanuel Kant, *Critique of Practical Reason*, Schopenhauer's emphasis.

10   The quotation by Immanuel Kant, *Foundation of the Metaphysics of Morals*, Schopenhauer's emphasis.

11   Schopenhauer, *On the Basis of Morality*, p. 62. See note 9.

12   Ibid., p. 66.

13   Ibid., pp. 143, 147.

14   Ibid., p. 144.

15   Pengfei Li, Jianyi Yang, Mohammad Atiqul Islam, and Shaolei Ren, "Making AI Less "Thirsty": Uncovering and Addressing the Secret Water Footprint of AI Models," *ArXiv* abs/2304.03271, 2023: n.p.

16   Ibid.

17   Sarah Brunswick. "A Tale of Two Shortages: Reconciling Demand for Water and Microchips in Arizona." ABA, February 1, 2023. https://archive. ph/HkL3j#selection-1133.0-1133.15; "Global Semiconductor Sales, Units Shipped Reach All-Time Highs in 2021 as Industry Ramps up Production amid Shortage. "Semiconductor Industry Association, February 14, 2022. https://www.semiconductors.org/global-semiconductor-sales-units-shipped-reach-alltime-highs-in-2021-as-industry-ramps-up-production-amid-shortage/.

18   Pengfei Li, Jianyi Yang, Mohammad Atiqul Islam, and Shaolei Ren, "Making AI Less "Thirsty." See note 15.

19   Bum Jin Park, Yuko Tsunetsugu, Tamami Kasetani, Takahide Kagawa, and Yoshifumi Miyazaki, "The Physiological Effects of *Shinrin-yoku*(Taking in the Forest or Forest Bathing): Evidence from Field Experiments in 24 Forests Across Japan," *Environmental Health and Preventative Medicine* 15 (1), 2010:21.

20   Roly Russell, Anne D. Guerry, Patricia Balvanera, Rachelle K. Gould, Xavier Basurto, Kai M. A. Chan, Sarah Klain, Jordan Levine, and Jordan Tam. "Humans and Nature: How Knowing and Experiencing Nature Affect Well-Being,"*Annual Review of Environment and Resources* 38, October 17, 2013:473–502. https://doi.org/10.1146/annurev-environ-012312-110838.

21   Andrea Wulf, "A Biography of E. O. Wilson, the Scientist Who Foresaw Our Troubles," *New York Times*, November 10, 2021. https://www.nytimes.com/2021/11/10/books/review/scientist-eo-wilson-richard-rhodes.html;Edward O. Wilson, "The Biological Basis of Morality," *The Atlantic*, April 1998. https://www.theatlantic.com/magazine/archive/1998/04/the-biological-basis-of-morality/377087/.

22   Richard Louv, *Last Child in the Woods*, Chapel Hill, NC: Algonquin Books, 2008.

23   Patrick Barkham, "Should Rivers Have the Same Rights as People?," *Guardian*, July 25, 2021. https://www.theguardian.com/environment/2021/jul/25/rivers-around-the-world-rivers-are-gaining-the-same-legal-rights-as-people.

24   Ibid.

찾아보기

옮긴이 안진환

경제경영 분야에서 활발하게 활동하고 있는 전문 번역가. 1963년 서울에서 태어나 연세대학교를 졸업했다. 저서로 『영어 실무 번역』, 『Cool 영작문』 등이 있으며 역서로 『스티브 잡스』, 『일론 머스크』, 『회복력 시대』, 『글로벌 그린 뉴딜』, 『한계비용 제로 사회』, 『3차 산업혁명』, 『넛지』, 『괴짜경제학』, 『빌게이츠@생각의 속도』, 『스틱!』, 『스위치』, 『포지셔닝』, 『전쟁의 기술』, 『부자 아빠 가난한 아빠』, 『마켓 3.0』, 『불황의 경제학』, 『팀 쿡』, 『실리콘밸리』 등이 있다.

플래닛 아쿠아

우주 속 우리 지구를 다시 생각하다

1판 1쇄 찍음	2024년 8월 27일
1판 1쇄 펴냄	2024년 9월 3일

지은이	제러미 리프킨
옮긴이	안진환
발행인	박근섭·박상준
펴낸곳	(주)민음사

출판등록	1966. 5. 19. 제16-490호
주소	서울특별시 강남구 도산대로1길 62(신사동)
	강남출판문화센터 5층 (우편번호 06027)
대표전화	02-515-2000 | 팩시밀리 02-515-2007
홈페이지	www.minumsa.com

한국어 판 © (주)민음사, 2024. Printed in Seoul, Korea

ISBN 978-89-374-2816-6 (03300)

* 잘못 만들어진 책은 구입처에서 교환해 드립니다.